LG그룹

온라인 적성검사

기출이 답이다

시대에듀

2025 최신판 시대에듀 All-New 기출이 답이다
LG그룹 온라인 적성검사 8개년 기출 + 무료LG특강

Always **with you**

사람의 인연은 길에서 우연하게 만나거나 함께 살아가는 것만을 의미하지는 않습니다.
책을 펴내는 출판사와 그 책을 읽는 독자의 만남도 소중한 인연입니다.
시대에듀는 항상 독자의 마음을 헤아리기 위해 노력하고 있습니다. 늘 독자와 함께하겠습니다.

LG그룹은 1947년 첫걸음을 내디딘 이래 수많은 '국내 최초'를 만들어 내며 우리 생활의 발전과 경영 패러다임의 변화를 주도해 왔으며, 1995년 이름을 LG로 바꾸고 여러 계열사를 거느린 글로벌 기업으로 '제2의 도약'을 이루어냈다. 이제 LG그룹은 우리나라를 대표하는 기업으로 성장하여 내일을 향한 뜨거운 열정으로 1등 LG라는 목표를 달성하기 위해 '제3의 도약'을 시작하고 있다.

현재 LG그룹은 공채를 폐지하고 수시채용을 확대하여 계열사별로 필요에 따라 채용을 진행하고 있으며, 지원자가 업무에 필요한 역량을 갖추고 있는지를 평가하기 위해 인적성검사를 실시하여 회사와 직무에 적합한 맞춤인재를 선발하고 있다. 인적성검사는 LG임직원의 사고 및 행동 방식의 기본 틀인 LG Way에 적합한 인재를 선별하기 위한 LG만의 평가방식이다. 이는 보는 신입/인턴 지원자에게 공통으로 실시되는 시험으로, 신입사원으로 입사하기 위한 필수 단계이며 인성검사와 적성검사로 구성되어 있다.

이에 시대에듀에서는 수험생들이 LG그룹 온라인 적성검사를 준비하는 데 부족함이 없도록 다음과 같은 특징을 지닌 본서를 출간하게 되었다.

도서의 특징

❶ LG그룹 온라인 적성검사의 출제영역별 기출유형 뜯어보기를 수록하여 유형분석 및 풀이 Tip을 학습할 수 있도록 하였다.

❷ 2024~2021년/2019~2016년 시행된 8개년 기출복원문제를 수록하여 LG그룹만의 출제경향을 한눈에 파악할 수 있도록 하였다.

❸ 2024~2022년 3개년 주요기업 기출복원문제를 수록하여 다양한 기업의 출제유형을 학습할 수 있도록 하였다.

끝으로 본서로 LG그룹 채용을 준비하는 모든 수험생 여러분이 합격의 기쁨을 누리기를 진심으로 기원한다.

SDC(Sidae Data Center) 씀

◇ 비전

일등LG는 LG의 궁극적인 지향점으로
시장에서 인정받으며 시장을 리드하는 선도기업이 되는 것을 의미한다.

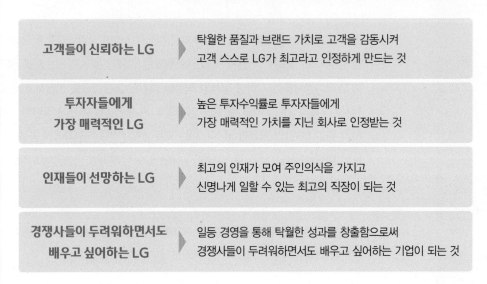

고객들이 신뢰하는 LG	탁월한 품질과 브랜드 가치로 고객을 감동시켜 고객 스스로 LG가 최고라고 인정하게 만드는 것
투자자들에게 가장 매력적인 LG	높은 투자수익률로 투자자들에게 가장 매력적인 가치를 지닌 회사로 인정받는 것
인재들이 선망하는 LG	최고의 인재가 모여 주인의식을 가지고 신명나게 일할 수 있는 최고의 직장이 되는 것
경쟁사들이 두려워하면서도 배우고 싶어하는 LG	일등 경영을 통해 탁월한 성과를 창출함으로써 경쟁사들이 두려워하면서도 배우고 싶어하는 기업이 되는 것

◇ 행동방식

정도경영은 윤리경영을 기반으로
꾸준히 실력을 배양해 정정당당하게 승부하는 LG만의 행동방식이다.

정직	원칙과 기준에 따라 투명하게 일한다.
공정한 대우	모든 거래관계에서 공평하게 기회를 제공하고 공정하게 대우한다.
실력을 통한 정당한 경쟁	정정당당하게 경쟁하여 이길 수 있는 실력을 키운다.

◇ 경영이념

고객을 위한 가치창조	고객중시	• 경영의 출발점이 되는 고객을 최우선으로 생각한다. • 항상 최종 소비자 관점을 중시하여 판단하고 평가한다.
	실질적 가치 제공	• 고객의 잠재적 요구까지도 한발 앞서 찾아낸다. • 고객의 기대를 뛰어넘는 최고의 제품과 서비스를 제공한다.
	혁신을 통한 창조	• 기존의 틀을 깨는 차별화된 아이디어를 창출한다. • 끊임없이 더 나은 방식을 찾아 실행한다.
인간 존중의 경영	창의 · 자율	• 고정관념에서 탈피하여 새로운 생각과 시도를 추구한다. • 자기 책임과 권한에 따라 주인의식을 가지고 일한다.
	인간중시	• 개개인의 인격과 다양성을 존중한다. • 고객가치 창출의 원천인 구성원을 가장 중요한 자산으로 여긴다.
	능력 개발 및 발휘 극대화	• 스스로 세계 최고가 되겠다는 신념으로 일하고 능력을 개발한다. • 개개인의 잠재력이 최대한 발휘될 수 있도록 기회를 제공한다.
	성과주의	• 도전적인 목표를 세우고 지속적인 성과 창출에 노력한다. • 능력과 장 · 단기 성과에 따라 공정하게 평가하고 보상한다.

◇ CI

심벌마크의 의미

세계, 미래, 젊음, 인간, 기술의 5가지 개념과 정서를 형상화하였다. L과 G를 둥근 원 속에 형상화하여 인간이 그룹 경영의 중심에 있음을 상징하고, 세계 어디서나 고객과 친밀한 유대 관계로 고객 만족을 위해 최선을 다하는 LG인의 결의를 나타낸다.

총평

2024년 하반기 적성검사는 예년과 다르게 영역별 20문항 20분으로 진행되었으며 그동안 평이하게 출제되었던 자료해석과 창의수리 영역의 난도가 높아졌다. 언어이해 영역은 지문의 길이가 길어져 속독 능력이 필요했으며 언어추리 영역은 참거짓 문제가 다수 출제되었다. 자료해석의 경우 기존의 눈으로도 간단히 계산할 수 있었던 문제들과 달리, 자료의 정보량도 많아지고 계산기 없이는 풀 수 없는 문제들이 다수 출제되었다. 창의수리의 경우 응용수리 부분은 평이하였으나, 간단한 수로 출제되었던 수열문제가 대분수와 소수로 출제되며 난도가 높아졌다. 또한 LG Way Fit Test 인성검사도 중요하기 때문에 미리 LG그룹에 맞추어 일관성 있는 답변을 준비해 가는 것이 좋다.

◇ 핵심전략

어려운 문제를 푸는 것보다 빠르게 정답을 짚어내는 것이 중요한 시험이다. 80분을 주고 영역을 왔다 갔다 하며 문제를 푸는 시험이 아니라 한 영역당 20분의 시간이 네 번 주어지므로 놓친 문제는 다시 확인할 수 없다.

따라서 영역별로 접근하는 것이 필요하다. 먼저 영역별로 자주 출제되는 문제 유형을 익히고, 가장 자신 있는 유형과 자신 없는 유형을 먼저 풀고 약한 유형에 나머지 시간을 투자하는 연습을 한다. 또한 LG그룹은 적성검사만큼 인성검사의 반영 비율이 높다. 적성검사를 먼저 풀고 인성검사를 풀게 되므로 많은 문항 수에 지치지 않도록 체력 안배를 해두는 것이 좋다.

◇ 시험진행

구분	영역	문항 수	시간
적성검사	언어이해	20문항	20분
	언어추리	20문항	20분
	자료해석	20문항	20분
	창의수리	20문항	20분
인성검사	LG Way에 맞는 개인별 역량 또는 직업 선격저인 저합도 확인	183문항	20분

◇ 영역별 출제비중

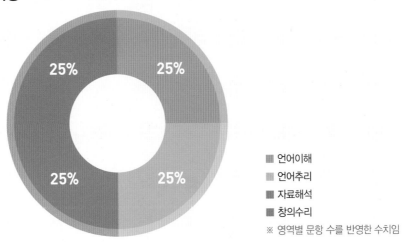

- 언어이해
- 언어추리
- 자료해석
- 창의수리

※ 영역별 문항 수를 반영한 수치임

◇ 영역별 출제특징

구분	영역		출제특징
적성검사	언어이해	독해	• 철학 · 과학 · 기술 · 민속 등 다양한 분야의 지문을 활용한 주제 찾기, 내용일치, 나열하기, 반박하기, 추론하기 등의 유형
	언어추리	명제추리	• 자리배치 및 순위나열 등의 문제
		조건추리	• 진실게임 참 · 거짓을 활용하여 풀이하는 문제의 비중이 높아짐
	자료해석	자료해석	• 기본적인 증감폭, 증감 추이, 증감률을 구하는 문제
		자료변환	• 제시된 자료를 그래프로 올바르게 변환한 것을 찾는 문제
	창의수리	수추리	• 대분수 또는 소수가 나열된 규칙을 찾아 빈칸의 값을 구하는 문제
		응용수리	• 거리 · 속력 · 시간, 농도, 금액, 일률, 최댓값과 최솟값, 경우의 수를 구하는 문제

신입사원 채용 안내 INFORMATION

◇ **모집시기**

수시채용으로 계열사 또는 본부별로 신입사원 채용

◇ **지원방법**

LG그룹 채용 포털(careers.lg.com) 접속 후 지원서 작성 및 제출

◇ **채용절차**

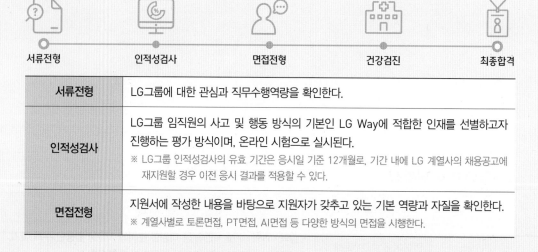

| 서류전형 | 인적성검사 | 면접전형 | 건강검진 | 최종합격 |

서류전형	LG그룹에 대한 관심과 직무수행역량을 확인한다.
인적성검사	LG그룹 임직원의 사고 및 행동 방식의 기본인 LG Way에 적합한 인재를 선별하고자 진행하는 평가 방식이며, 온라인 시험으로 실시된다. ※ LG그룹 인적성검사의 유효 기간은 응시일 기준 12개월로, 기간 내에 LG 계열사의 채용공고에 재지원할 경우 이전 응시 결과를 적용할 수 있다.
면접전형	지원서에 작성한 내용을 바탕으로 지원자가 갖추고 있는 기본 역량과 자질을 확인한다. ※ 계열사별로 토론면접, PT면접, AI면접 등 다양한 방식의 면접을 시행한다.

◇ **유의사항**

❶ 각 부문에 따라 채용 프로세스가 달라질 수 있으며, 상황에 따라 유동적으로 운영될 수 있다.

❷ 지원서 작성 내용이 사실과 다르거나 증빙할 수 없는 경우, 합격 취소 또는 전형상의 불이익을 받을 수 있다.

❖ 채용절차는 채용유형 · 직무 · 시기 등에 따라 변동될 수 있으니 반드시 LG 계열사에서 발표하는 채용공고를 확인하기 바랍니다.

온라인 시험 Tip

◇ **필수 준비물**

❶ 타인과 접촉이 없으며 원활한 네트워크 환경이 조성된 응시 장소
❷ 권장 사양에 적합한 PC, 스마트폰 및 주변 기기(웹캠, 마이크, 스피커, 키보드, 마우스)
❸ 신분증(주민등록증, 운전면허증, 여권, 외국인등록증 중 택 1)

◇ **온라인 인적성검사 프로세스**

❶ 전형 안내사항 확인
❷ 응시자 매뉴얼 숙지/검사 프로그램 다운로드 및 설치
❸ 지정 기한 내 사전점검 진행(해당 계열사 한정)
❹ 본 검사 응시

◇ **유의사항**

❶ 사전검사는 절대 잊지 않도록 미리미리 일정을 확인한다.
❷ 난이도가 쉬워도 방심하지 말고 끝까지 집중력을 잃지 않도록 한다.
❸ 빠르게 풀어서 시간이 남더라도 감독관이 확인하고 있으므로 의심받을 만한 행동은 삼간다.
❹ 책, 연습장, 필기구 등이 책상 위에 올라와 있거나, 사용하면 부정행위로 간주된다.
❺ 인적성검사의 문제가 선명하게 보이도록 해상도를 1,920×1,080으로 설정하고 프로그램에 접속한다.

◇ **알아두면 좋은 Tip**

❶ 20분/20문제로 변화하면서 전체적인 난도가 높아졌다. 짧은 시간 내에 실수 없이 많은 문제를 푸는 연습을 해야 한다.
❷ 평소에도 문제를 풀 때 눈으로 확인하고 메모장 및 계산기 프로그램을 이용해 봐야 실전에서 당황하지 않을 수 있다. 이때 영역별로 20분씩 시간을 재면서 학습하면 더욱 도움이 된다.
❸ 실제 시험에서는 문제마다 계산기와 메모판을 제공하고, 개인적으로 연필이나 펜, 연습장 등을 사용할 수 없도록 감독관이 1:1로 확인한다.
❹ 시험 전에 LG그룹에서 제공하는 인적성검사 프로그램을 다운로드하고, 사전검사를 한다(사전검사 미응시 시 인적성검사 응시 불가).
❺ 영역이 넘어갈 때마다 연습용으로 해당 영역의 예시 문제와 함께 1~3분의 준비 시간이 주어진다.

주요 대기업 적중 문제 TEST CHECK

언어이해 ▶ 나열하기

※ 다음 문단을 논리적 순서대로 바르게 나열한 것을 고르시오. [3~4]

03

(가) 교정 중에는 치아뿐 아니라 교정장치를 부착하고 있기 때문에 교정장치까지 닦아주어야 하는데요. 교정용 칫솔은 가운데 홈이 있어 장치와 치아를 닦을 수 있는 칫솔을 선택하게 되고, 가운데 파여진 곳을 교정장치에 위치시킨 후 옆으로 왔다 갔다 전체적으로 닦아줍니다. 그다음 칫솔을 비스듬히 하여 장치의 위아래를 꼼꼼하게 닦아줍니다.

(나) 치아를 가지런하게 하기 위해 교정하시는 분들 중에 간혹 교정 중에 칫솔질이 잘 되지 않아 충치가 생기고 잇몸이 내려가 버리는 경우를 종종 보곤 합니다. 그러므로 교정 중에는 더 신경써서 칫솔질을 해야 하죠.

(다) 마지막으로 칫솔질을 할 때 잊지 말아야 할 것은 우리 입안에 치아만 있는 것이 아니므로 혀와 잇몸에 있는 플라그들도 제거해 주셔야 입 냄새도 예방할 수 있다는 것입니다. 올바른 칫솔질 방법으로 건강한 치아를 잘 유지하시길 바랍니다.

(라) 또 장치 때문에 닿이지 않는 부위는 치간 칫솔을 이용해 위아래 오른쪽 왼쪽 넣어 잘 닦아줍니

자료해석 ▶ 자료해석

Hard

11 다음은 2021 ~ 2023년 국가별 이산화탄소 배출량에 대한 자료이다. 이에 대한 설명으로 옳지 않은 것을 〈보기〉에서 모두 고르면?(단, 소수점 둘째 자리에서 반올림한다)

〈국가별 이산화탄소 배출 현황〉

구분		2021년		2022년		2023년	
		총량 (백만 톤)	1인당 (톤)	총량 (백만 톤)	1인당 (톤)	총량 (백만 톤)	1인당 (톤)
아시아	한국	582	11.4	589.2	11.5	600	11.7
	중국	9,145.3	6.6	9,109.2	6.6	9,302	6.7
	일본	1,155.7	9.1	1,146.9	9	1,132.4	8.9
북아메리카	캐나다	557.7	15.6	548.1	15.2	547.8	15
	미국	4,928.6	15.3	4,838.5	14.9	4,761.3	14.6
남아메리카	브라질	453.6	2.2	418.5	2	427.6	2
	페루	49.7	1.6	52.2	1.6	49.7	1.5
	베네수엘라	140.5	4.5	127.4	4	113.7	3.6
	체코	99.4	9.4	101.2	9.6	101.7	9.6
	프랑스	299.6	4.5	301.7	4.5	306.1	4.6
	독일	799.7	8.9	734.5	8.9	718.9	8.7

창의수리 ▶ 금액

15 원가의 20%를 추가한 금액을 정가로 하는 제품을 15% 할인해서 50개를 판매한 금액이 127,500원일 때, 이 제품의 원가는?

① 1,500원
② 2,000원
③ 2,500원
④ 3,000원
⑤ 3,500원

포스코

언어이해 ▶ 주제 / 맥락 이해

02 다음 글의 주제로 적절한 것은?

'새'는 하나의 범주이다. [+동물], [+날 것]과 같이 성분분석을 한다면 우리 머릿속에 떠오른 '새'의 의미를 충분히 설명했다고 보기 어렵다. 성분분석 이론의 의미자질 분석은 단순할 뿐이다. 이것이 실망스러운 이유는 성분분석 이론의 '새'에 대한 의미 기술이 고작해야 다른 범주, 즉 조류가 아닌 다른 동물 범주와 구별해 주는 정도밖에 되지 못했기 때문이다. 아리스토텔레스 이래로 하나의 범주는 경계가 뚜렷한 실재물이며 범주의 구성원은 서로 동등한 자격을 가지고 있다고 믿어왔다. 그리고 범주를 구성하는 단위는 자질들의 집합으로 설명될 수 있다고 생각해 왔다. 앞에서 보여준 성분분석 이론 역시 그런 고전적인 범주 인식에 바탕을 두고 있다. 어휘의 의미는 의미성분, 곧 의미자질들의 총화로 기술될 수 있다고 믿는 것, 그것은 하나의 범주가 필요충분조건으로 이루어져있다는 가정에 서만이 가능한 것이었다. 그러니 '새'의 범주를 떠올려 보면 범주의 구성원들끼리 결코 동등한 자격을 가지고 있지 않다. 가장 원형적인 구성원이 있는가 하면, 덜 원형적인 것, 주변적인 것도 있는

문제해결 ▶ 대안탐색 및 선택

`Easy`

04 다음 그림과 같이 O지점부터 D지점 사이에 운송망이 주어졌을 때, 최단 경로에 대한 설명으로 옳지 않은 것은?(단, 구간별 숫자는 거리를 나타낸다)

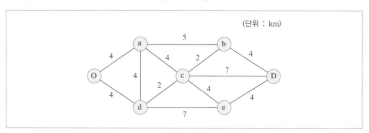

(단위 : km)

① O에서 c까지 최단거리는 6km이다.
② O에서 D까지 a를 경유하는 최단거리는 13km이다.

추리 ▶ 명제

`Easy`

15 P사의 A ~ F팀은 월요일부터 토요일까지 하루에 2팀씩 함께 회의를 진행한다. 다음 〈조건〉을 참고할 때, 반드시 참인 것은?(단, 월요일부터 토요일까지 각 팀의 회의 진행 횟수는 서로 같다)

조건
• 오늘은 목요일이고 A팀과 F팀이 함께 회의를 진행했다.
• B팀은 A팀과 연이은 요일에 회의를 진행하지 않는다.
• B팀은 오늘을 포함하여 이번 주에는 더 이상 회의를 진행하지 않는다.
• C팀은 월요일에 회의를 진행했다.
• D팀과 C팀은 이번 주에 B팀과 한 번씩 회의를 진행한다.
• A팀과 F팀은 이번 주에 이틀을 연이어 함께 회의를 진행한다.

① E팀은 수요일과 토요일 하루 중에만 회의를 진행한다.
② 화요일에 회의를 진행한 팀은 B팀과 F팀이다.

주요 대기업 적중 문제 TEST CHECK

삼성

03 다음은 S기업 영업 A ~ D팀의 분기별 매출액과 분기별 매출액에서 각 영업팀의 구성비를 나타낸 자료이다. A ~ D팀의 연간 매출액이 많은 순서와 1위 팀이 기록한 연간 매출액을 바르게 나열한 것은?

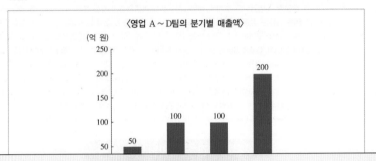

〈영업 A ~ D팀의 분기별 매출액〉

※ 다음 도식에서 기호들은 일정한 규칙에 따라 문자를 변화시킨다. 물음표에 들어갈 적절한 문자를 고르시오(단, 규칙은 가로와 세로 중 한 방향으로만 적용되며, 모음은 단모음 10개를 기준으로 한다). [1~4]

※ 다음 글의 내용이 참일 때 항상 거짓인 것을 고르시오. [24~26]

24 권리와 의무의 주체가 될 수 있는 자격을 권리 능력이라 한다. 사람은 태어나면서 저절로 권리 능력을 갖게 되고 생존하는 내내 보유한다. 그리하여 사람은 재산에 대한 소유권의 주체가 되며, 다른 사람에 대하여 채권을 누리기도 하고 채무를 지기도 한다. 사람들의 결합체인 단체도 일정한 요건을 갖추면 법으로써 부여되는 권리 능력인 법인격을 취득할 수 있다. 단체 중에는 사람들이 일정한 목적을 갖고 결합한 조직체로서 구성원과 구별되어 독자적 실체로서 존재하며, 운영 기구를 두어 구성원의 가입과 탈퇴에 관계없이 존속하는 단체가 있다. 이를 사단(社團)이라 하며, 사단이 갖춘 이러한 성질을 사단성이라 한다. 사단의 구성원은 사원이라 한다. 사단은 법인(法人)으로 등기되어야 법인격이 생기는데, 법인격을 가진 사단을 사단 법인이라 부른다. 반면에 사단성을 갖추고도 법인으로 등기하지 않은 사단을 '법인이 아닌 사단'이라 한다. 사람과 법인만이 권리 능력을 가지며, 사람

SK

언어이해 ▶ 사실적 독해

03 다음 글의 내용으로 적절하지 않은 것은?

> 생물 농약이란 농작물에 피해를 주는 병이나 해충, 잡초를 제거하기 위해 자연에 있는 생물로 만든 천연 농약을 뜻한다. 생물 농약을 개발한 것은 흙 속에 사는 병원균으로부터 식물을 보호할 목적에 서였다. 뿌리를 공격하는 병원균은 땅속에 살고 있으므로 병원균을 제거하기에 어려움이 있었다. 게다가 화학 농약의 경우 그 성분이 토양에 달라붙어 제 기능을 발휘하지 못했기 때문에 식물 성장을 돕고 항균 작용을 할 수 있는 미생물에 주목하기 시작한 것이다.
> 식물 성장을 돕고 항균 작용을 하는 미생물 집단을 '근권미생물'이라 하는데, 여러 종류의 근권미생물 중 농약으로 쓰기에 가장 좋은 것은 뿌리에 잘 달라붙는 것들이다. 근권미생물의 입장에서 뿌리 주변은 사막의 오아시스와 비슷한 조건이다. 뿌리 주변은 뿌리에서 공급되는 양분과 안락한 서식 환경을 제공받지만, 뿌리 주변에서 멀리 떨어진 곳은 황량한 지역이어서 먹을 것을 찾기가 어렵기 ~~때문이다. 따라서 뿌리 주변에서는 좋은 위치를 선점하기 위해 미생물 간에 치열한 싸움이 벌어진~~

자료해석 ▶ 자료추론

`Hard`

15 다음은 우리나라 지역별 가구 수와 1인 가구 수에 대한 자료이다. 이에 대한 설명으로 옳은 것은?

〈지역별 가구 수 및 1인 가구 수〉

(단위 : 천 가구)

구분	전체 가구	1인 가구
서울특별시	3,675	1,012
부산광역시	1,316	367
대구광역시	924	241
인천광역시	1,036	254
광주광역시	567	161
대전광역시	596	178
울산광역시	407	97
경기도	4,396	1,045
강원도	616	202
충청북도	632	201
충청남도	866	272

언어추리 ▶ 진실게임

01 S사 직원들끼리 이번 달 성과급에 대해 이야기를 나누고 있다. 성과급은 반드시 늘거나 줄어들었고, 직원 중 1명만 거짓말을 하고 있을 때, 항상 참인 것은?

> • 직원 A : 나는 이번에 성과급이 늘어났어. 그래도 B만큼은 오르지 않았네.
> • 직원 B : 맞아 난 성과급이 좀 늘어났지. D보다 조금 더 늘었어.
> • 직원 C : 좋겠다. 오~ E도 성과급이 늘어났네.
> • 직원 D : 무슨 소리야! E는 C와 같이 성과급이 줄어들었는데.
> • 직원 E : 그런 것보다 D가 A보다 성과급이 조금 올랐는데?

① 직원 A의 성과급이 오른 사람 중 가장 적다.
② 직원 B의 성과급이 가장 많이 올랐다.

도서 200% 활용하기 STRUCTURES

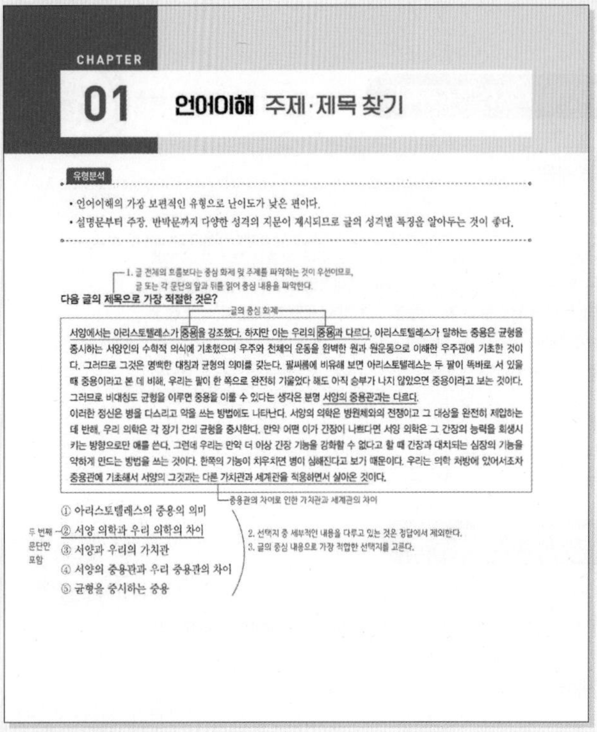

기출유형 뜯어보기

LG그룹의 최신 출제경향을 바탕으로 구성한 영역별 대표유형과 상세한 해설을 수록하여 각 영역의 출제유형 및 학습방법을 확인하고 학습할 수 있도록 하였다.

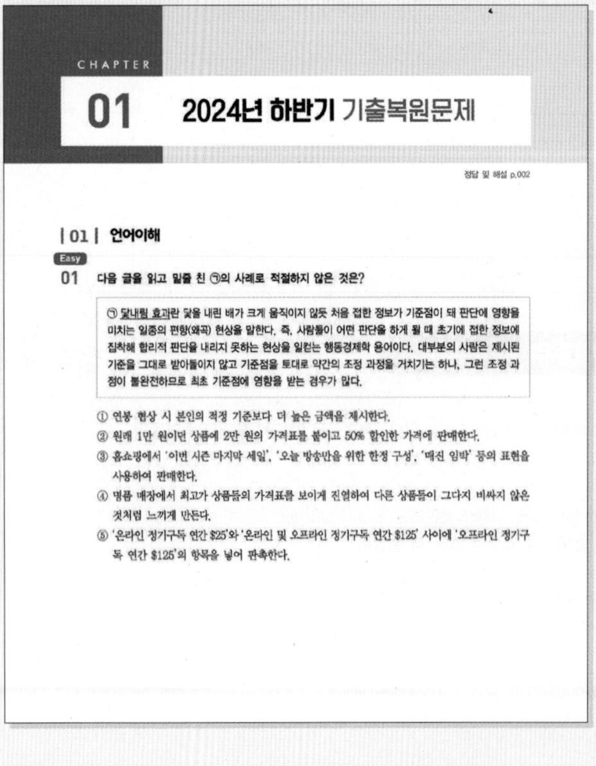

8개년 기출복원문제

2024년~2021년 / 2019~2016년까지의 LG그룹 적성검사 기출복원문제를 수록하여 변화하는 출제경향을 파악하고 분석할 수 있도록 하였다.

(좌측 상단 예시 페이지)

CHAPTER 01 언어이해 주제·제목 찾기

유형분석

- 언어이해의 가장 보편적인 유형으로 난이도가 낮은 편이다.
- 설명문부터 주장, 반박문까지 다양한 성격의 지문이 제시되므로 글의 성격별 특징을 알아두는 것이 좋다.

1. 글 전체의 흐름보다는 중심 화제 및 주제를 파악하는 것이 우선이므로, 글 또는 각 문단의 앞과 뒤를 읽어 중심 내용을 파악한다.

다음 글의 제목으로 가장 적절한 것은?

— 글의 중심 화제 —

서양에서는 아리스토텔레스가 중용을 강조했다. 하지만 이는 우리의 중용과 다르다. 아리스토텔레스가 말하는 중용은 균형을 중시하는 서양인의 수학적 의식에 기초했으며 우주와 천체의 운동을 완벽한 원과 원운동으로 이해한 우주관에 기초한 것이다. 그러므로 그것은 명확한 대칭과 균형의 의미를 갖는다. 팔씨름에 비유해 보면 아리스토텔레스는 두 팔이 똑바로 서 있을 때 중용이라고 본 데 비해, 우리는 팔이 한 쪽으로 완전히 기울었다 해도 아직 승부가 나지 않았으면 중용이라고 보는 것이다. 그러므로 비대칭도 균형을 이루면 중용을 이룰 수 있다는 생각은 분명 서양의 중용관과는 다르다.

이러한 정신은 병을 다스리고 약을 쓰는 방법에도 나타난다. 서양의 의학은 병원체와의 전쟁이고 그 대상을 완전히 제압하는 데 반해, 우리 의학은 각 장기 간의 균형을 중시한다. 만약 어떤 이가 간장이 나쁘다면 서양 의학은 그 간장의 능력을 회생시키는 방향으로만 매를 쓴다. 그런데 우리는 만약 더 이상 간장 기능을 강화할 수 없다고 할 때 간장과 대치되는 심장의 기능을 약하게 만드는 방법을 쓰는 것이다. 한쪽의 기능이 치우치면 병이 실해진다고 보기 때문이다. 우리는 의학 처방에 있어서조차 중용관에 기초해서 서양의 그것과는 다른 가치관과 세계관을 적용하면서 살아온 것이다.

— 중용관의 차이로 인한 가치관과 세계관의 차이 —

① 아리스토텔레스의 중용의 의미
② 서양 의학과 우리 의학의 차이
③ 서양과 우리의 가치관
④ 서양의 중용관과 우리 중용관의 차이
⑤ 균형을 중시하는 중용

두 번째 문단만의 요약

2. 선택지 중 세부적인 내용을 다루고 있는 것은 정답에서 제외한다.
3. 글의 중심 내용으로 가장 적절한 선택지를 고른다.

(좌측 하단 예시 페이지)

CHAPTER 01 2024년 하반기 기출복원문제

정답 및 해설 p.002

| 01 | 언어이해

Easy

01 다음 글을 읽고 밑줄 친 ㉠의 사례로 적절하지 않은 것은?

㉠ 닻내림 효과란 닻을 내린 배가 크게 움직이지 않듯 처음 접한 정보가 기준점이 돼 판단에 영향을 미치는 일종의 편향(왜곡) 현상을 말한다. 즉, 사람들이 어떤 판단을 하게 될 때 초기에 접한 정보에 집착해 합리적 판단을 내리지 못하는 현상을 일컫는 행동경제학 용어이다. 대부분의 사람은 제시된 기준을 그대로 받아들이지 않고 기준을 토대로 약간의 조정 과정을 거치기는 하나, 그런 조정 과정이 불완전하므로 최초 기준점에 영향을 받는 경우가 많다.

① 연봉 협상 시 본인의 적정 기준보다 더 높은 금액을 제시한다.
② 원래 1만 원이던 상품에 2만 원의 가격표를 붙이고 50% 할인한 가격에 판매한다.
③ 홈쇼핑에서 '이번 시즌 마지막 세일', '오늘 방송만을 위한 한정 구성', '매진 임박' 등의 표현을 사용하여 판매한다.
④ 명품 매장에서 최고가 상품들의 가격표를 보이게 진열하여 다른 상품들이 그다지 비싸지 않은 것처럼 느끼게 만든다.
⑤ '온라인 정기구독 연간 $25'와 '온라인 및 오프라인 정기구독 연간 $125' 사이에 '오프라인 정기구독 연간 $125'의 항목을 넣어 판촉한다.

PART
3 **3개년 주요기업** 기출복원문제

정답 및 해설 p.076

| 01 | **언어**

※ 다음 문단을 논리적 순서대로 바르게 나열한 것을 고르시오. [1~7]

| 2024년 하반기 SK그룹

01
(가) 다행히 성인 ADHD는 치료가 가능한 질환으로 보통 약물 치료와 비약물 치료를 병행한다. 약물 치료는 '염산메틸페니데이트' 등의 중추신경 자극제를 통해 집중력을 높이고 충동성을 감소시키는 데 도움을 준다. 비약물 치료에는 대표적으로 인지행동치료가 있는데 잘못된 생각과 행동 패턴을 바꾸고 스트레스 관리 능력을 향상시키는 데 도움을 준다. 이와 같이 약물 치료와 인지행동치료는 대표적인 ADHD 치료 방법으로 'ADHD의 표준 치료'라고도 불린다.
(나) 이처럼 ADHD는 성인에게도 나타날 수 있으며 성인이라고 숨겨야 할 질병은 더더욱 아니다.

2024~2022년
주요기업 기출복원문제

삼성, SK, KT, 포스코, CJ 등 주요기업의 2024~2022년 3개년 기출복원문제를 영역별로 수록하여 변화하고 있는 적성검사 유형에 대비하고 연습할 수 있도록 하였다.

Easy
01 다음 중 A의 주장에 대해 반박할 수 있는

A : 우리나라의 장기 기증률은 선진국에 b
훼손해서는 안 된다는 전통적 유교 시
B : 맞아. 그런데 장기기증 희망자로 등록0

Hard
04 다음 글의 빈칸에 들어갈 내용으로 가장

1979년 경찰관 출신이자 샌프란시스코 시9
유로 1급 살인죄로 기소되었다. 화이트의
과다 섭취해 당분 과다로 뇌의 화학적 균형0

Easy & Hard로
난이도별 시간 분배 연습

문제별 난이도를 표시하여 시간을 절약해야 하는 문제와 투자해야 하는 문제를 구분하여 학습할 수 있도록 하였다.

CHAPTER
01 **2024년 하반기** 기출복원문제

| 01 | **언어이해**

01	02	03	04	05
③	③	①	④	④

01 **정답** ③
③은 밴드왜건 효과(편승 효과)의 사례이다. 밴드왜건 효과란 유행에 따라 상품을 구입하는 소비 현상을 뜻하는 경제용어로, 기업은 이러한 현상을 충동구매 유도 마케팅 전략으로 활용하고 정치계에서는 특정 유력 후보를 위한 선전용으로 활용한다.

02 **정답** ⑤

정답 및 오답분석으로
풀이까지 완벽 마무리

정답에 대한 자세한 해설은 물론 문제별로 오답분석을 수록하여 오답이 되는 이유를 정확하게 이해할 수 있도록 하였다.

이 책의 차례 CONTENTS

PART

I

기출유형 뜯어보기

01 언어이해 주제·제목 찾기

- 언어이해의 가장 보편적인 유형으로 난이도가 낮은 편이다.
- 설명문부터 주장, 반박문까지 다양한 성격의 지문이 제시되므로 글의 성격별 특징을 알아두는 것이 좋다.

> 1. 글 전체의 흐름보다는 중심 화제 및 주제를 파악하는 것이 우선이므로,
> 글 또는 각 문단의 앞과 뒤를 읽어 중심 내용을 파악한다.

다음 글의 제목으로 가장 적절한 것은?

┌─────글의 중심 화제─────┐

서양에서는 아리스토텔레스가 중용을 강조했다. 하지만 이는 우리의 중용과 다르다. 아리스토텔레스가 말하는 중용은 균형을 중시하는 서양인의 수학적 의식에 기초했으며 우주와 천체의 운동을 완벽한 원과 원운동으로 이해한 우주관에 기초한 것이다. 그러므로 그것은 명백한 대칭과 균형의 의미를 갖는다. 팔씨름에 비유해 보면 아리스토텔레스는 두 팔이 똑바로 서 있을 때 중용이라고 본 데 비해, 우리는 팔이 한 쪽으로 완전히 기울었다 해도 아직 승부가 나지 않았으면 중용이라고 보는 것이다. 그러므로 비대칭도 균형을 이루면 중용을 이룰 수 있다는 생각은 분명 서양의 중용관과는 다르다.

이러한 정신은 병을 다스리고 약을 쓰는 방법에도 나타난다. 서양의 의학은 병원체와의 전쟁이고 그 대상을 완전히 제압하는 데 반해, 우리 의학은 각 장기 간의 균형을 중시한다. 만약 어떤 이가 간장이 나쁘다면 서양 의학은 그 간장의 능력을 회생시키는 방향으로만 애를 쓴다. 그런데 우리는 만약 더 이상 간장 기능을 강화할 수 없다고 할 때 간장과 대치되는 심장의 기능을 약하게 만드는 방법을 쓰는 것이다. 한쪽의 기능이 치우치면 병이 심해진다고 보기 때문이다. 우리는 의학 처방에 있어서조차 중용관에 기초해서 서양의 그것과는 다른 가치관과 세계관을 적용하면서 살아온 것이다.

└─중용관의 차이로 인한 가치관과 세계관의 차이

① 아리스토텔레스의 중용의 의미

두 번째 ─② 서양 의학과 우리 의학의 차이
문단만
포함 ③ 서양과 우리의 가치관

④ 서양의 중용관과 우리 중용관의 차이

⑤ 균형을 중시하는 중용

2. 선택지 중 세부적인 내용을 다루고 있는 것은 정답에서 제외한다.
3. 글의 중심 내용으로 가장 적합한 선택지를 고른다.

제시문은 아리스토텔레스가 강조한 중용과 서양과 동양의 중용을 번갈아 설명하며 그 차이점에 대해 설명하고 있다. 따라서 글의 제목으로 ④가 가장 적절하다.

오답분석

① 아리스토텔레스의 중용은 글의 주제인 서양과 우리의 중용에 대한 차이점을 말하기 위해 언급한 것일 뿐이다.

② 우리는 의학에 있어서도 중용관에 입각했다는 것을 말하기 위해 부연 설명한 것이다.

③ 중용을 바라보는 서양과 우리의 차이점을 말하고 있다.

⑤ 서양과 비교하여 우리의 중용관이 균형에 신경 쓰고 있다는 내용을 담고는 있지만, 전체적으로 보았을 때 서양과 우리의 중용관 차이에 대하여 쓰인 글이다.

정답 ④

 이거 알면 30초 컷!

- 글의 세부적인 내용에 집중하지 말고, 전체적인 맥락을 파악하면서 독해한다. 만약 세부적인 내용을 묻는 선택지가 있다면 빠르게 소거한다.
- 글의 진행 중에 반전이 되는 내용이나 접속어가 나온다면 그 다음에 나오는 내용에 집중한다. 글의 분위기가 변하는 경우가 있기 때문이다. 그러나 항상 글의 내용이 변화한다고 할 수는 없으므로 섣부르게 판단하지는 않는다.

 온라인 풀이 Tip

- 스마트폰에서 뉴스를 볼 때도 그냥 스크롤을 내리지 말고, 텍스트를 읽는 연습을 해야 한다. 만약 상황이 여의치 않다면 독서대에 책을 세워놓고 글을 읽는 연습을 한다.
- 시간을 단축할 수 있는 효자 유형이다. 집중력을 잃어서 문제를 다시 보는 일이 없도록 하고, 메모장 사용 없이 30초 안에 문제를 풀 수 있도록 연습한다.

CHAPTER

01 언어이해 나열하기

유형분석

• 글의 전체적인 맥락과 흐름을 잘 파악하고 있는지를 평가하는 유형이다.
• 나열하기 유형에서 중요하게 생각해야 하는 것은 지시어와 접속어이다. 때문에 접속어의 쓰임에 대해 정확하게 알고 있어야 하며, 지시어가 가르키는 것에 예민하게 반응해야 한다.

1. 지시어 및 접속어를 찾아서 확인한다.
다음 문장을 논리적 순서대로 바르게 나열한 것은?

(가) 이들이 주장한 바로는 아이들의 언어 습득은 '자극 – 반응 – 강화'의 과정을 통해 이루어진다. 즉, 행동주의 학자들은 후천적인 경험이나 학습을 언어 습득의 요인으로 본다.

(나) 이러한 촘스키의 주장은 아이들이 선천적으로 지니고 태어나는 언어 능력에 주목함으로써 행동주의 학자들의 주장만으로는 설명할 수 없었던 복잡한 언어 습득 과정을 효과적으로 설명해 주고 있다.

(다) 그러나 이러한 행동주의 학자들의 주장은 아이들의 언어 습득 과정을 후천적인 요인으로만 파악하려 한다는 점에서 비판
을 받는다.   3. 연결되는 단어 확인
                              (가)의 행동주의 학자들의 주장과 연결되므로 (다)는 (가) 뒤에 위치해야 한다.

(라) 아이들은 어떻게 언어를 습득하는 걸까? 이 물음에 대해 행동주의 학자들은 아이들이 다른 행동을 배울 때와 마찬가지로 지속적인 모방과 학습을 통해 언어를 습득한다고 주장한다. 2. 질문을 통한 주위 환기 글의 도입부에서 주로 활용된다.

(마) 미국의 언어학자 촘스키는 아이들이 의식적인 노력이나 훈련 없이도 모국어를 완벽하게 구사하는 이유가 태어나면서부터 두뇌 속에 '언어습득장치(LAD)'라는 것을 가지고 있기 때문이라고 주장한다.

① (나) – (가) – (마) – (다) – (라)
② (다) – (라) – (가) – (나) – (마)   } 1.에 의해 삭제
③ (다) – (가) – (라) – (나) – (마)
④ (라) – (가) – (다) – (마) – (나)
⑤ (라) – (다) – (가) – (마) – (나)   } 3.을 통해 확인

4 · LG그룹 기출이 답이다

〈풀이 1〉

제시문은 행동주의 학자들이 생각하는 언어 습득 이론과 그 원인을 설명하고, 이를 비판하는 입장인 촘스키의 언어 습득 이론을 설명하는 내용의 글이다. 따라서 (라) 행동주의 학자들의 언어 습득 이론 − (가) 행동주의 학자들이 주장한 언어 습득의 원인 − (다) 행동주의 학자들의 입장에 대한 비판적 관점 − (마) 언어학자 촘스키의 언어 습득 이론 − (나) 촘스키 이론의 의의의 순으로 나열하는 것이 적절하다.

〈풀이 2〉

제시문은 언어 습득에 대한 두 견해를 제시하고 있다. (가), (나), (다)에는 각각 '이들', '이러한', '그러나'와 같은 지시어와 접속어가 ──① 제시되어 있으므로 첫 문장이 될 수 없다. 때문에 글의 전체적인 화두를 제시하고 있는 (라)가 처음으로 나오는 것이 적절하다. 다음으로 (가)의 '이들의 주장'은 (라)의 행동주의 학자들의 주장을 가리키므로 (가)가 오는 것이 적절하며, 이어서 역접의 접속어 '그러나'를 통해 이러한 행동주의 학자들의 주장을 비판하는 (다)로 이어지는 것이 적절하다. 마지막으로는 촘스키의 새로운 주장인 (마)와 '이러한 촘스키의 주장'에 대해 부연하는 (나)가 차례로 이어지는 것이 적절하다.

② 　　　　　　　　　　　　　　　　　　　　　　　　　　　　　　　　정답 ④

⏰ 이거 알면 30초 컷!

- 나열하기는 위의 2가지 풀이처럼 개인마다 편하게 풀이하는 방법이 다르다. 때문에 평소에 많이 연습하고 자신에게 좀 더 편한 풀이 방법을 택한다.
- 첫 번째 문장(문단)을 찾는 일에 집중한다. 첫 번째 문장은 글의 화두로 글을 이끌어 나가기 위한 전체적인 주제가 제시된다.
- 각 문장(문단)마다 자리한 지시어나 접속어를 살펴본다. 특히 문두에 접속어가 나오거나 지시어가 나오는 경우, 글의 첫 번째 문장이 될 수 없다. 이러한 조건들과 선택지를 비교해서 하나씩 소거해 나가다 보면 첫 번째 문장을 빠르게 찾을 수 있다.

💻 온라인 풀이 Tip

나열하기 유형은 메모장을 활용하기 좋은 유형이다. 글의 핵심 키워드를 파악했다면 자신이 찾은 첫 문장이나 나름의 순서를 메모장에 기록한다. 다음으로 선택지와 비교해 가며 자신이 생각한 것과 가장 유사한 것을 찾으면 정답은 아니더라도 오답은 소거할 수 있다.

01 언어이해 사실적 독해

- 글의 세부적인 내용을 이해하고 있는지 평가하는 유형이다.
- 언어이해 영역에서 높은 비중으로 출제되며 어렵게 출제되는 경우 문장마다 신경을 써야 하는 유형이다.
- 주제 찾기나 문장나열과 같은 유형에서 절약한 시간을 활용한다.

다음 글의 내용으로 가장 적절한 것은?

2. 선택지에 표시한 핵심어와 관련된 내용을 지문에서 파악하여 글의 내용과 비교

①과 불일치   ②와 불일치

음악에서 화성이나 멜로디가 하나의 음 또는 하나의 화음을 중심으로 일정한 체계를 유지하는 것을 조성(調性)이라고 한다. 조성을 중심으로 한 음악은 서양음악에 지배적인 영향을 미쳤는데, 여기에서 벗어나 자유롭게 표현하고 싶은 음악가의 열망이 무조(無調) 음악을 탄생시켰다. 무조음악에서는 한 옥타브 안의 12음 각각에 동등한 가치를 두어 음들을 자유롭게 사용하였다. 이로 인해 무조음악은 표현의 자유를 누리게 되었지만 조성이 주는 체계성은 잃게 되었다. 악곡의 형식을 유지하는 가장 기초적인 뼈대가 흔들린 것이다. 이와 같은 상황 속에서 무조 음악이 지닌 자유로움에 체계성을 더하고자 고민한 작곡가 쇤베르크는 '12음 기법'이라는 독창적인 작곡 기법을 만들어냈다. 쇤베르크의 12음 기법은 12음을 한 번씩 사용하여 만든 기본음렬(音列)에 이를 '전위', '역행', '역행 전위'의 방법으로 파생시킨 세 가지 음렬을 더해 악곡을 창작하는 체계적인 작곡 기법이다.

③과 불일치

⑤와 불일치

1. 지문에서 접할 수 있는 핵심어를 중심으로 선택지에 표시

① 조성은 하나의 음으로 여러 음을 만드는 것을 말한다.
② 무조 음악은 조성이 발전한 형태라고 말할 수 있다.
③ 무조 음악은 한 옥타브 안의 음 각각에 가중치를 두어서 사용했다.
④ 조성은 체계성을 추구하고, / 무조 음악은 자유로움을 추구한다.
⑤ 쇤베르크의 12음 기법은 무조 음악과 조성 모두에서 벗어나고자 한 작곡 기법이다.

제시문은 조성과 무조 음악을 합쳐 쇤베르크가 탄생시킨 12음 기법에 대한 내용이다. 멜로디가 하나의 음 또는 하나의 화음을 중심으로 일정한 체계를 유지하는 것을 '조성'이라고 하였고, 여기에서 벗어나 자유롭게 표현하고 싶은 음악가의 열망이 '무조 음악'을 탄생시켰다고 하였으므로 ④가 가장 적절하다.

오답분석
① 조성은 음악에서 화성이나 멜로디가 하나의 음 또는 하나의 화음을 중심으로 일정한 체계를 유지하는 것이다.
② 무조 음악은 조성에서 벗어나 자유롭게 표현하고자 한 것이므로, 발전한 형태라고 말할 수 없다.
③ 무조 음악은 한 옥타브 안의 음 각각에 동등한 가치를 두었다.
⑤ 쇤베르크의 12음 기법은 무조음악이 지닌 자유로움에 조성의 체계성을 더하고자 탄생한 기법이다.

정답 ④

 이거 알면 30초 컷!

주어진 글의 내용과 일치하는 것 또는 일치하지 않는 것을 고르는 문제의 경우, 제시문을 읽기 전에 문제와 선택지를 먼저 확인하는 것이 좋다. 이를 통해 제시문에서 알아내야 하는 정보가 무엇인지를 인지한 후 독해한다.

 온라인 풀이 Tip

선택지를 읽고 전체적인 내용을 대략적으로 이해한 후 제시문을 읽는다. LG그룹의 온라인 적성검사는 짧은 시간 내에 많은 문제를 풀어야 하므로, 제시문을 두세 번 읽으면 그만큼 다른 문제의 풀이시간에 손해가 생긴다. 때문에 시험 시작 전에 화면으로 텍스트를 읽으면서 워밍업을 하는 것도 좋은 방법이다.

01 언어이해 추론적 독해

- 글에서 직접적으로 제시하지 않은 내용을 추론하여 답을 도출해야 하는 유형이다.
- 언어이해 영역에서 가장 난이도가 높은 유형으로 볼 수 있다.
- 자신의 주관적인 판단보다는 글에 대한 논리적인 이해를 바탕으로 문제를 풀이한다.

┌─ 1. 문제에서 제시하는 추론유형을 확인한다.
└─ 세부적인 내용을 추론하는 유형

다음 글을 통해 추론할 수 있는 내용으로 가장 적절한 것은?

도구를 사용하는 인간은 다양한 종류의 음식을 먹는 본능과 소화력을 갖췄지만 일부 동물은 한 가지 음식만 먹는다. 이렇게 음식 하나에 모든 것을 거는 '단일식품 식생활'은 도박이다. 그 음식의 공급이 끊기면 그 동물도 끝이기 때문이다. ──③의 반박 근거

한때 우리는 인류의 전 주자였던 오스트랄로피테쿠스가 과일만 먹었을 것이라고 믿은 적이 있었다. 이를 근거로 오스트랄로피테쿠스와 사람을 가르는 선을 고기의 섭취 여부로 정하기도 했었다. 그러나 남아프리카공화국의 한 동굴에서 발견된 200만 년 전 유골 4구의 치아에서는 이와 다른 증거가 발견됐다. 인류학자 맷 스폰하이머와 줄리아 리소프는 이 유골의 치아사기질 탄소 동위 원소 구성 중 13C의 비율이 과일만 먹은 치아보다 열대 목초를 먹은 치아와 훨씬 더 가깝다는 것을 발견했다. 식생활 동위원소는 체내조직에 기록되기 때문에 이 발견은 오스트랄로피테쿠스가 상당히 많은 양의 풀을 먹었거나 이 풀을 먹은 동물을 먹었다는 추측을 가능케 한다. 그런데 같은 치아에서 풀을 씹어먹을 때 생기는 마모는 전혀 보이지 않았기 때문에 오스트랄로피테쿠스 식단에서 풀을 먹는 동물이 큰 부분을 차지했다는 결론을 내릴 수 있다.

오래 전에 멸종되어 260만 년이라는 긴 시간을 땅속에 묻혀있던 동물의 뼈 옆에서는 석기들이 함께 발견되기도 한다. 이 뼈와 석기가 들려주는 이야기는 곧 우리의 이야기다. 어떤 뼈에는 이로 씹은 흔적 위에 도구로 자른 흔적이 겹쳐있다. 그 반대의 흔적이 남은 뼈들도 있다. 도구로 자른 흔적 다음에 날카로운 이빨 자국이 남은 경우다. 이런 것은 무기를 가진 인간이 먼저 먹고 동물이 이빨로 뜯어 먹은 것이다.
└─④의 반박 근거

① 오스트랄로피테쿠스는 육식 동물을 전혀 먹지 않았다. ──근거를 찾을 수 없음
② 육식 여부는 오스트랄로피테쿠스의 진화 과정을 보여주는 중요한 기준이다.
③ 단일식품 섭취의 위험성 때문에 단일식품을 섭취하는 동물은 없다.
④ 인간은 날카로운 이빨을 이용하여 초식동물을 사냥하였다.
⑤ 맷 스폰하이머와 줄리아 리소프의 연구는 육식 여부로 오스트랄로피테쿠스와 사람을 구분하던 방법이 잘못되었음을 보여준다.

┤서로 상반되는 내용의 선택지이므로 이를 중심으로 글의 내용을 파악한다.

2. 선택지를 먼저 확인하고 글에서 선택지의 근거가 되는 부분을 확인한다.

맷 스폰하이머와 줄리아 리소프의 연구는 오스트랄로피테쿠스가 육식을 하였음을 증명하였다. 때문에 육식 여부로 오스트랄로피테쿠스와 사람을 구분하던 과거의 방법이 잘못되었음을 증명한 것이라 볼 수 있다.

오답분석 ┌ 육식 동물

① 두 번째 문단 마지막 문장에서 오스트랄로피테쿠스의 식단에서 풀을 먹는 동물이 큰 부분을 차지했다는 결론을 내렸다고 했을 뿐, 풀을 전혀 먹지 않았는지는 알 수 없다.

② 맷 스폰하이머와 줄리아 리소프의 연구를 통해 육식 여부로 오스트랄로피테쿠스와 사람을 구분할 수 없다는 것을 확인했으므로 육식 여부는 진화 과정에 대한 기준이 될 수 없다.

③ 단일식품을 섭취하는 것이 위험하다고 했을 뿐, 일부 동물은 단일식품을 섭취한다.

④ 마지막 문단에서 도구로 자른 흔적 다음에 날카로운 이빨자국이 남은 동물 뼈에서 무기를 가진 인간의 흔적을 찾은 것으로 보아 인간은 이빨이 아닌 무기로 사냥을 했음을 알 수 있다.

정답 ⑤

 이거 알면 30초 컷!

문제에서 제시하는 추론 유형이 어떤 형태인지를 판단한다.

• 글쓴이의 주장/의도를 추론하는 유형

글에 나타난 주장, 근거, 논증 방식을 파악하는 유형으로 주장의 타당성을 평가하여 글쓴이의 관점을 이해하며 읽는다.

• 세부적인 내용을 추론하는 유형

주어진 선택지를 먼저 읽고 지문을 읽으면서 답이 아닌 선택지를 지워나가는 방법이 효율적이다.

01 언어이해 비판적 독해

• 글을 읽고 비판적 의견이나 반박을 생각할 수 있는지를 평가하는 유형이다.
• 제시문의 '주장'에 대한 반박을 찾는 것이므로, '근거'에 대한 반박이나 논점에서 벗어난 것을 찾지 않도록 주의해야 한다.

다음 글의 주장에 대한 반대 의견의 근거로 적절하지 않은 것은? 1. 문제를 풀기 위해 글의 주장, 관점, 의도, 근거 등 글의 핵심을 파악

> 소년법은 반사회성이 있는 소년의 환경조정과 품행 교정을 위한 보호처분 등의 필요한 조치를 하고, 형사처분에 관한 특별 조치를 적용하는 법이다. 만 14세 이상부터 만 19세 미만의 사람을 대상으로 하며 인격 형성 도중에 있어 그 개선 가능성이 풍부하고 심신의 발육에 따르는 특수한 정신적 동요 상태에 놓여 있으므로 현재의 상태를 중시하여 소년의 건전한 육성을 기하려는 것이 본래의 목적이다.

소년법의 사전적 정의와 목적

> 하지만 청소년이 강력범죄를 저지르더라도 소년법의 도움으로 처벌이 경미한 점을 이용해 성인이 저지른 범죄를 뒤집어쓰거나 일정한 대가를 제시하고 대신 자수하도록 하는 등 악용 사례가 있으며, 최근에는 미성년자들 스스로가 모의하여 발생한 강력범죄가 날로 수위를 높여가고 있다. 무엇보다 이러한 죄를 저지른 이들이 범죄나 처벌을 대수롭지 않게 여기는 태도를 보이는 경우가 많아 법의 존재 자체를 의심받는 상황에 이르고 있다. 따라서 해당 법을 폐지하고 저지른 죄에 걸맞은 높은 형량을 부여하는 것이 옳다.

소년법의 악용 사례와 실효성에 대한 의문 제기를 통한 소년법 폐지 및 형량 강화 주장

① 성인이 저지른 범죄를 뒤집어쓰는 경우는 소년법의 문제라기보다는 해당 범죄를 악용한 범죄자를 처벌하는 것이 옳다.

② 소년법 대상의 대부분이 불우한 가정환경을 가지고 있기 때문에 소년법 폐지보다는 범죄예방이 급선무이다.

＝되갚음 → 소년법은 소년의 보호를 목적으로 하므로 어색함

③ 소년법을 폐지하면 형법의 주요한 목적 중 하나인 응보의 의미가 퇴색된다.

④ 세간에 알려진 것과 달리 강력범죄의 경우에는 미성년자라고 할지라도 실형을 선고받는 사례가 더 많으므로 성급한 처사라고 볼 수 있다.

⑤ 한국의 소년법은 현재 UN 아동권리협약에 묶여있으므로 무조건적인 폐지보다는 개선 방법을 고민하는 것이 먼저다.

2. 글의 주장 및 근거의 어색한 부분을 찾아 반박 근거와 사례를 생각

형법의 주요한 목적 중 하나인 응보는 '어떤 행위에 대하여 받는 갚음'을 뜻한다. 제시문의 주장에 따르면 소년법을 악용하여 범죄 수준에 비해 처벌을 경미하게 받는 등 악용사례가 있으므로 소년법을 폐지하면 응보의 의미가 퇴색된다는 것은 필자의 주장을 반박 하는 근거로 적절하지 않다.

오답분석

① 소년법의 악용 사례가 소년법 자체의 문제에 의한 것이 아니라고 주장하는 반대 의견이다.

②·⑤ 소년법 본래의 취지와 현재의 상황을 상기시키며 필자의 주장이 지나치다고 반박하고 있다.

④ 필자의 주장의 근거 중 하나인 경미한 처벌이 사실과 다르다고 반박하고 있다.

정답 ③

 이거 알면 30초 컷!

- 주장, 관점. 의도, 근거 등 문제를 풀기 위한 글의 핵심을 파악한다. 이후 글의 주장 및 근거의 어색한 부분을 찾아 반 박할 주장과 근거를 생각해 본다.

- 제시문이 지나치게 길 경우 선택지를 먼저 파악하여 홀로 글의 주장이 어색하거나 상반된 의견을 제시하고 있는 답은 없는지 확인한다.

 온라인 풀이 Tip

비판적 독해는 결국 주제 찾기와 추론적 독해가 결합된 유형이다. 반박하는 내용으로 제시되는 선택지는 추론적 독해처 럼 세세하게 지문을 파악하지 않아도 풀이가 가능하다. 때문에 너무 긴장하지 말고 문제에 접근한다.

- '$p \rightarrow q$, $q \rightarrow r$이면 $p \rightarrow r$이다.' 형식의 삼단논법과 명제의 대우를 활용하여 푸는 유형이다.
- 명제에서 일부를 나타내는 표현이 나온다면 삼단논법을 활용하기보다 벤다이어그램 등을 활용하여 풀이해야 한다.

다음 명제가 참일 때, 항상 참인 것은?

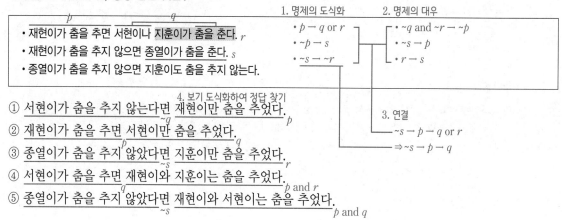

'재현이가 춤을 추다.'를 p, '서현이가 춤을 추다.'를 q, '지훈이가 춤을 추다.'를 r, '종열이가 춤을 추다.'를 s라고 하면 주어진 명제는 순서대로 $p \to q$ or r, $\sim p \to s$, $\sim s \to \sim r$이다. 두 번째 명제의 대우는 $\sim s \to p$이고 이를 첫 번째 명제와 연결하면 $\sim s \to p \to q$ or r이다. 세 번째 명제에서 $\sim s \to \sim r$라고 하였으므로 $\sim s \to p \to q$임을 알 수 있다. 따라서 항상 참인 것으로 ⑤가 적절하다.

정답 ⑤

이거 알면 30초 컷!

삼단논법 유형이 항상 결론을 찾는 문제가 출제되는 것은 아니다. 때문에 연결 관계를 잘 파악해야 한다. 만약 $p \to q$, $r \to s$라는 명제가 있다. 이를 $p \to s$라는 명제로 만들고 싶을 때 필요한 명제는 $q \to r$이다. 답이 맞는지 헷갈린다면 전체 문장이 연결되는지를 확인한다.

온라인 풀이 Tip

- LG그룹의 온라인 적성검사에 출제되는 언어추리는 난이도가 높지 않다. 때문에 가능하면 메모장을 사용하지 않고 문제를 풀이하는 연습을 한다. 그러나 만약 평소에 자신의 오답률이 높은 유형이라면 처음부터 메모장을 활용하는 연습을 하는 것도 좋은 방법이다.
- 해설처럼 p, q, r 등의 문자로 표현하는 것이 아니라 자신이 알아볼 수 있는 단어나 기호로 표시한다. 메모장만 봐도 문제 풀이가 가능하도록 풀이 과정을 써야 한다.
  예 '재현이가 춤을 춘다.'→ 재현 ○, '서현이는 춤을 추지 않는다.'→ 서현 ✕
  만약 ○이나 ✕를 메모장에 쓰는 것도 부담스럽다면 이 또한 다른 표기 방법을 찾는 것도 좋다.

02 언어추리 배열하기·묶기·연결하기

유형분석

- 제시된 여러 조건/상황/규칙들을 정리하여 경우의 수를 구한 후 문제를 해결하는 유형이다.
- 고정 조건을 중심으로 표나 도식으로 정리하여 확실한 조건과 배제해야 할 조건들을 정리한다.

1. 문제에서 요구하는 조건을 표시한다.

L동아리는 봄을 맞아 소풍을 가고자 한다. 동아리 회원인 A~E 5명은 서로 다른 색의 접시에 각기 다른 한 가지의 과일을 준비하였다. 〈조건〉에 따라 B가 준비한 접시의 색깔과 C가 준비한 과일이 바르게 연결된 것은?

조건

- 회원들이 준비한 과일들은 A ~ E 순으로 일렬로 놓여있다.
- 접시의 색은 빨강, 노랑, 초록, 검정, 회색이다.
- 과일은 참외, 수박, 사과, 배, 바나나가 있다.
- 수박과 참외는 이웃하지 않는다.
- 노란색 접시에 배가 담겨있고, 회색 접시에 참외가 담겨있다.
- (B는 바나나를 준비하였다.)
- 양쪽 끝 접시는 빨간색과 초록색이며, 이 두 접시에 담긴 과일의 이름은 두 글자이다.
- 바나나와 사과는 이웃한다.

2. 주어진 조건 중 고정 조건을 기준으로 나머지 조건을 정리한다.
- 노란색 : 배
- 회색 : 참외

	B가 준비한 접시의 색깔	C가 준비한 과일
①	검정	사과
②	빨강	사과
③	검정	참외
④	초록	참외
⑤	회색	수박

3. 고정 조건을 중심으로 표나 도식을 활용하여 정리한다.

i) 먼저 과일 접시의 색 확인

구분	참외	수박	사과	배	바나나
빨강	×			×	×
노랑	×	×	×	○	×
초록	×			×	×
검정	×	×	×	×	○
회색	○	×	×	×	×

두 글자인 과일만 가능
→ 검정색 접시

ii) A~E의 과일과 접시 확인

바나나와 이웃
수박과 이웃하지 않음

구분	~~A~~	B	C	D	E
과일	수박 ~~사과~~	바나나	~~참외~~	배	~~사과~~ ~~수박~~
접시	빨강 초록	검정	회색	노랑	초록 빨강

4. 정리한 내용을 바탕으로 문제의 답을 찾는다.

정답 해설

B가 바나나를 준비하였으므로 A와 C 중 1명이 사과를 준비하였다. 그런데 양쪽 끝 접시는 빨간색, 초록색이고 참외는 회색 접시에 담겨있으므로 양쪽 끝에 담긴 과일은 두 글자인 과일 중 참외를 제외한 사과, 수박이다. 즉, A는 사과를, E는 수박을 준비하였다.

수박과 참외는 이웃하지 않으므로 D가 준비한 과일은 참외일 수 없으므로 C가 준비한 과일이 참외이다.

C는 참외를 준비했으므로 회색 접시를 준비하고, D는 노란 접시에 배를 준비했음을 알 수 있다. A와 E가 준비한 접시는 각각 초록색 혹은 빨간색이므로 남은 색은 검정색이다.

조건에 따라 각 회원이 준비한 과일과 접시를 표로 정리하면 다음과 같다.

구분	A	B	C	D	E
과일	사과	바나나	참외	배	수박
접시	초록/빨강	검정	회색	노랑	빨강/초록

따라서 B가 준비한 접시의 색깔은 검정색임을 알 수 있으므로 ③이 적절하다.

정답 ③

⏰ 이거 알면 30초 컷!

고정적인 조건을 가장 먼저 파악하는 것이 중요하다. 보통 고정적인 조건은 마지막 부분에 제시되는 경우가 많은데, 앞에 나온 조건들을 아무리 잘 정리해도 고정 조건 하나면 경우의 수가 많이 줄어든다.

💻 온라인 풀이 Tip

• 명제와 마찬가지로 간소화시키는 것이 가장 중요하다. 때문에 메모장에 확정적인 조건과 그에 따라 같이 확정적이게 되는 나머지 조건을 정리하고, 문제를 풀이한다.
만약 순서 맞추기나 점수를 구하는 문제의 경우 1층, 2층, 3층 등의 표현을 다 연습장에 쓸 필요는 없다. 자신만 알아보면 되므로 띄어쓰기나 '−' 등의 표현을 활용한다. 핵심은 시간 단축이다.

• 만약 문제를 풀이하다가 헷갈리거나 어렵다고 느껴지면 과감하게 해당 문제를 포기하고 넘어간다. 각 영역은 20분에 20문제를 풀어야 하고, 다른 문제를 다 풀었다면 돌아가서 다시 풀 수 있다. 한 문제에 집착해서 다른 문제까지 모두 망치는 일은 한 번뿐인 시험에 큰 손해이다.

유형분석

- 일반적으로 4~5명의 진술이 제시되며, 각 진술의 진실 및 거짓 여부를 확인하여 범인을 찾는 유형이다.
- 추리 영역 중에서도 체감 난도가 상대적으로 높은 유형으로 알려져 있다.
- 각 진술 사이의 모순을 찾아 성립하지 않는 경우의 수를 제거하거나, 경우의 수를 나누어 모든 조건이 성립하는지를 확인해야 한다.

① 문제에서 구하는 것 확인
→ 범인을 찾는 문제, 거짓말을 한 사람을 찾는 문제가 아님

어젯밤에 탕비실 냉장고에 보관되어 있던 행사용 케이크가 없어졌다. 어제 야근을 한 갑~무 5명을 조사했더니 다음과 같이 진술했다. 케이크를 먹은 범인은 2명이고, 단 2명만이 진실을 말한다고 할 때, 범인이 될 수 있는 사람으로 바르게 짝지어진 것은?(단, 모든 사람은 진실만 말하거나 거짓만 말한다)

조건 1
조건 2
② 조건 확인

- 갑 : 을이나 병 중에 1명만 케이크를 먹었어요.
- 을 : 무는 확실히 케이크를 먹었어요.
- 병 : 정과 무가 모의해서 함께 케이크를 훔쳐먹는 걸 봤어요.
- 정 : 저는 절대 범인이 아니에요.
- 무 : 사실대로 말하자면 제가 범인이에요.

③ 2명의 진술이 일치 → 동시에 진실을 말하거나 거짓을 진술

① 갑, 을　　　　　　　② 을, 정
③ 을, 무　　　　　　　④ 갑, 정
⑤ 정, 무

을의 진술이 진실이면 무의 진술도 진실이고, 을의 진술이 거짓이면 무의 진술도 거짓이다.

• 을과 무가 모두 진실을 말하는 경우

무는 범인이고, 나머지 3명은 모두 거짓을 말해야 한다. 정의 진술이 거짓이므로 정은 범인인데, 병이 무와 정이 범인이라고 했으므로 병은 진실을 말하는 것이 되어 2명만 진실을 말한다는 조건에 모순이다. 따라서 을과 무는 거짓을 말한다.

• 을과 무가 모두 거짓을 말하는 경우

무는 범인이 아니고, 갑·병·정 중 1명만 거짓을 말하고 나머지 2명은 진실을 말한다. 만약 갑이 거짓을 말한다면 을과 병이 모두 범인이거나 모두 범인이 아니어야 한다. 그런데 갑의 말이 거짓이고 을과 병이 모두 범인이라면 병의 말 역시 거짓이 되어 조건에 모순이다. 그러므로 갑의 말은 진실이고, 병이 지목한 범인 중에 을이나 병이 없으므로 병의 진술은 거짓, 정의 진술은 진실이다.

따라서 범인은 갑과 을 또는 갑과 병이므로 ①이 적절하다.

정답 ①

 이거 알면 30초 컷!

진실게임 유형 중 90% 이상은 다음 두 가지 방법으로 풀 수 있다. 주어진 진술을 빠르게 훑으며 다음 두 가지 중 어떤 경우에 해당되는지 확인한 후 문제를 풀어나간다.

• 두 명 이상의 발언 중 한쪽이 진실이면 다른 한쪽이 거짓인 경우

1) A가 진실이고 B가 거짓인 경우, B가 진실이고 A가 거짓인 경우 두 가지로 나눌 수 있다.

2) 두 가지 경우에서 각 발언의 진위 여부를 판단한다.

3) 주어진 조건과 비교한다(범인의 숫자가 맞는지, 진실 또는 거짓을 말한 인원수가 조건과 맞는지 등).

• 두 명 이상의 발언 중 한쪽이 진실이면 다른 한쪽도 진실인 경우

1) A와 B가 모두 진실인 경우, A와 B가 모두 거짓인 경우 두 가지로 나눌 수 있다.

2) 두 가지 경우에서 각 발언의 진위 여부를 판단한다.

3) 주어진 조건과 비교한다(범인의 숫자가 맞는지, 진실 또는 거짓을 말한 인원수가 조건과 맞는지 등).

03 자료해석 자료계산

• 자료해석에서 가장 쉬운 유형으로 문제에서 묻는 값을 정확하게 계산하여 풀이하는 유형이다.

• 큰 자릿수의 수치가 출제되기도 하며 어림값을 활용하는 경우에 오답률이 올라가는 유형이다.

1. 문제 확인 → $\dfrac{\text{고위직}}{\text{총 진출 인원}} \times 100$

다음은 내국인 국제기구 진출현황에 대한 자료이다. 국제기구 <u>총 진출 인원</u> 중 고위직 진출 인원수의 비율이 <u>가장 높은 해</u>는?

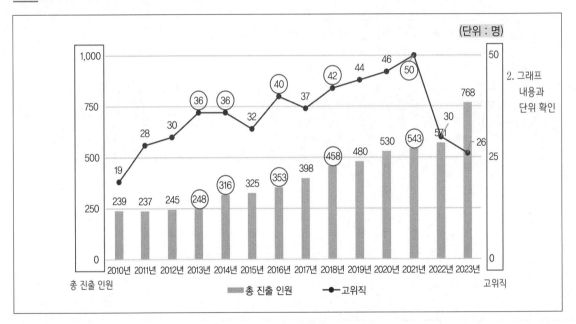

(단위 : 명)

2. 그래프 내용과 단위 확인

총 진출 인원 / 고위직

■ 총 진출 인원   ● 고위직

① 2013년   ② 2014년

③ 2016년   ④ ~~2018년~~

⑤ ~~2021년~~

3. 선택지에 제시된 해만 표시하고 계산
비율이 크다는 것은 분모가 작고 분자는 크다는 의미이다. 즉, ④와 ⑤는 계산해 보지 않아도 답이 아닌 것을 알 수 있다.

연도별 국제기구 총 진출인원 중 고위직 진출 인원수의 비율을 구하면 다음과 같다.

① 2013년 : $\frac{36}{248}\times100≒14.5\%$

② 2014년 : $\frac{36}{316}\times100≒11.4\%$

③ 2016년 : $\frac{40}{353}\times100≒11.3\%$

④ 2018년 : $\frac{42}{458}\times100≒9.2\%$

⑤ 2021년 : $\frac{50}{543}\times100≒9.2\%$

따라서 국제기구 총 진출 인원 중 고위직 진출 인원수의 비율이 가장 높은 해는 2013년이다.

정답 ①

 이거 알면 30초 컷!

자료계산 문제의 경우 두 가지 경우로 나눌 수 있다.
• 정확한 수치를 구해야 하는 경우
선택지가 아닌 제시된 자료나 그래프를 보고 원하는 수치를 찾는다. 이때, 수치가 크다면 전체를 다 계산하는 것이 아니라 일의 자릿수부터 값이 맞는지를 확인한다.
• 원하는 수치에 해당하는 값을 찾는 경우
제시된 문제처럼 정확한 수치가 아닌 해당하는 경우나 해당하지 않는 경우를 묻는 문제는 선택지를 먼저 보고, 제시되어 있는 경우만 빠르게 계산한다.

 온라인 풀이 Tip

LG그룹의 온라인 적성검사는 계산기를 제공하기 때문에 어림값을 잡거나 메모장에 기록하는 등의 수고를 하지 않아도 된다. 그래프의 수치를 헷갈리지 않는 데 집중하고, 시간을 절약하도록 한다.

03 자료해석 자료해석

유형분석

- 자료해석에서 가장 많이 빈출되는 유형이다.
- 주어진 자료를 토대로 선택지의 옳고 그름을 판단하는 문제이다.
- 증감 추이, 증감폭, 증감률 등의 개념을 정확하게 가지고 있어야 한다.

└ 1. 문제 확인

다음은 산업별 월간 국내카드 승인액이다. 이에 대한 〈보기〉의 설명 중 <u>옳은 것을 모두 고르면?</u>

〈산업별 월간 국내카드 승인액〉

(단위 : 억 원)

구분	2023년 8월	2023년 9월	2023년 10월	2023년 11월	2023년 12월	2024년 1월
도매 및 소매업	3,116	3,245	3,267	3,261	3,389	3,241
운수업	161	145	165	159	141	161
숙박 및 음식점업	1,107	1,019	1,059	1,031	1,161	1,032
사업시설관리 및 사업지원 서비스업	40	42	43	42	47	48
교육 서비스업	127	104	112	119	145	122
보건 및 사회복지 서비스업	375	337	385	387	403	423
예술, 스포츠 및 여가관련 서비스업	106	113	119	105	89	80
협회 및 단체, 수리 및 기타 개인 서비스업	163	155	168	166	172	163

2. 풀이 순서 정하기

계산이 없는 선택지 → 간단한 계산 선택지 → 복잡한 계산 선택지

$$\frac{|122-145|}{145}\times100=\frac{145-122}{145}\times100\fallingdotseq16\%$$

= ㄷ → ㄱ → ㄹ → ㄴ

보기

┌ 159+1,031=1,190억 원

└ 3,261억 원

ㄱ. 교육 서비스업의 2024년 1월 국내카드 승인액의 전월 대비 감소율은 25% 이상이다. (×)

ㄴ. 2023년 11월 운수업과 숙박 및 음식점업의 국내카드 승인액의 합은 도매 및 소매업의 국내카드 승인액의 40% 미만이다. (○)

ㄷ. 2023년 10월부터 2024년 1월까지 사업시설관리 및 사업지원 서비스업과 예술, 스포츠 및 여가관련 서비스업 국내카드 승인액의 전월 대비 증감 추이는 동일하다. (×) 3,261×0.4=1,304.4억 원>1,190억 원

ㄹ. 2023년 9월 협회 및 단체, 수리 및 기타 개인 서비스업의 국내카드 승인액은 보건 및 사회복지 서비스업 국내카드 승인액의 35% 이상이다. (○) └155억 원 └337억 원

└337×0.35=117.95억 원<155억 원

① ㄱ, ㄴ

② ㄱ, ㄷ

③ ㄴ, ㄷ

④ ㄴ, ㄹ

⑤ ㄷ, ㄹ

3. 답 소거하기

풀이 순서에 따라 ㄷ과 ㄱ이 옳지 않으므로 모든 선지를 계산해 보지 않아도 답은 ④이다.

4.ㄴ. 2023년 11월 운수업과 숙박 및 음식점업의 국내카드 승인액의 합은 159+1,031=1,190억 원으로, 도매 및 소매업의 국내카드 승인액의 40%인 3,261×0.4=1,304.4억 원보다 작다.

3.ㄹ. 2023년 9월 협회 및 단체, 수리 및 기타 개인 서비스업의 국내카드 승인액은 보건 및 사회복지 서비스업 국내카드 승인액의 $\frac{155}{337}\times100≒46.0\%$이다.

오답분석

2.ㄱ. 교육서비스업의 2024년 1월 국내카드 승인액의 전월 대비 감소율은 $\frac{122-145}{145}\times100≒-15.9\%$이다.

1.ㄷ. 2023년 10월부터 2024년 1월까지 사업시설관리 및 사업지원 서비스업의 국내카드 승인액의 전월 대비 증감 추이는 '증가-감소-증가-증가'이고, 예술, 스포츠 및 여가관련 서비스업은 '증가-감소-감소-감소'이다.

정답 ④

 이거 알면 30초 컷!

- 계산이 필요 없는 선택지를 먼저 해결한다.
  예 ㄷ은 빠르게 풀이가 가능하다.
- 정확한 값을 비교하기보다 근사치를 활용한다.

 온라인 풀이 Tip

- 자료해석의 경우 너무 정석적으로 풀이하면 오프라인 시험이라도 시간이 부족하다. 때문에 역으로 생각해 보며 빠르게 풀이할 수 있는 방법을 생각해야 한다.
  예 전년 대비 10% 감소했다 → (기준 값)×0.9
  예 100% 증가 → 전년 대비 2배 증가, 200% 증가 → 전년 대비 3배 증가
- 만약 계산 값을 구해야 하는 문제가 출제되었을 때, 선택지의 일의 자리 숫자가 모두 다르면 일의 자리 숫자만 계산한다.
- 선택지를 풀다가 답이 나오는 경우 바로 체크하고 다음으로 넘어간다.

유형분석

- 제시된 표를 그래프로 올바르게 변환한 것을 묻는 유형이다.
- 복잡한 표가 제시되지 않으므로 수의 크기만을 판단하여 풀이할 수 있다.

다음은 L대학교의 학과별 입학정원 변화에 대한 자료이다. 이를 그래프로 나타낸 것으로 적절하지 않은 것은?

〈학과별 입학정원 변화〉

2. 단위 확인 ─ (단위 : 명)

3. 표의 항목 확인   1. 제목 확인

이 표의 경우에는 연도가 내림차순으로 정렬되어 있다.

구분	2023년		2022년	2021년	2020년	2019년
A학과	150	−7	157	135	142	110
B학과	54	−6	60	62	55	68
C학과	144	−6	150	148	130	128
D학과	77	−8	85	80	87	90
E학과	65	+5	60	64	67	66
F학과	45	+3	42	48	40	50
G학과	120	+10	110	114	114	115
H학과	100	−5	105	108	110	106

① 2022~2023년 학과별 입학정원 변화

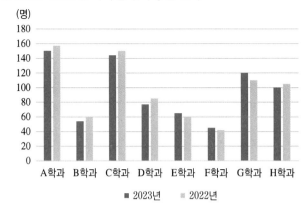

5. 빠르게 확인 가능한 선택지부터 확인
①의 경우 2023, 2022년 수치를 바로 적용시킬 수 있으므로 우선 확인한다.

② 2019~2023년 A, C, D, G, H학과 입학정원 변화

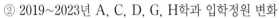
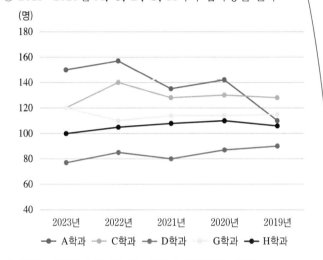

③ 2019~2023년 B, E, F, G학과 입학정원 변화

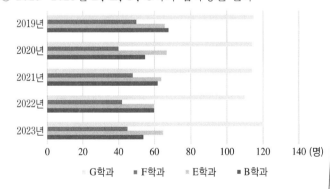

6. 증감 추이 판단 후 수치가 맞는지 확인

④ 2019~2021년 학과별 입학정원 변화

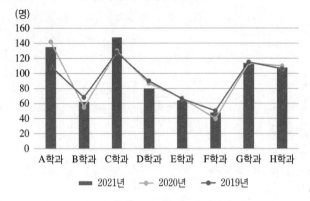

6.

⑤ 전년 대비 2023년도의 A~F학과 입학정원 증감 인원

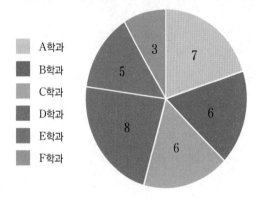

4. 선택지의 제목과 자료에서 필요한 정보 확인
   ⑤의 경우 필요한 자료는 증감량이므로 표에 미리 표시
   하면 빠른 풀이가 가능하다.

C학과의 2021~2023년도 입학정원이 자료보다 낮게 표시되었다.

정답 ②

 이거 알면 30초 컷!

• 수치를 일일이 확인하는 것보다 증감 추이를 먼저 판단해서 선택지를 1차적으로 거르고 나머지 선택지 중 그래프의 모양이 크게 차이나는 곳을 확인한다.
• 선택지에서 특징적인 부분이 있는 선택지를 먼저 판단한다.
• 제시된 자료의 증감 추이를 표로 나타내면 다음과 같다.

구분	2023년	2022년	2021년	2020년	2019년
A학과	감소	증가	감소	증가	−
B학과	감소	감소	증가	감소	−
C학과	감소	증가	증가	증가	−
D학과	감소	증가	감소	감소	−
E학과	증가	감소	감소	증가	−
F학과	증가	감소	증가	감소	−
G학과	증가	감소	불변	감소	−
H학과	감소	감소	감소	증가	−

이에 따라 C학과의 2021~2023년의 증감 추이가 제시된 자료와 다른 것을 알 수 있다.

04 창의수리 수열

유형분석

- 일반적인 수추리 문제로 제시된 수열을 통해 빈칸에 들어갈 알맞은 값을 찾는 문제이다.
- 등차수열, 등비수열, 군수열, 피보나치수열 등의 개념을 익혀두고 적용하는 연습을 한다.

※ 일정한 규칙으로 수를 나열할 때, 빈칸에 들어갈 알맞은 수를 고르시오. [1~2]

01

| | | | | −6   50   18   10   −54   (   )   162   0.4 | | | | |

① 2   ② −1

③ 32   ④ −18

⑤ 50

순차적으로
적용되는
규칙 확인

~~1. 각 항에 어떤 수를 사칙연산(+, −, ×, ÷)하는 규칙~~
②. 홀수 항, 짝수 항 규칙
3. 피보나치수열과 같은 계차를 이용한 규칙
4. 군수열을 활용한 규칙
5. 항끼리 사칙연산을 하는 규칙
6. 기타

02

$$\underset{=0}{-13+7+9+-3} \;\Big/\; \underset{=0}{1+5+-3+-3} \;\Big/\; \underset{=0}{6+-7+5+(\quad)}$$

① -3
③ -4
⑤ -8

② 5
④ 6

정답 해설

01

홀수 항은 ×(−3)을 하는 수열이고, 짝수 항은 ÷5를 적용하는 수열이다.
따라서 ( )＝10÷5＝2이다.

정답 ①

02

수를 앞부터 4개씩 끊어 A, B, C, D라고 하자.
$\underline{A\ B\ C\ D} \rightarrow A+B+C+D=0$
$\underline{6\ -7\ 5\ (\quad)} \rightarrow 6-7+5+(\quad)=0$
따라서 ( )＝−4이다.

정답 ③

 이거 알면 30초 컷!

수열을 풀이할 때는 다음과 같은 규칙이 적용되는지를 순서대로 확인한다.
1. 각 항에 어떤 수를 사칙연산(＋, −, ×, ÷)하는 규칙
2. 홀수 항, 짝수 항 규칙
3. 피보나치수열과 같은 계차를 이용한 규칙
4. 군수열을 활용한 규칙
5. 항끼리 사칙연산을 하는 규칙
6. 기타

- 응용수리의 대표적인 유형으로 빠지지 않고 출제되는 유형 중 하나이다.
- 기차와 터널의 길이, 물과 같이 속력이 있는 공간 등 추가적인 거리·속력·시간에 대한 정보가 있는 경우 난도가 높은 편에 속하는 문제로 출제되지만, 기본적인 공식에 더하거나 빼는 것이므로 기본에 집중한다.
- (거리)＝(시간)×(속력)

- (속력)＝$\dfrac{(거리)}{(시간)}$

- (시간)＝$\dfrac{(거리)}{(속력)}$

미주는 집에서 백화점을 가기 위해 시속 8km의 속력으로 집에서 출발했다. 미주가 집에서 출발한 지 12분 후에 지갑을 두고 간 것을 발견한 동생이 시속 20km의 속력으로 미주를 만나러 출발했다. 미주와 동생은 미주가 출발하고 몇 분 후에 만나게 되는가?(단, 미주와 동생은 쉬지 않고 일정한 속력으로 움직인다)

① 11분   ② 14분
③ 17분   ④ 20분
⑤ 23분

① 문제 확인

└ 단서 2
동생과 미주는 같은
거리를 움직임
$8(x+12)=20x$
→ $x=8$

3. 문제에서 제시하는
단서 찾기

└ 단서 1
- 동생이 움직인 시간 : x분
- 미주가 움직인 시간 : $x+12$분

〈풀이 1〉

동생이 움직인 시간을 x분이라고 하자. 미주가 움직인 시간은 $x+12$분이다.

미주는 시속 8km로 움직였고, 동생은 시속 20km로 움직였다. 이때, 미주와 동생이 움직인 거리는 같으므로 다음과 같은 식이 성립된다.

$8(x+12)=20x$

$\therefore x=8$

따라서 미주와 동생은 미주가 출발하고 $8+12=20$분 후에 만나게 된다.

〈풀이 2〉

미주가 집에서 출발해서 동생을 만나기 전까지 이동한 시간을 x시간이라고 하자. 미주가 이동한 거리는 $8x$km이고, 동생은 미주가 출발한 후 12분 뒤에 지갑을 들고 이동했으므로 동생이 이동한 거리는 $20\left(x-\dfrac{1}{5}\right)$km이다.

$8x=20\left(x-\dfrac{1}{5}\right) \rightarrow 12x=4$

$\therefore x=\dfrac{1}{3}$

따라서 미주와 동생은 $\dfrac{1}{3}$시간=20분 후에 만나게 된다.

 이거 알면 30초 컷!

- 기차나 터널의 길이, 물과 같이 속력이 있는 장소 등 추가적인 조건을 반드시 확인한다.
- 속력과 시간의 단위를 처음부터 정리하여 계산하면 계산 실수 없이 풀이할 수 있다.
  - 1시간=60분=3,600초
  - 1km=1,000m=100,000cm

 온라인 풀이 Tip

LG그룹의 온라인 적성검사는 온라인상에 제공되는 메모장을 활용해야 하는데, 응용수리 유형은 메모장을 활용하기에 불편한 유형이다. 메모장을 가장 효율적으로 활용하는 방법은 미지수를 정확하게 써 놓은 것과 최대한 간소화시킨 식을 쓰는 것이다. 미지수가 1개인 경우에는 상관없지만, 2개 이상인 경우에는 풀이하면서 헷갈릴 수 있기 때문이다. 자신이 구해야 하는 것을 분명히 해두고 풀이를 시작한다.

CHAPTER

04 창의수리 농도

유형분석

- (소금물의 농도)$=\dfrac{(소금의 양)}{(소금물의 양)}\times 100$
- (소금물의 양)$=$(소금의 양)$+$(물의 양)

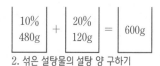

2. 섞은 설탕물의 설탕 양 구하기

- 농도 : 변화 ✕
- 설탕물의 양 : $(600-x)g$
- 설탕의 양 : ↓

농도가 10%인 설탕물 480g에 농도 20%인 설탕물 120g을 섞었다. 이 설탕물에서 한 컵의 설탕물을 퍼내고, 퍼낸 설탕물의 양만큼 다시 물을 부었더니 농도 11%의 설탕물이 되었다. 이때 컵으로 퍼낸 설탕물의 양은?

└─4. 방정식   └─3.

└─1. 미지수 설정

① 30g

- 농도 : 변화 ○
- 설탕물의 양 : $600(=600-x+x)g$
- 설탕의 양 : 변화 ✕

② 50g

③ 60g

④ 90g

⑤ 100g

30 · LG그룹 기출이 답이다

- 10% 설탕물에 들어있는 설탕의 양 : $\dfrac{10}{100} \times 480 = 48g$

- 20% 설탕물에 들어있는 설탕의 양 : $\dfrac{20}{100} \times 120 = 24g$

- 두 설탕물을 섞었을 때의 농도 : $\dfrac{48+24}{480+120} \times 100 = 12\%$ — 2.

컵으로 퍼낸 설탕물의 양을 xg이라고 하자. 이때 컵으로 퍼낸 설탕의 양은 $\dfrac{12}{100}x$g이다.
$\underbrace{\qquad\qquad\qquad\qquad\qquad\qquad\qquad}_{1.}$ $\underbrace{\qquad\qquad}_{3.}$

컵으로 퍼낸 만큼 물을 부었을 때의 농도는 $\dfrac{(48+24)-\dfrac{12}{100}x}{600-x+x} \times 100 = 11\%$이므로
$\underbrace{\qquad\qquad\qquad\qquad\qquad\qquad\qquad\qquad}_{4.}$

$\dfrac{\left(72 - \dfrac{12}{100}x\right) \times 100}{600} = 11$

$\rightarrow 7,200 - 12x = 600 \times 11$

$\rightarrow 12x = 600$

$\therefore x = 50$

따라서 컵으로 퍼낸 설탕물의 양은 50g이다.

정답 ②

🕐 이거 알면 30초 컷!

- 농도의 경우 분수와 정수가 같이 제시되고, 최근에는 비율을 활용한 문제가 많이 출제되고 있으므로 통분이나 약분을 통해 수를 간소화시켜 계산 실수를 줄일 수 있도록 한다.
- 소금물이 증발하는 경우 소금의 양은 유지되지만, 물의 양이 감소한다. 따라서 농도는 증가한다.
- 농도가 다른 소금물 두 가지를 섞는 문제의 경우 보통 두 소금물을 합했을 때의 전체 소금물의 양을 제시해 주는 경우가 많다. 때문에 각각의 미지수를 x, y로 정하는 것보다 하나를 x로 두고 다른 하나를 (전체)$-x$로 식을 세우면 계산을 간소화할 수 있다.

- 구하고자 하는 값을 미지수로 놓고 식을 세운다.
- 증가 · 감소하는 비율이나 평균과 결합된 문제가 출제될 수도 있다.

고등학생 50명이 총 4문제가 출제된 수학시험을 보았다. |1번과 2번 문제를 각 3점, 3번과 4번 문제를 각 2점으로 채점하니 평균이 7.2점이었고, 2번 문제를 2점, 3번 문제를 3점으로 배점을 바꾸어서 채점하니 평균이 6.8점이었다. 또한 각 문제의 배점을 문제 번호와 같게 하여 채점하니 평균은 6점이었다. 1번 문제를 맞힌 학생이 총 48명일 때, 2번, 3번, 4번 문제를 맞힌 학생 수의 총합은?

┌──── 식2   ┌── 식1
└──── 식3

① 미지수 설정

② 문제 확인

① 82명
- 2번 문제를 맞힌 학생의 수 : a명
- 3번 문제를 맞힌 학생의 수 : b명
- 4번 문제를 맞힌 학생의 수 : c명

② 84명

③ 86명

④ 88명

⑤ 90명

① 미지수 설정

2번, 3번, 4번 문제를 맞힌 학생 수를 각각 a, b, c명이라 하자.

$3(48+a)+2(b+c)=7.2\times50 \rightarrow 3a+2b+2c=216 \cdots \bigcirc$ — 식 1
$3(48+b)+2(a+c)=6.8\times50 \rightarrow 2a+3b+2c=196 \cdots \bigcirc$ — 식 2
$48+2a+3b+4c=6\times50 \rightarrow 2a+3b+4c=252 \cdots \bigcirc$ — 식 3

$\bigcirc$과 $\bigcirc$을 연립하면 $-2c=-56 \rightarrow c=28$

③ 미지수 줄이기

$c=28$을 대입하여 $\bigcirc$과 $\bigcirc$을 연립하면 $\bigcirc$과 $\bigcirc$의 경우 $2a+3b$가 공통되어 있으므로 이를 먼저 소거하여 c 계산

$\therefore a=40$, $b=20$

따라서 2번, 3번, 4번 문제를 맞힌 학생 수는 각각 40명, 20명, 28명이고, 이들의 합은 $40+20+28=88$명이다.

정답 ④

 이거 알면 30초 컷!

산술평균과 가중평균의 개념을 알아두고, 적절하게 활용하도록 한다.

산술평균

n개로 이루어진 집합 x_1, x_2, x_3, $\cdots$, x_n이 있을 때 원소의 총합을 개수로 나눈 것

$$m=\frac{x+x_2+\cdots+x_n}{n}$$

가중평균

n개로 이루어진 집합 x_1, x_2, x_3, $\cdots$, x_n이 있을 때, 각 원소의 중요도나 영향도를 f_1, f_2, f_3, $\cdots$, f_n이라고 하면 각 원소의 중요도나 영향도를 가중치로 곱하여 가중치의 합인 N으로 나눈 것

$$m=\frac{x_1f_1+x_2f_2+\cdots+x_nf_n}{N}$$

예 B학생의 성적은 다음과 같다.

과목	국어	수학	영어
점수	70점	90점	50점

B학생의 산술평균 성적은 $\frac{70+90+50}{3}=70$점이다.

A대학교는 이공계 특성화 대학이다. 때문에 국어, 수학, 영어에 각각 2 : 5 : 3의 가중치를 두어 학생을 선발할 예정이다. 이때 B학생 성적의 가중평균을 구하면 $\frac{740}{2+5+3}=74$점이다.

04 창의수리 개수

- 미지수의 값이 계산에 의해 정확하게 구해지는 것이 아니라 가능한 여러 경우의 수를 찾아서 조건에 맞는 값을 고르는 유형이다.
- 물건의 개수를 구하는 문제라면 0이나 자연수로만 답을 구해야 한다. 이처럼 문제에서 경우의 수로 가능한 조건이 주어지므로 유의한다.

② 미지수 확인   식 1

획수가 5획, 8획, 11획인 한자를 활용하여 글을 쓰려고 한다. 각 한자를 a, b, c번 사용하였을 때 총 획의 수는 71획이고, 5획과 11획의 활용 횟수를 바꿔 사용했더니 총 획의 수가 89획이 되었다. 이때 8획인 한자를 쓸 수 있는 최대 횟수는?(단, 각 한자는 한 번 이상씩 사용하였다)

식 2   ① 문제에서 묻는 내용 확인

① 4번
② 5번
③ 6번
④ 7번
⑤ 8번

$5a+8b+11c=71 \cdots \bigcirc$ ── 식 1

$11a+8b+5c=89 \cdots \bigcirc$ ── 식 2

$\bigcirc$과 $\bigcirc$을 연립하면 ──── ③ 미지수 줄이기

$6a-6c=18 \rightarrow a-c=3 \rightarrow a=c+3 \cdots \bigcirc$ 8획인 한자 b가 남도록 식 간소화

$\bigcirc$을 $\bigcirc$에 대입하면

$5(c+3)+8b+11c=71 \rightarrow 16c+8b=56$

$\therefore 2c+b=7$

b, c는 1 이상의 자연수이므로 (b, c)는 $(1, 5)$, $(5, 1)$가 가능하다.

b의 값이 최대가 되려면 c가 최솟값을 가져야하므로 $c=1$이고, $b=5$가 된다.

따라서 8획인 한자는 최대 5번을 활용할 수 있다.

└ b, c가 될 수 있는 조건 확인

     • 획의 수=0 or 자연수

 정답 ②

🕐 **이거 알면 30초 컷!**

• 연립방정식이 나오는 경우 중복이 많은 문자를 소거할 수 있는 방법을 찾거나 가장 짧은 식을 만든다.

• 미지수를 추리해야 하는 경우 계수가 큰 미지수를 먼저 구하면 계산 과정을 줄일 수 있다.

04 창의수리 금액

• 원가 · 정가 · 할인가 · 판매가의 개념을 명확히 한다.
• (정가)=(원가)+(이익)
• (할인가)=(정가)×$\left\{1-\dfrac{(할인율)}{100}\right\}$

원가   (정가)=(원가)×$\left(1+\dfrac{25}{100}\right)$

윤정이는 어떤 물건을 100개 구입하여 구입 가격에 25%를 더한 가격으로 50개를 팔았다. 남은 물건 50개를 기존 판매가에서 일정 비율 할인하여 판매했더니 본전이 되었다. 이때 할인율은 얼마인가?

정가   (할인 판매가)   2. 조건 확인   1. 미지수 설정

① 32.5%   =(정가)×{1−(할인율)}   (100개의 원가)   • 구입가격(원가) : x원

② 35%   =(정가)×$\left(1-\dfrac{y}{100}\right)$ =(100개의 판매가)   • 할인율 : y%

③ 37.5%

④ 40%

⑤ 42.5%

윤정이가 구입한 개당 가격을 x원, 할인율을 $y\%$라고 하자.
물건 100개의 원가는 $100 \times x$원이고, 판매가는 다음과 같다.

$$50 \times 1.25 \times x + 50 \times 1.25 \times \left(1 - \frac{y}{100}\right) \times x$$

윤정이가 물건을 다 팔았을 때 본전이었으므로 (판매가)＝(원가)이다.

$$100x = 50 \times 1.25 \times x + 50 \times 1.25 \times \left(1 - \frac{y}{100}\right) \times x$$

$$\rightarrow 2 = 1.25 + 1.25 \times \left(1 - \frac{y}{100}\right)$$

$$\rightarrow 3 = 5 - \frac{y}{20}$$

$$\therefore y = 40$$

따라서 할인율은 40%이다.

정답 ④

 이거 알면 30초 컷!

- 제시된 문제의 원기(x)처럼 기준이 동일하고, 이를 기준으로 모든 값을 계산하는 경우에 처음부터 x를 생략하고 식을 세우는 연습을 한다.
- 정가가 반드시 판매가인 것은 아니다.
- 금액을 계산하는 문제는 보통 비율과 함께 제시되기 때문에 풀이 과정에서 실수하기 쉽다. 때문에 선택지의 값을 대입해서 풀이하는 것이 실수 없이 빠르게 풀 수 있는 방법이 될 수도 있다.

 온라인 풀이 Tip

LG그룹 적성검사는 계산기를 제공한다. 따라서 식에 소수점이 나오는 경우 습관적으로 식을 정수화시키는 불필요한 단계는 생략한다. 계산기가 소수점이 부담스러워 늦게 계산하는 일은 없을 테니 말이다.

04 창의수리 일률

- 전체 작업량을 1로 놓고, 분·시간 등의 단위 시간 동안 한 일의 양을 기준으로 식을 세운다.
- (일률)＝$\dfrac{(작업량)}{(작업시간)}$

┌ 1. (전체 일의 양)＝1   ┌ 2. (하루 동안 할 수 있는 일의 양)＝(일률)＝$\dfrac{(작업량)}{(작업기간)}$

프로젝트를 완료하는 데 A사원이 혼자 하면 7시간, B사원이 혼자 하면 9시간이 걸린다. 3시간 동안 두 사원이 함께 프로젝트를 진행하다가 B사원이 반차를 내는 바람에 나머지는 A사원이 혼자 처리해야 한다. A사원이 남은 프로젝트를 완료하는 데에는 시간이 얼마나 더 걸리겠는가?

└ 3. 남은 일의 양을 계산   5. (작업기간)＝$\dfrac{(작업량)}{(일률)}$

└ 4. 미지수 설정

① 1시간 20분 ② 1시간 40분
③ 2시간 ④ 2시간 10분
⑤ 2시간 20분

프로젝트를 완료하는 일의 양을 1이라 하면, A사원은 한 시간에 $\frac{1}{7}$, B사원은 한 시간에 $\frac{1}{9}$만큼의 일을 할 수 있다.
1.

3시간 동안 같이 한 일의 양은 $\left(\frac{1}{7}+\frac{1}{9}\right)\times 3=\frac{16}{21}$이므로, A사원이 혼자 해야 할 일의 양은 $\frac{5}{21}\left(=1-\frac{16}{21}\right)$가 된다.
2.   3.

이때 프로젝트를 완료하는 데 걸리는 시간을 x시간이라 하자.
4.

$$\frac{1}{7}\times x=\frac{5}{21}$$
5.
$$\therefore x=\frac{5}{3}$$

따라서 A사원 혼자 남은 프로젝트를 완료하는 데에는 총 1시간 40분이 더 걸린다.

정답 ②

 이거 알면 30초 컷!

• 전체의 값을 모르는 상태에서 비율을 묻는 문제의 경우 전체를 1이라고 하면 쉽게 풀이할 수 있다. 이는 단순히 일률을 계산하는 경우뿐만 아니라 조건부 확률과 같이 비율이 나오는 문제에는 공통적으로 적용 가능하다.
• 문제에서 제시하는 단위와 선택지의 단위가 같은지 확인한다.

 온라인 풀이 Tip

일률은 방정식이 분수로 세워지기 때문에 메모장에 표시하기 난감한 유형 중 하나이다. 그러나 응시자들의 평으로 난이도가 쉽다고 알려져 있다. 때문에 암산으로 계산해 보거나 분자는 거의 1이나 미지수일 것이므로 분자를 생략하고 식을 세워 계산하는 연습을 한다.

- 부등식의 양변에 같은 수를 더하거나 같은 수를 빼도 부등호의 방향은 바뀌지 않는다.
  → $a<b$이면 $a+c<b+c$, $a-c<b-c$
- 부등식의 양변에 같은 양수를 곱하거나 양변을 같은 양수로 나누어도 부등호의 방향은 바뀌지 않는다.
  → $a<b$, $c>0$이면 $a×c<b×c$, $\dfrac{a}{c}<\dfrac{b}{c}$
- 부등식의 양변에 같은 음수를 곱하거나 양변을 같은 음수로 나누면 부등호의 방향은 바뀐다.
  → $a<b$, $c<0$이면 $a×c>b×c$, $\dfrac{a}{c}>\dfrac{b}{c}$

〈1개 기준〉

구분	A제품	B제품
재료비	3,600	1,200
인건비	1,600	2,000

어느 회사에서는 A, B 두 제품을 주력 상품으로 제조하고 있다. A제품을 1개 만드는 데 재료비는 3,600원, 인건비는 1,600원이 들어간다. 또한 B제품을 1개 만드는 데 재료비는 1,200원, 인건비는 2,000원이 들어간다. 이 회사는 한 달 동안 두 제품을 합하여 40개를 생산하려고 한다. 재료비는 12만 원 이하, 인건비는 7만 원 이하가 되도록 하려고 할 때, A제품을 최대로 생산하면 몇 개를 만들 수 있는가?

3. 부등식 ─ 1. 미지수 설정
- A제품 생산 개수 : x개
- B제품 생산 개수 : y개

2. 미지수 줄이기
$x+y=40$
$y=40-x$
- A제품 생산 개수 : x개
- B제품 생산 개수 : $(40-x)$개

① 25개
② 26개
③ 28개
④ 30개
⑤ 31개

A제품의 생산 개수를 x개라 하자. ──── 1. 미지수 설정
B제품의 생산 개수는 $(40-x)$개이다. ──── 2. 미지수 줄이기

$3,600 \times x + 1,200 \times (40-x) \leq 120,000$
$\rightarrow x \leq 30$
$1,600 \times x + 2,000 \times (40-x) \leq 70,000$ ──── 3. 부등식
$\rightarrow x \geq 25$

$\therefore\ 25 \leq x \leq 30$

25　30 ─ 최대

따라서 A제품은 최대 30개까지 생산할 수 있다.

정답 ④

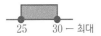 **이거 알면** 30초 컷!

- 문제에 이상, 이하, 초과, 미만, 최대, 최소 등의 표현이 사용된다.
- 미지수가 2개 이상 나오는 경우나 부등식이 2개 사용되는 경우 그래프를 활용하면 실수의 확률을 줄일 수 있다.
- 최대를 묻는 경우의 부등호의 방향은 미지수가 작은 쪽$(x \leq n)$으로 나타내고, 최소를 묻는 경우 부등호의 방향은 미지수가 큰 쪽$(x \geq n)$으로 나타낸다.

 온라인 풀이 Tip

식을 세우고 계산이 복잡하다고 생각되면, 선택지의 값을 역으로 대입해 보는 것도 문제를 빠르게 푸는 방법일 수 있다.

04 창의수리 경우의 수

유형분석

- 두 사건 A, B가 동시에 일어나지 않을 때, A가 일어나는 경우의 수가 a가지, B가 일어나는 경우의 수를 b가지라고 하면 A 또는 B가 일어나는 경우의 수는 $(a+b)$가지이다.
- 두 사건 A, B가 동시에 일어날 때, A가 일어나는 경우의 수가 a가지, B가 일어나는 경우의 수를 b가지라고 하면 A와 B가 동시에 일어나는 경우의 수는 $a \times b$가지이다.
- n명 중 자격이 다른 m명을 뽑는 경우의 수 : $_nP_m$가지
- n명 중 자격이 같은 m명을 뽑는 경우의 수 : $_nC_m$가지

중복 확인(사람일 때는 같은 사람이 없으므로 중복이 없지만,
사물이나 직급, 성별같은 경우에는 중복이 있을 수 있으므로 주의해야 함)

합의 법칙

A~E 5명을 전방을 향해 일렬로 배치할 때, B와 E 사이에 1명 또는 2명이 있도록 하는 경우의 수는?
순서를 고려하므로 순열 P   ①, ②   ③

① 30가지
② 60가지
③ 90가지
④ 120가지
⑤ 150가지

어떤 둘 사이에 n명($n \geq 2$)을 배치할 때,
$(n+2)$명을 한 묶음으로 생각하고 계산
→ $(n+2)$명을 1명으로 치환

전체 m명을 일렬로 배치하는 데 n명($2 \leq n \leq m$)이 붙어있을 경우의 수는?
① n명을 한 묶음으로 본다. 이때, 이 한 묶음 안에서 n명을 배치하는 경우의 수 : $n!$
② n명을 1명으로 생각
③ $(m-n+1)$명을 배치하는 경우의 수 : $(m-n+1)!$
④ 곱의 법칙으로 전체 경우의 수 : $n! \times (m-n+1)!$

ⅰ) B와 E 사이에 1명이 있는 경우

 • A, C, D 중 B와 E 사이에 위치할 1명을 골라 줄을 세우는 방법 : $_3P_1$ ─ ①, ②

 B와 E, 가운데 위치한 1명을 한 묶음으로 생각하고, B와 E가 서로 자리를 바꾸는 것도 고려하면

 전체 경우의 수는 $_3P_1×3!×2=3×6×2=36$가지이다.
 ──────────
 ③

ⅱ) B와 E 사이에 2명이 있는 경우

 • A, C, D 중 B와 E 사이에 위치할 2명을 골라 줄을 세우는 방법 : $_3P_2$ ─ ①, ②

 B와 E, 가운데 위치한 2명을 한 묶음으로 생각하고, B와 E가 서로 자리를 바꾸는 것도 고려하면

 전체 경우의 수는 $_3P_2×2!×2=6×2×2=24$가지이다.
 ──────────
 ③

따라서 구하고자 하는 경우의 수는 $36+24=60$가지이다.

정답 ②

이거 알면 30초 컷!

 • 기본적으로 많이 활용되는 공식은 숙지한다.

 − 동전 n개를 던졌을 때의 경우의 수 : 2^n가지

 − 주사위 n개를 던졌을 때의 경우의 수 : 6^n가지

 − n명을 한 줄로 세우는 경우의 수 : $n!$가지

 − 원형 모양의 탁자에 n명이 앉는 경우의 수 : $(n-1)!$가지

 • 확률과 경우의 수 문제는 빠르게 계산할 수 있는 방법을 생각해야 한다. 특히 '이상'과 같은 표현이 사용됐다면 1(전체)에서 나머지 확률(경우의 수)를 빼는 방법(여사건 활용)이 편리하다.

남에게 이기는 방법의 하나는 예의범절로 이기는 것이다.

- 조쉬 빌링스 -

PART

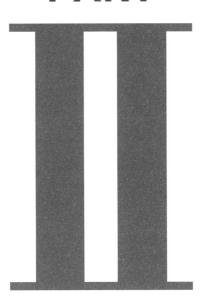

기출복원문제

01 2024년 하반기 기출복원문제

정답 및 해설 p.002

| 01 | 언어이해

`Easy`

01 다음 글을 읽고 밑줄 친 ㉠의 사례로 적절하지 않은 것은?

> ㉠ 닻내림 효과란 닻을 내린 배가 크게 움직이지 않듯 처음 접한 정보가 기준점이 돼 판단에 영향을 미치는 일종의 편향(왜곡) 현상을 말한다. 즉, 사람들이 어떤 판단을 하게 될 때 초기에 접한 정보에 집착해 합리적 판단을 내리지 못하는 현상을 일컫는 행동경제학 용어이다. 대부분의 사람은 제시된 기준을 그대로 받아들이지 않고 기준점을 토대로 약간의 조정 과정을 거치기는 하나, 그런 조정 과정이 불완전하므로 최초 기준점에 영향을 받는 경우가 많다.

① 연봉 협상 시 본인의 적정 기준보다 더 높은 금액을 제시한다.

② 원래 1만 원이던 상품에 2만 원의 가격표를 붙이고 50% 할인한 가격에 판매한다.

③ 홈쇼핑에서 '이번 시즌 마지막 세일', '오늘 방송만을 위한 한정 구성', '매진 임박' 등의 표현을 사용하여 판매한다.

④ 명품 매장에서 최고가 상품들의 가격표를 보이게 진열하여 다른 상품들이 그다지 비싸지 않은 것처럼 느끼게 만든다.

⑤ '온라인 정기구독 연간 $25'와 '온라인 및 오프라인 정기구독 연간 $125' 사이에 '오프라인 정기구독 연간 $125'의 항목을 넣어 판촉한다.

02 다음 문단을 논리적 순서대로 바르게 나열한 것은?

> (가) 물체의 회전 상태에 변화를 일으키는 힘의 효과를 돌림힘이라고 한다. 물체에 회전 운동을 일으키거나 물체의 회전 속도를 변화시키려면 물체에 힘을 가해야 한다. 같은 힘이라도 회전축으로부터 얼마나 멀리 떨어진 곳에 가해 주느냐에 따라 회전 상태의 변화 양상이 달라진다. 물체에 속한 점 X와 회전축을 최단 거리로 잇는 직선과 직각을 이루는 동시에 회전축과 직각을 이루도록 힘을 X에 가한다고 하자. 이때 물체에 작용하는 돌림힘의 크기는 회전축에서 X까지의 거리와 가해준 힘의 크기의 곱으로 표현되고 그 단위는 뉴턴미터(Nm)이다.
>
> (나) 회전 속도의 변화는 물체에 알짜 돌림힘이 일을 해 주었을 때만 일어난다. 돌고 있는 팽이에 마찰력이 일으키는 돌림힘을 포함하여 어떤 돌림힘도 작용하지 않으면 팽이는 영원히 돈다. 일정한 형태의 물체에 일정한 크기와 방향의 알짜 돌림힘을 가하여 물체를 회전시키면, 알짜 돌림힘이 한 일은 알짜 돌림힘의 크기와 회전 각도의 곱이고 그 단위는 줄(J)이다. 알짜 돌림힘이 물체를 돌리려는 방향과 물체의 회전 방향이 일치하면 알짜 돌림힘이 양(+)의 일을 하고 그 방향이 서로 반대이면 음(−)의 일을 한다.
>
> (다) 동일한 물체에 작용하는 두 돌림힘의 합을 알짜 돌림힘이라 한다. 두 돌림힘의 방향이 같으면 알짜 돌림힘의 크기는 두 돌림힘의 크기의 합이 되고 그 방향은 두 돌림힘의 방향과 같다. 두 돌림힘의 방향이 서로 반대이면 알짜 돌림힘의 크기는 두 돌림힘의 크기의 차가 되고 그 방향은 더 큰 돌림힘의 방향과 같다. 지레의 힘을 주지만 물체가 지레의 회전을 방해하는 힘을 작용점에 주어 지레가 움직이지 않는 상황처럼, 두 돌림힘의 크기가 같고 방향이 반대이면 알짜 돌림힘은 0이 되고 이때를 돌림힘의 평형이라고 한다.
>
> (라) 지레는 받침과 지렛대를 이용하여 물체를 쉽게 움직일 수 있는 도구이다. 지레에서 힘을 주는 곳을 힘점, 지렛대를 받치는 곳을 받침점, 물체에 힘이 작용하는 곳을 작용점이라 한다. 받침점에서 힘점까지의 거리가 받침점에서 작용점까지의 거리에 비해 멀수록 힘점에서 작은 힘을 주어 작용점에서 물체에 큰 힘을 가할 수 있다. 이러한 지레의 원리에는 돌림힘의 개념이 숨어 있다.

① (가) − (나) − (다) − (라)

② (가) − (다) − (라) − (나)

③ (가) − (라) − (다) − (나)

④ (라) − (가) − (나) − (다)

⑤ (라) − (가) − (다) − (나)

03 다음 글의 제목으로 가장 적절한 것은?

평균연령이 증가하는 요즘은 무병장수로 오래 사는 것이 아닌 유병장수로 오래 사는 시대이다. 그러기 위해서는 내 몸의 어느 부분이 약하고 강한지 알아야 건강관리에 있어서도 수월해진다.

타고난 체형과 체질에 따라 우리 몸은 평생을 살아간다. 따라서 타고난 게 무엇인지 아는 것이 건강관리에 있어 가장 중요한 첫걸음이다.

타고난 게 무엇인지에 대해 알 수 있는 방법 중 하나는 사주팔자에 대한 분석이다. 이 사주팔자는 각 사람이 타고난 자연의 섭리에 대해 말해주기 때문이다. 이러한 분석을 통해서 우리는 우리 몸의 어느 부분이 강하고 또 약한지, 그리고 어느 질병에 특히 주의해야 하는지에 대해서도 알 수 있다. 질병은 음양과 오행으로 알 수 있다. 사주와 대운 그리고 세운의 음양오행을 배합하면 우리 몸이 어느 부분에 약하고 강한지를 알 수 있게 된다. 예를 들어 오행 중 목 기운은 간, 담, 쓸개와 연관이 있으므로 만일 목이 약하다면 간과 담을 주의해 건강관리를 해야 할 것이다. 하지만 목이 강하다고 무조건적으로 간과 담이 건강하다는 것은 아니다. 타고난 간과 담, 쓸개가 비록 강하더라도 지나친 자만으로 인해 술을 많이 마시는 등 건강관리를 소홀히 한다면 간 관련 질병은 언제든 생길 수 있다. 즉, 중요한 것은 사주를 통해 우리 몸을 파악하는 데서 그치는 것이 아닌, 약한 부분은 더 관리하고 강한 부분은 조절하여 관리해 질병을 미리 예방해야 한다는 것이다.

① 사주로 건강 관리하기
② 사주로 길흉화복 예측하기
③ 사주로 음양오행 배합하기
④ 사주 분석으로 질병 치료하기
⑤ 사주 분석으로 체형 및 체질 개선하기

04 다음 글의 내용으로 적절하지 않은 것은?

> 영화 「인터스텔라」에 이런 장면이 나온다. 블랙홀 근처를 여행한 주인공이 다시 집으로 돌아왔을
> 때 자신의 아이는 이미 노인이 되어있는 것 말이다. 이러한 이유는 무엇일까? 이는 시간이 가지고
> 있는 상대성 때문이다.
> 1915년 아인슈타인이 발표한 '일반상대성이론'에 따르면 중력은 시간을 왜곡한다. 즉, 질량이 있는
> 물체가 시공간을 휘게 만든다는 것이다. 이는 당시 과학계에서는 받아들이기 어려운 주장이었으나,
> 과학자 에딩턴이 일식에 태양 뒤에 숨은 별을 촬영하면서 입증되었다.
> 또한 과학자 슈바르츠실트는 아인슈타인의 일반상대성이론을 수학적으로 계산했는데 이를 통해 특
> 정한 질량을 가진 물체가 시공간을 극도로 휘게 만들면 그 중력은 빛조차도 새어나올 수 없는 강한
> 힘을 가지게 될 것임을 예측했다. 이후 2019년 실제로 과학자들이 M87 은하의 블랙홀을 관찰하면
> 서 이는 다시 한 번 증명되었다.
> 이러한 주장을 펼쳤던 아인슈타인도 처음에는 우주는 불변한다는 정적 우주론을 주장했다. 하지만
> 우주에 일반상대성이론을 대입하자 예상하지 못한 결과가 도출되었는데, 이는 큰 질량을 가진 은하
> 들이 서로를 당기면서 마침내 우주가 붕괴된다는 것이었다. 아인슈타인은 이를 해결하기 위해 '우주
> 상수 람다'를 사용하려 했으나 실수였다며 다시 지우게 된다. 하지만 1998년 NASA에 의해 우주가
> 가속 팽창하고 있다는 사실이 드러나면서 오히려 우주상수 람다를 지운 것이 잘못된 선택이었다는
> 것이 드러났다.

① 시간에 상대성이 없었다면, 블랙홀 근처를 여행한 주인공이 다시 집으로 돌아왔을 때 자신의 아이
　와 동일하게 나이를 먹었을 것이다.

② 특정한 질량을 가진 물체에 의해 시공간이 왜곡되면서 발생하는 힘은 빛조차도 통과할 수 없다.

③ 아인슈타인은 일반상대성이론을 통해 우주가 변한다는 것을 깨달았다.

④ 아인슈타인이 사용한 '우주상수 람다'는 잘못된 이론임이 밝혀졌다.

⑤ 질량이 없는 물체는 시공간을 왜곡할 수 없을 것이다.

기출복원문제

05 다음 글의 빈칸에 들어갈 내용으로 가장 적절한 것은?

우리는 도시의 세계에 살고 있다. 2010년에 인류 역사상 처음으로 세계 전체에서 도시 인구가 농촌 인구를 넘어섰다. 이제 우리는 도시가 없는 세계를 상상하기 힘들며 세계 최초의 도시들을 탄생시킨 근본적인 변화가 무엇이었는지를 상상하기도 쉽지 않다.

인류는 약 1만 년 전부터 5천 년 전까지 도시가 아닌 작은 농촌 마을에서 살았다. 이 시기 농촌 마을의 인구는 대부분 2천 명 정도였다. 약 5천 년 전부터 이라크 남부, 이집트, 파키스탄, 인도 북서부에서 1만 명 정도의 사람이 모여 사는 도시가 출현하였다. 이런 세계 최초의 도시들을 탄생시킨 원인은 무엇인가? 이 질문에 대해서 몇몇 사람들은 약 1만 년 전부터 5천 년 전 사이에 일어난 농업의 발전에 의해서 농촌의 인구가 점차적으로 증가해 도시가 되었다고 말한다. 과연 농촌의 인구는 점차적으로 증가했는가? 고고학적 연구는 그렇지 않다고 말해주는 듯하다. 농업 기술의 발전으로 마을이 점차적으로 거대해졌다면, 거주 인구가 2천 명과 1만 명 사이인 마을들이 빈번하게 발견되어야 한다. 그러나 2천 명이 넘는 인구를 수용한 마을은 거의 발견되지 않았다. 이 점은 약 5천 년 전쯤 마을의 거주 인구가 비약적으로 증가했다는 것을 보여준다.

무엇 때문에 이런 거주 인구의 비약적인 변화가 가능했는가? 이 질문에 대한 답은 사회적 제도의 발명에서 찾을 수 있다. ＿＿＿＿＿＿＿＿＿＿＿＿＿＿＿＿＿＿＿＿＿＿＿＿＿＿＿＿＿＿＿＿＿＿

따라서 거주 인구가 비약적으로 증가하기 위해서는 사람들을 조직하고, 이웃들 간의 분쟁을 해소하는 것과 같은 문제들을 해결하는 사회적 제도의 발명이 필수적이다. 이런 이유에서 도시의 발생은 사회적 제도의 발명에 영향을 받았다고 생각할 수 있다. 그리고 이런 사회적 제도의 출현은 이후 인류 역사의 모습을 형성하는 데 결정적인 역할을 한 사건이었다.

① 거주 인구가 2천 명이 넘지 않는 마을은 도시라고 할 수 없다.
② 2천 명 정도의 인구가 사는 농촌 마을도 행정조직과 같은 사회적 제도를 가지고 있었다.
③ 도시인의 삶이 사회적 제도에 의해 제한되었다는 사실은 수많은 역사적 자료에 의해 검증된다.
④ 사회적 제도 없이 사람들이 함께 모여 살 수 있는 인구 규모의 최대치는 2천 명 정도밖에 되지 않는다.
⑤ 농업 기술의 발전에 의해서 마을이 점차적으로 거대화되었다면, 약 1만 년 전 농촌 마을의 거주 인구는 2천 명 정도여야 한다.

Easy

01 다음 명제가 모두 참일 때, 반드시 참이 아닌 것은?

> • 커피를 좋아하는 사람은 홍차를 좋아하지 않는다.
> • 탄산수를 좋아하지 않는 사람은 우유를 좋아한다.
> • 녹차를 좋아하는 사람은 홍차를 좋아한다.
> • 녹차를 좋아하지 않는 사람은 탄산수를 좋아한다.

① 커피를 좋아하는 사람은 녹차를 좋아하지 않는다.
② 탄산수를 좋아하지 않는 사람은 녹차를 좋아한다.
③ 커피를 좋아하는 사람은 탄산수를 좋아한다.
④ 탄산수를 좋아하는 사람은 홍차를 좋아한다.
⑤ 홍차를 좋아하는 사람은 커피를 싫어한다.

02 L기숙사에서 도난사건이 발생하였다. 물건을 훔친 사람은 1명이며, 기숙사생 A ~ D 4명은 다음과 같이 진술하였다. 4명 중 1명만이 진실을 말했을 때, 물건을 훔친 범인은?(단, L기숙사에는 A ~ D 4명만 거주 중이며, 이들 중 반드시 범인이 있다)

> • A : 어제 B가 훔치는 것을 봤다.
> • B : C와 D는 계속 같이 있었으므로 2명은 범인이 아니다.
> • C : 나와 B는 어제 하루 종일 각자 방에만 있었으므로 둘 다 범인이 아니다.
> • D : C와 나는 계속 같이 있었으니, A와 B 중에 범인이 있다.

① A   ② B
③ C   ④ D
⑤ 알 수 없음

03 L기업의 직원 A ~ E 5명 중 1명이 어제 출근하지 않았다. 이들 중 2명만 거짓말을 한다고 할 때, 출근하지 않은 직원은?(단, 출근을 하였어도 결근 사유를 듣지 못할 수도 있다)

- A대리 : 나는 출근했고, E대리도 출근했다. 누가 출근하지 않았는지는 알지 못한다.
- B사원 : C사원은 출근하였다. A대리님의 말은 모두 사실이다.
- C사원 : D사원은 출근하지 않았다.
- D사원 : B사원의 말은 모두 사실이다.
- E대리 : 출근하지 않은 사람은 D사원이다. D사원이 개인 사정으로 인해 출근하지 못한다고 A대리님에게 전했다.
---

① A대리　　　　　　　　　　　　② B사원

③ C사원　　　　　　　　　　　　④ D사원

⑤ E대리

04 다음 〈조건〉에 따라 5층 건물에 A ~ E 5명이 살고 있을 때, 반드시 참이 아닌 것은?(단, 지하에는 사람이 살지 않는다)

조건
- 각 층에는 최대 2명이 살 수 있다.
- 어느 한 층에는 사람이 살고 있지 않다.
- 짝수 층에는 1명씩만 살고 있다.
- A는 짝수 층에 살고, B는 홀수 층에 살고 있다.
- D는 C 바로 위층에 살고 있다.
- E는 1층에 살고 있다.
- D는 5층에 살지 않는다.
---

① A가 2층에 산다면 B와 같은 층에 사는 사람이 있다.

② B가 5층에 산다면 C는 어떤 층에서 혼자 살고 있다.

③ C가 2층에 산다면 B와 E는 같은 층에서 살 수 있다.

④ D가 4층에 산다면 B와 C는 같은 층에서 살 수 있다.

⑤ E가 1층에 혼자 산다면 B와 D는 같은 층에서 살 수 있다.

05 L사 영업부 직원들은 사무실 자리 배치를 〈조건〉에 따라 바꾸기로 했다. 변경한 사무실 자리 배치에 대한 설명으로 옳지 않은 것은?(단, 성대리, 김사원, 이사원의 자리는 고정되어 있다)

〈사무실 자리 배치표〉

부장	A	B	성대리	C	D
	E	김사원	F	이사원	G

조건
- 같은 직급은 옆자리에 배정하지 않는다.
- 사원 옆자리와 앞자리는 비어있을 수 없다.
- 부장은 동쪽을 바라보며 앉고 부장의 앞자리에는 상무 또는 부장이 앉는다.
- 부장을 제외한 직원들은 마주보고 앉는다.
- L사 영업부 직원은 부장, 사원 2명(김사원, 이사원), 대리 2명(성대리, 한대리), 상무 1명(오상무), 차장 1명(최차장), 과장 2명(김과장, 박과장)이다.

① 최차장 앞자리에 빈자리가 있다.
② A와 D는 빈자리이다.
③ F와 G에 김과장과 박과장이 앉는다.
④ C에 최차장이 앉으면 E에는 오상무가 앉는다.
⑤ B와 C에 오상무와 박과장이 앉으면 F에는 한대리가 앉을 수 있다.

Easy

01 다음은 단위면적당 도시공원·녹지·유원지 현황을 나타낸 자료이다. 이에 대한 설명으로 옳지
않은 것은?

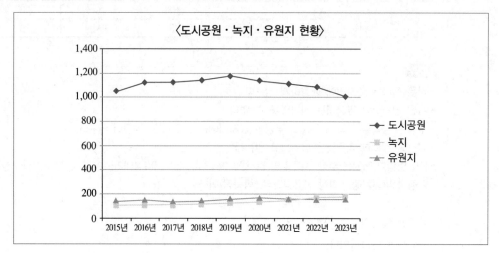

① 도시공원의 면적은 2020년부터 감소하고 있다.

② 2020년부터 녹지의 면적은 꾸준히 증가하고 있다.

③ 도시공원의 면적은 녹지와 유원지의 면적보다 월등히 넓다.

④ 2020년부터 녹지의 면적은 유원지 면적을 추월했다.

⑤ 도시공원의 면적은 2019년에 가장 넓다.

02 다음은 2019 ~ 2023년까지 최종학력별 인구분포 비율에 대한 자료이다. 최종학력이 대학교 이상인 인구 구성비의 2019년 대비 2023년 증가율과 중학교 이하인 인구 구성비의 2019년 대비 2022년 감소율을 순서대로 바르게 나열한 것은?(단, 증감률은 소수점 둘째 자리에서 반올림한다)

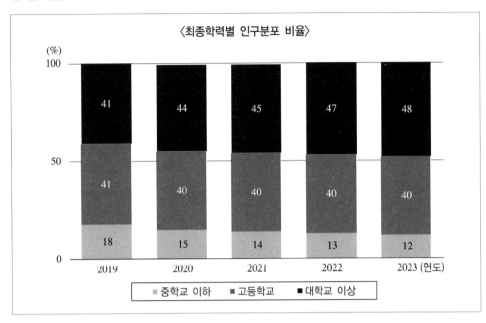

① 15.6%, −22.4%
② 15.6%, −27.8%
③ 17.1%, −22.4%
④ 17.1%, −27.8%
⑤ 17.1%, −32.1%

03 L씨는 2020년 말 미국, 중국, 일본 세 기업에서 스카우트 제의를 받았다. 각 기업에서 제시한 연봉은 각각 3만 달러, 20만 위안, 290만 엔으로, 2021년 말부터 3년간 고정적으로 지급한다고 한다. 다음 예상환율을 참고하여 L씨가 이해한 내용으로 옳은 것은?

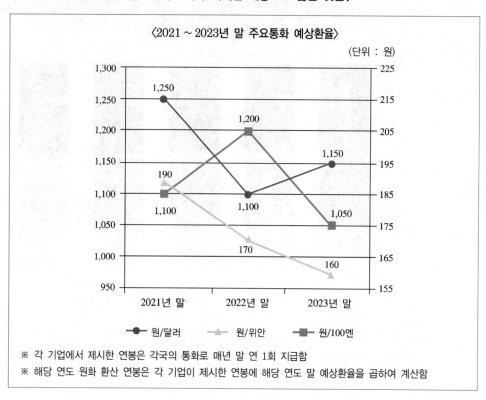

〈2021 ~ 2023년 말 주요통화 예상환율〉

(단위 : 원)

※ 각 기업에서 제시한 연봉은 각국의 통화로 매년 말 연 1회 지급함
※ 해당 연도 원화 환산 연봉은 각 기업이 제시한 연봉에 해당 연도 말 예상환율을 곱하여 계산함

① 2021년 말 원화 환산 연봉은 미국기업이 가장 많다.
② 2022년 말 원화 환산 연봉은 중국기업이 가장 많다.
③ 2023년 말 원화 환산 연봉은 일본기업이 중국기업보다 많다.
④ 향후 3년간 가장 많은 원화 환산 연봉을 주는 곳은 중국기업이다.
⑤ 2022년 말 대비 2023년 말 중국기업의 원화 환산 연봉의 감소율은 2021년 말 대비 2023년 말 일본기업의 원화 환산 연봉의 감소율보다 크다.

04 다음은 보건복지부에서 발표한 연도별 의료기기 생산 실적 통계자료이다. 이에 대한 설명으로 옳지 않은 것은?

〈연도별 의료기기 생산 실적 총괄 현황〉

(단위 : 개, %, 명, 백만 원)

구분	업체 수	증감률	품목 수	증감률	운영 인원	증감률	생산 금액	증감률
2016년	1,500	–	5,862	–	25,287	–	1,478,165	–
2017년	1,596	6.4	6,392	9.04	25,610	1.28	1,704,161	15.29
2018년	1,624	1.75	6,639	3.86	26,399	3.08	1,949,159	14.38
2019년	1,662	2.34	6,899	3.92	26,936	2.03	2,216,965	13.74
2020년	1,726	3.85	7,367	6.78	27,527	2.19	2,525,203	13.9
2021년	1,754	1.62	8,003	8.63	28,167	2.32	2,764,261	9.47
2022년	1,857	5.87	8,704	8.76	30,190	7.18	2,964,445	7.24
2023년	1,958	5.44	9,086	4.39	32,255	6.84	3,366,462	13.56

① 2016 ~ 2023년까지 의료기기 생산업체 수는 꾸준히 증가하고 있으며, 품목 또한 해마다 다양해 지고 있다.

② 업체 수의 2017 ~ 2023년까지의 평균 증감률은 5% 이하이다.

③ 전년 대비 업체 수가 가장 많이 늘어난 해는 2017년이며, 전년 대비 생산 금액이 가장 많이 늘어 난 해는 2020년이다.

④ 전년 대비 2020 ~ 2023년 운영 인원의 증감률 추이와 품목 수의 증감률 추이는 같다.

⑤ 품목 수의 평균 증감률은 업체 수의 평균 증감률을 넘어선다.

Easy

01 L동아리에서는 테니스 경기를 토너먼트 방식으로 진행한다. 총 16명이 참여했을 때, 최종 우승자가 나올 때까지 진행되는 경기의 수는?(단, 동점자는 없다)

① 11번   ② 12번

③ 13번   ④ 14번

⑤ 15번

Hard

02 일정한 규칙으로 수를 나열할 때, 빈칸에 들어갈 수로 알맞은 것은?

$$2\frac{3}{4} \qquad 4\frac{7}{26} \qquad (\ ) \qquad 8\frac{15}{118} \qquad 10\frac{19}{188} \qquad 12\frac{23}{274} \qquad 14\frac{27}{376}$$

① $6\dfrac{11}{90}$ ② $6\dfrac{11}{80}$

③ $6\dfrac{11}{72}$ ④ $6\dfrac{11}{64}$

⑤ $6\dfrac{11}{56}$

03 L공장에서 제조하는 휴대폰 액세서리는 원가가 700원이고 표시된 정가는 a원이다. 서울의 A매장에서 이 액세서리를 표시된 정가에서 14% 할인하여 50개 팔았을 때의 이익과 B매장에서 20% 할인하여 80개 팔았을 때의 이익이 같다고 한다. 이때, a의 각 자리의 수를 모두 더한 값은?

① 1

② 2

③ 3

④ 4

⑤ 5

04 일정한 규칙으로 수를 나열할 때, 빈칸에 들어갈 수로 알맞은 것은?

3.98	8.95	15.9	24.83	35.74	48.63	( )	80.35	99.18

① 67.2

② 66.9

③ 65.8

④ 64.3

⑤ 63.5

02   2024년 상반기 기출복원문제

정답 및 해설 p.008

| 01 | 언어이해

Easy

01 다음 중 A의 주장에 대해 반박할 수 있는 내용으로 가장 적절한 것은?

> A : 우리나라의 장기 기증률은 선진국에 비해 너무 낮아. 이게 다 부모로부터 받은 신체를 함부로 훼손해서는 안 된다는 전통적 유교 사상 때문이야.
>
> B : 맞아. 그런데 장기기증 희망자로 등록이 돼 있어도 유족들이 장기기증을 반대하여 기증이 이뤄지지 않는 경우도 많아.
>
> A : 유족들도 결국 유교 사상으로 인해 신체 일부를 다른 사람에게 준다는 방식을 잘 이해하지 못하는 거야.
>
> B : 글쎄. 유족들이 동의해서 기증이 이뤄지더라도 보상금을 받고 '장기를 팔았다.'는 죄책감을 느끼는 유족들도 있다고 들었어. 또 아직은 장기기증에 대한 생소함 때문일 수도 있어.

① 제도 변화만으로는 장기 기증률을 높이기 어렵다.
② 장기기증 희망자는 반드시 가족들의 동의를 미리 받아야 한다.
③ 캠페인을 통해 장기기증에 대한 사람들의 인식을 변화시켜야 한다.
④ 유족에게 지급하는 보상금 액수가 증가하면 장기 기증률도 높아질 것이다.
⑤ 장기 기증률이 낮은 이유에는 유교 사상 외에도 여러 가지 원인이 있을 수 있다.

02 다음 글의 내용으로 적절하지 않은 것은?

> 경제학자인 사이먼 뉴컴이 소개한 화폐와 실물 교환의 관계식인 '교환방정식'을 경제학자인 어빙 피셔가 발전시켜 재소개한 것이 바로 '화폐수량설'이다. 사이먼 뉴컴의 교환방정식은 'MV=PQ'로 나타나는데, M(Money)은 화폐의 공급, V(Velocity)는 화폐유통속도, P(Price)는 상품 및 서비스의 가격, Q(Quantity)는 상품 및 서비스의 수량이다. 즉 화폐공급과 화폐유통속도의 곱은 상품의 가격과 거래된 상품 수의 곱과 같다는 항등식이다.
>
> 어빙 피셔는 이러한 교환방정식을 인플레이션율과 화폐공급의 증가율 간 관계를 나타내는 이론인 화폐수량설로 재탄생시켰다. 이중 기본모형이 되는 피셔의 거래모형에 따르면 교환방정식은 'MV=PT'로 나타나는데, M은 명목화폐수량, V는 화폐유통속도, P는 상품 및 서비스의 평균가격, T(Trade)는 거래를 나타낸다. 다만 거래의 수를 측정하기 어렵기 때문에 최근에는 총거래 수인 T를 총생산량인 Y로 대체하여 소득모형인 'MV=PY'로 사용되고 있다.

① 교환방정식 'MV=PT'는 화폐수량설의 기본모형이 된다.

② 사이먼 뉴컴의 교환방정식 'MV=PQ'에서 Q는 상품 및 서비스의 수량을 의미한다.

③ 어빙 피셔의 화폐수량설은 최근 총거래 수를 총생산량으로 대체하여 사용되고 있다.

④ 어빙 피셔의 교환방정식 'MV=PT'의 V는 교환방정식 'MV=PY'에서 Y와 함께 대체되어 사용되고 있다.

⑤ 어빙 피셔는 사이먼 뉴컴의 교환방정식을 인플레이션율과 화폐공급의 증가율 간 관계를 나타내는 이론으로 재탄생시켰다.

03 다음 문단을 논리적 순서대로 바르게 나열한 것은?

> (가) 덕후에 대한 사회의 시선도 달라졌다. 과거의 덕후는 이해할 수 없는 자기들만의 세계에 빠져
> 사는 소통 능력이 부족한 잉여 인간이라는 이미지가 강했다. 하지만 이제는 특정 분야에 해박
> 한 지식을 가진 전문가, 독특한 취향을 지닌 조금 특이하지만 멋있는 존재로 받아들여진다. 전
> 문가들은 이제 한국의 덕후는 단어의 어원이었던 일본의 오타쿠와는 완전히 다른 존재로 진화
> 하고 있다고 진단한다.
> (나) 현재 진화한 덕후들은 자신만의 취미에 더욱 몰입한다. 취향에 맞는다면 아낌없이 지갑을 연
> 다. 좋아하는 대상도 다양해지고 있다. 립스틱이나 매니큐어 같은 화장품, 스타벅스 컵까지도
> 덕질(덕후+질)의 대상이 된다. 이른바 취향 소비를 덕후들이 이끌고 있는 것이다. 덕후들은
> 자신이 좋아하는 대상을 위해 댓글을 달며 기업이 내놓는 상품에 입김을 발휘하기도 한다. 아예
> 스스로 좋아하는 대상과 관련된 상품을 제작해 판매하기도 하고, 파생산업까지 나오고 있다.
> (다) 덕후는 일본의 오타쿠(御宅)를 한국식으로 발음한 인터넷 신조어 오덕후를 줄인 말이다. 얼마
> 전까지 덕후 이미지는 사회성이 부족하거나 우스꽝스럽다는 식으로 그다지 긍정적이지 않았다.
> 하지만 최근 들어 인터넷과 SNS는 물론 일상생활에서도 자신이 덕후임을 만천하에 드러내며
> 덕밍아웃(덕후+커밍아웃)하는 사례가 늘고 있다.

① (가) – (나) – (다)   ② (가) – (다) – (나)
③ (나) – (가) – (다)   ④ (다) – (가) – (나)
⑤ (다) – (나) – (가)

Hard

04 다음 글의 빈칸에 들어갈 내용으로 가장 적절한 것은?

> 1979년 경찰관 출신이자 샌프란시스코 시의원이었던 댄 화이트는 시장과 시의원을 살해했다는 이
> 유로 1급 살인죄로 기소되었다. 화이트의 변호인은 피고인이 스낵을 비롯해 컵케이크, 캔디 등을
> 과다 섭취해 당분 과다로 뇌의 화학적 균형이 무너져 정신에 장애가 왔다고 주장하면서 책임 경감을
> 요구하였다. 재판부는 변호인의 주장을 인정하여 계획 살인죄보다 약한 일반 살인죄를 적용하여 7
> 년 8개월의 금고형을 선고했다. 이 항변은 당시 미국에서 인기 있던 스낵의 이름을 따 '트윙키 항변'
> 이라 불렸고 사건의 사회성이나 의외의 소송 전개 때문에 큰 화제가 되었다.
> 이를 계기로 1982년 슈엔달러는 교정시설에 수용된 소년범 276명을 대상으로 섭식과 반사회 행동
> 의 상관관계에 대해 실험을 하였다. 기존의 식단에서 각설탕을 꿀로 바꾸어 보고, 설탕이 들어간
> 음료수에서 천연 과일주스를 주는 등으로 변화를 주었다. 이처럼 정제한 당의 섭취를 원천적으로
> 차단한 결과 시설 내 폭행, 절도, 규율 위반, 패싸움 등이 실험 전에 비해 무려 45%나 감소했다는
> 것을 알게 되었다. 따라서 이 실험을 통해 _____

① 과다한 영양 섭취가 범죄 발생에 영향을 미친다는 것을 알 수 있다.
② 과다한 정제당 섭취는 반사회적 행동을 유발할 수 있다는 것을 알 수 있다.
③ 가공식품의 섭취가 일반적으로 폭력 행위를 증가시킨다는 것을 알 수 있다.
④ 정제당 첨가물로 인한 범죄 행위는 그 책임이 경감되어야 한다는 것을 알 수 있다.
⑤ 범죄 예방을 위해 교정시설 내에 정제당을 제공하지 말아야 한다는 것을 알 수 있다.

05 다음 글의 내용으로 가장 적절한 것은?

조선 후기의 대표적인 관료 선발제도 개혁론인 유형원의 공거제 구상은 능력주의적, 결과주의적 인재 선발의 약점을 극복하려는 의도와 함께 신분적 세습의 문제점도 의식한 것이었다. 중국에서는 17세기 무렵 관료 선발에서 세습과 같은 봉건적인 요소를 부분적으로 재도입하려는 개혁론이 등장했다. 고염무는 관료제의 상층에는 능력주의적 제도를 유지하되, 지방관인 지현들은 어느 정도의 검증 기간을 거친 이후 그 지위를 평생 유지시켜 주고 세습의 길까지 열어 놓는 방안을 제안했다. 황종희는 지방의 관료가 자체적으로 관리를 초빙해서 시험한 후에 추천하는 '벽소'와 같은 옛 제도를 되살리는 방법으로 과거제를 보완하자고 주장했다.

이러한 개혁론은 갑작스럽게 등장한 것이 아니었다. 과거제를 시행했던 국가들에게는 수백 년에 걸쳐 과거제를 개선하라는 압력이 있었다. 시험 방식이 가져오는 부작용들은 과거제의 중요한 문제였다. 치열한 경쟁은 학문에 대한 깊이 있는 학습이 아니라 합격만을 목적으로 하는 형식적 학습을 하게 만들었고, 많은 인재들이 수험생활에 장기간 매달리면서 재능을 낭비하는 현상도 낳았다. 또한 학습 능력 이외의 인성이나 실무 능력을 평가할 수 없다는 이유로 시험의 익명성에 대한 회의도 있었다.

과거제의 부작용에 대한 인식은 과거제를 통해 임용된 관리들의 활동에 대한 비판적 시각으로 연결되었다. 능력주의적 태도는 시험뿐 아니라 관리의 업무에 대한 평가에도 적용되었다. 세습적이지 않으면서 몇 년의 임기마다 다른 지역으로 이동하는 관리들은 승진을 위해서 빨리 성과를 낼 필요가 있었기에, 지역사회를 위해 장기적인 전망을 가지고 정책을 추진하기보다 가시적이고 단기적인 결과만을 중시하는 부작용을 가져왔다. 개인적 동기가 공공성과 상충되는 현상이 나타났던 것이다. 공동체 의식의 약화 역시 과거제의 부정적 결과로 인식되었다. 과거제 출신의 관리들이 공동체에 대한 소속감이 낮고 출세 지향적이기 때문에 세습 엘리트나 지역에서 천거된 관리에 비해 공동체에 대한 충성심이 약했던 것이다.

① '벽소'는 과거제를 없애고자 등장한 새로운 제도이다.

② 과거제 출신의 관리들은 공동체에 대한 소속감이 낮고 출세 지향적이었다.

③ 과거제는 학습 능력 이외의 인성이나 실무능력까지 정확하게 평가할 수 있는 제도였다.

④ 과거제를 통해 임용된 관리들은 지역 사회를 위해 장기적인 전망을 가지고 정책을 추진하였다.

⑤ 고염무는 관료제의 상층에는 세습제를 실시하고, 지방관에게는 능력주의적 제도를 실시하자는 방안을 제안했다.

| 02 | 언어추리

Easy

01 다음 명제가 모두 참일 때, 빈칸에 들어갈 명제로 가장 적절한 것은?

> • 광물은 매우 규칙적인 원자 배열을 가지고 있다.
> • 다이아몬드는 광물이다.
> • _____

① 광물은 다이아몬드이다.

② 광물이 아니면 다이아몬드이다.

③ 다이아몬드가 아니면 광물이 아니다.

④ 다이아몬드는 매우 규칙적인 원자 배열을 가지고 있다.

⑤ 광물이 아니면 규칙적인 원자 배열을 가지고 있지 않다.

02 어느 사무실에 도둑이 들어서 갑 ~ 무 5명의 용의자를 대상으로 조사를 했다. 이들 중 1명만 진실을 말하고 나머지는 거짓을 말한다고 할 때, 범인은 누구인가?

> • 갑 : 을이 범인이에요.
> • 을 : 정이 범인이 확실해요.
> • 병 : 저는 확실히 도둑이 아닙니다.
> • 정 : 을은 거짓말쟁이에요.
> • 무 : 제가 도둑입니다.

① 갑   ② 을

③ 병   ④ 정

⑤ 무

03 재은이는 건강을 위해 매일 아침마다 달리기를 한다. 다음으로부터 추론할 수 있는 것은?

> • 재은이는 화요일에 월요일보다 50m 더 달려 200m를 달렸다.
> • 재은이는 수요일에 화요일보다 30m 적게 달렸다.
> • 재은이는 목요일에 수요일보다 10m 더 달렸다.

① 재은이는 월요일에 수요일보다 50m 적게 달렸다.
② 재은이는 수요일에 가장 적게 달렸다.
③ 재은이는 목요일에 가장 많이 달렸다.
④ 재은이는 목요일에 가장 적게 달렸다.
⑤ 재은이는 목요일에 화요일보다 20m 적게 달렸다.

Hard

04 김대리, 박과장, 최부장 중 한 명은 점심으로 짬뽕을 먹었다. 다음 진술 중 두 개의 진술만 참이고 나머지는 모두 거짓일 때, 짬뽕을 먹은 사람과 참인 진술을 바르게 연결한 것은?(단, 중국집에서만 짬뽕을 먹을 수 있고, 중국 음식은 짬뽕뿐이다)

> • 김대리 : 박과장이 짬뽕을 먹었다. … ㉠
>   나는 최부장과 중국집에 갔다. … ㉡
>   나는 중국 음식을 먹지 않았다. … ㉢
> • 박과장 : 김대리와 최부장은 중국집에 가지 않았다. … ㉣
>   나는 점심으로 짬뽕을 먹었다. … ㉤
>   김대리가 중국 음식을 먹지 않았다는 것은 거짓말이다. … ㉥
> • 최부장 : 나와 김대리는 중국집에 가지 않았다. … ㉦
>   김대리가 점심으로 짬뽕을 먹었다. … ㉧
>   박과장의 마지막 말은 사실이다. … ㉨

① 김대리, ㉡·㉥   ② 박과장, ㉠·㉤
③ 박과장, ㉤·㉨   ④ 최부장, ㉡·㉦
⑤ 최부장, ㉡·㉢

01 다음은 1인 1일 이메일과 휴대전화 스팸 수신량을 나타낸 자료이다. 이에 대한 설명으로 옳은 것은?

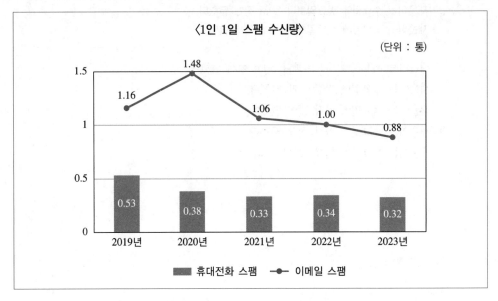

① 이메일 스팸 수신량은 같은 해의 휴대전화 스팸 수신량보다 항상 2.5배 이상이다.

② 2021년부터 2023년까지 휴대전화 스팸 수신량과 이메일 스팸 수신량 증감 추이는 같다.

③ 전년 대비 2021년 이메일 스팸 수신량 감소율은 전년 대비 2022년 감소율의 4배 이하이다.

④ 전년 대비 2022년도 휴대전화 스팸 증가량과 2021년 대비 2023년도 휴대전화 스팸 감소량은 같다.

⑤ 이메일 스팸 수신량이 가장 많은 해는 2020년이고, 휴대전화 스팸 수신량이 가장 적은 해는 2022년이다.

02 다음은 주요 온실가스의 연평균 농도 변화 추이를 나타낸 자료이다. 이에 대한 설명으로 옳지 않은 것은?

<주요 온실가스의 연평균 농도 변화 추이>

구분	2017년	2018년	2019년	2020년	2021년	2022년	2023년
이산화탄소(CO_2, ppm)	387.2	388.7	389.9	391.4	392.5	394.5	395.7
오존 전량(O_3, DU)	331	330	328	325	329	343	335

① 오존 전량은 계속해서 증가하고 있다.
② 이산화탄소의 농도는 계속해서 증가하고 있다.
③ 오존 전량이 가장 크게 감소한 해는 2023년이다.
④ 2023년 오존 전량은 2017년의 오존 전량보다 4DU 증가했다.
⑤ 2023년 이산화탄소의 농도는 2018년보다 7ppm 증가했다.

03 어느 도서관에서 일정 기간의 도서 대여 횟수를 작성한 자료이다. 이에 대한 설명으로 옳지 않은 것은?

<도서 대여 횟수>

(단위 : 회)

구분	비소설		소설	
	남자	여자	남자	여자
40세 미만	20	10	40	50
40세 이상	30	20	20	30

① 40세 미만보다 40세 이상의 전체 대여 횟수가 더 적다.
② 소설을 대여한 전체 횟수가 비소설을 대여한 전체 횟수보다 많다.
③ 남자가 소설을 대여한 횟수는 여자가 소설을 대여한 횟수의 70% 이하이다.
④ 40세 이상의 전체 대여 횟수에서 소설 대여 횟수가 차지하는 비율은 40% 이상이다.
⑤ 40세 미만의 전체 대여 횟수에서 비소설 대여 횟수가 차지하는 비율은 20%를 넘는다.

퇴직 후 네일아트 뷰티숍을 개점하려는 L씨는 평소 눈여겨 본 지역의 고객분포를 알기 위해 직접 설문조사를 하였다. 설문조사 결과가 다음과 같을 때, L씨가 이해한 내용으로 옳은 것은?(단, 복수 응답과 무응답은 없다)

〈응답자의 연령대별 방문 횟수〉

(단위 : 명)

방문횟수 \ 연령대	20~25세	26~30세	31~35세	합계
1회	19	12	3	34
2~3회	27	32	4	63
4~5회	6	5	2	13
6회 이상	1	2	0	3
합계	53	51	9	113

〈응답자의 직업〉

(단위 : 명)

직업	응답자
학생	49
회사원	43
공무원	2
전문직	7
자영업	9
가정주부	3
합계	113

① 26~30세 응답자 중 4회 이상 방문한 응답자 비율은 10% 이상이다.
② 31~35세 응답자의 1인당 평균 방문 횟수는 2회 미만이다.
③ 전체 응답자 중 20~25세인 전문직 응답자 비율은 5% 미만이다.
④ 전체 응답자 중 20~25세 응답자가 차지하는 비율은 50% 이상이다.
⑤ 전체 응답자 중 직업이 학생 또는 공무원인 응답자 비율은 50% 이상이다.

| 04 | 창의수리

01 흰 구슬 4개, 검은 구슬 6개가 들어 있는 주머니에서 연속으로 2개의 구슬을 꺼낼 때, 흰 구슬과 검은 구슬을 각각 1개씩 뽑을 확률은?(단, 꺼낸 구슬은 다시 넣지 않는다)

① $\dfrac{2}{15}$

② $\dfrac{4}{15}$

③ $\dfrac{7}{15}$

④ $\dfrac{8}{15}$

⑤ $\dfrac{11}{15}$

`Easy`

02 같은 헤어숍에 다니고 있는 A와 B는 일요일에 헤어숍에서 마주쳤다. 서로 마주친 이후 A는 10일, B는 16일 간격으로 방문했다. 두 사람이 다시 헤어숍에서 만났을 때의 요일은?

① 월요일

② 화요일

③ 수요일

④ 목요일

⑤ 금요일

Hard

03

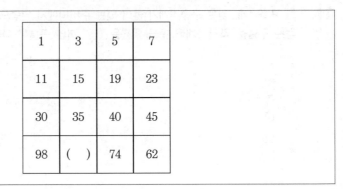

1	3	5	7
11	15	19	23
30	35	40	45
98	( )	74	62

① 80 ② 82

③ 84 ④ 86

⑤ 88

04

| 1 | −2 | 1 | −2 | 4 | −8 | 1 | −2 | ( ) |

① 8 ② 9

③ 10 ④ 11

⑤ 12

Easy

05

| 100 | 80 | 61 | 43 | ( ) | 10 | −5 |

① 28 ② 27

③ 26 ④ 25

⑤ 24

03 2023년 하반기 기출복원문제

정답 및 해설 p.013

|01| 언어이해

`Easy`

01 다음 문장을 논리적 순서대로 바르게 나열한 것은?

> (가) 어려서부터 모국어를 익히는 과정에서 이미 문법을 내재화했기 때문이다.
> (나) 자신의 언어활동을 반성해 보고, 틀린 부분을 고쳐 보는 습관을 기르면서 문법적 직관이 발달하게 된다.
> (다) 그런데 이 문법적 직관은 저절로 얻어지는 것은 아니다.
> (라) 원어민은 문법을 따로 배우지 않더라도 자유자재로 모국어를 구사할 수 있다.
> (마) 모든 원어민은 문법을 바탕으로 언어를 구사하는 데 나름대로의 판단 기준인 문법적 직관이 있다.

① (나) - (가) - (다) - (마) - (라)
② (나) - (다) - (가) - (마) - (라)
③ (라) - (가) - (마) - (다) - (나)
④ (라) - (마) - (다) - (가) - (나)
⑤ (마) - (나) - (가) - (라) - (다)

02 다음 글의 빈칸에 들어갈 내용으로 가장 적절한 것은?

> 경기적 실업이란 경기 침체의 영향으로 기업 활동이 위축되고 이로 인해 노동에 대한 수요가 감소하여 고용량이 줄어들어 발생하는 실업이다. 다시 말해 경기적 실업은 노동 시장에서 노동의 수요와 공급이 균형을 이루고 있는 상태라고 가정할 때, 경기가 침체되어 물가가 하락하게 되면 _____ _____ 경기적 실업은 다른 종류의 실업에 비해 생산량 측면에서 경제적으로 큰 손실을 발생시킬 수 있기에 경제학자들은 이를 해결하기 위한 정부의 역할에 대해 다양한 의견을 제시한다.

① 기업은 생산량을 줄이게 되고 이로 인해 노동에 대한 공급이 감소하여 발생한다.
② 기업은 생산량을 늘리게 되고 이로 인해 노동에 대한 수요가 증가하여 발생한다.
③ 기업은 생산량을 늘리게 되고 이로 인해 노동에 대한 공급이 감소하여 발생한다.
④ 기업은 생산량을 줄이게 되고 이로 인해 노동에 대한 수요가 감소하여 발생한다.
⑤ 기업은 생산량을 줄이게 되고 이로 인해 노동에 대한 수요가 증가하여 발생한다.

PART 2

기출복원문제

03 다음 글의 주장에 대한 반박으로 가장 적절한 것은?

> 보통의 질병은 병균이나 바이러스를 통해 감염되며, 병에 걸리는 원인으로는 개인적 요인의 영향이 가장 크다. 어떤 사람이 바이러스에 노출되었다면 그 사람이 평소에 위생 관리를 철저히 하지 않았기 때문이다. 또한 꾸준히 건강을 관리하지 않은 사람은 더 쉽게 병균에 노출될 것이다.

① 규칙적인 식사와 운동을 통해 건강을 관리하는 사람들의 발병률은 그렇지 않은 사람들에 비해 상대적으로 낮다.

② 병균이나 바이러스의 감염 경로를 자세하게 추적함으로써 질병의 감염원을 명확하게 파악할 수 있다.

③ 바이러스에 노출되지 않기 위해서는 사람이 많은 곳을 피하고, 개인위생을 철저히 해야 한다.

④ 발병한 사람들 전체를 고려하면 성별, 계층, 직업 등의 요인에 따라 질병 종류나 정도가 다르게 나타난다.

⑤ 불특정 다수에게 발병할 수 있는 감염병은 개인적 차원에서 벗어나 사회적 차원에서 국가가 관리하여야 한다.

04 다음 글을 읽고 판단한 내용으로 가장 적절한 것은?

> 핀테크는 금융과 기술의 합성어로 은행, 카드사 등의 금융기관이 기존 금융서비스에 ICT를 결합한 것으로 금융 전반에 나타난 디지털 혁신이다. 은행은 직접 방문하지 않아도 스마트폰 등을 이용하여 은행 업무를 처리할 수 있는 것이 대표적이다.
>
> 테크핀은 ICT 기업이 자신들의 기술을 통해 특색 있는 금융 서비스를 만드는 것으로 테크핀은 핀테크에 비해 금융보다 기술을 강조하는 점이 특징이다. ○○페이 등의 간편결제, 송금 서비스, 인터넷 전문은행 등이 대표적이다.
>
> 한국은 주로 금융기관이 주축이 되어 금융서비스를 개선하고 있었지만, 최근에는 비금융회사의 금융업 진출이 확대되고 있다. 국내의 높은 IT 인프라와 전자상거래 확산으로 인해 소비자들이 현재보다 편한 서비스를 필요하다고 생각하는 것이 원인이다. 또한 공인인증서 의무사용 폐지와 같은 규제가 완화되는 것 또한 ICT 기업이 금융으로 진출할 수 있는 좋은 상황으로 평가된다.
>
> 테크핀의 발전은 핀테크의 발전 역시 야기하였다. 테크핀으로 인한 위기를 느낀 금융기관은 이와 경쟁하기 위해 서비스를 개선하고 있다. 금융기관도 공인인증서, 보안카드 등이 필요 없는 서비스 등을 개선하고 모바일 뱅킹도 더 편리하게 개선하고 있다.
>
> 핀테크와 테크핀이 긍정적인 영향만을 가진 것은 아니다. 금융서비스 이용실태 조사에 따르면 금융혁신이 이루어지고 이에 대한 혜택을 받는 사람이 저연령층이나 고소득층이 높은 비율을 차지하고 있다. 따라서 핀테크와 테크핀을 발전시키는 동시에 모든 사람이 혜택을 누릴 수 있는 방안도 같이 찾아야 한다.

① 핀테크가 발전하면 저소득층부터 고소득층 모두 혜택을 누린다.

② 핀테크는 비금융기관이 주도한 금융혁신이다.

③ 테크핀은 기술보다 금융을 강조한다.

④ IT 인프라가 높으면 테크핀이 발전하기 쉬워진다.

⑤ 핀테크와 테크핀 동시에 발전할 수 없다.

01 L기업에 근무하는 A ~ E 다섯 명은 월 ~ 금요일 중 하루씩 돌아가며 당직을 선다. 이들 중 두 명이 거짓말을 하고 있다고 할 때, 이번 주 수요일에 당직을 서는 사람은?

> - A : 이번 주 화요일은 내가 당직이야.
> - B : 나는 수요일 당직이 아니야. D가 이번 주 수요일 당직이야.
> - C : 나와 D는 이번 주 수요일 당직이 아니야.
> - D : B는 이번 주 목요일 당직이고, C는 다음 날인 금요일 당직이야.
> - E : 나는 이번 주 월요일 당직이야. 그리고 C의 말은 모두 사실이야.

① A   ② B
③ C   ④ D
⑤ E

02 다음 A ~ C 세 명은 물건을 훔친 용의자들이다. 이들 중 두 명이 진실을 말하고 있다면, 거짓말을 한 사람과 범인을 각각 바르게 연결한 것은?

> - A : 난 거짓말하지 않는다. 난 범인이 아니다.
> - B : 난 진실을 말한다. 범인은 A이다.
> - C : B는 거짓말을 하고 있다. 범인은 B다.

	거짓말을 한 사람	범인
①	A	A
②	B	A
③	B	B
④	C	B
⑤	C	C

Hard

03 A ~ F 6명이 원형 테이블에 앉고자 한다. 다음 〈조건〉에 따라 이들의 좌석을 배치하고자 할 때, F와 이웃하여 앉는 사람은?(단, 좌우 방향은 원탁을 바라보고 앉은 상태를 기준으로 한다)

> **조건**
> • B는 C와 이웃하여 앉는다.
> • A는 E와 마주보고 앉는다.
> • C의 오른쪽에는 E가 앉는다.
> • F는 A와 이웃하여 앉지 않는다.

① A, C   ② B, D
③ B, E   ④ C, D
⑤ D, E

04 다음 명제가 모두 참일 때, 빈칸에 들어갈 명제로 가장 적절한 것은?

> • 회의에 참석하는 어떤 회사원은 결근을 한다.
> • _____
> • 출장을 가는 어떤 회사원은 회의에 참석한다.

① 결근을 하는 회사원은 회의에 참석한다.
② 회의에 참석하는 어떤 회사원은 출장을 간다.
③ 결근을 하는 회사원은 출장을 간다.
④ 출장을 가는 어떤 회사원은 결근을 한다.
⑤ 출장을 가는 회사원은 결근을 한다.

Easy

01 L씨는 취업 준비를 위해 6번의 영어시험을 치렀다. L씨의 영어 성적 분포가 다음과 같을 때, 전체 평균점수보다 높았던 적은 몇 번인가?

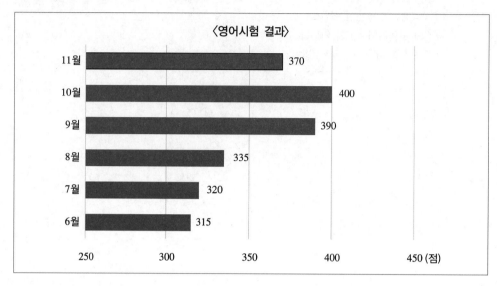

① 2번   ② 3번
③ 4번   ④ 5번
⑤ 6번

02 다음은 A ~ E과제에 대해 전문가 5명이 평가한 점수이다. 최종점수와 평균점수가 같은 과제로만 짝지어진 것은?

〈과제별 점수 현황〉

(단위 : 점)

구분	A과제	B과제	C과제	D과제	E과제
전문가 1	100	80	60	80	100
전문가 2	70	60	50	100	40
전문가 3	60	40	100	90	( )
전문가 4	50	60	90	70	70
전문가 5	80	60	60	40	80
평균점수	( )	( )	( )	( )	70

※ 최종점수는 가장 낮은 점수와 가장 높은 점수를 제외한 평균점수임

① A, B
② B, C
③ B, D
④ B, E
⑤ D, E

03 귀하는 L회사의 인사부에서 근무 중이다. 오늘 회의시간에 생산부의 인사평가 자료를 취합하여 보고해야 하는데 자료 취합 중 파일에 오류가 생겨 일부 자료가 훼손되었다. 다음 중 (가) ~ (다)에 들어갈 점수로 가장 적절한 것은?(단, 각 평가는 100점 만점이고, 종합순위는 각 평가지표 점수의 총합으로 결정한다)

〈인사평가 점수 현황〉

(단위 : 점)

구분	역량	실적	자기계발	성실성	종합순위
A사원	70	(가)	80	70	4
B대리	80	85	(나)	70	1
C과장	(다)	85	70	75	2
D부장	80	80	60	70	3

※ 점수는 5점 단위로 부여함

	(가)	(나)	(다)
①	60	70	55
②	65	65	65
③	65	60	65
④	75	65	55
⑤	75	60	65

04 다음 자료에 대한 설명으로 옳은 것을 〈보기〉에서 모두 고르면?

〈결혼할 의향이 없는 1인 가구의 비중〉

(단위 : %)

구분	2022년		2023년	
	남성	여성	남성	여성
20대	8.2	4.2	15.1	15.5
30대	6.3	13.9	18.8	19.4
40대	18.6	29.5	22.1	35.5
50대	24.3	45.1	20.8	44.9

〈1인 생활 지속기간〉

• 향후 10년 이상 1인 생활 지속 예상

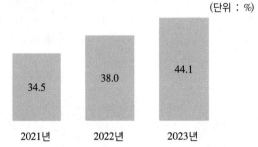

(단위 : %)

• 2년 이내 1인 생활 종료 예상

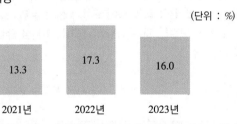

(단위 : %)

보기

ㄱ. 20대 남성은 30대 남성보다 1인 가구의 비중이 더 높다.
ㄴ. 30대 이상에서 결혼할 의향이 없는 1인 가구의 비중은 여성이 남성보다 높다.
ㄷ. 2023년도에서는 40대 남성이 남성 중 제일 높은 1인 가구 비중을 차지한다.
ㄹ. 2년 이내 1인 생활 종료를 예상하는 1인 가구의 비중은 2022년도부터 꾸준히 증가하였다.

① ㄱ
② ㄹ
③ ㄱ, ㄴ
④ ㄴ, ㄷ
⑤ ㄷ, ㄹ

| 04 | 창의수리

※ 일정한 규칙으로 수를 나열할 때, 빈칸에 들어갈 알맞은 수를 고르시오. [1~2]

01

14	18	26	42	74	138	( )

① 212   ② 248

③ 266   ④ 312

⑤ 338

Easy

02

13   76   63   −80   −110   −30   −27   ( )   23

① −14   ② −4

③ 4   ④ 14

⑤ 22

03 다음은 일정한 규칙에 따라 수를 배치한 표이다. 빈칸에 들어갈 수로 알맞은 것은?

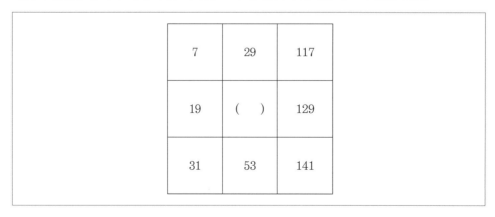

7	29	117
19	( )	129
31	53	141

① 18   ② 21

③ 37   ④ 41

⑤ 65

04 A ~ C 세 사람이 가위바위보를 한 번 할 때, A만 이길 확률은?

① $\dfrac{1}{5}$

② $\dfrac{1}{6}$

③ $\dfrac{1}{7}$

④ $\dfrac{1}{8}$

⑤ $\dfrac{1}{9}$

`Hard`

05 서로 다른 2개의 주사위를 동시에 던질 때, 나오는 눈의 수의 곱이 4의 배수일 확률은?

① $\dfrac{1}{3}$

② $\dfrac{1}{6}$

③ $\dfrac{2}{9}$

④ $\dfrac{5}{12}$

⑤ $\dfrac{5}{18}$

정답 및 해설 p.018

|01| 언어이해

Easy

01 다음 글의 주제로 가장 적절한 것은?

> 헤르만 헤세는 어느 책이 유명하다거나 그것을 모르면 수치스럽다는 이유만으로 그 책을 무리하게 읽으려는 것은 참으로 그릇된 일이라 했다. 그는 이어서 "그렇게 하기보다는 모든 사람은 자기에게 자연스러운 면에서 읽고, 알고, 사랑해야 할 것이다. 어떤 사람은 학창 시절 초기에 벌써 아름다운 시구의 사랑을 자기 안에서 발견할 수 있으며, 어떤 사람은 역사나 자기 고향의 전설에 마음이 끌리게 되고 또는 민요에 대한 기쁨이나 우리의 감정이 정밀하게 연구되고 뛰어난 지성으로써 해석된 것에 독서의 매력을 느낄 수 있을 것이다."라고 말한 바 있다.

① 문학작품을 많이 읽으면 정서 함양에 도움이 된다.
② 학창 시절에 고전과 명작을 많이 읽어 교양을 쌓아야 한다.
③ 남들이 읽어야 한다고 말하는 책보다 자신이 읽고 싶은 책을 읽는 것이 좋다.
④ 자신이 속한 사회의 역사나 전설에 대한 책을 읽으면 애향심을 기를 수 있다.
⑤ 독서는 우리의 감정을 정밀하게 연구하고 해석해 행복감을 준다.

02 다음 글의 내용으로 적절하지 않은 것은?

> 수소와 산소는 H_2와 O_2의 분자 상태로 존재한다. 수소와 산소가 화합해서 물 분자가 되려면 이 두 분자가 충돌해야 하는데, 충돌하는 횟수가 많으면 많을수록 물 분자가 생기는 확률은 높아진다. 또한 반응하기 위해서는 분자가 원자로 분해되어야 한다. 좀 더 정확히 말한다면, 각각의 분자에서 산소 원자끼리 그리고 수소 원자끼리의 결합력이 약해져야 한다. 높은 온도는 분자 간의 충돌 횟수를 증가시킬 뿐 아니라 분자를 강하게 진동시켜 분자의 결합력을 약하게 한다. 그리하여 수소와 산소는 이전까지 결합하고 있던 자신과 동일한 원자와 떨어져, 산소 원자 하나에 수소 원자 두 개가 결합한 물(H_2O)이라는 새로운 화합물이 되는 것이다.

① 수소 분자와 산소 분자가 충돌해야 물 분자가 생긴다.
② 수소 분자와 산소 분자가 원자로 분해되어야 반응을 할 수 있다.
③ 높은 온도는 분자를 강하게 진동시켜 결합력을 약하게 한다.
④ 산소 분자와 수소 분자가 각각 물(H_2O)이라는 새로운 화합물이 된다.
⑤ 산소 분자와 수소 분자의 충돌 횟수가 많아지면 물 분자가 될 확률이 높다.

03 다음 글의 전개 방식으로 적절하지 않은 것은?

나는 집이 가난해서 말이 없기 때문에 간혹 남의 말을 빌려서 탔다. 그런데 노둔하고 야윈 말을 얻었을 경우에는 일이 아무리 급해도 감히 채찍을 대지 못한 채 금방이라도 쓰러지고 넘어질 것처럼 전전긍긍하기 일쑤요, 개천이나 도랑이라도 만나면 또 말에서 내리곤 한다. 그래서 후회하는 일이 거의 없다. 반면에 발굽이 높고 귀가 쫑긋하며 잘 달리는 준마를 얻었을 경우에는 의기양양하여 방자하게 채찍을 갈기기도 하고 고삐를 놓기도 하면서 언덕과 골짜기를 모두 평지로 간주한 채 매우 유쾌하게 질주하곤 한다. 그러나 간혹 위험하게 말에서 떨어지는 환란을 면하지 못한다.

아, 사람의 감정이라는 것이 어쩌면 이렇게까지 달라지고 뒤바뀔 수가 있단 말인가. 남의 물건을 빌려서 잠깐 동안 쓸 때에도 오히려 이와 같은데, 하물며 진짜로 자기가 가지고 있는 경우야 더 말해 무엇 하겠는가.

그렇긴 하지만 사람이 가지고 있는 것 가운데 남에게 빌리지 않은 것이 또 뭐가 있다고 하겠는가. 임금은 백성으로부터 힘을 빌려서 존귀하고 부유하게 되는 것이요, 신하는 임금으로부터 권세를 빌려서 총애를 받고 귀한 신분이 되는 것이다. 그리고 자식은 어버이에게서, 지어미는 지아비에게서, 비복(婢僕)은 주인에게서 각각 빌리는 것이 또한 심하고도 많은데 대부분 자기가 본래 가지고 있는 것처럼 여기만 할 뿐 끝내 돌이켜 보려고 하지 않는다. 이 어찌 미혹된 일이 아니겠는가.

그러다가 혹 잠깐 사이에 그동안 빌렸던 것을 돌려주는 일이 생기게 되면, 만방(萬邦)의 임금도 독부(獨夫)가 되고 백승(百乘)의 대부(大夫)도 고신(孤臣)이 되는 법인데, 더군다나 미천한 자의 경우야 더 말해 무엇 하겠는가.

맹자(孟子)가 말하기를 "오래도록 차용하고서 반환하지 않았으니, 그들이 자기의 소유가 아니라는 것을 어떻게 알았겠는가."라고 하였다. 내가 이 말을 접하고서 느껴지는 바가 있기에, 차마설을 지어서 그 뜻을 부연해 보노라.

– 이곡, 『차마설』

① 유추의 방법을 통해 개인의 경험을 보편적 깨달음으로 일반화한다.
② 예화와 교훈의 2단으로 구성하였다.
③ 주관적인 사실에 대한 보편적인 의견을 제시한다.
④ 성인의 말을 인용하여 자신의 주장을 뒷받침한다.
⑤ 자신의 견해를 먼저 제시하고, 그에 맞는 사례를 제시한다.

04 다음 글을 읽고 추론한 내용으로 적절하지 않은 것은?

> 인간의 삶과 행위를 하나의 질서로 파악하고 개념과 논리를 통해 이해하고자 하는 시도는 소크라테스와 플라톤을 기점으로 시작된 가장 전통적인 방법론이라고 할 수 있다. 이는 결국 경험적이고 우연적인 요소를 배제하여 논리적 필연으로 인간을 규정하고자 한 것이다. 이에 반해 경험과 감각을 중시하고 욕구하는 실체로서의 인간을 파악하고자 한 이들이 소피스트들이다. 이 두 관점은 두 개의 큰 축으로 서구 지성사에 작용해 온 것이 사실이다.
>
> 하지만 이는 곧 소크라테스와 플라톤의 관점에서는 삶과 행위의 구체적이고 실제적인 일상이 무시된 채 본질적이고 이념적인 영역을 추구하였다는 것이며, 소피스트들의 관점에서는 고정적 실체로서의 도덕이나 정당화의 문제보다는 변화하는 실제적 행위만이 인정되었다는 이야기로 환원되어왔다. 그리고 이와 같은 문제를 제대로 파악한 것이 바로 고대 그리스의 웅변가이자 소피스트인 '이소크라테스'이다.
>
> 이소크라테스는 소피스트들에 대해서는 그들의 교육이 도덕이나 시민적 덕성의 함양과는 무관하게 탐욕과 사리사욕을 위한 교육에 그치고 있다고 비판했으며 동시에 영원불변하는 보편적 지식의 무용성을 주장했다. 그는 시의적절한 의견들을 통해 더 좋은 결과에 이를 수 있는 능력을 얻으려는 자가 바로 철학자라고 주장했다. 그렇기에 이소크라테스의 수사학은 플라톤의 이데아론은 물론 소피스트들의 무분별한 실용성을 지양하면서도 동시에 삶과 행위의 문제를 이론적이고도 실제적으로 해석하는 것으로 평가할 수 있다.

① 이소크라테스의 주장에 따르면 플라톤의 이데아론은 과연 그것이 현실을 살아가는 이들에게 무슨 의미가 있는가에 대한 필연적인 물음에 맞닥뜨리게 된다.

② 소피스트들의 주장과 관점은 현대사회의 물질만능주의를 이해하기에 적절한 사례가 된다.

③ 소피스트와 이소크라테스는 영원불변하는 보편적 지식의 존재를 부정하며 구체적이고 실제적인 일상을 중요하게 여겼다.

④ 이소크라테스를 통해 절대적인 진리를 추구하지 않는 것이 반드시 비도덕적인 일로 환원된다고는 볼 수 없음을 확인할 수 있다.

⑤ 훌륭한 말과 미덕을 갖춘 지성인은 이소크라테스가 추구한 목표에 가장 가까운 존재라고 할 수 있다.

| 02 | 언어추리

01 다음 명제를 통해 얻을 수 있는 결론으로 적절한 것은?

> • 모든 1과 사원은 가장 실적이 많은 2과 사원보다 실적이 많다.
> • 가장 실적이 많은 4과 사원은 모든 3과 사원보다 실적이 적다.
> • 3과 사원 중 일부는 가장 실적이 많은 2과 사원보다 실적이 적다.

① 1과 사원 중 가장 적은 실적을 올린 사원과 같은 실적을 올린 사원이 4과에 있다.
② 3과 사원 중 가장 적은 실적을 올린 사원과 같은 실적을 올린 사원이 4과에 있다.
③ 모든 2과 사원은 4과 사원 중 일부보다 실적이 적다.
④ 어떤 1과 사원은 가장 실적이 많은 3과 사원보다 실적이 적다.
⑤ 어떤 3과 사원은 가장 실적이 적은 1과 사원보다 실적이 적다.

Easy

02 제시된 문장을 참고하여 내린 A, B의 결론에 대한 판단으로 옳은 것은?

> • 자동차 외판원인 C ~ H 여섯 명의 판매실적을 비교했다.
> • C는 D에게 실적에서 앞섰다.
> • E는 F에게 실적에서 뒤졌다.
> • G는 H에게 실적에서 뒤졌지만, C에게는 실적에서 앞섰다.
> • D는 F에게 실적에서 앞섰지만, G에게는 실적에서 뒤졌다.

> A : 실적이 가장 좋은 외판원은 H이다.
> B : 실적이 가장 나쁜 외판원은 E이다.

① A만 옳다.
② B만 옳다.
③ A, B 모두 옳다.
④ A, B 모두 틀리다.
⑤ A, B 모두 옳은지 틀린지 판단할 수 없다.

03 L사의 A ~ D 4명은 각각 다른 팀에 근무하며, 각 팀은 2 ~ 5층에 위치하고 있다. 다음 〈조건〉을 참고할 때, 항상 참인 것은?

> **조건**
> • A ~ D 중 2명은 부장, 1명은 과장, 1명은 대리이다.
> • 대리의 사무실은 B보다 높은 층에 있다.
> • B는 과장이다.
> • A는 대리가 아니다.
> • A의 사무실이 가장 높다.

① 부장 중 1명은 반드시 2층에 근무한다.
② A는 부장이다.
③ 대리는 4층에 근무한다.
④ B는 2층에 근무한다.
⑤ C는 대리이다.

Hard

04 A ~ D국의 각 기상청은 태평양에서 발생한 태풍의 이동 경로를 다음과 같이 예측하였고, 이들 중 단 두 국가의 예측만이 실제 태풍의 이동 경로와 일치했다. 다음 중 실제 태풍의 이동 경로를 바르게 예측한 나라가 바르게 짝지어진 것은?(단, 예측이 틀린 국가는 모든 예측에 실패했다)

> • A국 : 8호 태풍 바비는 일본에 상륙하고, 9호 태풍 마이삭은 한국에 상륙할 것입니다.
> • B국 : 9호 태풍 마이삭이 한국에 상륙한다면, 10호 태풍 하이선은 중국에 상륙할 것입니다.
> • C국 : 8호 태풍 바비의 이동 경로와 관계없이 10호 태풍 하이선은 중국에 상륙하지 않을 것입니다.
> • D국 : 10호 태풍 하이선은 중국에 상륙하지 않고, 8호 태풍 바비는 일본에 상륙하지 않을 것입니다.

① A국, B국   ② A국, C국
③ B국, C국   ④ B국, D국
⑤ C국, D국

01 다음은 2018 ~ 2022년까지의 발굴조사 건수 및 비용을 나타낸 자료이다. 이에 대한 설명으로 옳은 것은?(단, 비율은 소수점 둘째 자리에서 반올림한다)

〈발굴조사 건수 및 비용〉

(단위 : 건, 억 원)

구분		2018년	2019년	2020년	2021년	2022년
지표조사	건수	1,196	1,103	1,263	1,399	1,652
	비용	82	67	71	77	105
발굴조사	건수	2,266	2,364	2,388	2,442	2,642
	비용	2,509	2,378	2,300	2,438	2,735
합계	건수	3,462	3,467	3,651	3,841	4,294
	비용	2,591	2,445	2,371	2,515	2,840

① 전체 조사의 평균 건당 비용은 계속 감소되고 있다.
② 발굴조사의 평균 건당 비용은 매해 1억 원 이상이다.
③ 연도별 비교 시, 발굴조사 비용의 비율이 가장 높은 해는 2019년이다.
④ 연도별 전체 건수에 대한 발굴조사 건수의 비율은 2021년이 2019년보다 높다.
⑤ 5개년 동안 조사에 쓰인 비용은 1조 3천억 원 이상이다.

`Easy`

02 총무인사과에 근무하는 L사원은 사내 복지 증진과 관련하여 임직원을 대상으로 휴게실 확충에 대한 의견을 수렴하였다. 의견 수렴 결과가 다음과 같을 때, 이에 대한 설명으로 옳지 않은 것은?

〈휴게실 확충에 대한 본부별 · 성별 찬반 의견〉

(단위 : 명)

구분	A본부		B본부	
	여성	남성	여성	남성
찬성	180	156	120	96
반대	20	44	80	104
합계	200	200	200	200

① 남성의 60% 이상이 휴게실 확충에 찬성하고 있다.
② A본부 여성의 찬성률이 B본부 여성보다 1.5배 높았다.
③ B본부 전체인원 중 여성의 찬성률이 남성의 찬성률보다 보다 1.2배 이상 높다.
④ A, B본부 전체인원에서 찬성하는 사람의 수는 전체 성별 차이가 본부별 차이보다 크다.
⑤ A본부에 휴게실이 확충될지 B본부에 휴게실이 확충될지 아직은 알 수 없다.

03 다음은 2017 ~ 2022년까지의 법무부 공무원 징계 현황(검찰 제외)을 나타낸 자료이다. 이에 대한 〈보기〉의 설명 중 옳지 않은 것을 모두 고르면?

〈법무부 공무원 징계현황(검찰 제외)〉

(단위 : 건)

징계사유	경징계	중징계
A	3	23
B	174	42
C	171	47
D	160	55
기타	6	2

보기

ㄱ. 전체 경징계 건수는 중징계 건수의 3배 이상이다.
ㄴ. 전체 징계 건수 중 경징계의 비율은 70% 이하이다.
ㄷ. D로 인한 징계 건수 중 중징계의 비율은 전체 징계 건수 중 중징계의 비율보다 낮다.
ㄹ. 전체 징계 사유 중 징계의 비율이 가장 높은 것은 C이다.

① ㄱ, ㄴ
② ㄱ, ㄹ
③ ㄱ, ㄷ
④ ㄴ, ㄷ
⑤ ㄷ, ㄹ

04 반도체 부품 회사에서 근무하는 L사원은 월별 매출 현황에 대한 보고서를 작성 중이었다. 그런데 실수로 파일이 삭제되어 기억나는 매출액만 다시 작성하였다. L사원이 기억하는 월평균 매출액은 35억 원이고, 상반기의 월평균 매출액은 26억 원이었다. 다음 중 남아 있는 매출 현황을 통해 상반기 평균 매출 대비 하반기 평균 매출의 증감액은?

〈월별 매출현황〉

(단위 : 억 원)

1월	2월	3월	4월	5월	6월	7월	8월	9월	10월	11월	12월	평균
	10	18	36				35	20	19			35

① 12억 원 증가
② 12억 원 감소
③ 18억 원 증가
④ 18억 원 감소
⑤ 20억 원 증가

01 다음 룰렛에 적힌 수는 일정한 규칙을 갖는다. ㉠+㉡+㉢의 값은?

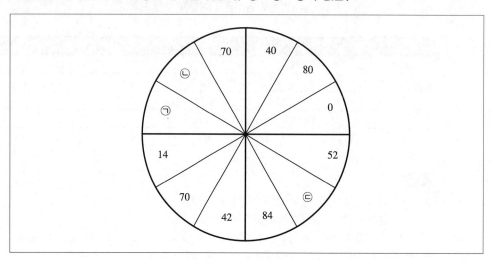

① 60

② 70

③ 80

④ 90

⑤ 100

02 일정한 규칙으로 수를 나열할 때, 빈칸에 들어갈 수로 알맞은 것은?

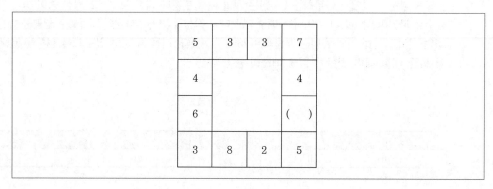

① 2

② 4

③ 8

④ 16

⑤ 32

03 A와 B가 같이 일을 하면 12일, B와 C가 같이 일을 하면 6일, C와 A가 같이 일을 하면 18일이 걸리는 일이 있다. 만약 A~C 모두 함께 72일 동안 일을 하면 기존에 했던 일의 몇 배의 일을 할 수 있는가?

① 9배 ② 10배
③ 11배 ④ 12배
⑤ 13배

04 어떤 공원의 트랙 모양 산책로를 걷는데 민주는 시작 지점에서 분속 40m의 속력으로 걷고, 같은 지점에서 세희는 분속 45m의 속력으로 서로 반대 방향으로 걷고 있다. 출발한 지 40분 후에 둘이 두 번째로 마주치게 된다고 할 때, 산책로의 길이는?

① 1,320m ② 1,400m
③ 1,550m ④ 1,700m
⑤ 1,750m

05 2022년 하반기 기출복원문제

정답 및 해설 p.023

| 01 | 언어이해

Easy

01 다음 글의 제목으로 가장 적절한 것은?

우리는 처음 만난 사람의 외모를 보고, 그를 어떤 방식으로 대우해야 할지를 결정할 때가 많다. 그가 여자인지 남자인지, 얼굴색이 흰지 검은지, 나이가 많은지 적은지 혹은 그의 스타일이 조금은 상류층의 모습을 띠고 있는지 아니면 너무나 흔해서 별 특징이 드러나 보이지 않는 외모를 하고 있는지 등을 통해 그들과 나의 차이를 재빨리 감지한다. 일단 감지가 되면 우리는 둘 사이의 지위 차이를 인식하고 우리가 알고 있는 방식으로 그를 대하게 된다. 한 개인이 특정 집단에 속한다는 것은 단순히 다른 집단의 사람과 다르다는 것뿐만 아니라, 그 집단이 다른 집단보다는 지위가 높거나 우월하다는 믿음을 갖게 한다. 모든 인간은 평등하다는 우리의 신념에도 불구하고 왜 인간들 사이의 이러한 위계화(位階化)를 당연한 것으로 받아들일까? 위계화란 특정 부류의 사람들은 자원과 권력을 소유하고 다른 부류의 사람들은 낮은 사회적 지위를 갖게 되는 사회적이며 문화적인 체계이다. 다음에서 우리는 이러한 불평등이 어떠한 방식으로 경험되고 조직화되는지를 살펴보기로 하자.

인간이 불평등을 경험하게 되는 방식은 여러 측면으로 나눌 수 있다. 산업사회에서의 불평등은 계층과 계급의 차이를 통해서 정당화되는데 이는 재산, 생산 수단의 소유 여부, 학력, 집안 배경 등등의 요소들의 결합에 의해 사람들 사이의 위계를 만들어낸다. 또한 모든 사회에서 인간은 태어날 때부터 얻게 되는 인종, 성, 종족 등의 생득적 특성과 나이를 통해 불평등을 경험한다. 이러한 특성들은 단순히 생물학적인 차이를 지칭하는 것이 아니라 개인의 열등성과 우등성을 가늠하게 만드는 사회적 개념이 되곤 한다.

한편 불평등이 재생산되는 다양한 사회적 기제들이 때로는 관습이나 전통이라는 이름 아래 특정 사회의 본질적인 문화적 특성으로 간주되고 당연시되는 경우가 많다. 불평등은 체계적으로 조직되고 개인에 의해 경험됨으로써 문화의 주요 부분이 되었고, 그 결과 같은 문화권 내의 구성원들 사이에 권력 차이와 그에 따른 폭력이나 비인간적인 행위들이 자연스럽게 수용될 때가 많다.

문화 인류학자들은 사회 집단의 차이와 불평등, 사회의 관습 또는 전통이라고 얘기되는 문화현상에 대해 어떤 입장을 취해야 할지 고민을 한다. 문화 인류학자가 이러한 문화현상은 고유한 역사적 산물이므로 나름대로 가치를 지닌다는 입장만을 반복하거나 단순히 관찰자로서의 입장에 안주한다면, 이러한 차별의 형태를 제거하는 데 도움을 줄 수 없다. 실제로 문화인류학 연구는 기존의 권력관계를 유지시켜주는 다양한 문화적 이데올로기를 분석하고, 인간 간의 차이가 우등성과 열등성을 구분하는 지표가 아니라 동등한 다름일 뿐이라는 것을 일깨우는 데 기여해왔다.

① 차이와 불평등   ② 차이의 감지 능력

③ 문화인류학의 역사   ④ 위계화의 개념과 구조

⑤ 관습과 전통의 계승과 창조

02 다음은 모듈러 주택 공법에 대한 글이다. 이에 대한 내용으로 가장 적절한 것은?

> 모듈러 주택이란 기본 골조와 전기 배선, 온돌, 현관문, 욕실 등 집의 70 ~ 80퍼센트를 공장에서 미리 만들고 주택이 들어설 부지에서는 '레고 블록'을 맞추듯 조립만 하는 방식으로 짓는 주택이다. 일반 철근콘크리트 주택에 비해 상대적으로 빨리 지을 수 있고, 철거가 쉽다는 게 모듈러 주택의 장점이다.
>
> 예컨대 5층짜리 소형 임대 주택을 철근콘크리트 제작 방식으로 지으면 공사 기간이 6개월가량 걸리지만 모듈러 공법을 적용할 경우 30 ~ 40일이면 조립과 마감이 가능하다. 주요 자재의 최대 80 ~ 90퍼센트 가량을 재활용할 수 있다는 것도 장점이다. 도시형 생활 주택뿐 아니라 대형 숙박 시설, 소규모 비즈니스호텔, 오피스텔 등도 모듈러 공법으로 건축이 가능하다.
>
> 한국에 모듈러 주택이 처음 등장한 것은 2003년으로 이는 모듈러 주택시장이 활성화되어 있는 해외에 비하면 늦은 편이다. 도입은 늦었지만 모듈러 주택의 설계 방식이 표준화되고 대규모 양산 체제가 갖추어지면 비용이 적게 들기 때문에 모듈러 주택시장이 급속하게 팽창할 것으로 예측이 많다. 하지만 모듈러 주택시장 전망이 불확실하다는 전망도 있다. 목재나 철골 등이 주로 사용되는 조립식 주택의 특성상 콘크리트 건물보다 소음이나 진동, 화재에 약해 소비자들이 심리적으로 거부감을 가질 수 있다는 게 이유다. 아파트 생활에 길들여진 한국인들의 의식도 모듈러 주택이 넘어야 할 난관으로 거론된다. 소득수준이 높아지고 '탈 아파트' 바람이 일면서 성냥갑 같은 아파트보다는 개성 있는 단독주택에서 살고 싶다는 욕구를 가진 사람들이 증가하고 있다지만 아파트가 주는 편안한 생활을 포기할 사람이 많지 않을 것이라는 분석인 셈이다.

① 일반 콘크리트 주택 건설 비용은 모듈러 주택의 3배 이상이다.

② 모듈러 주택 제작의 조립과 마감에 소요되는 기간은 6개월이다.

③ 일반 철근콘크리트 주택은 재활용이 불가하다.

④ 모듈러 주택이 처음 한국에 등장한 시기는 해외 대비 늦지만, 이에 소요되는 비용은 해외 대비 적다.

⑤ 모듈러 주택 공법으로 개성 있는 단독주택 설계가 가능하다.

03 다음 글을 읽고 추론한 내용으로 적절하지 않은 것은?

> 지구와 태양 사이의 거리와 지구가 태양 주위를 도는 방식은 인간의 생존에 유리한 여러 특징을 지니고 있다. 인간을 비롯한 생명이 생존하려면 행성이 액체 상태의 물을 포함하면서 너무 뜨겁거나 차갑지 않아야 한다. 이를 위해 행성은 태양과 같은 별에서 적당히 떨어져 있어야 한다. 이 적당한 영역을 '골디락스 영역'이라고 한다. 또한 지구가 태양의 중력장 주위를 도는 타원 궤도는 충분히 원에 가깝다. 따라서 연중 태양에서 오는 열에너지가 비교적 일정하게 유지될 수 있다. 만약 태양과의 거리가 일정하지 않았다면 지구는 여름에는 바다가 모두 끓어 넘치고 겨울에는 거대한 얼음덩어리가 되는 불모의 행성이었을 것이다.
>
> 우리 우주에 작용하는 근본적인 힘의 세기나 물리법칙도 인간을 비롯한 생명의 탄생에 유리하도록 미세하게 조정되어 있다. 예를 들어 근본적인 힘인 강한 핵력이나 전기력의 크기가 현재 값에서 조금만 달랐다면, 별의 내부에서 탄소처럼 무거운 원소는 만들어질 수 없었고 행성도 만들어질 수 없었을 것이다. 최근 들어 물리학자들은 이들 힘을 지배하는 법칙이 현재와 다르다면 우주는 구체적으로 어떤 모습이 될지 컴퓨터 모형으로 계산했다. 그 결과를 보면 강한 핵력의 강도가 겨우 0.5% 다르거나 전기력의 강도가 겨우 4% 다를 경우에도 탄소나 산소는 우주에서 합성되지 않는다. 따라서 생명 탄생의 가능성도 사라진다. 결국 강한 핵력이나 전기력을 지배하는 법칙들을 조금이라도 건드리면 우리가 존재할 가능성은 사라지는 것이다.
>
> 결론적으로 지구 주위 환경뿐만 아니라 보편적 자연법칙까지도 인류와 같은 생명이 진화해 살아가기에 알맞은 범위 안에 제한되어 있다고 할 수 있다. 만일 그러한 제한이 없었다면 태양계나 지구가 탄생할 수 없었을 뿐만 아니라 생명 또한 진화할 수 없었을 것이다. 우리가 아는 행성이나 생명이 탄생할 가능성을 열어두면서 물리법칙을 변경할 수 있는 폭은 매우 좁다.

① 탄소가 없는 상황에서도 생명은 자연적으로 진화할 수 있다.
② 중력법칙이 현재와 조금만 달라도 지구는 태양으로 빨려 들어간다.
③ 원자핵의 질량이 현재보다 조금 더 크다면 우리 몸을 이루는 원소는 합성되지 않는다.
④ 별 주위의 '골디락스 영역'에 행성이 위치할 확률은 매우 낮지만, 지구는 그 영역에 위치한다.
⑤ 핵력의 강도가 현재와 약간만 달라도 별의 내부에서 무거운 원소가 거의 전부 사라진다.

04 다음 글의 (가) ~ (다)를 논리적 순서대로 바르게 나열한 것은?

> 어떤 문화의 변동은 결코 외래문화의 압도적 영향이나 이식에 의해 일방적으로 이루어지는 것이 아니라, 수용 주체의 창조적·능동적 측면과 관련되어 이루어지는 매우 복합적인 성격의 것이다.
>
> (가) 그리하여 외래문화 중에서 이러한 결핍 부분의 충족에 유용한 부분만을 선별해서 선택적으로 수용하게 된다.
>
> (나) 이러한 수용 주체의 창조적·능동적 측면은 문화 수용과 변동에서 무엇보다도 우선하는 것인데, 이것이 외래문화 요소의 수용을 결정짓는다.
>
> (다) 즉, 어떤 문화의 내부에 결핍 요인이 있을 때, 그 문화의 창조적·능동적 측면은 이를 자체적으로 극복하려 노력하지만, 이러한 극복이 내부에서 성취될 수 없을 때, 외래 요소의 수용을 통해 이를 이루고자 한다.
>
> 다시 말해, 외래문화는 수용 주체의 내부 요인에 따라 수용 또는 거부되는 것이다.

① (가) – (나) – (다)
② (가) – (다) – (나)
③ (나) – (가) – (다)
④ (나) – (다) – (가)
⑤ (다) – (나) – (가)

| 02 | 언어추리

Easy

01 다음 명제가 모두 참일 때 옳지 않은 것은?

> • 비가 많이 내리면 습도가 높아진다.
> • 겨울보다 여름에 비가 더 많이 내린다.
> • 습도가 높으면 먼지가 잘 나지 않는다.
> • 습도가 높으면 정전기가 잘 일어나지 않는다.

① 겨울은 여름보다 습도가 낮다.
② 먼지는 여름이 겨울보다 잘 난다.
③ 여름에는 겨울보다 정전기가 잘 일어나지 않는다.
④ 비가 많이 오면 정전기가 잘 일어나지 않는다.
⑤ 정전기가 잘 일어나면 비가 적게 온 것이다.

Hard

02 L사에 근무하는 직원 네 명은 함께 5인승 택시를 타고 대리점으로 가고 있다. 다음 〈조건〉을 따를 때, 항상 참인 것은?

> 조건
> • 직원은 각각 부장, 과장, 대리, 사원의 직책을 갖고 있다.
> • 직원은 각각 흰색, 검은색, 노란색, 연두색 신발을 신었다.
> • 직원은 각각 기획팀, 연구팀, 디자인팀, 홍보팀 소속이다.
> • 대리와 사원은 옆으로 붙어 앉지 않는다.
> • 과장 옆에는 직원이 앉지 않는다.
> • 부장은 홍보팀이고 검은색 신발을 신었다.
> • 디자인팀 직원은 조수석에 앉았고 노란색 신발을 신었다.
> • 사원은 기획팀 소속이다.

① 택시 운전기사 바로 뒤에는 사원이 앉는다.
② 부장은 조수석에 앉는다.
③ 과장은 노란색 신발을 신었다.
④ 부장 옆에는 과장이 앉는다.
⑤ 사원은 흰색 신발을 신었다.

※ 다음 명제가 모두 참일 때, 빈칸에 들어갈 명제로 가장 적절한 것을 고르시오. [3~4]

Easy

03

> • 환율이 하락하면 국가 경쟁력이 떨어졌다는 것이다.
> • _____
> • 수출이 감소했다는 것은 GDP가 감소했다는 것이다.
> • 따라서 수출이 감소하면 국가 경쟁력이 떨어진다.

① 국가 경쟁력이 떨어지면 수출이 감소했다는 것이다.
② GDP가 감소해도 국가 경쟁력은 떨어지지 않는다.
③ 환율이 상승하면 GDP가 증가한다.
④ 환율이 하락해도 GDP는 감소하지 않는다.
⑤ 수출이 증가했다는 것은 GDP가 증가했다는 것이다.

04

> • 오존층이 파괴되지 않으면 프레온 가스가 나오지 않는다.
> • _____
> • 지구 온난화가 진행되지 않았다면 오존층이 파괴되지 않는다.
> • 지구 온난화가 진행되지 않았다면 에어컨을 과도하게 사용하지 않았다.

① 에어컨을 잘 쓰지 않으면 프레온 가스가 나오지 않는다.
② 프레온 가스가 나온다고 해도 오존층은 파괴되지 않는다.
③ 오존층을 파괴하면 지구 온난화가 진행된다.
④ 에어컨을 과도하게 쓰면 프레온 가스가 나온다.
⑤ 에어컨을 적게 써도 지구 온난화는 진행된다.

01 화물 출발지와 도착지 간 거리가 A기업은 100km, B기업은 200km이며, 운송량은 각각 5톤, 1톤이다. 국내 운송 시 수단별 요금 체계가 다음과 같을 때, 최소 운영비용 측면에서 A기업과 B기업에 유리한 운송수단에 대한 설명으로 옳은 것은?(단, 다른 조건은 같다)

〈수단별 국내 운송비용〉

구분		화물자동차	철도	연안해송
운임	기본운임	200,000원	150,000원	100,000원
	km·톤당 추가운임	1,000원	900원	800원
km·톤당 부대비용		100원	300원	500원

※ 추가운임 및 부대비용은 거리(km)와 무게(톤)를 곱하여 산정함

① A, B기업 모두 화물자동차 운송이 가장 저렴하다.
② A기업은 화물자동차가 가장 저렴하고, B기업은 모든 수단이 동일하다.
③ A기업은 모든 수단이 동일하고, B기업은 연안해송이 가장 저렴하다.
④ A, B기업 모두 철도운송이 가장 저렴하다.
⑤ A기업은 연안해송, B기업은 철도운송이 가장 저렴하다.

다음은 어느 지역의 주화 공급에 대한 자료이다. 이에 대한 〈보기〉의 설명 중 옳은 것을 모두 고르면?

〈주화 공급량 및 공급기관 수에 따른 액면가〉

구분	액면가				합계
	10원	50원	100원	500원	
공급량(만 개)	3,469	2,140	2,589	1,825	10,023
공급기관 수(개)	1,519	929	801	953	4,202

※ (평균 주화 공급량)=$\dfrac{\text{(주화 종류별 공급량의 합)}}{\text{(주화 종류 수)}}$

※ (주화 공급액)=(주화 공급량)×(액면가)

보기

ㄱ. 주화 공급량이 주화 종류별로 각각 200만 개씩 증가한다면, 이 지역의 평균 주화 공급량은 2,700만 개 이상이다.

ㄴ. 주화 종류별 공급기관당 공급량은 10원 주화가 500원 주화보다 적다.

ㄷ. 10원과 500원 주화는 각각 10%씩, 50원과 100원 주화는 각각 20%씩 공급량이 증가한다면, 이 지역의 평균 주화 공급량의 증가율은 15% 이하이다.

ㄹ. 총 주화 공급액 규모가 12% 증가해도 주화 종류별 주화 공급량의 비율은 변하지 않는다.

① ㄱ, ㄴ   ② ㄱ, ㄷ

③ ㄴ, ㄷ, ㄹ   ④ ㄱ, ㄷ, ㄹ

⑤ ㄷ, ㄹ

03 다음은 한국과 OECD 평균 기대여명 변화를 나타낸 자료이다. 이에 대한 설명으로 옳지 않은 것은?

〈65세, 80세의 한국 및 OECD 평균 기대여명 변화 추이〉

(단위 : 년)

구분		남성				여성			
		1977년	2002년	2012년	2022년	1977년	2002년	2012년	2022년
65세	한국	10.2	13.4	15.5	18.2	14.9	17.5	19.6	22.4
	OECD 평균	12.7	14.7	16.3	17.9	15.6	18.4	19.8	21.3
80세	한국	4.7	6.1	6.9	8.0	6.4	7.9	8.5	10.1
	OECD 평균	5.7	6.6	7.3	8.3	6.6	8.2	8.9	10.0

① 65세, 80세 여성의 기대여명은 2022년에 OECD 평균보다 모두 높아졌다.

② 80세 남성의 기대여명은 1977 ~ 2022년 동안 OECD 평균 기대여명과의 격차가 꾸준히 줄어들 었다.

③ 1977 ~ 2012년 동안 65세 연령의 성별 기대여명과 OECD 평균 기대여명과의 격차는 남성보다 여성이 더 크다.

④ 남성의 기대여명보다 여성의 기대여명이 더 높다.

⑤ 2022년 80세 여성 기대여명의 1977년 대비 증가율은 OECD 평균보다 한국이 더 크다.

04 다음은 L사의 등급별 인원비율 및 성과 상여금을 나타낸 자료이다. 마케팅부서의 인원은 15명, 영업부서 인원은 11명일 때, 상여금에 대한 설명으로 옳지 않은 것은?(단, 인원은 소수점 첫째 자리에서 반올림한다)

〈등급별 인원비율 및 성과 상여금〉

구분	S	A	B	C
인원비율	15%	30%	40%	15%
상여금(만 원)	500	420	330	290

① 마케팅부서의 S등급 상여금을 받는 인원과 영업부서의 C등급 상여금을 받는 인원의 수가 같다.

② A등급 1인당 상여금은 B등급 1인당 상여금보다 약 27% 많다.

③ 영업부서 A등급과 B등급의 인원은 마케팅부서 인원보다 각각 2명씩 적다.

④ 마케팅부서에 지급되는 총 상여금은 5,660만 원이다.

⑤ 영업부서에 지급되는 총 상여금은 마케팅부서 총 상여금보다 1,200만 원이 적다.

| 04 | 창의수리

Easy

01 남자 5명과 여자 3명 중에서 4명의 대표를 선출할 때, 적어도 1명의 여자가 포함되도록 선출하는 경우의 수는?

① 55가지
② 60가지
③ 65가지
④ 70가지
⑤ 75가지

02 A∼C 세 명의 친구가 가위바위보를 할 때, 세 번 안에 한 명의 승자가 정해질 확률은?(단, 패자는 제외하지 않는다)

① $\dfrac{5}{2}$
② $\dfrac{1}{3}$
③ $\dfrac{1}{21}$
④ $\dfrac{19}{27}$
⑤ $\dfrac{4}{5}$

Hard

03 첫째와 둘째, 둘째와 셋째의 나이 차이가 일정한 3명의 형제가 있다. 둘째 나이의 3배는 아버지 나이와 같고, 아버지 나이에서 첫째 나이를 빼면 23살이다. 내년에 아버지의 나이는 셋째 나이의 4배보다 4살 적게 될 때, 올해 셋째의 나이는?

① 8살
② 9살
③ 10살
④ 11살
⑤ 12살

04 민철이가 집에서 도서관을 향해 분속 50m로 걸어간 지 24분 후에 현민이가 집에서 자전거를 타고 분속 200m로 도서관을 향해 출발하여 도서관 정문에서 만났다. 민철이가 집에서 도서관까지 가는 데 걸린 시간은?

① 31분
② 32분
③ 33분
④ 34분
⑤ 35분

정답 및 해설 p.028

| 01 | 언어이해

`Easy`

01   다음 글의 중심 내용으로 가장 적절한 것은?

> 그리스 철학의 집대성자라고도 불리는 철학자 아리스토텔레스는 자연의 모든 물체는 '자연의 사다리'에 의해 계급화 되어 있다고 생각했다. 자연의 사다리는 아래서부터 무생물, 식물, 동물, 인간, 그리고 신으로 구성되어 있는데 이러한 계급에 맞춰 각각에 일정한 기준을 부여했다. 18세기 유럽 철학계와 과학계에서는 이러한 자연의 사다리 사상이 크게 유행을 했으며 사다리의 상층인 신과 인간에게는 높은 이성과 가치가 있고, 그 아래인 동물과 식물에게는 인간보다 낮은 가치가 있다고 보기 시작했다.
>
> 이처럼 서양의 자연관은 인간과 자연을 동일시하던 고대에서 벗어나 인간만이 영혼이 있으며 이에 따라 인간만이 자연을 지배할 수 있다고 믿는 기독교 중심의 중세시대를 지나 여러 철학자들을 거쳐 점차 인간이 자연보다 우월한 자연지배관으로 모습이 바뀌기 시작했다. 이러한 자연관을 토대로 서양에서는 자연스럽게 산업혁명 등을 통한 대량소비와 대량생산의 경제성장 구조와 가치체계가 발전되어 왔다.
>
> 동양의 자연관 역시 동양철학과 불교 등의 이념과 함께 고대에서 중세시대를 지나게 되었다. 하지만 서양의 인간중심 철학과 달리 동양철학과 불교에서는 자연과 인간을 동일선상에 놓거나 둘의 조화를 중요시 하여 합일론을 주장했다. 이들의 사상은 노자와 장자의 무위자연의 도, 불교의 윤회사상 등에서 살펴볼 수 있다. 대량소비와 대량생산으로 대표되는 자본주의의 한계와 함께 지구온난화, 자원고갈, 생태계 파괴가 대두되는 요즘 동양의 자연관이 주목받고 있다.

① 서양철학에서 나타나는 부작용

② 자연의 사다리와 산업혁명

③ 철학과 지구온난화의 상관관계

④ 서양의 자연관과 동양의 자연관의 차이

⑤ 서양철학의 문제점과 동양철학을 통한 해결법

02 다음 글의 내용으로 적절하지 않은 것은?

> 운전자 10명 중 3명은 내년 4월부터 전면 시행되는 '안전속도 5030' 정책을 모르는 것으로 나타났다. H공단은 지난 7월 전국 운전자 3,922명을 대상으로 '안전속도 5030 정책 인지도'를 조사한 결과 이를 인지하고 있는 운전자는 68.1%에 그쳤다고 밝혔다. 안전속도 5030 정책은 전국 도시 지역 일반도로의 제한속도를 시속 50km로, 주택가 등 이면도로는 시속 30km 이하로 하향 조정하는 정책이다. 지난해 4월 도로교통법 시행규칙 개정에 따라 내년 4월 17일부터 본격적으로 시행된다. 교통안전공단에 따르면 예기치 못한 사고가 발생하더라도 차량의 속도를 30km로 낮추면 중상 가능성은 15.4%로 크게 낮아진다. 이번 조사에서 특히 20대 이하 운전자의 정책 인지도는 59.7%, 30대 운전자는 66.6%로 전체 평균보다 낮은 것으로 나타났다. 반면 40대(70.2%), 50대(72.1%), 60대 이상(77.3%) 등 연령대가 높아질수록 안전속도 도입을 알고 있다고 응답한 비율이 높았다.
>
> H공단은 내년 4월부터 전면 시행되는 안전속도 5030의 성공적 정착을 위해 정책 인지도가 가장 낮은 2030 운전자를 대상으로 온라인 중심의 언택트(Untact) 홍보를 시행할 예정이다. 2030세대가 운전 시 주로 이용하는 모바일 내비게이션사와 협업하여 5030 속도 관리구역 음성안내 및 이미지 표출 등을 통해 제한속도 인식률 향상 및 속도 준수를 유도하고, 유튜브와 SNS 등을 활용한 대국민 참여 이벤트와 공모전 등을 통해 제한속도 하향에 대한 공감대 확산 및 자발적인 속도 하향을 유도할 예정이다.

① 운전자 10명 중 6명 이상은 안전속도 5030 정책을 알고 있다.

② 안전속도 5030 정책에 대한 인지도가 가장 낮은 연령대는 20대 이하이다.

③ 연령대가 높을수록 안전속도 5030 정책에 대한 인지도가 높다.

④ 안전속도 5030 정책에 대한 연령대별 인식률의 평균은 68.1%이다.

⑤ 안전속도 5030 정책이 시행되면 주택가에서의 주행속도는 시속 30km 이하로 제한된다.

03 다음 문단을 논리적 순서대로 바르게 나열한 것은?

> (가) 하지만 막상 앱을 개발하려 할 때 부딪히는 여러 난관이 있다. 여행지나 주차장에 한 정보를 모으는 것도 문제이고, 정보를 지속적으로 갱신하는 것도 문제이다. 이런 문제 때문에 결국 아이디어를 포기하는 경우가 많다.
>
> (나) 그러나 이제는 아이디어를 포기하지 않아도 된다. 바로 공공데이터가 있기 때문이다. 공공데이터는 공공기관에서 생성, 취득하여 관리하고 있는 정보 중 전자적 방식으로 처리되어 누구나 이용할 수 있도록 국민들에게 제공된 것을 말한다.
>
> (다) 현재 정부에서는 공공데이터 포털사이트를 개설하여 국민들이 쉽게 이용할 수 있도록 하고 있다. 공공데이터 포털사이트에서는 800여 개 공공기관에서 생성한 15,000여 건의 공공데이터를 제공하고 있으며, 제공하는 공공데이터의 양을 꾸준히 늘리고 있다.
>
> (라) 앱을 개발하려는 사람들은 아이디어가 넘친다. 사람들이 여행 준비를 위해 많은 시간을 허비하는 것을 보면 한 번에 여행코스를 짜주는 앱을 만들어보고 싶어 하고, 도심에 주차장을 못 찾아 헤매는 사람들을 보면 주차장을 쉽게 찾아주는 앱을 만들어보고 싶어 한다.

① (가) – (나) – (다) – (라)
② (가) – (다) – (나) – (라)
③ (가) – (라) – (나) – (다)
④ (나) – (라) – (다) – (가)
⑤ (라) – (가) – (나) – (다)

04 다음 글을 읽고 추론한 내용으로 가장 적절한 것은?

'쓰는 문화'는 책의 문화에서 가장 우선이다. 쓰는 이가 없이는 책이 나올 수가 없기 때문이다. 그러나 지혜를 많이 갖고 있다는 것과 그것을 글로 옮길 줄 아는 것은 별개의 문제이다. 엄격하게 이야기해서 지혜는 어떤 한 가지 일에 지속적으로 매달린 사람이면 누구나 머릿속에 쌓아두고 있는 것이다. 하지만 그것을 글로 옮기기 위해서는 특별하고도 고통스러운 훈련이 필요하다. 생각을 명료하게 정리하는 것과 글의 맥을 이어갈 줄 알아야 하며, 줄기찬 노력을 바칠 준비가 되어 있어야 한다. 모든 국민이 책 한 권을 남길 수 있을 만큼 쓰는 문화가 발달한 사회가 도래한다면, 그때에는 지혜의 르네상스가 가능할 것이다.

'읽는 문화'의 실종, 그것이 바로 현대의 특징이다. 신문의 판매 부수가 날로 떨어져 가는 반면에 텔레비전의 시청률은 날로 증가하고 있다. 깨알 같은 글로 구성된 200쪽 이상의 책보다 그림과 여백이 압도적으로 많이 들어간 만화책 같은 것이 늘어나고 있다. '보는 문화'가 읽는 문화를 대체해 가고 있다. 읽는 일에는 피로가 동반되지만 보는 놀이에는 휴식이 따라온다. 일을 저버리고 놀이만 좇는 문화가 범람하고 있지 않은가. 보는 놀이가 머리를 비게 하는 것은 너무나 당연하다. 읽는 일이 장려되지 않는 한 생각 없는 사회로 치달을 수밖에 없다. 책의 문화는 바로 읽는 일과 직결되며, 생각하는 사회를 만드는 지름길이다.

① 지혜로운 사람이 그렇지 않은 사람보다 더 논리적으로 글을 쓸 수 있다.
② 고통스러운 훈련을 견뎌야 지혜로운 사람이 될 수 있다.
③ 텔레비전을 많이 보는 사람은 그렇지 않은 사람보다 신문을 적게 읽는다.
④ 만화책은 내용과 관계없이 그림의 수준이 높을수록 더 많이 판매된다.
⑤ 사람들이 텔레비전을 많이 볼수록 생각하는 시간이 적어진다.

| 02 | 언어추리

01 다음 명제가 항상 참일 때, 반드시 참인 것은?

> • 한나는 장미를 좋아한다.
> • 노란색을 좋아하는 사람은 사과를 좋아하지 않는다.
> • 장미를 좋아하는 사람은 사과를 좋아한다.

① 사과를 좋아하지 않는 사람은 장미를 좋아한다.
② 노란색을 좋아하지 않는 사람은 사과를 좋아한다.
③ 장미를 좋아하는 사람은 노란색을 좋아한다.
④ 한나는 노란색을 좋아하지 않는다.
⑤ 사과를 좋아하는 사람은 장미를 싫어한다.

02 다음 명제가 항상 참일 때, 반드시 참이라고 할 수 없는 것은?

> • 모든 사람은 자신에 대해서 호의적인 사람에게 호의적이다.
> • 어느 누구도 자신을 비방한 사람에게 호의적이지 않다.
> • 모든 사람 중에는 다른 사람을 절대 비방하지 않는 사람이 있다.
> • 어느 누구도 자기 자신에 대해서 호의적이지도 않고 자기 자신을 비방하지도 않는다.

① 두 사람이 서로 호의적이라면, 그 두 사람은 서로 비방한 적이 없다.
② 두 사람이 서로 비방한 적이 없다면, 그 두 사람은 서로 호의적이다.
③ 어떤 사람이 다른 모든 사람을 비방한다면, 그 사람에 대해 호의적인 사람은 없다.
④ A가 다른 모든 사람을 비방한다면, A에게 호의적이지 않지만 A를 비방하지 않는 사람이 있다.
⑤ 모든 사람이 자신을 비방하지 않는 사람에게 호의적이라면, 모든 사람에게는 각자가 호의적으로 대하는 사람이 적어도 하나는 있다.

03 다음 명제가 모두 참일 때, 빈칸에 들어갈 명제로 가장 적절한 것은?

> • 스테이크를 먹는 사람은 지갑이 없다.
> • _____
> • 지갑이 있는 사람은 쿠폰을 받는다.

① 스테이크를 먹는 사람은 쿠폰을 받지 않는다.
② 스테이크를 먹지 않는 사람은 쿠폰을 받는다.
③ 쿠폰을 받는 사람은 지갑이 없다.
④ 지갑이 없는 사람은 쿠폰을 받지 않는다.
⑤ 지갑이 없는 사람은 스테이크를 먹지 않는다.

01 다음은 19세 이상 성별 흡연율에 대한 자료이다. 이에 대한 설명으로 옳지 않은 것은?

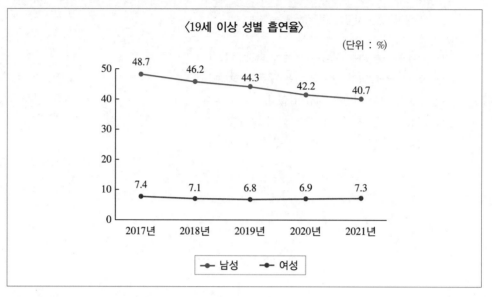

〈19세 이상 성별 흡연율〉

(단위 : %)

① 남성의 흡연율은 감소하고 있다.
② 여성의 흡연율은 감소에서 증가로 바뀌었다.
③ 남성와 여성의 흡연율 차이는 감소하고 있다.
④ 남성의 흡연율이 전년도와 가장 많은 차이를 보이는 해는 2018년이다.
⑤ 여성의 흡연율이 전년도와 가장 많은 차이를 보이는 해는 2019년이다.

02 다음은 최근 5년 동안 아동의 비만율을 나타낸 자료이다. 이에 대한 〈보기〉의 설명 중 옳은 것을 모두 고르면?

〈연도별 아동 비만율〉

(단위 : %)

구분	2017년	2018년	2019년	2020년	2021년
유아(만 6세 미만)	11	10.8	10.2	7.4	5.8
어린이(만 6세 이상 만 13세 미만)	9.8	11.9	14.5	18.2	19.7
청소년(만 13세 이상 만 19세 미만)	18	19.2	21.5	24.7	26.1

보기

ㄱ. 모든 아동의 비만율은 전년 대비 증가하고 있다.
ㄴ. 어린이 비만율은 유아 비만율보다 크고, 청소년 비만율보다 작다.
ㄷ. 2017년 대비 2021년 청소년 비만율의 증가율은 45%이다.
ㄹ. 2021년과 2019년의 비만율 차이가 가장 큰 아동은 어린이이다.

① ㄱ, ㄷ
② ㄱ, ㄹ
③ ㄴ, ㄷ
④ ㄴ, ㄹ
⑤ ㄷ, ㄹ

Easy

03 다음은 L편의점의 3 ~ 8월까지 6개월간 캔 음료 판매현황이다. 이에 대한 설명으로 옳지 않은 것은?(단, 3 ~ 5월은 봄, 6 ~ 8월은 여름이다)

〈L편의점 캔 음료 판매현황〉

(단위 : 캔)

구분	맥주	커피	탄산음료	이온음료	과일음료
3월	601	264	448	547	315
4월	536	206	452	523	362
5월	612	184	418	519	387
6월	636	273	456	605	406
7월	703	287	476	634	410
8월	812	312	513	612	419

① 맥주는 매월 커피의 2배 이상 판매되었다.
② 모든 캔 음료는 봄보다 여름에 더 잘 팔렸다.
③ 봄에는 이온음료가 탄산음료보다 더 잘 팔렸다.
④ 맥주는 매월 가장 많은 판매 비중을 보이고 있다.
⑤ 모든 캔 음료는 여름에 매월 꾸준히 판매량이 증가하였다.

01 다음 시계는 일정한 규칙을 갖는다. $2B-\dfrac{A}{20}$ 의 값은?(단, 분침은 시간이 아닌 숫자를 가리킨다)

① 25

② 20

③ 15

④ 10

⑤ 5

02 한국, 미국, 중국, 러시아에서 각각 두 명의 테니스 선수들이 8강전에 진출하였다. 각 국가의 선수들이 결승전에서만 붙는 경우의 수는?

① 56가지

② 58가지

③ 52가지

④ 64가지

⑤ 72가지

03 어느 모임의 여자 회원의 수는 남자 회원 수의 80%이다. 남자 회원 5명이 모임을 탈퇴하고 여자 회원 1명이 새로 가입한다면 남자 회원과 여자 회원의 수가 같아진다고 할 때, 이 모임의 회원 수는?

① 26명

② 30명

③ 50명

④ 54명

⑤ 62명

04 1km 떨어진 지점을 왕복하는 데 20분 동안 30m/min의 속력으로 갔다. 총 1시간 안에 왕복하려면 이후에는 얼마의 속력으로 가야 하는가?

① 25m/min

② 30m/min

③ 35m/min

④ 40m/min

⑤ 45m/min

07 2021년 하반기 기출복원문제

정답 및 해설 p.032

| 01 | 언어이해

01 다음 글의 제목으로 가장 적절한 것은?

> 반대는 필수불가결한 것이다. 지각 있는 대부분의 사람이 그러하듯 훌륭한 정치가는 항상 열렬한 지지자보다는 반대자로부터 더 많은 것을 배운다. 만약 반대자들이 위험이 있는 곳을 지적해 주지 않는다면, 그는 지지자들에 떠밀려 파멸의 길을 걷게 될 수 있기 때문이다. 따라서 현명한 정치가라 면 그는 종종 친구들로부터 벗어나기를 기도할 것이다. 친구들이 자신을 파멸시킬 수도 있다는 것을 알기 때문이다. 그리고 비록 고통스럽다 할지라도 결코 반대자 없이 홀로 남겨지는 일이 일어나지 않기를 기도할 것이다. 반대자들이 자신을 이성과 양식의 길에서 멀리 벗어나지 않도록 해준다는 사실을 알기 때문이다. 자유의지를 가진 국민의 범국가적 화합은 정부의 독단과 반대당의 혁명적 비타협성을 무력화시키는 정치권력의 충분한 균형에 의존하고 있다. 그 균형이 어떤 상황 때문에 강제로 타협하게 되지 않는 한, 그리고 모든 시민이 어떤 정책에 영향을 미칠 수는 있으나 누구도 혼자 정책을 지배할 수 없다는 것을 느끼게 되지 않는 한, 그리고 습관과 필요에 의해서 서로 조금씩 양보하지 않는 한, 자유는 유지될 수 없기 때문이다.

① 민주주의와 사회주의
② 반대의 필요성과 민주주의
③ 민주주의와 일방적인 의사소통
④ 권력을 가진 자와 혁명을 꿈꾸는 집단
⑤ 혁명의 정의

다음 글의 내용으로 적절하지 않은 것은?

> 오늘날 지구상에는 193종의 원숭이와 유인원이 살고 있다. 그 가운데 192종은 온몸이 털로 덮여
> 있고 단 한 가지 별종이 있으니, 이른바 '호모 사피엔스'라고 자처하는 털 없는 원숭이가 그것이다.
> 지구상에서 대성공을 거둔 이 별종은 보다 고상한 욕구를 충족하느라 많은 시간을 보내고 있으나
> 엄연히 존재하는 기본적 욕구를 애써 무시하려고 하는 데에도 똑같이 많은 시간을 소비한다. 그는
> 모든 영장류들 가운데 가장 큰 두뇌를 가졌다고 자랑하지만, 두뇌뿐 아니라 성기도 가장 크다는 사
> 실은 애써 외면하면서 이 영광을 고릴라에게 떠넘기려고 한다. 그는 무척 말이 많고 탐구적이며 번
> 식력이 왕성한 원숭이다. 나는 동물학자이고 털 없는 원숭이는 동물이다. 따라서 털 없는 원숭이는
> 내 연구 대상으로서 적격이다. '호모 사피엔스'는 아주 박식해졌지만 그래도 여전히 원숭이이고, 숭
> 고한 본능을 새로 얻었지만 옛날부터 갖고 있던 세속적 본능도 여전히 간직하고 있다. 이러한 오래
> 된 충동은 수백만 년 동안 그와 함께해왔고, 새로운 충동은 기껏해야 수천 년 전에 획득했을 뿐이다.
> 수백만 년 동안 진화를 거듭하면서 축적된 유산을 단번에 벗어던질 가망은 전혀 없다. 이 사실을
> 회피하지 말고 직면한다면, '호모 사피엔스'는 훨씬 느긋해지고 좀 더 많은 것을 성취할 수 있을 것
> 이다. 이것이 바로 동물학자가 이바지할 수 있는 영역이다.

① 인간의 박식과 숭고한 본능은 수백만 년 전에 획득했다.

② 인간에 대해서도 동물학적 관점에서 탐구할 필요가 있다.

③ 인간이 오랜 옛날부터 갖고 있던 동물적 본능은 오늘날에도 남아있다.

④ 인간은 자신이 지닌 동물적 본능을 무시하거나 외면하려는 경향이 있다.

⑤ 오늘날 지구상에 존재하는 원숭이와 유인원 가운데 '호모 사피엔스'는 다른 외형적 특징을 가지고
   있다.

03 다음 문단을 논리적 순서대로 바르게 나열한 것은?

> (가) 그런데 자연의 일양성은 선험적으로 알 수 있는 것이 아니라 경험에 기대어야 알 수 있는 것이다. 즉, '귀납이 정당한 추론이다.'라는 주장은 '자연은 일양적이다.'라는 다른 지식을 전제로 하는데 그 지식은 다시 귀납에 의해 정당화되어야 하는 경험 지식이므로 귀납의 정당화는 순환 논리에 빠져 버린다는 것이다. 이것이 귀납의 정당화 문제이다.
>
> (나) 귀납은 논리학에서 연역이 아닌 모든 추론, 즉 전제가 결론을 개연적으로 뒷받침하는 모든 추론을 가리킨다. 귀납은 기존의 정보나 관찰 증거 등을 근거로 새로운 사실을 추가하는 지식 확장적 특성을 지닌다.
>
> (다) 이와 관련하여 흄은 과거의 경험을 근거로 미래를 예측하는 귀납이 정당한 추론이 되려면 미래의 세계가 과거에 우리가 경험해 온 세계와 동일하다는 자연의 일양성, 곧 한결같음이 가정되어야 한다고 보았다.
>
> (라) 이 특성으로 인해 귀납은 근대 과학 발전의 방법적 토대가 되었지만, 한편으로 귀납 자체의 논리 한계를 지적하는 문제들에 부딪히기도 한다.

① (나) - (가) - (다) - (라)　　　　② (나) - (다) - (가) - (라)
③ (나) - (다) - (라) - (가)　　　　④ (나) - (라) - (가) - (다)
⑤ (나) - (라) - (다) - (가)

Hard

04 다음 글의 논지를 약화하는 사례로 가장 적절한 것은?

> 아프리카 남동쪽의 큰 섬인 마다가스카르로부터 북동쪽으로 약 1,100km, 인도로부터는 서쪽으로 약 2,800km 떨어진 서인도양의 세이셸 제도에는 '호랑이 카멜레온'이라는 토착종이 살고 있다. 날지도 못하고 수영도 능숙하지 않은 호랑이 카멜레온이 이곳에 살게 된 이유는 대륙의 분리와 이동 때문이다. 호랑이 카멜레온의 조상은 원래 장소에 계속 살고 있었으나, 대륙의 분리 및 이동으로 인해 외딴 섬에 살게 된 것이다. 세이셸 제도는 원래 아프리카, 인도, 마다가스카르 등과 함께 곤드와나 초대륙의 일부였으나 인도 – 마다가스카르와 아프리카가 분리되고, 이후 인도와 마다가스카르가 분리된 다음, 최종적으로 인도와 세이셸 제도가 분리되어 지금에 이르렀다. 호랑이 카멜레온의 조상은 세이셸 제도가 다른 지역과 분리된 후 독립적으로 진화한 것이다.

① 아프리카 남동쪽의 해안선과 마다가스카르 서쪽의 해안선이 거의 일치한다.
② 호랑이 카멜레온과 가장 가까운 공동 조상의 화석이 마다가스카르 섬과 아프리카 대륙에서 발견되었다.
③ 아프리카 남동쪽과 인도 서쪽에서 산맥과 지질 구조가 연속적으로 이어지고 있다.
④ 현재 열대 지역에 속하는 지역에서 과거 빙하의 흔적이 발견되었다.
⑤ 아프리카의 카멜레온과 호랑이 카멜레온의 가장 가까운 공동 조상이 마다가스카르의 카멜레온과 호랑이 카멜레온의 가장 가까운 공동 조상보다 더 나중에 출현했다.

01   다음 명제가 모두 참일 때, 반드시 참인 것은?

> • 수박을 사면 감자를 산다.
> • 귤을 사면 고구마를 사지 않는다.
> • 사과를 사면 배도 산다.
> • 배를 사면 수박과 귤 중 하나를 산다.
> • 고구마를 사지 않으면 감자를 산다.

① 사과를 사면 수박과 귤 모두 산다.
② 수박을 사지 않으면 고구마를 산다.
③ 배를 사지 않으면 수박과 귤 모두 산다.
④ 귤을 사면 감자도 같이 산다.
⑤ 수박을 사면 귤을 산다.

Easy

02   다음 명제가 모두 참일 때, 참이 아닌 것은?

> • 책을 좋아하면 영화를 좋아한다.
> • 여행을 좋아하지 않으면 책을 좋아하지 않는다.
> • 산책을 좋아하면 게임을 좋아하지 않는다.
> • 영화를 좋아하면 산책을 좋아한다.

① 책을 좋아하면 산책을 좋아한다.
② 영화를 좋아하지 않으면 책을 좋아하지 않는다.
③ 책을 좋아하면 여행을 좋아한다.
④ 게임을 좋아하면 영화를 좋아하지 않는다.
⑤ 여행을 좋아하지 않으면 게임을 좋아하지 않는다.

※ 다음 명제가 참일 때, 빈칸에 들어갈 명제로 가장 적절한 것을 고르시오. [3~4]

Easy

03

> • 비가 오면 한강 물이 불어난다.
> • 비가 오지 않으면 보트를 타지 않은 것이다.
> • _____
> • 따라서 자전거를 타지 않으면 한강 물이 불어난다.

① 자전거를 타면 비가 오지 않는다.

② 보트를 타면 자전거를 탄다.

③ 한강 물이 불어나면 보트를 타지 않은 것이다.

④ 자전거를 타지 않으면 보트를 탄다.

⑤ 보트를 타면 비가 오지 않는다.

04

> • A세포가 있는 동물은 물체의 상을 감지할 수 없다.
> • B세포가 없는 동물은 물체의 상을 감지할 수 있다.
> • _____
> • A세포가 있는 동물은 빛의 유무를 감지할 수 있다.

① 빛의 유무를 감지할 수 있는 동물은 B세포가 있다.

② B세포가 없는 동물은 빛의 유무를 감지할 수 없다.

③ B세포가 있는 동물은 빛의 유무를 감지할 수 있다.

④ 물체의 상을 감지할 수 있는 동물은 빛의 유무를 감지할 수 있다.

⑤ 빛의 유무를 감지할 수 없는 동물은 물체의 상을 감지할 수 없다.

01 다음은 동북아시아 3개국 수도의 30년간의 인구 변화를 나타낸 자료이다. 이에 대한 설명으로 옳지 않은 것은?

〈동북아시아 3개국 수도 인구수〉

(단위 : 천 명)

구분	1991년	2001년	2011년	2021년
서울	9,725	10,342	10,011	9,860
베이징	6,017	8,305	12,813	20,384
도쿄	30,304	33,587	35,622	38,001

① 2011년을 기점으로 인구수가 2번째로 많은 도시가 바뀐다.

② 세 도시 중 해당 기간 동안 인구가 감소한 도시가 있다.

③ 베이징은 해당 기간 동안 언제나 세 도시 중 가장 높은 인구 증가율을 보인다.

④ 연도별 인구가 최소인 도시의 인구수 대비 인구가 최대인 도시의 인구수의 비는 계속 감소한다.

⑤ 해당 기간 동안 인구가 최대인 도시와 인구가 최소인 도시의 인구의 차는 계속적으로 증가한다.

02 다음은 5월 22일 당일을 기준으로 하여 5월 15일부터의 수박 1개의 판매가를 나타낸 자료이다. 이에 대한 설명으로 옳지 않은 것은?

〈5월 15 ~ 22일 수박 판매가〉

(단위 : 원/개)

구분		5/15	5/16	5/17	5/18	5/19	5/22(당일)
평균		18,200	17,400	16,800	17,000	17,200	17,400
최고값		20,000	20,000	20,000	20,000	20,000	18,000
최저값		16,000	15,000	15,000	15,000	16,000	16,000
등락률		−4.4%	0%	3.6%	2.4%	1.2%	−
지역별	서울	16,000	15,000	15,000	15,000	17,000	18,000
	부산	18,000	17,000	16,000	16,000	16,000	16,000
	대구	19,000	19,000	18,000	18,000	18,000	18,000
	광주	18,000	16,000	15,000	16,000	17,000	18,000

① 대구의 경우 5월 16일까지는 가격 변동이 없었지만, 5일 전인 5월 17일에 감소했다.

② 5월 17일부터 전체 수박의 평균 가격은 200원씩 일정하게 증가하고 있다.

③ 5월 16일부터 증가한 서울의 수박 가격은 최근 높아진 기온의 영향을 받은 것이다.

④ 5월 15 ~ 19일 서울의 수박 평균 가격은 동기간 부산의 수박 평균 가격보다 낮다.

⑤ 5월 16 ~ 19일 나흘간 광주의 수박 평균 가격은 16,000원이다.

03 다음은 청소년의 경제 의식에 대한 설문조사 결과를 정리한 자료이다. 이에 대한 설명으로 옳은 것은?

<경제 의식에 대한 설문조사 결과>

(단위 : %)

설문 내용	구분	전체	성별		학교별	
			남	여	중학교	고등학교
용돈을 받는지 여부	예	84.2	82.9	85.4	87.6	80.8
	아니요	15.8	17.1	14.6	12.4	19.2
월간 용돈 금액	5만 원 미만	75.2	73.9	76.5	89.4	60
	5만 원 이상	24.8	26.1	23.5	10.6	40
금전출납부 기록 여부	기록한다.	30	22.8	35.8	31	27.5
	기록 안 한다.	70	77.2	64.2	69.0	72.5

① 용돈을 받는 남학생의 비율이 용돈을 받는 여학생의 비율보다 높다.

② 월간 용돈을 5만 원 미만으로 받는 비율은 중학생이 고등학생보다 높다.

③ 고등학생 전체 인원을 100명이라 한다면, 월간 용돈을 5만 원 이상 받는 학생은 40명이다.

④ 금전출납부는 기록하는 비율이 기록 안 하는 비율보다 높다.

⑤ 용돈을 받지 않는 중학생 비율이 용돈을 받지 않는 고등학생 비율보다 높다.

01 다음 시계는 일정한 규칙을 갖는다. A÷B의 나머지 값은?(단, 분침은 시간이 아닌 숫자를 가리킨다)

① 0

② 1

③ 2

④ 3

⑤ 4

02 A국가에서 10명 중 4명이 H병을 앓고 있으며, H병을 검사했을 때 오진일 확률이 40%이다. L씨를 포함한 200명이 검사를 받았을 때, L씨가 검사 결과 병에 걸렸다고 진단받았다면 오진일 확률은?

① 50%

② 45%

③ 40%

④ 35%

⑤ 30%

03 A에서 B지점까지의 거리는 120km이다. 상희는 자전거를 타고 A에서 B지점까지 시속 30km의 속도로 갔다가, 시속 60km의 속도로 돌아왔다. 상희가 A에서 B지점에 갔다가, 다시 A지점에 올 때까지의 평균 시속은?

① 30km/h

② 35km/h

③ 40km/h

④ 45km/h

⑤ 50km/h

04 농도 8%의 설탕물 300g에서 설탕물을 조금 퍼내고 퍼낸 설탕물만큼의 물을 부은 후 농도 4%의 설탕물을 섞어 농도 6%의 설탕물 400g을 만들었다. 처음 퍼낸 설탕물의 양은 몇 g인가?

① 30g

② 35g

③ 40g

④ 45g

⑤ 50g

정답 및 해설 p.036

| 01 | 언어이해

※ 다음 글의 주제로 가장 적절한 것을 고르시오. [1~2]

Easy
01

사대부가 퇴장하고, 시민이 지배 세력으로 등장하면서 근대문학이 시작되었다. 염상섭, 현진건, 나도향 등은 모두 서울 중인의 후예인 시민이었기 때문에 근대소설을 이룩하는 데 앞장설 수 있었다. 이광수, 김동인, 김소월 등 평안도 출신 시민계층도 근대문학 형성에 큰 몫을 담당했다. 근대문학의 주역인 시민은 본인의 계급 이익을 배타적으로 옹호하지 않았다. 그들은 사대부 문학의 유산을 계승하는 한편, 민중문학과 제휴해 중세 보편주의와는 다른 근대 민족주의 문학을 발전시키는 의무를 감당해야 했다.

① 근대문학 형성의 주역들   ② 근대문학의 지역문제
③ 민족주의 문학의 탄생과 발전   ④ 근대문학의 특성과 의의
⑤ 근대문학과 민족문학

02

소액주주의 권익을 보호하고, 기업경영의 투명성을 높여 궁극적으로 자본시장에서 기업의 자금조달을 원활히 함으로써 기업의 중장기적인 가치를 제고해나가기 위해 집단소송제 도입이 필요하다. 즉, 집단소송제의 도입은 국민 경제뿐만 아니라 기업 스스로의 가치 제고를 위해서도 바람직한 것이다. 현재 집단소송제를 시행하고 있는 미국의 경우 전 세계적으로 자본시장이 가장 발달되었으며 시장의 투명성과 공정성이 높아 기업들이 높은 투자가치를 인정받고 있다.

① 집단소송제는 시장에 의한 기업지배구조 개선을 가능하게 한다.
② 집단소송제를 도입할 경우 경영의 투명성을 높여 결국 기업에 이득이 된다.
③ 기업의 투명성과 공정성은 집단소송제의 시행 유무에 따라 판단된다.
④ 제도를 도입함으로써 제기되는 부작용은 미국의 경험과 사례로 방지할 수 있다.
⑤ 선진국 계열에 올라서기 위해서 집단소송제를 시행해야 한다.

03 다음 문단을 논리적 순서대로 바르게 나열한 것은?

> (가) 상품의 가격은 기본적으로 수요와 공급의 힘으로 결정된다. 시장에 참여하고 있는 경제주체들은 자신이 가진 정보를 기초로 하여 수요와 공급을 결정한다.
> (나) 이런 경우에는 상품의 가격이 우리의 상식으로는 도저히 이해하기 힘든 수준까지 일시적으로 뛰어오르는 현상이 나타날 가능성이 있다. 이런 현상은 특히 투기의 대상이 되는 자산의 경우 자주 나타나는데, 우리는 이를 '거품현상'이라고 부른다.
> (다) 그러나 현실에서는 사람들이 서로 다른 정보를 갖고 시장에 참여하는 경우가 많다. 어떤 사람은 특정한 정보를 갖고 있는데 거래 상대방은 그 정보를 갖고 있지 못한 경우도 있다.
> (라) 일반적으로 거품현상이란 어떤 상품 - 특히 자산 -의 가격이 지속해서 급격히 상승하는 현상을 가리킨다. 이와 같은 지속적인 가격 상승이 일어나는 이유는 애초에 발생한 가격 상승이 추가적인 가격 상승의 기대로 이어져 투기 바람이 형성되기 때문이다.
> (마) 이들이 똑같은 정보를 함께 갖고 있으며 이 정보가 아주 틀린 것이 아닌 한, 상품의 가격은 어떤 기본적인 수준에서 크게 벗어나지 않을 것이라고 예상할 수 있다.

① (가) - (나) - (다) - (라) - (마)
② (가) - (다) - (나) - (라) - (마)
③ (가) - (다) - (라) - (나) - (마)
④ (가) - (마) - (다) - (나) - (라)
⑤ (가) - (마) - (다) - (라) - (나)

`Easy`

04 다음 글의 내용으로 적절하지 않은 것은?

> 조금 예민한 문제이지만 외몽고와 내몽고라는 용어도 문제가 있다. 외몽고는 중국을 중심으로 바깥쪽이라는 뜻이고, 내몽고는 중국의 안쪽에 있다는 말이다. 이러한 영토 내지는 귀속의식을 벗어나서 객관적으로 표현한다면 북몽골, 남몽골로 구분하는 것이 더 낫다. 그러나 이렇게 하면 중국과의 불화는 불을 보듯이 뻔하다. 중국의 신강도 '새 영토'라는 뜻이므로 지나치게 중화주의적이다. 그곳에 사는 사람들의 고유 전통을 완전히 무시한 것이기도 하다. 미국과 캐나다, 그리고 호주의 원주민 보호구역 역시 '보호'라는 의미를 충족하지 못한다. 수용 지역이라고 하는 것이 더욱 객관적이다. 그러나 그렇게 한다면 외교적인 부담을 피할 길이 없다. 이처럼 예민한 지명 문제는 학계 목소리로 남겨두는 것이 좋다.

① 정부는 외몽고를 북몽골로 불러야 한다.
② 지명 문제로 외교 마찰을 빚는 것은 바람직하지 않다.
③ 외몽고, 내몽고, 신강 등과 같은 표현은 객관적인 표현이라 할 수 없다.
④ 외교적 마찰이 예상되는 지명 문제에 대해서는 학계에서 논의하는 것이 좋다.
⑤ 중국이 '신강'과 같은 원리로 이름을 붙이는 것은 지나치게 중화주의적인 태도이다.

|02| 언어추리

Easy

01 다음 명제가 항상 참일 때, 반드시 참인 것은?

> • 진달래를 좋아하는 사람은 감성적이다.
> • 백합을 좋아하는 사람은 보라색을 좋아하지 않는다.
> • 감성적인 사람은 보라색을 좋아한다.

① 감성적인 사람은 백합을 좋아한다.
② 백합을 좋아하는 사람은 감성적이다.
③ 진달래를 좋아하는 사람은 보라색을 좋아한다.
④ 보라색을 좋아하는 사람은 감성적이다.
⑤ 백합을 좋아하는 사람은 진달래를 좋아한다.

02 다음 사실로부터 추론할 수 있는 것은?

> • A회사는 고객만족도 조사에서 90점을 받았다.
> • B회사의 고객만족도 점수는 A회사보다 5점 높다.
> • C회사의 고객만족도 점수는 A회사와 B회사의 평균 점수이다.

① A회사의 점수가 가장 높다.
② A회사의 점수가 C회사의 점수보다 높다.
③ B회사의 점수가 C회사의 점수보다 낮다.
④ A회사의 점수가 가장 낮다.
⑤ C회사의 점수가 가장 낮다.

Easy

03

> • 낡은 것을 버려야 새로운 것을 채울 수 있다.
> • _____
> • 새로운 것을 채우지 않는다면 더 많은 세계를 경험할 수 없다.

① 새로운 것을 채운다면 낡은 것을 버릴 수 있다.
② 낡은 것을 버리지 않는다면 새로운 것을 채울 수 없다.
③ 새로운 것을 채운다면 더 많은 세계를 경험할 수 있다.
④ 낡은 것을 버리지 않는다면 더 많은 세계를 경험할 수 없다.
⑤ 더 많은 세계를 경험하지 못한다면 새로운 것을 채울 수 없다.

04

> • 회계팀의 팀원은 모두 회계 관련 자격증을 가지고 있다.
> • _____
> • 돈 계산이 빠르지 않은 사람은 회계팀이 아니다.

① 회계팀이 아닌 사람은 돈 계산이 빠르다.
② 돈 계산이 빠른 사람은 회계 관련 자격증을 가지고 있다.
③ 회계팀이 아닌 사람은 회계 관련 자격증을 가지고 있지 않다.
④ 돈 계산이 빠르지 않은 사람은 회계 관련 자격증을 가지고 있다.
⑤ 돈 계산이 빠르지 않은 사람은 회계 관련 자격증을 가지고 있지 않다.

| 03 | 자료해석

Hard

01 다음은 연도별 아르바이트 소득을 나타낸 자료이다. 이에 대한 설명으로 옳은 것은?(단, 비율은 소수점 둘째 자리에서 반올림한다)

〈아르바이트 월 소득 및 시급〉

(단위 : 원, 시간)

구분	2016년	2017년	2018년	2019년	2020년
월평균 소득	669,000	728,000	733,000	765,000	788,000
평균 시급	6,030	6,470	7,530	8,350	8,590
주간 평균 근로 시간	21.8	22.3	22.4	19.8	18.9

① 2017 ~ 2020년 동안 전년 대비 주간 평균 근로 시간의 증감 추이는 월 평균 소득의 증감 추이와 같다.
② 전년 대비 2018년 평균 시급 증가액은 전년 대비 2019년 증가액의 3배 이상이다.
③ 평균 시급이 높아질수록 주간 평균 근로 시간은 줄어든다.
④ 2019년 대비 2020년 월 평균 소득 증가율은 평균 시급 증가율보다 높다.
⑤ 2016 ~ 2020년 동안 주간 평균 근로 시간에 대한 월 평균 소득의 비율이 가장 높은 연도는 2017년이다.

02 다음은 2016 ~ 2020년의 한부모 및 미혼모·부 가구 수를 나타낸 자료이다. 이에 대한 설명으로 옳지 않은 것은?

〈2016 ~ 2020년 한부모 및 미혼모·부 가구 수〉

(단위 : 천 명)

구분		2016년	2017년	2018년	2019년	2020년
한부모 가구	모자가구	1,600	2,000	2,500	3,600	4,500
	부자가구	300	340	480	810	990
미혼모·부 가구	미혼모 가구	80	68	55	72	80
	미혼부 가구	28	17	22	27	30

① 한부모 가구 중 모자가구 수는 2017 ~ 2020년까지 2019년을 제외하고 매년 1.25배씩 증가한다.
② 한부모 가구에서 부자가구가 모자가구 수의 20%를 초과한 연도는 2019년과 2020년이다.
③ 2019년 미혼모 가구 수는 모자가구 수의 2%이다.
④ 2017 ~ 2020년 전년 대비 미혼모 가구와 미혼부 가구 수의 증감 추이가 바뀌는 연도는 동일하다.
⑤ 2017년 부자가구 수는 미혼부 가구 수의 20배이다.

03 L씨는 마스크 5부제에 따라 3월 9일이 월요일인 주의 평일에 공적마스크를 구매했다. L씨가 다음에 구매할 수 있는 날짜와 출생연도 끝자리가 바르게 짝지어진 것은?

- 공적마스크를 구매하는 인원을 제한하기 위해 마스크 5부제를 실시하고 있다.
- 마스크를 구매하고 36일 이후부터 마스크를 재구매할 수 있다.
- 주중에 구매하지 못한 사람은 주말에 구매할 수 있다.
- 주말은 토요일, 일요일이다.

〈마스크 구매 가능 요일〉

태어난 연도의 끝자리	구매 가능 요일	태어난 연도의 끝자리	구매 가능 요일
1, 6	월요일	2, 7	화요일
3, 8	수요일	4, 9	목요일
5, 0	금요일		

① 4월 7일 - 2
② 4월 23일 - 4
③ 5월 7일 - 9
④ 5월 13일 - 3
⑤ 5월 15일 - 0

04 다음은 2020년 국내 학교별 급식학교 수와 급식 인력(영양사, 조리사, 조리보조원)의 현황을 나타낸 자료이다. 이에 대한 설명으로 옳지 않은 것은?

〈학교별 급식학교 수와 급식 인력 현황〉

(단위 : 개, 명)

구분	급식학교 수	직종					
		영양사			조리사	조리보조원	총계
		정규직	비정규직	소계			
초등학교	5,417	3,377	579	3,956	4,955	25,273	34,184
중학교	2,492	626	801	1,427	1,299	10,147	12,873
고등학교	1,951	1,097	603	1,700	1,544	12,485	15,729
특수학교	129	107	6	113	135	211	459
전체	9,989	5,207	1,989	7,196	7,933	48,116	63,245

① 급식 인력은 4개의 학교 중 초등학교가 가장 많다.
② 4개의 학교 모두 급식 인력(영양사, 조리사, 조리보조원) 중 조리보조원이 차지하는 비율이 가장 높다.
③ 중학교 정규직 영양사는 고등학교 비정규직 영양사보다 23명 더 많다.
④ 특수학교는 4개의 학교 중 유일하게 정규직 영양사보다 비정규직 영양사가 더 적다.
⑤ 영양사 정규직 비율은 특수학교가 중학교보다 2배 이상 높다.

Easy

01 일정한 규칙으로 수를 나열할 때, 빈칸에 들어갈 수로 알맞은 것은?

121	121	243	484	487	( )	975

① 918

② 964

③ 1,000

④ 1,024

⑤ 1,089

Hard

02 철수는 동전을 n개만큼 가지고 있다. n개의 동전을 앞뒤로 구분하여 일렬로 나열한다고 할 때, 연속하여 뒷면의 동전을 나열하지 않는 경우의 수를 a_n이라고 하자. 동전을 10개 나열할 때, 가능한 경우의 수는?

① 58가지

② 89가지

③ 135가지

④ 144가지

⑤ 243가지

03 가로의 길이가 5m, 세로의 길이가 12m인 직사각형 모양의 농구코트가 있다. 철수는 농구코트의 모서리에 서 있으며, 농구공은 농구코트 안에서 철수로부터 가장 멀리 떨어진 곳에 존재하고 있다. 철수가 최단 거리로 농구공을 가지러 간다면 얼마만큼 이동을 하게 되는가?

① 5m

② 6m

③ 12m

④ 13m

⑤ 15m

04 화창한 어느 날 낮에 농도 3%의 설탕물 400g이 들어있는 컵을 창가에 놓아두었다. 저녁에 살펴보니 물이 증발하여 설탕물의 농도가 5%가 되었다. 남아있는 물의 양은 몇 g인가?

① 220g

② 230g

③ 240g

④ 250g

⑤ 260g

정답 및 해설 p.040

| 01 | 언어이해

`Easy`

01 다음 문단을 논리적 순서대로 바르게 나열한 것은?

> (가) 사회 관계망 서비스(SNS)는 개인의 알 권리를 충족하거나 사회적 정의 실현을 위해 생각과 정보를 공유할 수 있도록 돕는다는 면에서 긍정적인 가치를 인정받는다.
>
> (나) 특히 사회적 비난이 집중된 사건의 경우, 공익을 위한다는 생각으로 사건의 사실 여부를 제대로 확인하지도 않은 채 개인 신상정보부터 무분별하게 유출하는 행위가 끊이지 않고 있어 문제의 심각성이 커지고 있다. 그로 인해 개인의 사생활 침해와 인격 훼손은 물론, 개인정보가 범죄에 악용되는 부작용이 발생하고 있다.
>
> (다) 따라서 사회관계망서비스를 이용하여 정보를 공유할 때에는 개인의 사생활을 침해하거나 인격을 훼손하는 정보를 유출하는 것은 아닌지 각별한 주의를 기울일 필요가 있다.
>
> (라) 그러나 도덕적 응징이라는 미명하에 개인의 신상정보를 무차별적으로 공개하는 범법행위가 확산되면서 심각한 사회문제가 일고 있는 것이 사실이다. 법적 처벌이 어렵다면 도덕적으로 응징해서라도 죄를 물어야 한다는 누리꾼들의 요구가, '모욕죄'나 '사이버명예훼손죄' 등으로 처벌될 수 있는 범죄행위 수준의 과도한 행동으로 이어지는 경우를 우려해야 하는 상황인 것이다.

① (가) - (나) - (다) - (라)　　　　② (가) - (다) - (나) - (라)
③ (가) - (라) - (나) - (다)　　　　④ (라) - (가) - (나) - (다)
⑤ (라) - (다) - (나) - (가)

02 다음은 세계화 시대의 한국어 발전 방안에 대한 보고서의 목차이다. ㉠과 ㉡에 들어갈 내용으로 가장 적절한 것은?

〈세계화 시대의 한국어 발전 방안〉

Ⅰ. 세계화의 개념 및 사업의 배경
    1. 세계화의 정의 및 유관 개념
    2. 한국어 세계화 사업의 필요성

Ⅱ. 한국어 세계화 사업의 실태
    1. 정부 기관에 의한 세계화 사업
    2. 민간 기관에 의한 세계화 사업

Ⅲ. 기존 사례들의 문제점 검토
    1. 예산의 부족과 전문가 확보의 미비
    2. _____㉠_____
    3. 장기적 전망이 결여된 사업 진행

Ⅳ. _____㉡_____
    1. 예산 증진과 전문가 확보 추진
    2. 다양한 분야의 한국어 세계화 사업 계획 모집
    3. 장기적 전망이 결여된 사업 진행 유보 및 변경

Ⅴ. 결론

---

① ㉠ : 획일화된 한국어 교육과정
  ㉡ : 한국어 세계화 사업의 장점
② ㉠ : 획일화된 한국어 교육과정
  ㉡ : 한국어 세계화 사업의 단점
③ ㉠ : 한류 중심의 편향적 사업 계획
  ㉡ : 세계 문자사와 한글의 창제 원리
④ ㉠ : 한국어 교재 다양성 부족
  ㉡ : 한국어 세계화와 한류의 관계
⑤ ㉠ : 한류 중심의 편향적 사업 계획
  ㉡ : 한국어 세계화를 위한 개선 방안

03 다음 글을 읽고 구조화한 것으로 가장 적절한 것은?

(가) 대기오염물질의 자연적 배출원은 공간적으로 그리 넓지 않고 밀집된 도시 규모의 오염지역을 대상으로 할 경우에는 인위적 배출원에 비하여 대기 환경에 미치는 영향이 크지 않다. 하지만 지구 규모 또는 대륙 규모의 오염지역을 대상으로 할 경우에는 그 영향이 매우 크다.

(나) 자연적 배출원은 생물 배출원과 비생물 배출원으로 구분된다. 생물 배출원에서는 생물의 활동에 의하여 오염물질의 배출이 일어나는데, 식생의 활동으로 휘발성 유기물질이 배출되거나 토양 미생물의 활동으로 질소산화물이 배출되는 것이 대표적이다. 이렇게 배출된 오염물질들은 반응성이 크기 때문에 산성비나 스모그와 같은 대기오염 현상을 일으키는 원인이 되기도 한다.

(다) 비생물 배출원에서도 많은 대기오염물질이 배출되는데, 화산활동으로 미세먼지나 황산화물이 발생하거나 번개에 의해 질소산화물이 생성된다. 그 외에 사막이나 황토지대에서 바람에 의해 미세먼지가 발생하거나 성층권오존이 대류권으로 유입되는 것도 이 범주에 넣을 수 있다.

(라) 인위적 배출원은 사람들이 생활이나 산업상의 편익을 위하여 만든 시설이나 장치로서, 대기 중으로 오염물질을 배출하거나 대기 중에서 유해 물질로 바뀌게 될 원인물질을 배출한다. 대표적인 인위적 배출원들은 연료의 연소를 통하여 이산화탄소, 일산화탄소, 질소산화물, 황산화물 등을 배출하지만 연소 외의 특수한 과정을 통해 발생하는 폐기물을 대기 중으로 내보내는 경우도 있다.

(마) 인위적 배출원은 점오염원, 면오염원, 선오염원으로 구분된다. 인위적 배출원 중 첫 번째로 점오염원은 발전소, 도시 폐기물 소각로로, 대규모 공장과 같이 단독으로 대량의 오염물질을 배출하는 시설을 지칭한다. 면오염원은 주거단지와 같이 일정한 면적 내에 밀집된 다수의 소규모 배출원을 지칭한다. 선오염원의 대표적인 것은 자동차로서 이는 도로를 따라 선형으로 오염물질을 배출시켜 주변에 대기오염 문제를 일으킨다. 높은 굴뚝에서 오염물질을 배출하는 점오염원은 그 영향범위가 넓지만, 배출구가 낮은 면오염원과 선오염원은 대기확산이 잘 이루어지지 않아 오염원 근처의 지표면에 영향을 미친다.

①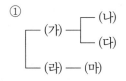

②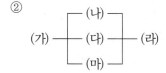

③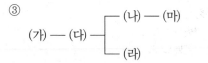

④
```
       ┌─ (나) ─┐
(가) ──┤        ├── (다) ── (마)
       └─ (라) ─┘
```

⑤
```
       ┌─ (나) ─┐
(가) ──┼─ (다) ─┼── (마)
       └─ (라) ─┘
```

| 02 | 언어추리

※ 다음 명제가 모두 참일 때, 항상 참인 것을 고르시오. [1~2]

`Easy`

01

- 창조적인 기업은 융통성이 있다.
- 오래 가는 기업은 건실하다.
- 오래 가는 기업이라고 해서 모두가 융통성이 있는 것은 아니다.

① 융통성이 있는 기업은 건실하다.
② 창조적인 기업이 오래 갈지 아닐지 알 수 없다.
③ 융통성이 있는 기업은 오래 간다.
④ 어떤 창조적인 기업은 건실하다.
⑤ 창조적인 기업은 오래 간다.

02

- 사람은 빵도 먹고 밥도 먹는다.
- 사람이 아니면 생각을 하지 않는다.
- 모든 인공지능은 생각을 한다.
- T는 인공지능이다.

① 사람이면 T이다.
② 생각을 하면 인공지능이다.
③ 인공지능이 아니면 밥을 먹지 않거나 빵을 먹지 않는다.
④ 빵을 먹지 않거나 밥을 먹지 않으면 생각을 한다.
⑤ T는 빵도 먹고 밥도 먹는다.

03 마케팅팀의 갑~무 5명은 다음 〈조건〉에 따라 월~금 중 하루씩 휴가를 쓰기로 했을 때, 2명의 팀원이 휴가인 요일은?

- 하루에 최대 2명까지 휴가 사용이 가능하며, 회식인 날을 제외하면 휴가 사용자가 0명인 날은 없다.
- 화요일이나 목요일 중 하루는 팀 회식을 진행하며, 이날은 휴가 중인 사람이 없어야 한다.
- 무와 정, 병과 무는 업무 특성상 같은 날 휴가를 쓸 수 없다.
- 정과 병은 맨 처음이나 맨 마지막으로 휴가를 가지 않는다.
- 갑과 병, 을과 정은 서로 최소 하루를 사이에 두고 휴가를 써야 한다.
- 무는 월요일에, 병은 수요일에 외부 미팅이 있어서 휴가를 쓸 수 없다.
- 을은 병이 휴가를 쓴 이후에 휴가를 쓸 수 있다.

① 월요일　　　　　　　　　② 화요일
③ 수요일　　　　　　　　　④ 목요일
⑤ 금요일

Hard

04 L기업에 재직 중인 W~Z 4명은 다음 〈조건〉에 따라 오늘 승진시험을 치른다고 할 때, 옳지 않은 것은?

- 네 사람의 성별은 여자 2명, 남자 2명이고 직급은 사원 2명, 대리 2명이다.
- 사원은 대리보다 먼저 시험을 치른다.
- 같은 직급이라면 남자가 여자보다 먼저 시험을 치른다.
- 2명 이상의 성별과 직급이 모두 동일할 경우, 알파벳 순서에 따라 시험을 치른다.
- X는 Z의 순서 직전에 시험을 치른다.
- Y의 순서는 맨 앞이나 맨 뒤가 아니다.
- W는 남자이다.

① Y는 사원이다.
② Z는 여자이다.
③ W가 가장 먼저 시험을 치른다.
④ X는 여자일 수도 있고, 남자일 수도 있다.
⑤ 마지막 순서는 남자 대리이다.

05 A ~ E 다섯 명이 L기업 공채에 지원하여 한 명만 합격한 후, 다음과 같이 대화를 나누었다. 세 명은 거짓을 말하고 두 명은 진실을 말한다고 할 때, 적절하지 않은 것은?(단, 모든 사람은 진실만 말하거나 거짓만 말한다)

> • A : 나는 B와 D 중에 한 명은 붙을 줄 알았는데, 둘 다 탈락했지 뭐야.
> • B : 나는 떨어졌지만, 이렇게 될 줄 예상했어. 면접을 D가 너무 잘 봤거든. D야, 합격 축하해!
> • C : 그래도 E가 합격한 건 솔직히 반전이었어. 학점이 우리 중에 가장 안 좋잖아.
> • D : C랑 E가 최종면접까지 가길래 둘 다 붙길 기대했는데, 그중 한 명만 붙은 거야?
> • E : B는 본인은 떨어져 놓고 다른 사람 축하해주네. 역시 사람이 됐어.

① A는 거짓을 말했다.
② B는 진실을 말했다.
③ C는 거짓을 말했다.
④ 합격자는 D가 아니다.
⑤ 합격자는 E가 아니다.

01 다음은 연령별 남녀 의료급여 수급권자 현황을 지역별로 나타낸 자료이다. 이에 대한 설명으로 옳지 않은 것은?(단, 비율은 소수점 둘째 자리에서 반올림한다)

〈연령별 남녀 의료급여 수급권자 현황〉

(단위 : 명)

구분		10대	20대	30대	40대	50대	60대	70대	80대 이상
합계		116,542	68,508	43,730	115,118	174,594	157,038	160,050	118,508
서울 특별시	남성	13,287	10,277	4,680	12,561	24,874	20,960	15,500	5,628
	여성	13,041	9,205	5,399	15,456	19,641	20,158	25,541	18,782
경기도	남성	13,753	7,982	4,283	11,756	22,337	17,818	13,955	6,405
	여성	13,568	7,859	6,021	14,953	16,930	17,303	25,039	22,002
강원도	남성	3,518	1,971	1,054	3,108	5,834	4,558	3,540	1,741
	여성	3,412	1,730	1,339	3,291	4,264	4,493	6,394	6,000
충청 북도	남성	2,956	1,604	1,110	2,782	4,961	4,007	2,811	1,247
	여성	2,911	1,409	1,392	2,945	3,778	3,905	5,030	4,530
충청 남도	남성	3,492	1,673	1,129	3,237	5,582	4,594	3,218	1,597
	여성	3,337	1,587	1,521	3,497	4,125	4,351	5,759	5,486
전라 북도	남성	6,286	3,617	1,816	4,650	8,378	6,612	4,227	2,010
	여성	6,237	3,499	2,478	6,072	6,480	6,251	8,011	8,045
전라 남도	남성	4,945	2,482	1,514	4,208	8,106	6,257	4,346	1,994
	여성	4,715	2,288	1,897	4,182	5,261	5,118	7,661	8,987
경상 북도	남성	5,394	3,060	1,949	5,509	9,928	7,412	4,953	2,445
	여성	5,159	2,722	2,297	5,765	7,077	7,859	10,113	10,302
경상 남도	남성	5,381	2,888	1,688	5,525	10,154	7,933	4,629	1,989
	여성	5,150	2,655	2,163	5,621	6,884	7,449	9,323	9,318

① 서울특별시의 남성 수급권자 수가 다섯 번째로 많은 연령대와 같은 연령대의 강원도 남성과 여성의 총수급권자 수는 6,399명이다.
② 80대 이상의 전체 수급권자에서 경기도가 차지하는 비율은 20% 이상이다.
③ 연령별로 전 연령 대비 의료급여 수급권자 수의 증감 추이가 남성과 여성이 동일한 지역은 1곳이다.
④ 충청남도 50대 남성 수급권자 대비 60대 여성 수급권자의 비율은 충청북도 50대 여성 수급권자 대비 60대 남성 수급권자 비율보다 30%p 미만 낮다.
⑤ 경상남도 70대 이상 수급권자는 경상북도 20~30대 수급권자 수의 2배 이상이다.

| 04 | 창의수리

Easy

01 다음 룰렛에 적힌 수는 일정한 규칙을 갖는다. ㉠+㉡+㉢의 값은?

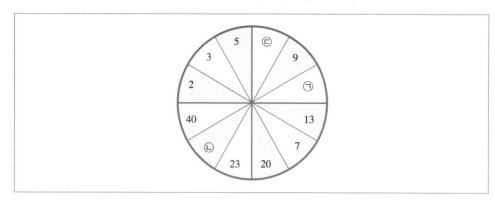

① 28

② 33

③ 38

④ 43

⑤ 48

02 다음 룰렛에 적힌 수는 일정한 규칙을 갖는다. (㉠+㉢)÷㉡의 값은?

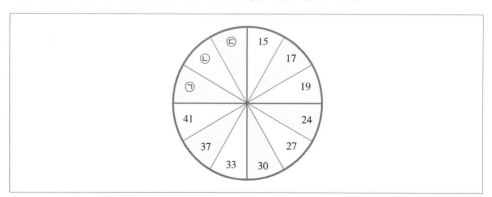

① 1

② 2

③ 3

④ 4

⑤ 5

03 다음 룰렛에 적힌 수는 일정한 규칙을 갖는다. ㉠×㉡×㉢의 값은?

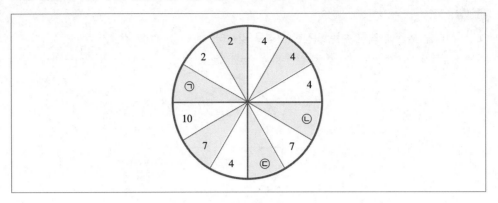

① 48

② 60

③ 64

④ 72

⑤ 80

04 둘레가 12m인 원 모양의 운동장의 서로 맞은편에서 A와 B가 달리려고 준비 중이다. A는 0.5m/s의 속력으로 달리고, B는 0.6m/s의 속력으로 달린다고 할 때, A와 B가 3번째로 만나는 시각은? (단, A와 B는 같은 방향으로 달린다)

① 220초 후

② 240초 후

③ 260초 후

④ 280초 후

⑤ 300초 후

05 A ～ G 7명은 게임 토너먼트에 참가했다. 제비뽑기로 인해 A가 부전승으로 올라가게 되었을 때, 정할 수 있는 대진표의 경우의 수는?

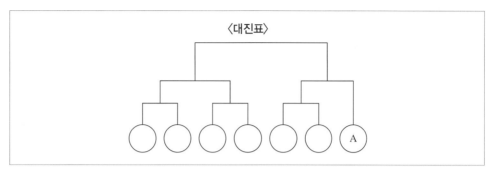

① 40가지   ② 42가지
③ 45가지   ④ 48가지
⑤ 52가지

PART 2

기출복원문제

Hard

06 L사 직원의 남녀 비율은 8 : 7이다. 버스를 이용해 출근하는 직원의 수는 119명이고, 이 중 여직원은 53명이다. 전체 직원 수는 150명이고 지하철을 이용하는 직원을 선택했을 때, 이 직원이 남직원일 확률은?(단, 전 직원은 지하철과 버스로만 출근한다)

① $\dfrac{17}{28}$ ② $\dfrac{19}{28}$

③ $\dfrac{14}{31}$ ④ $\dfrac{17}{31}$

⑤ $\dfrac{23}{31}$

10 2019년 상반기 기출복원문제

정답 및 해설 p.045

| 01 | 언어이해

Easy

01 다음 글을 통해 글쓴이가 말하고자 하는 내용으로 가장 적절한 것은?

> 프랜시스 베이컨은 사람을 거미와 같은 사람, 개미와 같은 사람, 꿀벌과 같은 사람 세 종류로 나누어 보았다.
>
> 첫째, '거미'와 같은 사람이 있다. 거미는 벌레들이 자주 날아다니는 장소에 거미줄을 쳐놓고 숨어 있다가 벌레가 거미줄에 걸리면 슬그머니 나타나 잡아먹는다. 거미와 같은 사람은 땀 흘려 노력하지 않으며, 누군가 실수하기를 기다렸다가 그것을 약점으로 삼아 그 사람의 모든 것을 빼앗는다.
>
> 둘째, '개미'와 같은 사람이 있다. 개미는 부지런함의 상징이 되는 곤충이다. 더운 여름에도 쉬지 않고 땀을 흘리며 먹이를 물어다 굴속에 차곡차곡 저장한다. 그러나 그 개미는 먹이를 남에게 나누어 주지는 않는다. 개미와 같은 사람은 열심히 일하고 노력하여 돈과 재산을 많이 모으지만, 남을 돕는 일에는 아주 인색하여 주변 이웃의 불행을 모른 체하며 살아간다.
>
> 셋째, '꿀벌'과 같은 사람이 있다. 꿀벌은 꽃의 꿀을 따면서도 꽃에 상처를 남기지 않고 이 꽃 저 꽃으로 날아다니며 열매를 맺도록 도와준다. 만약 꿀벌이 없다면 많은 꽃은 열매를 맺지 못할 것이다. 꿀벌과 같은 사람은 책임감을 갖고 열심히 일하면서도 남에게 도움을 준다. 즉, 꿀벌과 같은 사람이야말로 우리 사회에 반드시 있어야 할 이타적 존재이다.

① 노력하지 않으면서 성공을 바라는 사람은 결코 성공할 수 없다.

② 다른 사람의 실수를 모른 체 넘어가 주는 배려를 해야 한다.

③ 자신의 일만 열심히 하다 보면 누군가는 반드시 알아본다.

④ 맡은 바 책임을 다하면서도 남을 돌볼 줄 아는 사람이 되어야 한다.

⑤ 자신의 삶보다 이웃의 삶을 소중하게 돌봐야 한다.

02 다음 글을 읽고 구조화한 것으로 가장 적절한 것은?

(가) 이익집단이란 특정 문제에 대해 직·간접적인 이해관계 및 관심을 공유하고 있는 사람들의 자발적인 집단을 말하며, 압력단체라고도 한다. 구성원들의 공통적 인식과 태도를 바탕으로 정부를 상대로 특정 문제에 대하여 자신들의 이익을 관철하려는 집단인 셈이다.

(나) 이익집단은 정치권이나 정부에 자신들의 요구를 표명하고 이를 이루기 위해 여러 방법을 동원하여 구성원들의 다양한 이익과 요구를 대변하는 기능을 수행한다. 정책 결정자에게 편지, 탄원서 등을 보내거나 국민 여론에 호소하기 위해 라디오, 텔레비전 등의 대중매체를 이용하기도 한다.

(다) 또는 다른 이익집단과 연대를 꾀하기도 하고, 로비스트를 동원하여 정책 관련자와 접촉하거나 이들에게 압력을 행사하기도 한다. 개인적 차원에서는 제대로 전달될 수 없는 요구를 분명하고 다양한 방법으로 표명하여 정책 결정자들에게 전달하는 것이다.

(라) 이익집단의 활동 방식은 다원주의와 코퍼러티즘으로 유형화된다. 다원주의는 이익집단들이 자발적으로 무수히 조직되고, 상호 간의 자유로운 경쟁을 통해 그들 각각의 이익을 실현하는 활동 방식을 나타낸다. 다원주의에서는 이익집단들이 자유롭게 경쟁하지만 이들 상호 간에는 견제와 균형 작용이 나타나기 때문에 하나의 강력한 이익집단이 다른 약한 이익집단의 이해를 쉽게 침해할 수 없다고 본다.

(마) 다원주의는 소수의 특정 집단에 의해 의사결정이 주도되기보다는 집단의 경쟁·갈등·협력 등이 자유롭게 이루어져야 한다는 점이 중시된다. 다원주의의 핵심은 자유주의 정치이론을 바탕으로 권력 분산에 따른 집단의 다양성을 주장하며 이익집단의 활동을 경쟁적인 집단 간의 투쟁으로 본다.

(바) 반면 코퍼러티즘은 정부와 이익집단 간의 긴밀한 협의와 협조가 정책 결정의 주요 방식이 된다. 코퍼러티즘에서 이익집단은 국가로부터 어느 정도의 통제를 받는 것을 인정하는 대신 동일한 한 분야에서 지위가 높은 한 집단이 다른 이익집단을 대표하게 된다. 코퍼러티즘은 경쟁보다는 이익집단 내부나 이익집단들 간의 상호 타협을 통해 공생의 길을 찾아야 한다는 의식을 공유하면서 등장한 것이다.

①
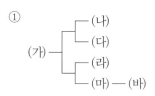

②
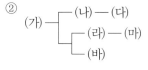

③
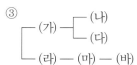

④ ── (가) ── (나) ── (다)
   ── (라) ── (마) ── (바)

⑤ (가) ── (나) ──┬── (다) ── (라)
                └── (마) ── (바)

03 다음 글을 통해 추론할 수 있는 내용으로 적절하지 않은 것은?

> 제약연구원이란 제약회사에서 약을 만드는 과정에 참여하는 사람을 말한다. 제약연구원은 이러한 모든 단계에 참여하지만 특히 신약 개발단계와 임상시험단계에서 가장 중점적인 역할을 한다. 일반적으로 약을 만드는 과정은 새로운 약품을 개발하는 신약 개발단계, 임상시험을 통해 개발된 신약의 약효를 확인하는 임상시험단계, 식약처에 신약이 판매될 수 있도록 허가를 요청하는 약품 허가요청 단계, 마지막으로 의료진과 환자를 대상으로 신약에 대해 홍보하는 영업 및 마케팅의 단계로 나뉜다.
> 제약연구원이 되기 위해서는 일반적으로 약학을 전공해야 한다고 생각하기 쉽지만 약학 전공자 이외에도 생명 공학, 화학 공학, 유전 공학 전공자들이 활발하게 참여하고 있다. 만일 신약 개발의 전문가가 되고 싶다면 해당 분야에서 오랫동안 연구한 경험이 필요하기 때문에 대학원에서 석사나 박사를 취득하는 것이 유리하다.
> 제약연구원이 되기 위해서는 전문적인 지식도 중요하지만 사람의 생명과 관련된 일인 만큼 무엇보다도 꼼꼼함과 신중함, 책임 의식이 필요하다. 또한 제약 회사라는 공동체 안에서 일을 하는 것이므로 원만한 일의 진행을 위해서 의사소통 능력도 필수적으로 요구된다. 오늘날 제약 분야가 빠르게 성장하고 있다는 점을 고려할 때 일에 대한 도전 의식, 호기심과 탐구심 등도 제약연구원에게 필요한 능력으로 꼽을 수 있다.

① 제약연구원은 약품 허가요청 단계에 참여한다.
② 제약연구원과 관련된 정보가 부족하다면 약학을 전공해야만 제약연구원이 될 수 있다고 생각할 수 있다.
③ 생명이나 유전공학 전공자도 제약연구원으로 일할 수 있다.
④ 신약 개발 전문가가 되려면 반드시 석사나 박사를 취득해야 한다.
⑤ 오늘날 제약연구원에게 요구되는 능력이 많아졌다.

| 02 | 언어추리

Hard

01 A ~ F 6명은 L카페에서 일을 하고 있다. L카페는 일주일을 매일 오전과 오후 2회로 나누고, 각 근무시간에 2명의 직원을 근무시키고 있다. 각 직원은 일주일 중에 최소 4회에서 최대 5회 근무를 해야 한다고 할 때, 다음 〈조건〉을 충족시키도록 근무 계획을 짜려고 한다. 반드시 참인 것은?

> **조건**
> • A는 오전에 근무하지 않으며 E와 2회 함께 근무한다.
> • B는 수요일에 오전, 오후를 전부 근무한다.
> • C는 월요일과 수요일을 제외하고는 매일 1회 근무한다.
> • D와 F는 주말을 제외한 날의 오전에만 근무할 수 있다.
> • E는 월요일부터 금요일까지는 근무하지 않는다.
> • D는 F가 근무하는 시간에 근무했다.

① A는 C와 함께 일하지 않는다.
② B는 월요일에 일하지 않는다.
③ F는 오후에 한 번 근무한다.
④ 주말에는 E가 A, C와 근무를 한다.
⑤ D는 일주일에 총 5회 근무한다.

02 A ~ E 다섯 명은 이탈리아 음식점에 들어가서 먼저 선택한 사람부터 각각 하나의 메뉴를 주문했고 카르보나라, 봉골레, 고르곤졸라, 리소토, 라자냐의 순서로 음식이 나왔다. 다음 중 한 사람이 거짓 말을 하고 있다고 할 때, 카르보나라와 고르곤졸라를 주문한 사람을 바르게 짝지은 것은?(단, 음식 은 주문한 순서대로 나왔고, 거짓말은 전체를 부정한다)

> • A : 나는 카르보나라와 고르곤졸라를 주문하지 않았어.
> • B : 나는 카르보나라와 봉골레를 주문하지 않았어.
> • C : 나는 고르곤졸라와 리소토를 주문하지 않았어.
> • D : 나는 A와 B보다 늦게 주문했고, 봉골레를 주문하지는 않았어.
> • E : 나는 C보다는 먼저 주문했지만, A와 B보다는 늦게 주문했어.

	카르보나라	고르곤졸라
①	A	B
②	C	B
③	D	E
④	C	D
⑤	D	A

03 늑대, 사자, 여우, 치타, 표범, 퓨마, 호랑이가 달리기 시합을 했다. 다음과 같은 결과가 나타났다고 할 때, 반드시 참인 것은?

⊙ 여우는 치타보다 느리고 퓨마보다는 빠르다.

ⓒ 늑대는 치타보다 빠르고 호랑이보다 느리다.

ⓒ 사자와 동시에 도착한 동물이 있고, 치타보다 빠르다.

ⓔ 치타는 두 마리 동물보다 빠르고 동시에 도착한 동물들보다 느리다.

ⓜ 호랑이는 표범보다 느리고 동시에 도착한 동물들보다 빠르다.

---

① 사자는 호랑이보다 빠르다.

② 여우는 늑대보다 빠르다.

③ 호랑이는 늑대보다 느리다.

④ 사자는 늑대보다 느리다.

⑤ 늑대는 사자와 동시에 도착했다.

04 다음 명제를 통해 얻을 수 있는 결론으로 타당한 것은?

• 푸딩을 좋아하는 사람은 커피를 싫어한다.

• 커피를 좋아하는 사람은 케이크를 좋아한다.

• 케이크를 좋아하는 사람은 쿠키를 싫어한다.

• 쿠키를 좋아하는 사람은 마카롱을 좋아한다.

• 마카롱을 좋아하는 사람은 푸딩을 좋아한다.

---

① 마카롱을 좋아하는 사람은 커피를 좋아한다.

② 쿠키를 싫어하는 사람은 마카롱을 좋아한다.

③ 푸딩을 좋아하는 사람은 케이크를 좋아한다.

④ 쿠키를 좋아하는 사람은 커피를 싫어한다.

⑤ 쿠키를 싫어하는 사람은 푸딩을 좋아한다.

| 03 | 자료해석

01 다음은 연도별 사고유형별 사건 발생 현황을 나타낸 자료이다. 이에 대한 설명으로 옳지 않은 것은?

〈사고유형별 사건 발생 현황〉

(단위 : 건)

구분	2010년	2011년	2012년	2013년	2014년	2015년	2016년
합계	280,607	286,851	303,707	294,707	297,337	315,736	303,578
도로교통	226,878	221,711	223,656	215,354	223,552	232,035	220,917
화재	41,863	43,875	43,249	40,932	42,135	44,435	43,413
산불	282	277	197	296	492	623	391
열차	181	177	130	148	130	85	62
지하철	136	100	110	84	79	53	61
폭발	41	49	48	61	48	41	51
해양	1,627	1,750	1,632	1,052	1,418	2,740	2,839
가스	134	126	125	72	72	72	122
유도선	1	0	11	5	11	21	25
환경오염	102	68	92	244	316	246	116
공단내시설	22	11	11	20	43	41	31
광산	34	27	60	82	41	32	37
전기(감전)	585	581	557	605	569	558	546
승강기	129	97	133	88	71	61	42

① 전기(감전) 사고는 2013년부터 매년 감소하는 모습을 보이고 있다.

② 화재 사고는 전체 사고 건수에서 매년 13% 이상 차지하고 있다.

③ 해양 사고는 2010년 대비 2016년에 약 74.5%의 증가율을 보였다.

④ 환경오염 사고는 2016년에 전년 대비 약 45.3%의 감소율을 보였다.

⑤ 전체 사고 건수에서 도로교통 사고의 비율은 2010년에 가장 높았다.

01 다음 시계는 일정한 규칙을 갖는다. A×B의 값은?

① 55   ② 62

③ 65   ④ 70

⑤ 84

02 다음 시계는 일정한 규칙을 갖는다. A+B의 값은?

① 8   ② 11

③ 14   ④ 17

⑤ 20

03 다음 시계는 일정한 규칙을 갖는다. A×B의 값은?

① 4   ② 9

③ 17   ④ 25

⑤ 31

04 L사의 연구실에는 A ~ C직원이 있다. 하나의 보고서를 혼자 작성하면 각각 A직원은 a일, B 직원은 b일, C직원은 c일이 걸린다. 보고서를 A직원과 B직원이 함께 작성하면 3일이 걸리고, B직원과 C직원이 함께 작성하면 4일이 걸린다. A직원은 B직원보다 3배 빠른 속도로 일한다고 할 때, C직원 혼자 보고서를 쓰는 데 걸리는 기간은?

① 6일   ② 7일
③ 8일   ④ 9일
⑤ 10일

05 가현이는 강의 A지점에서 B지점까지 일정한 속력으로 수영하여 왕복하였다. 가현이가 강물이 흐르는 방향으로 수영을 하면서 걸린 시간은 반대 방향으로 거슬러 올라가며 걸린 시간의 0.2배라고 한다. 가현이가 **수영한 속력은** 강물의 속력의 몇 배인가?

① 0.5배   ② 1배
③ 1.5배   ④ 2배
⑤ 2.5배

06 3×3칸에 서로 다른 9개의 액자를 설치하려고 한다. 3×3칸의 가운데를 제외한 가장자리가 회전이 가능하다고 할 때, 액자를 설치할 수 있는 경우의 수는?

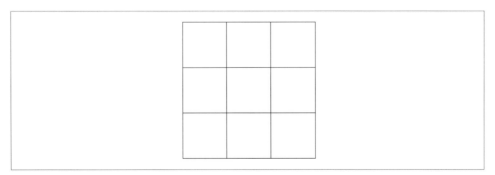

① (8×5!)가지   ② (8×7!)가지
③ (9×7!)가지   ④ 8!가지
⑤ 9!가지

정답 및 해설 p.049

| 01 | 언어이해

01 다음 글의 내용으로 적절하지 않은 것은?

> 기업은 많은 이익을 남기길 원하고, 소비자는 좋은 제품을 저렴하게 구매하길 원한다. 그 과정에서 힘이 약한 저개발국가의 농민, 노동자, 생산자들은 무역상품의 가격결정 과정에 참여하지 못하고 자신이 재배한 식량과 상품을 매우 싼값에 팔아 겨우 생계를 유지한다. 그 결과 세계 인구의 20% 정도가 우리 돈 약 1,000원으로 하루를 살아가고, 세계 노동자의 40%가 하루 2,000원 정도의 소득으로 살아가고 있다.
>
> 이러한 무역 거래의 한계를 극복하고, 공평하고 윤리적인 무역 거래를 통해 저개발국가 농민, 노동자, 생산자들이 겪고 있는 빈곤 문제를 해결하기 위해 공정무역이 생겨났다. 공정무역은 기존 관행 무역으로부터 소외당하고 불이익을 받고 있는 생산자와 지속가능한 파트너십을 통해 공정하게 거래하는 것으로, 생산자들과 공정무역 단체의 직거래를 통한 거래관계에서부터 단체나 제품 등에 대한 인증시스템까지 모두 포함하는 무역을 의미한다.
>
> 이와 같은 공정무역은 국제 사회 시민운동의 일환으로 1946년 미국의 시민단체 '텐사우전드빌리지(Ten Thousand Villages)'가 푸에르토리코의 자수 제품을 구매하고, 1950년대 후반 영국의 '옥스팜(Oxfam)'이 중국 피난민들의 수공예품과 동유럽국가의 수공예품을 팔면서 시작되었다. 이후 1960년대에는 여러 시민 단체들이 조직되어 아프리카, 남아메리카, 아시아의 빈곤한 나라에서 본격적으로 활동을 전개하였다. 이 단체들은 가난한 농부와 노동자들이 스스로 조합을 만들어 환경친화적으로 농산물을 생산하도록 교육하고 이에 필요한 자금 등을 지원했다. 2000년대에는 공정무역이 자본주의의 대안활동으로 여겨지며 급속도로 확산되었고, 공정무역 단체나 회사가 생겨남에 따라 저개발국 가 농부들이 생산한 농산물이 공정한 값을 받고 거래되었다. 이러한 과정에서 공정무역은 저개발국 생산자들의 삶을 개선하기 위한 중요한 시장 메커니즘으로 주목을 받게 된 것이다.

① 기존 관행 무역에서는 저개발국가의 농민, 노동자, 생산자들이 무역상품의 가격결정 과정에 참여하지 못했다.

② 세계 노동자의 40%가 하루 2,000원 정도의 소득으로 살아가며, 세계 인구의 20%는 약 1,000원으로 하루를 살아간다.

③ 공정무역에서는 저개발국가의 생산자들과 지속가능한 파트너십을 통해 그들을 무역 거래 과정에서 소외시키지 않는다.

④ 공정무역은 1946년 시작되었고, 1960년대 조직된 여러 시민 단체들이 본격적으로 활동을 전개하였다.

⑤ 시민 단체들은 조합을 만들어 환경친화적인 농산물을 직접 생산하고, 이를 회사에 공정한 값으로 판매하였다.

02 다음 글을 읽고 구조화한 것으로 가장 적절한 것은?

(가) 식민사관은 한마디로 일제 어용학자들이 일본의 한국 침략을 역사적으로 정당화하기 위해 고안해 낸 사관이다. 즉, 일제가 한국을 강점한 뒤, 그 행위의 정당성을 한국 역사를 통해 입증하고, 이를 토대로 근대화론을 펼쳐 일제의 한국 진출과 침략을 정당화한 것이다.

(나) 식민사관의 핵심은 타율성이론(他律性理論)과 정체성이론(停滯性理論)이다. 이 두 이론을 구체적으로 설명하기에 앞서 일제가 자신들의 침략을 정당화하고 식민통치의 이론으로 사용한 일선동조론(日鮮同祖論)을 살펴보자. 일선동조론은 '일본과 조선은 같은 조상에서 시작되었다.'는 뜻이다. 이 이론을 통하여 일제는 일본과 한국이 원래 같은 민족이었음을 강조함으로써 1910년 일제의 한국 강점을 침략행위가 아니라고 주장하였다. 즉 같은 조상에서 출발한 한국과 일본이 그동안에 분열과 갈등을 극복하고 같은 민족으로서 행복을 다시 찾게 된 것이 바로 1910년의 '한일병합'이라는 것이다.

(다) 타율성이론은 한국사가 한국인의 자율적 결단에 의해 전개되지 못하고 외세의 침략과 지배에 의해 타율적으로 전개되었다는 주장이다. 이 이론은 한국이 식민지로 전락한 것은 일제의 침략 때문이 아니고 외세의 지배로부터 벗어날 수 없었던 한국사의 필연적 결과일 뿐이라고 설명한다. 일제는 한국에 대한 자신들의 침략과 지배를 정당화하기 위하여 전력을 기울여 한국사의 '타율성'을 조작하였다. 그들이 한국사의 시작을 중국 이주자들의 식민지 정권에서 찾으며 기자와 위만을 강조하였던 것이 그 한 예이다. 이 외에도 일제는 고대 한국이 수백 년 동안 한사군과 일본의 지배를 받았으며 그 후에도 중국과 만주, 몽고 등이 쉬지 않고 한국을 침략하였고, 이로 인해 한국사에 일관되게 흐르는 타율성이 형성되었다고 강조하였다.

(라) 식민사관의 또 한 축인 정체성이론을 살펴보자. 이 이론은 한국사가 왕조의 변천 등 정치 변화에도 불구하고 사회 경제적 측면에서 거의 발전하지 않았다고 주장한다. 이를 통하여 일제는 한국 침략과 지배가 낙후된 한국 사회를 발전시키기 위한 행위였다고 정당화하였다. 한국사의 정체성이론에 근거해 전개한 그들의 근대화론은 결국 일제의 한국진출과 침략이 한국의 정체성을 극복하고 한국의 근대화를 위한 것이라는 말로 귀결된다.

①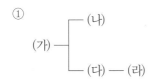

②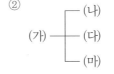

③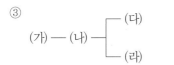

④
(가) ┬ (나) ─ (다)
　　 └ (라)

⑤ (가) ─ (나) ─ (다) ─ (라)

03 다음 제시된 문단을 읽고, 이어질 문단을 논리적 순서대로 바르게 나열한 것은?

> 자유무역과 시장개방이 크게 확대되고 있지만 여전히 많은 국가들은 국내 산업 보호를 위해 노력을 기울이고 있다. 특히 세계적으로 경쟁이 치열해지고 거대 다국적 기업의 위협이 커지면서 최근 들어 세계 각국의 국내 산업 보호를 위한 움직임이 강화되고 있다. 일반적으로 정부가 국내 산업 보호를 위해 사용할 수 있는 조치들은 크게 관세 조치와 비관세 조치로 나누어볼 수 있다.

(가) 관세 조치는 같은 수입품이라도 수입품의 종류와 가격, 수량 등에 따라 관세 부과 방법을 선택적으로 사용함으로써 관세수입을 늘려 궁극적으로 국내 산업을 보호할 수 있다. 관세의 부과 방법에는 크게 종가세 방식과 종량세 방식이 있다. 먼저 종가세란 가격을 기준으로 세금을 부과하는 관세를 말한다. 즉 종가세는 수입 상품 하나하나에 세금을 부과하는 것이 아니라 수입품 가격이 설정된 기준가격을 넘을 때마다 정해진 세금을 부과하는 것이다. 따라서 종가세 방식은 상품의 종류에 따라 기준가격을 달리함으로써 관세 부담을 조절할 수 있고, 수입품의 가격 변동에 대한 대응이 용이하다는 장점이 있다. 그래서 종가세는 주로 고가의 상품이나 사치품들의 수입을 억제하고 관련 제품을 제조하는 국내 산업을 보호하는 효과가 있다.

(나) 먼저 관세 조치는 국경을 통과하는 재화에 대해 부과하는 조세인 관세를 조절하여 국내 산업을 보호하는 방식이다. 일반적으로 수입품에 관세를 부과하면 그 수입품은 수입 시 부과된 관세만큼 가격이 인상되기 때문에 국내에서 생산된 제품에 비해 가격 경쟁력이 낮아져 수입이 억제된다. 반면에 국내에서 생산된 제품은 가격 경쟁력이 상승하게 되어 판매량이 유지되거나 늘어나고 결과적으로 관련 국내 산업이 보호된다.

(다) 이에 비해 종량세는 수입품의 중량, 용적, 면적 또는 개수 등 재화의 수량을 기준으로 세율을 화폐액으로 명시해 부과하는 관세이다. 종량세 방식은 수입품 단위당 일정 금액의 관세를 부과하므로 세액 결정이 용이하고, 수입품 하나하나에 관세를 부과함으로써 수입품의 양을 직접적으로 규제할 수 있는 장점이 있다. 그래서 종량세는 주로 외국으로부터 저가에 대량 유입되는 공산품이나 농수산물의 수입을 억제하여 해당 분야의 국내 산업을 보호하는 효과가 있다.

(라) 국내 산업 보호를 위해 사용되는 또 다른 조치로 비관세 조치를 들 수 있다. 전 세계적으로 자유무역협정이 확대되면서 무역 상대국 간의 관세가 철폐되거나 매우 낮은 수준에 머물러 관세를 통한 국내 산업 보호 기능이 약화되고 있다. 그래서 최근에는 국내 산업 보호를 위한 비관세 조치가 정교화되거나 강화되고 있는 추세이다. 국내 산업 보호를 위해 활용되고 있는 비관세 조치로는 위생 및 식물검역 조치와 기술 장벽, 통관 지연 등이 있다. 먼저 위생 및 식물검역 조치는 식음료나 식물 수입 시 국민의 건강 보호라는 명분을 내세워 검역 기준이나 조건을 까다롭게 함으로써 수입을 제한하는 조치를 말한다. 또 기술 장벽은 제품의 기술 표준을 국내산 제품에 유리하게 설정하거나 기술 적합성 평가 절차 등을 까다롭게 하여 수입을 제한하거나 수입품의 제조비용을 상승시켜 가격 경쟁력을 낮추는 조치이다. 마지막으로 통관 지연은 수입품에 대한 통관 절차와 서류 등을 복잡하게 하고 선적 검사나 전수 조사 등의 까다로운 검사 방법 등을 통해 수입품의 통관을 지연하는 것으로 수입품의 판매 시기를 늦춰 수입품의 경쟁력을 저하시키는 기능을 한다.

(마) 또 종가세와 종량세를 혼합 적용하여 두 가지 세금 부과 방식의 장점을 동시에 추구하는 복합
　　세 부과 방식도 있다. 일반적으로 관세수입이 클수록 수입품의 가격 경쟁력이 낮아져 국내 산
　　업을 보호하는 효과도 커진다. 그런데 종량세는 수입품의 가격이 낮은 경우에 종가세는 수입품
　　의 가격이 높은 경우에 관세수입이 늘어나는 효과가 있으므로 수입품의 가격이 일정 수준에
　　이르기까지는 종량세를 부과하고 가격이 일정 수준을 넘어서는 경우에는 종가세를 부과하여
　　관세수입을 극대화하기도 한다. 또 가격이 비싼 제품의 경우 종가세를 먼저 적용한 후, 수입품
　　의 가격이 하락할 경우 종량세를 적용하여 관세수입을 극대화하기도 하는데 이러한 관세 부과
　　의 방법을 복합세 부과 방식이라고 한다.

① (가) – (다) – (나) – (마) – (라)　　　　② (가) – (라) – (나) – (마) – (다)
③ (나) – (가) – (다) – (마) – (라)　　　　④ (나) – (마) – (가) – (라) – (다)
⑤ (나) – (마) – (라) – (가) – (다)

우리는 일상생활 속에서 아직 알지 못하는 '미래'에 대하여 많은 관심을 갖는다. 우리가 관심을 갖는 '미래'에는 과학자들의 미래 기후 예측이나 점쟁이들의 사주 등이 포함된다. 그렇다면 미래를 예상하는 점쟁이의 예언과 과학자의 예측은 어떻게 다를까?

먼저 점쟁이란 '관상, 사주 등처럼 한 개인의 사적인 개인정보를 이용하여 그 사람 고유의 미래를 예언해 주는 일을 직업으로 삼는 사람'을 의미한다. 반면 과학자는 '생물, 물리, 화학, 환경 등 과학 분야 전반에 걸쳐서 나타나는 여러 가지 현상들을 연구하고, 이를 토대로 새로운 과학적 원리를 발견하거나 이를 실생활에 적용하는 일을 하는 사람'을 의미한다. 이러한 점쟁이와 과학자 사이에 존재하는 가장 큰 공통점은 '미래를 예상한다는 것'이다. 여기서 '미래'는 현재의 상황 이후의 시간을 나타내는 용어로써 이미 지난 시간이나 지금 이 순간이 아닌, 곧 다가올 시간의 매 순간이 미래가 될 수 있다.

점쟁이는 주로 사적인 일을 예상한다. '당신은 미래에 재물 복이 많을 것입니다.' 혹은 '당신은 ○○년 ○○월 ○○일에 태어났으므로 평생 운이 따를 것입니다.' 등 이러한 점쟁이의 말을 들어본 적이 있을 것이다. 점쟁이는 이처럼 각 개인에게 개인 고유의 운세나 미래 등을 이야기해 준다. 이때, 이들은 대체로 모호한 표현을 사용한다. '언젠가는', '어느 순간'과 같은 애매한 표현을 주로 사용함으로써 그들이 예상하는 어떤 일이 미래의 어느 시점에서 어떻게 일어날지 그 누구도 정확하게 알 수 없는 것이다. 그 결과 당혹스러운 상황이 발생하기도 한다. 한 고대 국가의 왕이 점쟁이에게 나라의 미래를 점쳐 달라고 요청하자 점쟁이는 '전쟁을 하면 나라가 크게 승리할 것이다.'라고 예언하였다. 왕은 점쟁이의 예언을 믿고 전쟁을 일으켰지만 결국 전쟁에서 대패하였고, 이후 점쟁이를 찾아가 예언이 어긋난 이유를 물었다. 그 점쟁이는 당시 자신이 말했던 '나라'는 왕의 나라가 아닌 상대편 나라를 의미했다고 변명하였다. 이처럼 점쟁이들은 모호한 표현을 사용하여 자신의 말이 반드시 미래와 일치하도록 하는 것이다.

그러나 과학자가 미래를 예측하는 활동은 점쟁이와는 매우 다르다. 점쟁이가 사적인 일을 예언해 준다면, 과학자는 대부분 모든 사람에게 똑같이 발생하는 미래의 현상들을 예측해 준다. 지구 온난화 현상이나 화석 연료의 고갈 속도 등에 대한 예측이 그 예이다. 또 점쟁이는 모호한 표현을 사용해서 그 예언이 사실인지 아닌지에 대한 실험을 할 수 없으므로 그 예언의 진실 여부를 확인할 수도 없다. 그러나 과학자는 정확하고 전문적인 용어를 사용하여 미래를 예측하기에 자신의 예측에 대한 과학적인 근거를 제시할 수 있고, 사실 판단에 대해 실험도 할 수 있다. 예를 들어 한 과학자가 'A금속은 물속에 담가 놓은 채로 10분이 경과하면 녹이 슬기 시작할 것이다.'라는 예측을 하면, 실제로 A금속을 물속에 담가 과학자의 예측이 진실인지 거짓인지 확인할 수 있다.

① 점쟁이는 한 사람의 미래를 예언할 때 주로 그 사람의 관상이나 사주 등의 개인정보를 이용한다.
② 전쟁에서 승리할 것이라는 점쟁이의 예언이 어긋난 이유는 상대 나라에 대한 정보가 부족했기 때문이다.
③ 여러 현상에 대한 연구를 바탕으로 이루어지는 과학자의 예측은 점쟁이의 예언보다 공적인 성격을 띤다.
④ 주로 사적인 일을 모호하게 표현하는 점쟁이의 예언은 과학자의 예측에 비해 신뢰성이 낮다.
⑤ 점쟁이의 예언과 과학자의 예측은 예상하는 내용과 그 내용을 표현하는 방법에서 차이가 있다.

Easy

01 L기업은 봉사활동의 일환으로 홀로 사는 노인들에게 아침 식사를 제공하기 위해 일일 식당을 운영하기로 했다. 다음 명제들이 모두 참이라고 할 때, 항상 참인 진술은?

> • 음식을 요리하는 사람은 설거지를 하지 않는다.
> • 주문을 받는 사람은 음식 서빙을 함께 담당한다.
> • 음식 서빙을 담당하는 사람은 설거지를 한다.

① A사원은 설거지를 하면서 음식을 요리하기도 한다.
② B사원이 설거지를 하지 않으면 음식을 요리한다.
③ C사원이 음식 주문을 받으면 설거지는 하지 않는다.
④ D사원은 음식을 요리하면서 음식 주문을 받기도 한다.
⑤ E사원이 설거지를 하지 않으면 음식 주문도 받지 않는다.

Hard

02 매주 화요일에 진행되는 취업스터디에 A ~ E 5명의 친구가 함께 참여하고 있다. 스터디 불참 시 벌금이 부과되는 규칙에 따라 지난주 불참한 2명은 벌금을 내야 한다. 이들 중 2명이 거짓말을 하고 있다고 할 때, 옳은 것은?(단, 모든 사람은 거짓만 말하거나 진실만 말한다)

> • A : 내가 다음 주에는 사정상 참석할 수 없지만, 지난주에는 참석했어!
> • B : 지난주 불참한 C가 반드시 벌금을 내야 해.
> • C : 지난주 스터디에 A가 불참한 건 확실해!
> • D : 사실 나는 지난주 스터디에 불참했어.
> • E : 지난주 스터디에 나는 참석했지만, B는 불참했어.

① A는 반드시 벌금을 내야 한다.
② B는 반드시 벌금을 내야 한다.
③ C는 반드시 벌금을 내야 한다.
④ D는 반드시 벌금을 내야 한다.
⑤ E는 반드시 벌금을 내야 한다.

03 민준, 호욱, 승호, 성준이는 언어이해, 언어추리, 인문역량으로 구성된 시험을 본 뒤 채점을 했더니 다음과 같은 결과가 나타났다. 다음 〈조건〉을 바탕으로 반드시 참인 것은?

> **조건**
>
> ㉠ 민준이는 언어이해에서 1등이고, 언어추리에서는 호욱이보다 잘했다.
> ㉡ 호욱이는 언어추리 4등이 아니다.
> ㉢ 성준이는 인문역량에서 민준이보다 못했다.
> ㉣ 민준이는 인문역량에서 승호와 호욱에게만 뒤처졌다.
> ㉤ 승호는 언어이해에서 4등을 했고, 언어추리는 호욱보다 못했다.
> ㉥ 동점자는 존재하지 않는다.
> ㉦ 민준이는 언어추리에서 성준이보다 못했다.
> ㉧ 성준이의 인문역량 등수는 호욱이의 언어추리 등수에 1을 더한 것과 같다.

① 언어이해 2등은 호욱이다.
② 인문역량 3등은 민준이다.
③ 승호는 세 과목에서 모두 4등이다.
④ 호욱의 언어이해 등수에서 1을 더한 값은 민준이의 인문역량 등수와 같다.
⑤ 성준이는 승호보다 모든 과목에서 등수가 높다.

04 기획팀에서 근무하는 네 명의 여자 사원 A ~ D와 세 명의 남자 사원 E ~ G는 이번 달에 회식을 진행할 것인지를 두고 토론하고 있으며, 그들 가운데 네 명은 회식 진행에 찬성하고, 세 명은 반대하고 있다. 이들의 찬반 성향이 다음과 같다고 할 때, 반드시 참이라고 할 수 없는 것은?

> • 남자 사원 가운데 적어도 한 사람은 반대하지만 그들 모두 반대하는 것은 아니다.
> • A와 B 중 한 사람은 반대한다.
> • B가 찬성하면 A와 E는 반대한다.
> • B가 찬성하면 C와 D도 찬성하고, C와 D가 찬성하면 B도 찬성한다.
> • F가 찬성하면 G도 찬성하고, F가 반대하면 A도 반대한다.

① A와 F는 같은 입장을 취한다.
② B와 F는 서로 다른 입장을 취한다.
③ C와 D는 같은 입장을 취한다.
④ E는 반대한다.
⑤ G는 찬성한다.

| 03 | 자료해석

01 다음은 시·도별 농가 현황에 대한 자료이다. 이에 대한 설명으로 옳지 않은 것은?(단, 증감률은 소수점 둘째 자리에서 반올림한다)

<시·도별 농가 현황>

(단위 : 천 가구)

구분	2017년		2018년		증감량
	농가 수	구성비	농가 수	구성비	
전국	1,088	100	1,069	100	−20
특별·광역시	82	7.5	81	7.6	−1
경기	127	11.6	120	11.3	−6
강원	73	6.7	73	6.8	0
충북	75	6.9	75	7	0
충남	132	12.1	128	12	−4
전북	100	9.2	99	9.3	−1
전남	150	13.8	151	14.1	1
경북	185	17	181	16.9	−4
경남	131	12.1	128	11.9	−4
제주	33	3.1	33	3.1	0

① 2017년과 2018년 모두 경북 지역의 농가가 가장 많다.

② 2017년 대비 2018년 농가 수가 변하지 않은 지역은 세 곳이다.

③ 2017년 대비 2018년 경북 지역의 농가 감소율은 전국 평균 농가 감소율보다 크다.

④ 2017년 대비 2018년 농가 수가 늘어난 지역은 한 곳이다.

⑤ 특별·광역시를 제외한 2017년의 구성비 순위와 2018년의 구성비 순위는 같다.

※ 다음 전개도는 일정한 규칙에 따라 나열된 수열이다. ?에 들어갈 알맞은 수를 고르시오. [1~3]

01

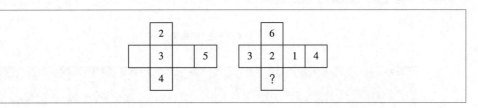

① 2
② 3
③ 4
④ 5
⑤ 6

02

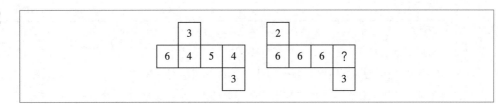

① 1
② 4
③ 6
④ 8
⑤ 10

Easy
03

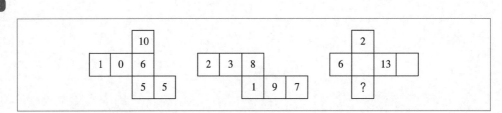

① 6
② 7
③ 8
④ 9
⑤ 10

04 눈이 온 날의 다음 날에 눈이 올 확률은 $\dfrac{1}{3}$ 이며, 눈이 오지 않은 날의 다음 날에 눈이 올 확률은 $\dfrac{1}{2}$ 이다. 화요일에 눈이 왔다면 금요일에 눈이 올 확률은?

① $\dfrac{19}{54}$ ② $\dfrac{21}{54}$

③ $\dfrac{23}{54}$ ④ $\dfrac{25}{54}$

⑤ $\dfrac{27}{54}$

05 A와 B가 500m 달리기를 하였을 때 동시에 같은 곳에서 출발하면 A가 먼저 도착하고 B가 10초 뒤에 도착한다. A의 속력이 5m/s일 때, A와 B가 동시에 도착하려면 A가 몇 m 뒤에서 출발해야 하는가?

① 10m   ② 20m

③ 30m   ④ 40m

⑤ 50m

06 L동네는 5일마다 1번씩 5일장이 열린다. 8월 5일 일요일에 5일장이 열린 후 3번째로 열리는 5일장은 무슨 요일인가?

① 일요일   ② 월요일

③ 화요일   ④ 수요일

⑤ 목요일

정답 및 해설 p.053

| 01 | 언어이해

Hard

01 다음 문단을 논리적 순서대로 바르게 나열한 것은?

> (가) 어떤 모델이든지 상품의 특성에 적합한 이미지를 갖는 인물이어야 광고효과가 제대로 나타날수 있다. 예를 들어 자동차, 카메라, 치약과 같은 상품의 경우에는 자체의 성능이나 효능이 중요하므로 대체로 전문성과 신뢰성을 갖춘 모델이 적합하다. 이와 달리 상품이 주는 감성적인느낌이 중요한 보석, 초콜릿, 여행 등과 같은 상품은 매력과 친근성을 갖춘 모델이 잘 어울린다. 그런데 유명인이 그들의 이미지에 상관없이 여러 유형의 상품광고에 출연하면 모델의 이미지와 상품의 특성이 어울리지 않는 경우가 많아 광고효과가 나타나지 않을 수 있다.
>
> (나) 광고에서 소비자의 눈길을 확실하게 사로잡을 수 있는 요소는 유명인 모델이다. 일부 유명인들은 여러 상품광고에 중복하여 출연하고 있는데, 이는 광고계에서 관행이 되어 있고 소비자들도이를 당연하게 여기고 있다. 그러나 유명인의 중복출연은 과연 높은 광고효과를 보장할 수 있을까? 유명인이 중복출연하는 광고의 효과를 점검해 볼 필요가 있다.
>
> (다) 여러 광고에 중복출연하는 유명인이 많아질수록 외견상으로는 중복출연이 광고 매출을 증대시켜 광고산업이 활성화되는 것으로 보일 수 있다. 하지만 모델의 중복출연으로 광고효과가 제대로 나타나지 않으면 광고비가 과다 지출되어 결국 광고주와 소비자의 경제적인 부담으로 이어진다. 유명인을 비롯한 광고모델의 적절한 선정이 요구되는 이유가 여기에 있다.
>
> (라) 유명인의 중복출연이 소비자가 모델을 상품과 연결시켜 기억하기 어렵게 한다는 점도 광고효과에 부정적인 영향을 미친다. 유명인의 이미지가 여러 상품으로 분산되면 광고모델과 상품간의 결합력이 약해질 것이다. 이는 유명인 광고모델의 긍정적인 이미지를 광고상품에 전이하여 얻을 수 있는 광고효과를 기대하기 어렵게 만든다.
>
> (마) 유명인 모델의 광고효과를 높이기 위해서는 유명인이 자신과 잘 어울리는 한 상품의 광고에만지속적으로 나오는 것이 좋다. 이렇게 할 경우 상품의 인지도가 높아지고, 상품을 기억하기 쉬워지며 광고 메시지에 대한 신뢰도가 제고된다. 유명인의 유명세가 상품에 전이되고 소비자가유명인이 진실하다고 믿게 되기 때문이다.

① (가) - (나) - (라) - (다) - (마)   ② (가) - (라) - (나) - (다) - (마)
③ (나) - (가) - (라) - (마) - (다)   ④ (나) - (다) - (가) - (라) - (마)
⑤ (나) - (라) - (마) - (가) - (다)

02 다음 글을 읽고 구조화한 것으로 가장 적절한 것은?

(가) 우리나라의 노인 빈곤 문제는 시간이 흐를수록 심각해지고 있다. OECD에 보고된 한국 노인의 상대빈곤율은 2014년 48.8%에 달했다. 이는 OECD 국가 평균인 약 13%의 세 배에 육박하는 상당히 심각한 수준이다.

(나) 아이러니한 것은 정작 한국 노인들의 경제활동은 비슷한 경제 수준의 다른 나라 노인들보다 활발하다는 사실이다. 한국의 노인 고용률은 남성 40%, 여성 21%로 OECD 평균인 남성 17%, 여성 8%에 비해 현저히 높다. 그럼에도 노인들이 빈곤할 수밖에 없는 이유는 무엇인가?

(다) 노인 소득을 분석해 보면 그 해답을 일부 찾을 수 있다. 은퇴 세대의 소득 중 국가의 각종 사회보장제도로부터 받은 소득이 차지하는 비중은 다른 선진국보다 낮다. OECD 국가의 노인 가구 소득원의 59%가 공적연금인 반면, 우리나라 노인 가구 소득원은 고작 16.3%만 공적연금이고 근로소득이 63%를 차지한다. 또한 GDP 대비 공적연금지출은 2.3%로, OECD 평균 8%에 한참 못 미치는 수준이다. 낮은 공적연금으로 인해 일을 계속할 수밖에 없는 것이다.

(라) 사회보장제도에 사각지대가 존재한다는 점 역시 큰 문제점으로 지적되고 있다. 부양의무자 기준 등을 충족하지 못해 국민기초생활보장 급여를 받기 어려운 빈곤 노인들이 많고, 국민연금 등 공적연금을 받는 노인은 아직 40% 수준에 그치고 있기 때문이다. 또한 경제활동 시 국민연금 보험료 납부는 의무이지만 실제로 많은 노동자들은 비정규직이나 비공식부문 노동자라는 이유로 사각지대에 놓여있어 선진국의 사례와 같은 방식의 접근을 기대하기도 어려운 상황이다.

(마) 현재 한국의 노후 소득 보장 체계가 가지고 있는 문제는 대단히 복잡하며, 이를 해결하기 위해서는 단계적이고 체계적인 접근이 필요하다. 이미 현실이 된 노인 빈곤 문제를 우선 해결하고, 다음으로는 잠재적 문제가 되는 사각지대를 해결해야 한다. 장기적으로는 제도의 지속성을 높이고 미래세대의 부담을 해소해야 할 것이다.

①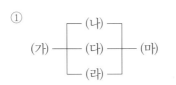

②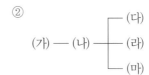

③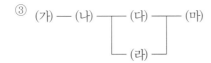

④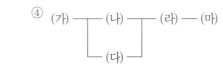

⑤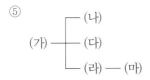

03 다음 글의 중심 내용으로 가장 적절한 것은?

대부분의 동물에게 후각은 생존에 필수적인 본능으로 진화되었다. 수컷 나비는 몇 km 떨어진 곳에 있는 암컷 나비의 냄새를 맡을 수 있고, 돼지는 15cm 깊이의 땅 속에 숨어있는 송로버섯의 냄새를 맡을 수 있다. 그중에서도 가장 예민한 후각을 가진 동물은 개나 다람쥐처럼 냄새 분자가 가라앉은 땅에 코를 바짝 댄 채 기어다니는 짐승이다. 때문에 지구상의 거의 모든 포유류의 공통점은 '후각'의 발달이라고 할 수 있다.

여기서 주목할 만한 점은 만물의 영장이라 하는 인간이 후각 기능만큼은 대부분의 포유류보다 한참 뒤떨어진 수준이라는 사실이다. 개는 2억 2,000만 개의 후각세포를 갖고 있고, 토끼는 1억 개를 갖고 있는 반면, 인간은 500만 개의 후각세포를 갖고 있을 뿐이며 그마저도 실제로 기능하는 것은 평균 375개 정도라고 알려져 있다.

이처럼 인간의 진화 과정에서 유독 후각이 퇴화한 이유는 무엇일까? 새는 지면에서 멀리 떨어진 곳에 활동 영역이 있기 때문에 맡을 수 있는 냄새가 제한적이다. 자연스레 그들은 후각기관을 퇴화시키는 대신 시각기관을 발달시켰다. 인간 역시 직립보행 이후에는 냄새를 맡고 구별하는 능력보다는 시야의 확보가 생존에 더 중요해졌고, 점차 시각 정보에 의존하기 시작하면서 후각은 자연스레 퇴화한 것이다.

따라서 인간의 후각 정보를 관장하는 후각 중추는 이처럼 대폭 축소된 후각 기능을 반영이라도 하듯 아주 작다. 뇌 전체의 0.1% 정도에 지나지 않는 후각 중추는 감정을 관장하는 변연계의 일부이고, 언어 중추가 있는 대뇌 지역과는 직접적인 연결이 없다. 따라서 후각은 시각이나 청각을 통해 감지한 요소에 비해 언어로 분석해서 묘사하기가 어려우며 감정이 논리적 사고와 같이 정밀하고 체계적이지 못한 것처럼, 후각도 체계적이지 않다. 인간이 후각을 언어로 표현하는 것은 시각을 언어로 표현하는 것보다 세밀하지 못하며, 동일한 냄새에 대한 인지도 현저히 떨어진다는 사실은 이미 다양한 연구를 통해 증명되었다.

그러나 후각과 뇌변연계의 연결고리는 여전히 제법 강력하다. 냄새는 감정과 욕망을 넌지시 암시하고 불러일으킨다. 또한 냄새는 일단 우리의 뇌 속에 각인되면 상당히 오랫동안 지속되고 이와 관련된 기억들을 상기시킨다. 언어로 된 기억은 기록의 힘을 빌리지 않고는 오래 남겨두기 어렵지만, 냄새로 이루어진 기억은 작은 단서만 있으면 언제든 다시 꺼낼 수 있다. 뿐만 아니라 후각은 청각이나 시각과 달리, 차단할 수 없는 유일한 감각이기도 하다. 하루에 2만 번씩 숨을 쉴 때마다 후각은 계속해서 작동하고 있고, 지금도 우리에게 영향을 끼치고 있다.

① 후각은 다른 모든 감각을 지배하는 상위 기능을 담당한다.
② 인간은 선천적인 뇌구조로 인해 후각이 발달하지 못했다.
③ 모든 동물은 정밀한 감각을 두 가지 이상 갖기 어렵다.
④ 인간은 진화하면서 필요에 따라 후각을 부수적인 기능으로 남겨두었다.
⑤ 인간은 후각이 가져다주는 영향으로부터 조금도 벗어날 수 없다.

04 다음 글의 내용으로 적절하지 않은 것은?

꿀벌은 인간에게 단순히 달콤한 꿀을 제공하는 것을 넘어 크나큰 유익을 선사해 왔다. 꿀벌은 꽃을 찾아다니며 자신에게 필요한 단백질과 탄수화물을 꽃가루와 꿀에서 얻는데, 이를 꽃가루받이 (Pollination)라 한다. 이 과정에서 벌의 몸에 묻은 꽃가루가 암술머리로 옮겨가고, 그곳에서 씨방으로 내려간 꽃가루는 식물의 밑씨와 결합한다. 씨가 생기고 뒤이어 열매가 열린다. 인간이 재배하는 작물 중 30%는 꽃가루받이에 의존하며 세계 식량의 90%를 차지하는 100대 농작물 중 71%는 꿀벌 덕분에 얻을 수 있는 것들이다.

그러나 오랜 시간 동안 지구의 생태계를 지켜온 꿀벌은 지구에서 급격히 사라져가고 있다. 군집붕괴현상(Colony Collapse Disorder)이라고 불리는 이 현상은 2006년 플로리다에서 시작되어 아메리카와 유럽, 아시아, 오세아니아에 이르기까지 지구촌 전역으로 확산되고 있다. 벌집을 나간 벌이 다시 돌아오지 않아 여왕벌과 유충이 잇달아 집단 폐사하면서 미국은 2006년에 비해 꿀벌의 개체 수가 40%가량 감소했고, 2007년 여름 이미 북반구 꿀벌의 약 25%가 사라졌다는 보고가 있었다. 지구상에 존재하는 식물의 상당수는 벌을 매개로 종족을 번식한다. 꽃가루받이를 할 벌이 사라진다는 것은 꿀벌을 매개로 해 번식하는 식물군 전체가 열매를 맺지 못할 위기에 놓인다는 것을 의미한다.

벌을 위협하는 요인은 비단 몇 가지로 단정지어 설명하기는 어렵다. 살충제와 항생제, 대기오염은 꿀벌을 병들게 만들었고, 꿀벌에게 필요한 수많은 식물들이 '잡초'라는 오명을 쓰고 사라져갔다. 최근에는 휴대폰 등 전자기기의 전자파가 꿀벌의 신경계를 마비시킨다는 연구 결과도 있다. 꿀벌이 사라짐에 따라 매년 과수원에는 꽃가루받이 수작업을 위해 수천 명의 자원봉사자가 투입되고 있다지만, 이는 미봉책에 불과하다. 인류의 삶에서, 나아가 전 생태계에서 양봉업과 농업이 차지하는 위상을 재확인한다. 그리하여 꿀벌과 상생할 수 있는 농업 방식과 도시 환경을 강구해야 할 것이다.

① 꿀벌이 식물의 번식에 도움을 주는 것은 자신의 먹이를 얻는 과정에서 비의도적으로 이루어지는 현상이다.
② 밖으로 나간 꿀벌이 다시 돌아오지 않아 꿀벌의 개체 수가 줄어드는 현상을 군집붕괴현상이라고 한다.
③ 꿀벌의 개체 수가 감소하는 원인은 현대문명 사회의 도래와 관련이 깊다.
④ 대다수 식물들은 벌을 매개로 한 방법 이외에 번식할 수 있는 방법이 없다.
⑤ 논밭의 잡초를 무분별하게 제거하는 것도 꿀벌에게는 해가 될 수 있다.

| 02 | 언어추리

01 L전자는 신제품으로 총 4대의 가정용 AI 로봇을 선보였다. 각각의 로봇은 다음 〈조건〉과 같이 전시장에 일렬로 전시되어 있으며 한국어, 중국어, 일본어, 영어 중 한 가지만을 사용할 수 있다고 할 때, 항상 옳은 것은?

> **조건**
> - 1번 로봇은 2번 로봇의 바로 옆에 위치해 있다.
> - 4번 로봇은 3번 로봇보다 오른쪽에 있지만, 바로 옆은 아니다.
> - 영어를 사용하는 로봇은 중국어를 사용하는 로봇의 바로 오른쪽에 있다.
> - 한국어를 사용하는 로봇은 중국어를 사용하는 로봇의 옆이 아니다.
> - 일본어를 사용하는 로봇은 가장자리에 있다.
> - 3번 로봇은 일본어를 사용하지 않으며, 2번 로봇은 한국어를 사용하지 않는다.

① 1번 로봇은 영어를 사용한다.
② 3번 로봇이 가장 왼쪽에 위치해 있다.
③ 4번 로봇은 한국어를 사용한다.
④ 중국어를 사용하는 로봇은 일본어를 사용하는 로봇의 옆에 위치해 있다.
⑤ 중국어를 사용하는 로봇의 양 옆에 모두 다른 로봇이 있다.

Hard

02 등산을 갔다가 길을 잃은 A ~ D 네 사람이 지도와 나침반을 가지고 있는 두 사람을 찾고 있다. 각 사람이 말한 2개의 문장 중 적어도 하나는 진실이라고 할 때, 지도와 나침반을 갖고 있는 사람을 바르게 짝지은 것은?(단, 지도와 나침반은 동시에 갖고 있을 수 없다)

> - A : D가 지도를 갖고 있어. B는 나침반을 갖고 있고 말이야.
> - B : A는 지도를 갖고 있지 않아. C가 나침반을 갖고 있어.
> - C : B가 지도를 갖고 있어. 나는 나침반을 갖고 있지 않아.
> - D : 나는 나침반도 지도도 갖고 있지 않아. C가 지도를 갖고 있어.

	지도	나침반
①	A	B
②	B	C
③	C	B
④	C	D
⑤	D	A

03 일남, 이남, 삼남, 사남, 오남 5형제가 둘러앉아 마피아 게임을 하고 있다. 이들 중 1명은 경찰, 1명은 마피아이고, 나머지는 시민이다. 다음 5명의 진술 중 2명의 진술이 거짓일 때, 옳은 것은? (단, 모든 사람은 진실 또는 거짓만 말한다)

- 일남 : 저는 시민입니다.
- 이남 : 저는 경찰이고, 오남이는 마피아예요.
- 삼남 : 일남이는 마피아예요.
- 사남 : 확실한 건 저는 경찰은 아니에요.
- 오남 : 사남이는 시민이 아니고, 저는 경찰이 아니에요.

① 일남이가 마피아, 삼남이가 경찰이다.
② 오남이가 마피아, 이남이가 경찰이다.
③ 이남이가 마피아, 사남이가 경찰이다.
④ 사남이가 마피아, 오남이가 경찰이다.
⑤ 사남이가 마피아, 삼남이가 경찰이다.

Hard

04 L전자의 출근 시각은 오전 9:00이다. J사원, M대리, H과장 세 사람의 시계가 고장나는 바람에 세 사람의 오늘 출근 시각이 평소와 달랐다. 다음 정황으로 미루어보았을 때, J사원, M대리, H과장의 출근 순서로 옳은 것은?

- 각자 자신의 시계를 기준으로 H과장과 J사원은 출근 시각 5분 전에, M대리는 10분 전에 항상 사무실에 도착한다.
- J사원의 시계는 M대리의 시계보다 15분이 느리다.
- H과장의 시계는 J사원의 시계보다 10분 빠르다.
- 첫 번째로 도착한 사람과 두 번째로 도착한 사람, 두 번째로 도착한 사람과 세 번째로 도착한 사람의 시간 간격은 동일하다.
- 가장 빨리 도착한 사람이 회사에 도착한 시각은 9시 5분이다.

① M대리 – H과장 – J사원
② M대리 – J사원 – H과장
③ H과장 – J사원 – M대리
④ H과장 – M대리 – J사원
⑤ J사원 – M대리 – H과장

Hard

01 다음은 L지역의 유아교육 규모를 나타낸 자료이다. 이에 대한 설명으로 옳지 않은 것은?

〈유아교육 규모〉

(단위 : 개, 명, %)

구분	2013년	2014년	2015년	2016년
유치원 수	112	124	119	110
학급 수	327	344	340	328
원아 수	8,423	8,391	8,395	8,360
교원 수	566	572	575	578
취원율	14.5	13.2	13.7	13.3

① 2013년부터 2016년의 유치원당 평균 학급 수는 3.2개를 넘지 않는다.
② 2013년부터 2016년의 학급당 원아 수의 평균은 25명 이상이다.
③ 취원율이 가장 높았던 해에 원아 수도 가장 많았다.
④ 학급당 교원 수는 2014년에 가장 낮고, 2016년에 가장 높다.
⑤ 교원 1인당 원아 수는 점점 증가하고 있다.

01 다음 퍼즐은 일정한 규칙에 따라 나열된 수열이다. (A)＋(B)＋(C)의 값은?

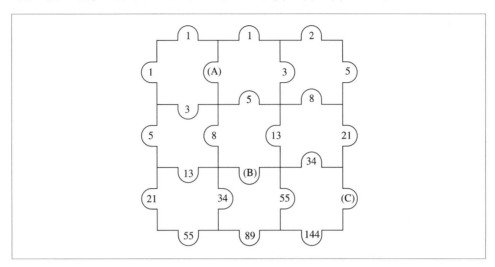

① 91
② 104
③ 112
④ 121
⑤ 135

02 다음 퍼즐은 일정한 규칙에 따라 나열된 수열이다. (A)×(B)×(C)의 값은?

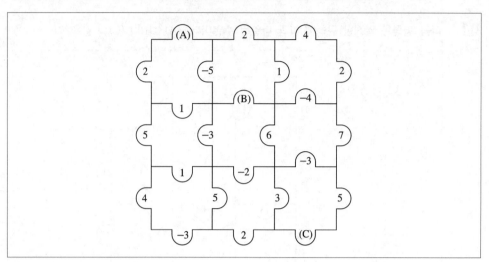

① 24

② 48

③ 64

④ 90

⑤ 136

03 L마을에서 체육대회를 위해 주민들을 운동장에 줄 세우려고 한다. 4명 또는 7명씩 주민들을 세우면 딱 맞게 떨어지고, 13명씩 세우면 한 줄은 12명이 된다고 할 때, 마을 주민은 모두 몇 명인가? (단, 마을 주민의 수는 50명 이상 250명 이하이다)

① 112명

② 140명

③ 168명

④ 196명

⑤ 224명

04 L빵집에서 개당 재료비 5만 원을 들여 만든 케이크 50개를 10%의 이윤을 남기고 판매하려 했는데, 재료 수급에 문제가 생겨 20개밖에 만들 수 없게 되었다. 원래 계획대로 50개를 만들어 판매할 때 남는 이윤과 같은 이윤을 남기기 위해서는 케이크의 판매가를 얼마로 책정해야 하는가?(단, 만들어진 케이크는 모두 판매한다고 가정하여 이윤을 계산한다)

① 57,500원   ② 59,000원
③ 60,000원   ④ 62,500원
⑤ 65,000원

05 A와 B가 시장에 가서 각각 2번에 걸쳐 물건을 사는 데 총 32,000원이 들었다. A는 두 번째 구매 시 첫 번째보다 50% 감소한 금액을 냈고, B는 두 번째 구매 시 첫 번째보다 50% 증가한 금액을 냈다. 나중에 서로 비교해 보니 B가 A보다 5,000원을 더 소비한 것을 알게 되었다고 할 때, A가 첫 번째로 낸 금액은?

① 7,400원   ② 8,500원
③ 9,000원   ④ 9,700원
⑤ 10,300원

06 둘레가 600m인 호수가 있다. 서희와 소정이가 자전거를 타고 같은 지점에서 서로 반대 방향으로 동시에 출발하여 각각 초속 7m, 초속 5m의 속력으로 달렸을 때, 세 번째로 만나는 지점은 출발점에서 얼마나 떨어져 있는가?(단, 양쪽 중 더 짧은 거리를 기준으로 한다)

① 120m   ② 150m
③ 200m   ④ 220m
⑤ 250m

13 2017년 기출복원문제

정답 및 해설 p.059

| 01 | 언어이해

※ 다음 글의 내용으로 가장 적절한 것을 〈보기〉에서 모두 고르시오. [1~2]

Hard

01

인공호흡기가 1대밖에 없는 병원에 동등하게 살아남을 기회를 가진 2명의 환자가 동시에 실려 왔다. 한 사람은 출산을 앞둔 여성이고 다른 한 사람은 그녀의 남편이다. 치료 의무가 있는 담당 의사는 인공호흡기가 1대밖에 없기 때문에 그중 한 사람은 치료할 수 없었다. 이렇게 복수의 의무가 서로 충돌하여 행위자가 하나의 의무만을 이행할 수밖에 없는 긴급 상황에서 하나의 의무를 이행하면 다른 의무를 이행할 수 없는 상호 관계에 있는 경우를 의무 충돌이라 한다. 의무 충돌 상황에서 의무는 법적 의무여야 하며, 행위자는 의무 충돌 상황을 야기한 책임이 없어야 의무 충돌이 성립한다. 의무는 특정 행위를 해야 할 작위 의무와 하지 말아야 할 부작위 의무로 구분된다. 작위란 행위자가 신체적 힘을 이용해 자연적으로 벌어지는 일들에 변경을 가한 경우를 말하며, 부작위는 변경시킬 수 있지만 아무런 신체적 힘을 투입하지 않고 사건이 벌어질 것을 방치한 것을 말한다. 가령 위의 응급 상황에서 담당 의사가 환자에게 인공호흡기를 연결하지 않는 부작위가 일어났다면 의사는 생명을 보호해야 하는 작위 의무를 위반한 것이다.

의무가 서로 충돌할 수 있는 상황은 부작위 의무 대 부작위 의무, 작위 의무 대 부작위 의무, 작위 의무 대 작위 의무의 충돌 형식을 띨 수 있다. 대다수 형법학자들은 부작위 의무 간의 충돌은 의무 충돌에 해당되지 않는다고 본다. 한편, 작위 의무 대 부작위 의무의 충돌은 견해에 따라 의무 충돌이 아니라 긴급 피난으로 보는 견해들도 있다. 긴급 피난이란 자기 또는 타인의 법익에 대한 현재의 위난을 피하기 위한 상당한 이유가 있는 행위이다. 이때 법익이란 법이 보호하는 이익이고, 위난이란 법익에 대한 위험 있는 상태를 말한다. 운전 중 갑자기 나타난 보행자를 피하려 했는데, 좌측은 낭떠러지였기 때문에 급히 핸들을 우측으로 꺾어 건물 일부를 파손하는 행위는 긴급 피난으로 볼 수 있다. 긴급 피난으로 인정되면 벌하지 않는다. 이를 의무 개념으로 설명하자면 타인의 생명을 보호해야 한다는 작위 의무와 타인의 재산을 파괴하면 안 된다는 부작위 의무의 충돌 상황에서 핸들을 꺾는 작위에 의해 부작위 의무를 위반한 것으로 이해할 수 있다.

따라서 작위 의무 대 부작위 의무의 충돌은 긴급 피난과 본질적으로 동일하므로 의무 충돌에서 제외되어야 한다는 견해가 있다. 그러나 의무 충돌과 긴급 피난은 의무의 범위를 작위의무로 한정하면 그 차이점이 분명해진다. 긴급 피난은 위난을 제3자에게 전가하지 않고 자기 스스로 위난을 감수함으로써 법익 충돌을 해결할 가능성이 있는 것에 반해, 의무 충돌은 그와 같은 가능성이 없다. 즉 앞선 사례에서 운전자는 핸들을 우측으로 꺾지 않고 좌측으로 꺾어 자신의 법익을 희생함으로써 법익 충돌을 해결할 가능성이 있다. 반면 앞서 언급한 담당 의사에게는 그와 같은 가능성이 없다.

또한 행위자가 적극적인 어떤 활동을 하는 작위에 의해 법익 침해가 이루어지는 긴급 피난과 달리, 의무 충돌은 행위자가 사건이 벌어질 것을 방치하는 부작위에 의해 법익 침해가 이루어진다. 그러므로 의무 충돌은 대개의 경우 작위 의무 간의 충돌을 뜻한다.

의무 충돌을 작위 의무 간의 충돌로 한정한다면 두 경우를 생각해 볼 수 있다. 충돌하는 의무 사이에 가치의 경중이 있는 경우와 서로 동등한 가치가 충돌하는 경우가 바로 그것이다. 전자의 경우 가치가 낮은 의무를 희생하고 가치가 높은 의무를 이행하는 행위는 위법하지 않다고 보는 것이 형법학의 일반적 견해이다. 왜냐하면 복수의 의무 중 가치가 높은 의무를 이행하는 것이 법질서에 합치된다고 보기 때문이다. 그런데 서로 동등한 가치의 의무가 충돌할 때에는 부작위에 의한 법익 침해에 대해 위법하지 않다고 보는 견해와 위법성은 성립하지만 그 책임을 면할 수 있다는 견해로 나눌 수 있다. 위법하지 않다고 보는 견해를 일러 위법성 조각설이라 한다. 이에 따르면 동등한 가치의 의무가 서로 충돌하여 의무를 동시에 이행할 수 없다면 그중 어느 것을 택할 것인가는 행위자의 양심에 따른 판단에 맡겨야 한다고 본다. 만약 위법하다면 어느 하나라도 의무를 이행한 자의 행위와 의무를 전혀 이행하지 않은 자의 행위가 위법하다는 점에서 동일하게 되어 불합리하다는 것이다. 이와 달리 동등한 가치의 의무 중 어느 것도 포기할 수 없기 때문에 의무 위반에 대한 위법성이 있지만 다만 그 책임이 면제될 수 있을 뿐이라고 보는 견해가 있는데 이를 책임 조각설이라 한다. 이에 따르면 동등한 가치 중 어느 하나를 포기했다는 점에서 그 행위는 위법성이 성립하지만 의무 충돌에서는 적법 행위를 기대할 수 없으므로 면책될 수 있다고 보는 것이다.

> **보기**
>
> ㄱ. 만약 행위자가 의무 충돌을 야기한 책임이 있거나 이행하지 않은 의무가 법적 의무가 아니라면 의무 충돌이라고 할 수 없다.
> ㄴ. 책임 조각설은 의무 충돌 시의 의무 위반이 위법성이 성립하지 않기 때문에 그 책임을 물을 수 없다고 주장한다.
> ㄷ. 의무 충돌은 부작위에 의한 법익 침해가 이루어지며, 자신의 법익을 희생하지 않는다는 점에서 긴급 피난과 차이가 있다.
> ㄹ. 운전 중 갑자기 나타난 보행자를 피하기 위해 건물을 훼손한 행위는 부작위에 의한 법익 침해이다.

① ㄱ, ㄴ   ② ㄱ, ㄷ
③ ㄴ, ㄷ   ④ ㄴ, ㄹ
⑤ ㄱ, ㄹ

02

비판적 사고란 주어진 틀에 따라 기계적이고 무의식적으로 사고하는 것이 아니라, 스스로 무슨 사고가 진행되고 있는지를 능동적으로 의식하면서 사고하는 행위이다. 즉, 어떤 사고를 할 때 무슨 사고를 했는지, 그 사고의 목적이 무엇인지 등을 끊임없이 스스로 묻는 반성적 사고인 것이다. 반성적 사고를 통해 획득된 지식은 상황에 맞도록 변형, 결합, 분석, 종합할 수 있는 상황 적응적인 성격을 갖고 있어 활용 가능성이 높다. 그리고 반성적 사고의 체화(體化)를 통해 궁극에 도달하면 창의적 사고가 가능해진다.

이제 반성적 사고란 무엇인지, 그 효용성을 보여줄 수 있는 예를 통해 구체적으로 알아보자. 다음 덧셈에서 알파벳 문자는 각각 무슨 숫자를 나타내는가?(단, 각 알파벳 문자는 0에서 9 사이의 어떤 수이다)

[덧셈식 1]	[덧셈식 2]
CD	LETS
+ DX	+WAVE
DXD	LATER

대부분의 사람들은 누구나 다 덧셈을 할 수 있다. 그런데 [덧셈식 1]을 푼 사람과 그렇지 못한 사람이 있다. 문제를 푼 사람들의 사고 과정을 보면, 그 과정은 대체로 반복적인 덧셈 경험을 토대로 '일의 자리 두 수를 더하면 그 수는 18을 넘지 못한다.'라는 결론에 도달한 후, 이것을 통해 '일의 자리 두 수를 더하면 십의 자리로 올라갈 수 있는 수는 1밖에 없다.'라는 반성적 사고의 과정을 거쳤을 것이다. 즉, 암기하여 기계적으로 덧셈 계산을 반복한 사람은 문제를 풀지 못하고 반성적 사고를 한 사람이 문제를 푼 것이다.

[덧셈식 2]는 [덧셈식 1]의 난이도 수준을 대폭 높인 응용문제이다. 반성적 사고를 통해 [덧셈식 1]을 푼 사람은 아마도 [덧셈식 2]도 이 반성적 사고를 통해 풀 수 있을 가능성이 있지만 반드시 그런 것은 아니다. 그 이유는 지식에 대한 반성적 사고의 체화 수준이 낮기 때문이다. 덧셈의 지식을 암묵적으로 이해는 하고 있으나(또는 명시적으로 이해를 하고 있기는 해도 그것이 수동적으로 얻어졌기 때문에) 그 반성적 사고의 체화 수준이 낮은 사람들은 문제 해결에 필요한 지식이나 원리의 능동적 발견이 용이하지 못해, 이 문제를 풀기 위해 고려해야 할 복잡한 경우의 수를 모두 다 헤아리지 못하고 중도 하차할 가능성이 높다.

이것은 단순히 반성적 사고로 얻은 지식이나 원리의 이해만을 가지고는 활용 가능성이 극대화된 지식을 산출해 내지는 못한다는 것을 의미한다. 따라서 창의력을 위해서는 먼저 유사 응용문제 풀이를 반성적 사고 속에서 반복적으로 수행하여 반성적 사고의 체화 단계에까지 도달하여야 한다. 그리고 이를 바탕으로 특정 영역에서 습득한 원리를 전혀 다른 새로운 영역에다 적용할 수 있는 영역 전이적 통찰력을 확보해야 한다. 다시 말해, 단순 지식의 차원을 넘어 반성적 사고를 통해 문제를 푸는 동시에, 그 반성적 사고를 체화하여 다른 영역에까지 적용할 수 있을 때 창의력을 얻을 수 있다.

보기

ㄱ. 비판적 사고는 사고의 내용, 목적 등을 끊임없이 묻는 반성적 사고이다.
ㄴ. 창의적 사고는 유사 응용문제 풀이의 반복과는 관련이 없다.
ㄷ. 비판적 사고 능력의 유무는 문제 해결 능력에 영향을 준다.
ㄹ. 반성적 사고는 능동적으로 의식하며 사고하는 행위이다.
ㅁ. 반성적 사고를 통해 획득한 지식은 활용 가능성이 높다.

① ㄱ, ㄴ, ㄷ
② ㄴ, ㄷ, ㄹ
③ ㄱ, ㄷ, ㅁ
④ ㄱ, ㄴ, ㄷ, ㄹ
⑤ ㄱ, ㄷ, ㄹ, ㅁ

03 다음 밑줄 친 ㉠~㉤ 중 어법상 옳은 것은?

오늘날 여성들은 지나치게 ㉠ <u>얇은 허리와 팔, 다리</u>를 선호하고 있어, 과도한 다이어트가 사회적 문제로 떠오르고 있다. 심지어 온라인상에서는 특정 식품만 섭취하여 ㉡ <u>몇일</u> 만에 5kg 이상을 뺄 수 있다는 이른바 '원푸드 다이어트'가 유행하고 있으며 몇몇 여성들은 어떤 제품이 다이어트 효과 가 좋다고 소문만 나면 ㉢ <u>서슴치</u> 않고 검증되지 않은 다이어트약을 사서 복용하기도 한다. 그러나 무리한 다이어트는 영양실조 등으로 이어져 건강을 악화시키며, 오히려 요요현상을 부추겨 이전 몸 무게로 되돌아가거나 심지어 이전 몸무게보다 체중이 더 불어나게 만들기도 한다. 전문가들은 무리 하게 음식 섭취를 줄이는 대신 생활 속에서 운동량을 조금씩 ㉣ <u>늘여</u> 열량을 소모할 것과, 무작정 유행하는 다이어트법을 따라할 것이 아니라 자신의 컨디션과 체질에 ㉤ <u>알맞은</u> 다이어트 방법을 찾 을 것을 권하고 있다.

---

① ㉠

② ㉡

③ ㉢

④ ㉣

⑤ ㉤

04

> (가) 베커는 "주말이나 저녁에는 회사들이 문을 닫기 때문에 활용할 수 있는 시간의 길이가 길어지고 이에 따라 특정 행동의 시간 비용이 줄어든다."라고도 지적한다. 시간의 비용이 가변적이라는 개념은 기대수명이 늘어나서 사람들에게 더 많은 시간이 주어지는 것이 시간의 비용에 영향을 미칠 수 있다는 점에서 의미가 있다.
>
> (나) 베커와 린더는 사람들에게 주어진 시간을 고정된 양으로 전제했다. 1965년 당시의 기대수명은 약 70세였다. 하루 24시간 중 8시간을 수면에 쓰고 나머지 시간에 활동이 가능하다면 평생 408,800시간의 활동가능 시간이 주어지는 셈이다. 하지만 이 방정식에서 변수 하나가 바뀌면 어떻게 될까? 기대수명이 크게 늘어난다면 시간의 가치 역시 달라져서 늘 시간에 쫓기는 조급한 마음에도 영향을 주게 되지 않을까?
>
> (다) 시간의 비용이 가변적이라고 생각한 이는 베커만이 아니었다. 스웨덴의 경제학자 스테판 린더는 서구인들이 엄청난 경제성장을 이루고도 여유를 누리지 못하는 이유를 논증한다. 경제가 성장하면 사람들의 시간을 쓰는 방식도 달라진다. 임금이 상승하면 직장 밖 활동에 들어가는 시간의 비용이 늘어난다. 일하는 데 쓸 수 있는 시간을 영화나 책을 보는 데 소비하면 그만큼의 임금을 포기하는 것이다. 따라서 임금이 늘어난 만큼 일 이외의 활동에 들어가는 시간의 비용도 함께 늘어난다는 것이다.
>
> (라) 1965년 노벨상 수상자 게리 베커는 '시간의 비용'이 시간을 소비하는 방식에 따라 변화한다고 주장하였다. 예를 들어 수면이나 식사 활동은 영화 관람에 비해 단위 시간당 시간의 비용이 작다. 그 이유는 수면과 식사가 생산적인 활동에 기여하기 때문이다. 잠을 못 자거나 식사를 제대로 하지 못해 체력이 떨어진다면, 생산적인 활동에 제약을 받기 때문에 수면과 식사 활동에 들어가는 시간의 비용이 영화관람에 비해 작다고 할 수 있다.

① (가) – (다) – (나) – (라)   ② (가) – (라) – (다) – (나)
③ (라) – (가) – (다) – (나)   ④ (라) – (나) – (다) – (가)
⑤ (라) – (다) – (가) – (나)

05

(가) '정합설'은 관념과 대상의 일치가 불가능하다는 반성에서 출발한다. 새로운 경험이나 지식이 옳은지 그른지 실재에 비추어 보아서는 확인할 수 없으므로 이미 가지고 있는 지식의 체계 중 옳다고 판별된 체계에 비추어 볼 수밖에 없다는 것이다. 즉, 새로운 지식이 기존의 지식체계에 모순됨이 없이 들어맞는지 여부에 의해 지식의 옳고 그름을 가릴 수밖에 없다는 주장이 바로 정합설이다. '모든 사람은 죽는다.'라는 것은 우리가 옳다고 믿는 명제이지만, '모든 사람' 속에 는 우리의 경험이 미치지 못하는 사람들도 포함된다. 이처럼 감각적 판단으로 확인할 수 없는 전칭판단*이나 고차적인 과학적 판단들의 진위를 가려내는 데 적합한 이론이 정합설이다.

(나) 우리가 일상생활, 특히 학문적 활동에서 추구하고 있는 진리란 어떤 것인가? 도대체 어떤 조건 을 갖춘 지식을 진리라고 할 수 있을까? 여기에 대해서는 세 가지 학설이 있다.

(다) 실용주의자들은 대응설이나 정합설과는 아주 다른 관점에서 진리를 고찰한다. 그들은 지식을 그 자체로 다루지 않고 생활상의 수단으로 본다. 그래서 지식이 실제 생활에 있어서 만족스러 운 결과를 낳거나 실제로 유용할 때 '참'이라고 한다. 관념과 생각 그 자체는 참도 아니고 거짓 도 아니며, 행동을 통해 생활에 적용되어 유용하면 비로소 진리가 되고 유용하지 못하면 거짓 이 되는 것이다.

(라) 그러나 진리가 행동과 관련되어 있다는 것은 행동을 통한 실제적인 결과를 기다려야 비로소 옳고 그름의 판단이 가능하다는 뜻이 된다. 하지만 언제나 모든 것을 다 실행해 볼 수는 없다. 또한 '만족스럽다.'든가 '실제로 유용하다.'든가 하는 개념은 주관적이고 상대적이어서 옳고 그 름을 가리는 논리적 기준으로는 불명확하다. 바로 이 점에서 실용설이 지니는 한계가 분명하게 드러나는 것이다.

(마) 하지만 정합설에도 역시 한계가 있다. 어떤 명제가 기존의 지식체계와 정합**할 때 '참'이라고 하는데, 그렇다면 기존의 지식체계의 진리성은 어떻게 확증할 수 있을까? 그것은 또 그 이전의 지식체계와 정합해야 하는데, 이 과정은 무한히 거슬러 올라가 마침내는 더 이상 소급할 수 없는 단계에까지 이르고, 결국 기존의 지식체계와 비교할 수 없게 된다.

(바) 먼저 '대응설'에서는 어떤 명제나 생각이 사실이나 대상에 들어맞을 때 그것을 진리라고 주장 한다. 우리는 특별한 장애가 없는 한 대상을 있는 그대로 정확하게 파악한다고 믿는다. 가령 앞에 있는 책상이 모나고 노란 색깔이라고 할 때 우리의 시각으로 파악된 관념은 앞에 있는 대상이 지닌 있는 성질을 있는 그대로 반영한 것으로 생각한다.

(사) 그러나 우리의 감각은 늘 거울과 같이 대상을 있는 그대로 모사하는 것일까? 조금만 생각해 보아도 우리의 감각이 언제나 거울과 같지는 않다는 것을 알 수 있다. 감각기관의 생리적 상태, 조명, 대상의 위치 등 모든 것이 정상적이라 할지라도 감각기관의 능력에는 한계가 있다. 그래 서 인간의 감각은 외부의 사물을 있는 그대로 모사하지는 못한다.

*전칭판단 : 대상의 모든 범위에 걸쳐서 긍정하거나 부정하는 판단
**정합 : 모순이 없이 꼭 들어맞음

① (가) – (나) – (바) – (다) – (라) – (사) – (마)
② (가) – (마) – (나) – (사) – (다) – (라) – (바)
③ (나) – (가) – (마) – (사) – (바) – (다) – (라)
④ (나) – (바) – (사) – (가) – (마) – (다) – (라)
⑤ (나) – (바) – (사) – (다) – (라) – (가) – (마)

06 다음 글의 내용으로 적절하지 않은 것은?

비트코인은 2009년 '사토시 나카모토'라는 예명을 사용하는 개발자가 고안하여 탄생하였다. 기존의 가상화폐와 비트코인을 구분짓는 핵심은 바로 '중앙관리기관'의 유무이다. 현재 온라인상에서 통용되고 있는 일반적인 가상화폐의 경우, 이를 발행하고 운영하는 중앙관리기관이 존재하며 모든 발행과 거래는 중앙관리기관의 통제하에 이루어지고 있다. 비트코인은 그러한 중앙관리기관이 존재하지 않는 대신 블록체인 기술을 기반으로 하고, 개인 간의 거래 방식인 P2P(Peer to Peer) 방식을 채택하고 있다.

특정 기업이나 기관이 독점적으로 발행하지 않는다는 점에서 비트코인은 일반적인 가상화폐와 출발점부터 달리한다. 비트코인의 발행 주체는 다수의 사용자들이다. 사용자들이 비트코인을 발행하는 행위를 채굴(Mining)이라고 하며, 기술적으로는 이 사용자들이 일정한 목푯값을 찾기 위해 끊임없이 해싱(Hashing) 작업을 하는 것을 말한다. 비트코인 시스템의 안정성을 유지하기 위한 연산 작업에 참여하면 이에 대한 보상으로 비트코인이 주어지는 방식이다. 사용자들은 자신의 컴퓨터 성능을 보태어 이 시스템에 참여하고 엄격한 암호화 연산을 가장 잘 푼 쪽이 보상을 받는다. 다시 말해, 컴퓨팅 파워를 많이 투입하면 투입할수록 더 많은 비트코인을 얻을 수 있는 것이다.

그러나 채굴할 수 있는 비트코인의 양은 무한하지 않다. 개발자인 사토시 나카모토는 비트코인 개발 당시 채굴 가능한 비트코인의 총량을 2,100만 개로 정해두었고, 블록의 생성주기는 네트워크 전파 속도 및 보안성 등을 이유로 10분으로 정했으며 그마저도 매 21만 블록(약 4년)을 기준으로 발행량이 반감하도록 설정하여 채굴이 점점 어려워지고 있다. 따라서 비트코인이 첫 발행된 2009년 1월에는 10분당 50비트코인이 발행되던 것이 약 4년 뒤인 2013년 말부터는 25비트코인으로 줄었으며 역시 4년 뒤인 2016년 7월 10일에는 12.5비트코인이 되었다.

채굴 행위를 통해 매 10분마다 발행되는 블록(Block)은 거래에 필요한 유효 거래 정보의 묶음이다. 이 블록이 이어져 있는 집합체를 블록체인(Block Chain)이라고 한다. 각각의 블록은 이전 거래내역과 이전 해시값을 저장하고 있으며, 새로 생성된 블록은 모든 사용자가 타당한 거래로 승인해야만 기존의 블록체인에 연결될 수 있다. 거래명세를 담은 블록이 사슬로 이어져 하나의 장부를 이루게 되는데 거래가 발생하면 블록에 담긴 정보는 불과 몇 초도 지나지 않아 네트워크 내 모든 사용자들에게 전송되어 저장된다.

중앙관리기관이 없는 비트코인은 바로 이 블록체인 기술을 통해 해킹의 위협에서 벗어날 수 있다. 통상적인 온라인 거래의 경우, 중앙관리기관이 관리하는 암호화된 네트워크에 의해 거래가 이루어진다. 이는 만일 이 중앙관리기관이 해킹당할 경우 거래내역이 조작될 수도 있다는 의미이기도 하다. 이와 달리 비트코인 시스템상에서 거래정보를 저장하는 것은 블록체인으로 연결되어 있는 각각의 블록 자체이다. 만약 현재 100개의 블록이 있고, 어떤 사용자가 82번째 블록의 거래 정보를 조작한다고 가정해 보자. 각 블록은 이전 블록의 해시값을 포함하여 저장하고 있기 때문에, 82번째 블록의 거래 정보 조작은 83~100번째 블록을 모두 조작해야만 가능하다. 이는 83~100번째 블록을 만들기 위해 들어간 모든 컴퓨팅 비용을 감당해야 한다는 의미이다. 가장 큰 문제는 이 작업이 10분 후 다른 사용자가 101번째 블록을 완성하기 전에 완료되어야 한다는 사실이다. 따라서 적어도 이론상으로는 블록체인에 대한 해킹 행위는 불가능하다고 할 수 있다.

① 가상화폐는 일반적으로 발행자와 사용자가 다르지만, 비트코인은 사용자가 곧 발행자가 될 수 있다.

② 비트코인의 희소성은 총량이 한정적이고 일정 시간 안에 채굴할 수 있는 양이 계속 줄어든다는 점에 기인한다.

③ 온라인 거래 정보가 특정 기관의 암호화를 통해 저장되고 보호되는 반면, 특정 비트코인의 거래 정보는 모든 네트워크에 공유되어 저장됨으로써 조작을 방어한다.

④ 비트코인 조작이 불가능한 이유는 연결된 모든 블록을 조작할 만큼의 비용을 특정 개인이 감당하는 것이 사실상 어렵기 때문이다.

⑤ 채굴을 통해 얻을 수 있는 비트코인의 양은 채굴작업을 위해 투입되는 컴퓨터의 성능과 대수에 비례한다.

PART 2

기출복원문제

다음 글을 읽고, 밑줄 친 ㉠, ㉡, ㉢이 〈보기〉에 대해 보일 반응으로 가장 적절한 것은?

정의(正義)는 사회를 구성하고 유지하는 공정한 도리로 사회 구성원의 권리와 의무를 개개인에게 할당하고 이익과 부담을 분배하기 위한 기준이 된다. 그런데 정의가 무엇인가에 대한 관점은 사람마다 다양하다. 따라서 정의의 실현은 정의를 정의(定義)하는 데에서부터 출발한다. 사회 정의를 말한 대표적인 철학자로는 롤스, 노직, 왈처가 있다. 롤스는 공정으로서의 정의, 노직은 소유 권리로서의 정의, 왈처는 복합 평등으로서의 정의를 주창했다.

㉠ 롤스의 정의론은 공리주의에 대한 비판에서 출발한다. 공리주의자들은 '최대 다수의 최대 행복'을 기준으로 사회 전체의 효용성을 높이는 것이 옳다고 보았다. 그러나 롤스는 사회적 효용성을 증가시킨다는 명분 아래 개인의 자유가 무시될 수 있는 것은 정의가 아니라고 보았다. 그는 혜택을 가장 적게 받는 사람 즉, 최소수혜자의 이익을 보장하기 위해 실질적 평등을 중시해야 한다고 보았으며 사회 구성원이 사회적 원칙에 합의할 때 합의의 절차가 공정하다면 절차를 통한 결과는 정의롭다는 공정으로서의 정의를 주창했다. 롤스는 이러한 정의가 실현되기 위해 두 가지 원칙이 지켜져야 한다고 보았는데 제1원칙은 모든 사람이 언론과 사상, 종교, 신체의 자유 등 개인의 기본적 자유에 있어 평등한 권리를 가져야 한다는 평등한 자유의 원칙이다. 제2원칙은 차등의 원칙과 기회 균등의 원칙인데 차등의 원칙은 사회적, 경제적 불평등을 허용하되 그것이 모든 사람, 그중에서도 특히 사회의 최소수혜자에게 그 불평등을 보상할 만한 이득을 가져오는 경우에만 정당하다는 것이고 기회 균등의 원칙은 사회적 지위나 직책에 접근할 기회를 공평하게 부여해야 한다는 것이다. 그는 제1원칙은 항상 제2원칙에 우선해야 한다고 보았다.

한편 롤스는 정의의 원칙을 도출하기 위한 전제로서 사회 구성원 모두가 '무지(無知)의 베일'을 쓴, 즉 베일을 둘러 마치 아무것도 모르는 상태가 되는 것처럼 자기 자신과 상대의 사회적 지위나 계층, 능력 등을 알지 못하는 원초적 입장에 있다는 가상적 상황을 설정했다. 그는 이러한 상황이 사회 구성원 모두가 동등한 입장에서 합리적인 판단을 할 수 있게 만든다고 봤는데 이때 인간은 자신이 가장 불우한 계층이 될 가능성을 염두에 두기에 모든 사람 또는 가장 불리한 사람들에게 혜택을 주는 원칙에 모두 합의하게 된다고 주장했다. 롤스의 정의론은 개인의 기본적 자유를 보장하면서도 복지 정책과 같은 재분배의 중요성을 보여줬다는 점에서 의의를 갖지만 원초적 입장이라는 설정이 비현실적이라는 비판을 받기도 한다.

㉡ 노직은 롤스와 마찬가지로 공익을 위해서 개인에게 희생을 강요하는 것은 정의롭지 못하고, 사회의 정의를 실현하기 위해서 개인의 기본적 자유를 보장하는 것이 중요하다고 여겼다. 그런데 롤스가 차등의 원칙에 따라 소득과 부에 대한 개인의 권리에 제한을 두었던 반면, 노직은 개인의 소유 권리를 최우선적으로 보장하는 것이야말로 사회 정의라고 보며 개인 소유권에 대한 제한을 두지 않았다. 노직은 소유 권리로서의 정의를 주창하고, 타인에게 피해를 주지 않고 자신의 노동력으로 정당하게 취득한 것이라면 그 소유는 정당하다고 보았다. 따라서 이런 소유물은 개인의 의지에 따라 정당한 절차를 거쳐 자유롭게 양도될 수 있다고 하였다. 그는 개인의 소유물 취득과 양도 과정에 문제가 없는 한, 국가가 개인의 소유권에 어떠한 강제도 할 수 없으며 빈부격차가 심화되더라도 자발적 자선 행위가 아닌 국가 주도의 재분배정책은 바람직하지 않다고 보았다. 그래서 그는 개인의 권리를 보호하는 최소한의 역할만을 하는 최소 국가를 옹호한다.

한편 ⓒ 왈처는 롤스와 마찬가지로 분배를 통한 사회정의 실현이 중요하다고 봤으나, 원초적 입장이라는 가상적 상황에서 이끌어낸 단일한 정의의 원칙을 모든 사회에 동일하게 적용하는 것은 문제가 있다며 롤스를 비판했다. 그는 사회에는 해당 공동체의 역사적, 문화적 소산인 다양한 사회적 가치가 존재하며 그 가치마다 그것이 속하는 고유의 영역이 있으므로 서로 다른 영역의 가치는 서로 다른 기준에 의해 분배되어야 한다는 복합 평등으로서의 정의를 주창했다. 예를 들어 의료 및 복지라는 가치는 필요에 따라, 돈과 상품은 자유 교환에 따라, 명예 또는 공직은 업적에 따라, 교육은 재능에 따라 분배되어야 한다는 것이다. 그는 어떤 영역에서 우월한 위치를 차지하는 사람이 다른 영역의 재화까지도 쉽게 소유하는 것을 반대하며 경제 영역의 고유가치인 돈은 경제 영역에만, 정치 영역의 고유가치인 권력은 정치 영역에만 머물러야 한다고 보았다. 즉 왈처는 현대사회의 가장 심각한 문제는 돈이라는 사회적 가치가 다른 영역의 가치를 침범하는 것이라 여겼으며 명예나 공직과 같은 가치가 돈이라는 가치에 의해 좌우된다면, 그러한 사회는 정의로울 수 없다고 본 것이다. 그는 사회적 가치들이 자신의 고유한 영역 안에 머무름으로써 복합 평등이 실현될 때 비로소 정의로운 사회가 될 수 있다고 보았다.

> **보기**
>
> 보다 큰 정의를 실현하기 위해 개인의 자유는 침해될 수도 있다. 이는 사회 공동체와 다수의 행복을 위해 불가피한 일이므로 개인적 차원에서 감수해야 한다.

① ㉠과 ㉡은 보기의 입장에 반대할 것이다.
② ㉠은 보기의 입장에 반대하고 ㉡, ㉢은 보기의 입장에 찬성할 것이다.
③ ㉠, ㉡, ㉢ 모두 보기의 입장에 찬성할 것이다.
④ ㉠과 ㉡은 보기의 입장에 판단을 보류하고, ㉢은 찬성할 것이다.
⑤ ㉡과 ㉢은 보기의 입장에 찬성할 것이다.

| 02 | 언어추리

※ 다음 명제가 모두 참일 때, 항상 참인 것을 고르시오. [1~2]

Easy

01

- 영서는 연수보다 크다.
- 연수는 수희보다 작다.
- 주림이는 가장 작지는 않지만, 수희보다는 작다.
- 수희는 두 번째로 크다.
- 키가 같은 사람은 아무도 없다.

① 수희가 제일 크다.
② 연수가 세 번째로 크다.
③ 연수는 주림이보다 크다.
④ 영서는 주림이보다 작다.
⑤ 연수가 가장 작다.

02

- 늦잠을 자지 않으면 부지런하다.
- 늦잠을 자면 건강하지 않다.
- 비타민을 챙겨먹으면 건강하다.

① 비타민을 챙겨먹으면 부지런하다.
② 부지런하면 비타민을 챙겨먹는다.
③ 늦잠을 자면 비타민을 챙겨먹는다.
④ 늦잠을 자면 부지런하지 않다.
⑤ 부지런하면 건강하다.

03 다음 문장이 범하고 있는 오류와 동일한 오류를 범하고 있는 것은?

> 얘야, 일찍 자거라. 그래야 착한 어린이야.

① A정당을 지지하지 않는다고? 그럼 너는 B정당을 지지하겠구나?

② 정부의 통일 정책을 반대한다면 조국의 통일을 가로막는 사람이라고 할 수 있다.

③ 내가 게으르다고? 너는 더 심각하던걸?

④ 이렇게 추운데 옷을 얇게 입은 걸 보니 감기에 걸리고 싶은가 보구나?

⑤ 네가 범인이 아니라는 것을 증명하지 못한다면 넌 범인이 틀림없어!

Hard

04 L전자는 3일 동안 진행되는 국제전자제품박람회에 참가하여 휴대폰, 가전, PC 총 3개의 부스를 마련하였다. L전자 직원들이 다음과 같은 〈조건〉에 따라 근무한다고 할 때, 옳지 않은 것은?

> **조건**
> - 마케팅팀 K과장, T대리, Y사원, P사원과 개발팀 S과장, D대리, O대리, C사원이 부스에 들어갈 수 있다.
> - 부스에는 마케팅팀 1명과 개발팀 1명이 들어가는데, 각 부스 근무자는 매일 바뀐다.
> - 모든 직원은 3일 중 2일을 근무해야 한다.
> - 같은 직급끼리 한 부스에 근무하지 않으며, 한 번 근무한 부스는 다시 근무하지 않는다.
> - T대리는 1일 차에 가전 부스에서 근무한다.
> - S과장은 2일 차에 휴대폰 부스에서 근무한다.
> - PC부스는 2일 차와 3일 차 연속으로 개발팀의 대리가 근무했다.
> - 3일 차에 과장들은 출장을 가기 때문에 어느 부스에서도 근무하지 않는다.
> - 휴대폰 부스는 장비 문제로 1일 차에는 운영하지 않는다.

① 1일 차에 근무하는 마케팅팀 사원은 없다.

② 개발팀 대리들은 휴대폰 부스에 근무하지 않는다.

③ 3일 차에 P사원이 가전 부스에 근무하면 Y사원은 PC 부스에 근무한다.

④ PC 부스에는 과장이 근무하지 않는다.

⑤ 가전 부스에는 마케팅팀 과장과 개발팀 과장이 모두 근무한다.

05 사무실에 도둑이 들었다. 범인은 2명이며, 용의자로 지목된 A ~ E 5명은 다음과 같이 진술했다. 이들 중 2명이 거짓말을 하고 있다고 할 때, 동시에 범인이 될 수 있는 사람끼리 바르게 짝지어진 것은?

- A : B나 C 중에 1명만 범인이에요.
- B : 저는 확실히 범인이 아닙니다.
- C : 제가 봤는데 E가 범인이에요.
- D : A가 범인이 확실해요.
- E : 사실은 제가 범인이에요.

① A, B   ② A, E

③ B, C   ④ B, D

⑤ D, E

Hard

06 L전자의 신제품 이벤트에 당첨된 A, B, C에게 다음과 같은 〈조건〉에 따라 경품을 지급하였을 때, 〈보기〉의 설명 중 옳은 것을 모두 고르면?

조건
- 지급된 경품은 냉장고, 세탁기, 에어컨, 청소기가 각각 프리미엄형과 일반형 1대씩이었고, 전자레인지는 1대였다.
- 당첨자 중 1등은 A, 2등은 B, 3등은 C였으며, 이 순서대로 경품을 각각 3개씩 가져갔다.
- A는 프리미엄형 경품을 총 2대 골랐는데, 청소기 프리미엄형은 가져가지 않았다.
- B는 청소기를 고르지 않았다.
- C가 가져간 경품 중 A와 겹치는 종류가 1개 있다.
- B와 C가 가져간 경품 중 겹치는 종류가 1개 있다.
- 한 사람이 같은 종류의 경품을 2개 이상 가져가지 않았다.

보기
ㄱ. C는 반드시 전자레인지를 가져갔을 것이다.
ㄴ. A는 청소기를 가져갔을 수도, 그렇지 않을 수도 있다.
ㄷ. B가 가져간 프리미엄형 가전은 최대 1대이다.
ㄹ. C는 프리미엄형 가전을 가져가지 못했을 것이다.

① ㄱ, ㄴ   ② ㄱ, ㄷ

③ ㄱ, ㄹ   ④ ㄴ, ㄹ

⑤ ㄷ, ㄹ

07 8개의 좌석이 있는 원탁에 수민, 성찬, 진모, 성표, 영래, 현석 6명이 앉아 있다. 다음과 같은 〈조건〉으로 앉는다고 할 때, 반드시 참인 것은?

> **조건**
> • 수민이와 현석이는 서로 옆자리이다.
> • 성표의 맞은편에는 진모가, 현석이의 맞은편에는 영래가 앉아 있다.
> • 영래와 수민이는 둘 다 한쪽 옆자리만 비어있다.
> • 진모의 양 옆자리에는 항상 누군가가 앉아 있다.

① 성표는 어떤 경우에도 빈자리 옆이 아니다.
② 성찬이는 어떤 경우에도 빈자리 옆이 아니다.
③ 영래의 오른쪽에는 성표가 앉는다.
④ 현석이의 왼쪽에는 항상 진모가 앉는다.
⑤ 진모와 수민이는 1명을 사이에 두고 앉는다.

08 회사 사무실에 도둑이 들었다. CCTV를 확인해 보니 도둑은 1명이며, 수사 결과 용의자는 갑 ~ 무 5명으로 좁혀졌다. 이들 중 2명은 거짓말을 하고 있으며 그중 1명이 범인일 때, 범인은?

> • 갑 : 그날 밤 11시에 저는 을, 무하고 셋이서 함께 있었습니다.
> • 을 : 갑은 그 시간에 무와 함께 타 지점에 출장을 가 있었어요.
> • 병 : 갑의 진술은 참이고, 저도 회사에 있지 않았습니다.
> • 정 : 을은 밤 11시에 저와 단둘이 있었습니다.
> • 무 : 저는 사건이 일어났을 때 집에 있었습니다.

① 갑   ② 을
③ 병   ④ 정
⑤ 무

01 다음은 국내 연령 · 전공계열별 박사학위 취득자 분포를 나타낸 자료이다. 이에 대한 〈보기〉의 설명 중 옳은 것을 모두 고르면?

<table>
<tr><th colspan="3">〈연령별 박사학위 취득자 분포〉</th></tr>
<tr><td colspan="3" align="right">(단위 : 명)</td></tr>
<tr><th>구분</th><th>남성</th><th>여성</th></tr>
<tr><td>30세 미만</td><td>196</td><td>141</td></tr>
<tr><td>30세 이상 35세 미만</td><td>1,811</td><td>825</td></tr>
<tr><td>35세 이상 40세 미만</td><td>1,244</td><td>652</td></tr>
<tr><td>40세 이상 45세 미만</td><td>783</td><td>465</td></tr>
<tr><td>45세 이상 50세 미만</td><td>577</td><td>417</td></tr>
<tr><td>50세 이상</td><td>1,119</td><td>466</td></tr>
<tr><td>합계</td><td>5,730</td><td>2,966</td></tr>
</table>

<table>
<tr><th colspan="3">〈전공계열별 박사학위 취득자 분포〉</th></tr>
<tr><td colspan="3" align="right">(단위 : 명)</td></tr>
<tr><th>구분</th><th>남성</th><th>여성</th></tr>
<tr><td>인문계열</td><td>357</td><td>368</td></tr>
<tr><td>사회계열</td><td>1,024</td><td>649</td></tr>
<tr><td>공학계열</td><td>2,441</td><td>332</td></tr>
<tr><td>자연계열</td><td>891</td><td>513</td></tr>
<tr><td>의약계열</td><td>581</td><td>537</td></tr>
<tr><td>교육 · 사범계열</td><td>172</td><td>304</td></tr>
<tr><td>예술 · 체육계열</td><td>266</td><td>260</td></tr>
<tr><td>합계</td><td>5,732</td><td>2,963</td></tr>
</table>

보기

ㄱ. 남성 박사학위 취득자 중 50세 이상이 차지하는 비율은 여성 박사학위 취득자 중 50세 이상이 차지하는 비율보다 높다.

ㄴ. 전체 전공계열 중 남성의 박사학위 취득 비율이 높은 순위는 1위가 공학계열, 2위가 사회계열, 3위가 자연계열이다.

ㄷ. 남성의 연령대별 박사학위 취득자 수가 많은 순서와 여성의 연령대별 박사학위 취득자 수가 많은 순서는 서로 일치한다.

ㄹ. 연령대가 올라갈수록 박사학위를 취득한 남 · 여 비율의 차이가 점점 커지고 있다.

① ㄱ, ㄴ   ② ㄱ, ㄷ

③ ㄴ, ㄷ   ④ ㄴ, ㄹ

⑤ ㄱ, ㄹ

Hard

02 다음은 미국의 연령대별 자살률에 대한 자료이다. 이에 대한 〈보기〉의 설명 중 옳은 것을 모두 고르면?

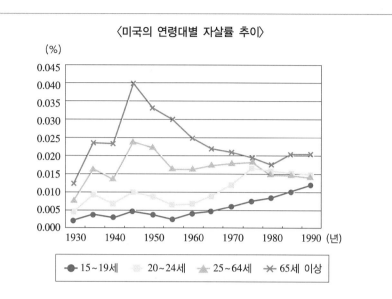

〈미국의 연령대별 자살률 추이〉

〈1910년 미국의 15 ~ 24세 연령대의 자살고려율, 자살시도율 및 자살률〉

(단위 : %)

구분	자살고려율	자살시도율	자살률
남자	11.8	2.5	0.022
여자	16.7	5.6	0.004
백인	14.7	4.3	0.014
흑인	11.4	3.4	0.009
기타	14.5	3.7	0.013
도시	14.5	5.0	0.012
농촌	14.1	3.7	0.014
중위소득 이상	14.4	3.7	0.011
중위소득 미만	14.6	4.4	0.015

보기

ㄱ. 소득이 낮은 경우에 자살고려율과 자살시도율, 자살률이 더 높게 나타났다.
ㄴ. 65세 이상 노년층의 자살률이 다른 연령대에 비해서 항상 높게 나타났다.
ㄷ. 1910년 미국의 15 ~ 24세의 자살률은 여자보다는 남자, 흑인보다는 백인이 높게 나타났다.
ㄹ. 15 ~ 19세의 자살률은 전년 대비 계속 증가하고 있다.
ㅁ. 모든 연령대의 자살률은 1940년대 중반에 가장 높았다.

① ㄱ, ㄴ, ㄷ
② ㄱ, ㄷ, ㄹ
③ ㄴ, ㄷ, ㅁ
④ ㄱ, ㄴ, ㄷ, ㅁ
⑤ ㄴ, ㄷ, ㄹ, ㅁ

01 다음 톱니바퀴에 새겨진 숫자는 일정한 규칙에 따라 나열된 수열이다. (A)＋(B)의 값은?

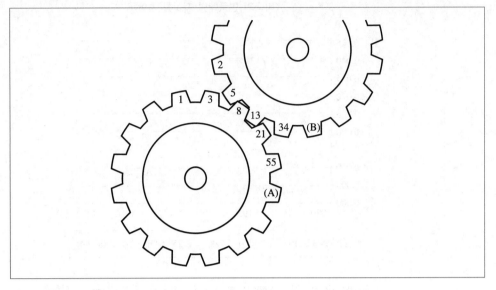

① 89

② 144

③ 212

④ 233

⑤ 259

02 다음 톱니바퀴에 새겨진 숫자는 일정한 규칙에 따라 나열된 수열이다. (B)－(A)의 값은?

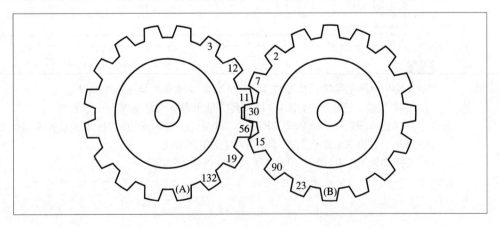

① 0

② 46

③ 74

④ 127

⑤ 155

03 사과 6개, 배 2개, 감 1개가 있다. 이를 한 줄로 나열하는 경우의 수는?

① 126가지   ② 189가지

③ 252가지   ④ 441가지

⑤ 378가지

04 A, B가 서로 일직선상으로 20km 떨어져 마주보는 위치에 있고, A와 B 사이에 A로부터 7.6km 떨어진 곳에는 400m 길이의 다리가 있다. A가 먼저 시속 6km로 출발하고, B가 x분 후에 시속 12km로 출발하여 A와 B가 다리 위에서 만났다고 할 때, x의 최댓값과 최솟값의 차는?(단, 다리와 일반 도로 사이의 경계는 다리에 포함된다)

① 3   ② 4

③ 5   ④ 6

⑤ 7

05 서경이는 흰색 깃발과 검은색 깃발을 하나씩 갖고 있는데, 깃발을 총 5번 들어 신호를 표시하려고 한다. 같은 깃발은 최대 4번까지만 사용하여 신호를 표시한다면, 만들 수 있는 신호는 총 몇 가지 인가?

① 14가지   ② 16가지

③ 30가지   ④ 32가지

⑤ 62가지

06 10명으로 구성된 팀이 2대의 차에 나눠 타고 야유회를 가려고 한다. 차량은 각각 5인승과 7인승이고, 운전을 할 수 있는 사람은 2명일 때, 10명의 팀원이 차에 나눠 타는 경우의 수는?(단, 하나의 차량 내 좌석은 구분하지 않는다)

① 77가지   ② 96가지

③ 128가지   ④ 154가지

⑤ 308가지

07 지혜와 주헌이가 함께 기숙사에서 회사를 향해 분당 150m의 속력으로 출근하고 있다. 30분 정도 걸었을 때, 지혜는 기숙사에 두고 온 중요한 서류를 가지러 분당 300m의 속력으로 기숙사에 갔다가 같은 속력으로 다시 회사를 향해 뛰어간다고 한다. 주헌이가 그 속력 그대로 20분 뒤에 회사에 도착했을 때, 지혜는 주헌이가 회사에 도착하고 나서 몇 분 후에 회사에 도착하는가?

① 20분 후   ② 25분 후
③ 30분 후   ④ 35분 후
⑤ 40분 후

※ 일정한 규칙에 따라 나열된 수열이다. 빈칸에 들어갈 알맞은 수를 고르시오. [8~9]

08

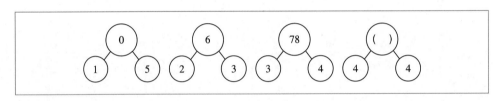

① 214   ② 236
③ 252   ④ 264
⑤ 273

Easy
09

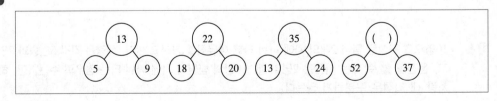

① 16   ② 22
③ 28   ④ 34
⑤ 40

정답 및 해설 p.066

| 01 | 언어이해

`Easy`

01 다음 밑줄 친 부분에 해당하는 한자성어는?

> LG전자는 2017년 시장 대비 신제품개발에 앞서 국내 및 세계 경쟁사 제품을 모두 모아 각각의 특성 및 장단점을 꼼꼼히 살펴봤다. 매출이 훨씬 앞서나간 제품은 물론, 같은 제품군에 해당하는 국내외 모든 제품을 한데 모아 객관적이고 냉철하게 비교했다. 이는 경쟁사 제품을 보면서 새로운 아이디어를 창출해 내고, 동시에 신제품에 대한 감각을 익혀 실제 제품개발은 물론 앞으로의 시장에 대비할 전략을 세우고자 함이다.
>
> 이는 '상대방을 알고 나를 파악함'으로써 2017년 시장 대비 매출 증가의 전력을 위한 토대를 다지고자 하는 사업 전략의 일부이다. 실제로 스마트폰 시장은 말 그대로 초과 상태이며 많은 전문가가 LG전자의 스마트폰 사업을 위태롭게 본다. 따라서 2017년 시장매출은 이 환경 속에서 과연 어떠한 경쟁력과 차별점을 내세우느냐에 따라 결정된다. 기본적으로 LG전자가 현재 자부하고 있는 타사와의 차별점은 '품질 및 프리미엄 제조 업무능력'으로, '언제든 기술로 시장에서 역전할 수 있다.'는 자신감 및 장인 정신이다. 이를 바탕으로 LG전자는 초지일관 제품 개발에 힘써왔다. 하지만 이제는 기술뿐만 아니라 고객과 시장의 요구를 파악할 줄 알아야 한다.
>
> 따라서 LG전자의 기술력과 비결을 기본으로 삼고, 세부적으로 분석한 경쟁사 제품의 장단점을 보완하여 반영한다면 2017년 상반기 시장에서 충분한 실적은 물론 세계 경쟁사회에서 살아남을 수 있을 것이다.

① 지피지기(知彼知己)　　　　　　　② 지록위마(指鹿爲馬)

③ 백전백승(百戰百勝)　　　　　　　④ 붕우유신(朋友有信)

⑤ 막상막하(莫上莫下)

02 다음 글의 제목으로 가장 적절한 것은?

대부분의 사람이 주식 투자를 하는 목적은 자산을 증식하는 것이지만, 항상 이익을 낼 수는 없으며 이익에 대한 기대에는 언제나 손해에 따른 위험이 동반된다. 이러한 위험을 줄이기 위해서 일반적으로 투자자는 포트폴리오를 구성하는데, 이때 전반적인 시장 상황에 상관없이 나타나는 위험인 '비체계적 위험'과 시장 상황에 연관되어 나타나는 위험인 '체계적 위험' 두 가지를 동시에 고려해야 한다. 비체계적 위험이란 종업원의 파업, 경영실패, 판매의 부진 등 개별 기업의 특수한 상황과 관련이 있는 것으로 '기업고유위험'이라고도 한다. 기업의 특수 사정으로 인한 위험은 예측하기 어려운 상황에서 돌발적으로 일어날 수 있는 것들로 여러 주식에 분산투자 함으로써 제거할 수 있다. 반면에 체계적 위험은 시장의 전반적인 상황과 관련한 것으로 예를 들면 경기변동, 인플레이션, 이자율의 변화, 정치 사회적환경 등 여러 기업들에 공통으로 영향을 주는 요인들에서 기인한다. 체계적 위험은 주식시장 전반에 관한 위험이기 때문에 비체계적 위험에 대응하는 분산투자의 방법으로도 감소시킬 수 없으므로 '분산불능위험'이라고도 한다.

그렇다면 체계적 위험에 대응할 방법은 없을까? '베타계수'를 활용한 포트폴리오 구성으로 투자자는 체계적 위험에 대응할 수 있다. 베타계수란 주식시장 전체의 수익률 변동이 발생했을 때 이에 대해 개별 기업의 주가수익률이 얼마나 민감하게 반응하는가를 측정하는 계수로, 종합주가지수의 수익률이 1% 변할 때 개별주식의 수익률이 얼마나 변하는가를 나타내며 수익률의 민감도로 설명할 수 있다. 따라서 투자자는 주식 시장이 호황에 진입할 경우 베타 계수가 큰 종목의 투자 비율을 높이지만 불황이 예상되는 경우에는 베타 계수가 작은 종목의 투자 비율을 높여 위험을 최소화할 수 있다.

① 비체계적 위험과 체계적 위험의 사례 분석
② 비체계적 위험을 활용한 경기변동의 예측 방법
③ 비체계적 위험과 체계적 위험을 고려한 투자전략
④ 종합주가지수 변동에 민감한 비체계적 위험의 중요성
⑤ 주식시장이 호황에 진입할 경우 바람직한 투자 방향

03 다음 글을 읽고 추론한 내용으로 가장 적절한 것은?

> 10월 9일은 오늘날의 한글을 창제해서 세상에 펴낸 것을 기념하고, 한글의 우수성을 기리기 위한 국경일이다. 한글은 인류가 사용하는 문자 중에서 창제자와 창제 연도가 명확히 밝혀진 문자임은 물론, 체계적이고 과학적인 원리로 어린아이도 배우기 쉬운 문자이다. 한글의 우수성은 한자나 영어와 비교해 봐도 쉽게 알 수 있다. 기본적인 생활을 하기 위해서 3,000자에서 5,000자 정도의 수많은 문자의 모양과 의미를 외워야 하는 표의문자인 한자와는 달리, 한글은 소리를 나타내는 표음문자이기 때문에 24개의 문자만 익히면 쉽게 조합하여 학습할 수 있다.
>
> 한글의 이러한 과학적인 부분은 실제로 세계 학자들 사이에서도 찬탄을 받는다. 한글이 세계 언어학계에 본격적으로 알려진 것은 1960년대이다. 영국의 저명한 언어학자인 샘프슨(G. Sampson) 교수는 '한글은 세계에서 과학적인 원리로 창제된 가장 훌륭한 글자'라고 평가한다. 그는 특히 '발성기관이 소리를 내는 모습을 따라 체계적으로 창제된 점이 과학적이며 문자 자체가 소리의 특징을 반영했다는 점이 놀랍다.'라고 평가한다. 동아시아 역사가 라이샤워(O. Reichaurer)도 '한글은 전적으로 독창적이고 놀라운 음소문자로 세계의 어떤 나라의 일상 문자에서도 볼 수 없는 가장 과학적인 표기체계이다.'라고 찬탄하고 있으며, 미국의 다이아몬드(J. Diamond) 교수 역시 '세종이 만든 28자는 세계에서 가장 훌륭한 알파벳이자 가장 과학적인 표기법 체계'라고 평가한다.
>
> 이러한 점을 반영하여 유네스코에서는 한글을 문화유산으로 등록함은 물론, 세계적으로 문맹 퇴치에 이바지한 사람에게 '세종대왕'의 이름을 붙인 상을 주고 있다. 이처럼 세계적으로 인정받는 우리의 독창적이고 고유한 글자인 '한글'에 대해 우리는 더욱더 큰 자긍심을 느껴야 할 것이다.

① 영국의 저명한 언어학자인 샘프슨(G. Sampson) 교수는 '세종이 만든 28자는 세계에서 가장 훌륭한 알파벳'이라고 평가했다.

② 한글은 소리를 나타내는 표음문자이기 때문에 한자와 달리 문자를 따로 익힐 필요는 없다.

③ 한글 창제에 담긴 세종대왕의 정신을 기리기 위해 유네스코에서는 세계적으로 문맹 퇴치에 이바지한 사람에게 세종대왕의 이름을 붙인 상을 수여한다.

④ 한글을 배우기 위해서는 문자의 모양과 의미를 외워야 한다.

⑤ 한글이 세계 언어학계에 본격적으로 알려진 것은 1970년으로 샘프슨(G. Sampson) 교수와 동아시아 역사가 라이샤워(O. Reichaurer) 등의 저명한 학자들로부터 찬탄을 받았다.

04 다음 글의 중심 내용으로 가장 적절한 것은?

경제학에서는 한 재화나 서비스 등의 공급이 기업에 집중되는 양상에 따라 시장구조를 크게 독점시장, 과점시장, 경쟁시장으로 구분하고 있다. 소수의 기업이 공급의 대부분을 차지할수록 독점시장에 가까워지고, 다수의 기업이 공급을 나누어 가질수록 경쟁시장에 가까워진다. 이렇게 시장구조를 구분하기 위해서 사용하는 지표 중의 하나가 바로 '시장집중률'이다.

시장집중률을 이해하기 위해서는 먼저 '시장점유율'에 대한 이해가 있어야 한다. 시장점유율이란 시장 안에서 특정 기업이 차지하고 있는 비중을 의미하는데 생산량, 매출액 등을 기준으로 측정할 수 있다. Y기업의 시장점유율을 생산량 기준으로 측정한다면 '(Y기업의 생산량)÷(시장 내 모든 기업의 생산량의 총합)×100'으로 나타낼 수 있다.

시장점유율이 시장 내 한 기업의 비중을 나타내 주는 수치라면, 시장집중률은 시장 내 일정 수의 상위기업들이 차지하는 비중을 나타내주는 수치, 즉 일정 수의 상위기업의 시장점유율을 합한 값이다. 몇 개의 상위기업을 기준으로 삼느냐는 나라마다 자율적으로 결정하고 있는데, 우리나라에서는 상위 3대 기업의 시장점유율을 합한 값을, 미국에서는 상위 4대 기업의 시장점유율을 합한 값을 시장집중률로 채택하여 사용하고 있다. 이렇게 산출된 시장집중률을 통해 시장구조를 구분해 볼 수 있는데 시장집중률이 높으면 그 시장은 공급이 소수의 기업에 집중되어 있는 독점시장으로 구분하고, 시장집중률이 낮으면 공급이 다수의 기업에 의해 분산되어 있는 경쟁시장으로 구분한다. 한국개발연구원에서는 어떤 산업에서의 시장집중률이 80% 이상이면 독점시장, 60% 이상 80% 미만이면 과점시장, 60% 미만이면 경쟁시장으로 구분하고 있다.

시장집중률을 측정하는 기준에는 여러 가지가 있기 때문에 어느 것을 기준으로 삼느냐에 따라 측정 결과에 차이가 생기며 이에 대한 경제학적인 해석도 달라진다. 어느 시장의 시장집중률을 '생산량' 기준으로 측정했을 때 A, B, C기업이 상위 3대 기업이고 시장집중률이 80%로 측정되었다고 하더라도 '매출액' 기준으로 측정했을 때는 D, E, F기업이 상위 3대 기업이 되고 시장집중률이 60%가 될 수도 있다.

이처럼 시장집중률은 시장구조를 구분하는 데 매우 유용한 지표이며 이를 통해 시장 내의 공급이 기업에 집중되는 양상을 파악해 볼 수 있다.

① 시장 구조의 변천사
② 시장집중률의 개념과 의의
③ 독점시장과 경쟁시장의 비교
④ 우리나라 시장점유율의 특성
⑤ 시장집중률을 확대하기 위한 방안

05 다음 글의 글쓴이가 〈보기〉의 글쓴이에게 해줄 수 있는 말로 가장 적절한 것은?

> 행랑채가 퇴락하여 지탱할 수 없게끔 된 것이 세 칸이었다. … (중략) … 그중의 두 칸은 앞서 장마에 비가 샌 지 오래되었으나, 나는 그것을 알면서도 이럴까 저럴까 망설이다가 손을 대지 못했던 것이고, 나머지 한 칸은 비를 한 번 맞고 샜던 것이라 서둘러 기와를 갈았던 것이다. 이번에 수리하려고 본즉 비가 샌 지 오래된 것은 그 서까래, 추녀, 기둥, 들보가 모두 썩어서 못 쓰게 되었던 까닭으로 수리비가 엄청나게 들었고, 한 번밖에 비를 맞지 않았던 한 칸의 재목들은 완전하여 다 쓸 수 있었던 까닭으로 그 비용이 많지 않았다.
> 나는 이에 느낀 것이 있었다. 사람의 몸에 있어서도 마찬가지라는 사실을. 잘못을 알고서도 바로 고치지 않으면 곧 그 자신이 나쁘게 되는 것이 마치 나무가 썩어서 못 쓰게 되는 것과 같으며 잘못을 알고 고치기를 꺼리지 않으면 해(害)를 받지 않고 다시 착한 사람이 될 수 있으니, 저 집의 재목처럼 말끔하게 다시 쓸 수 있는 것이다.
> 뿐만 아니라 나라의 정치도 이와 같다. 백성을 좀먹는 무리들을 내버려 두었다가는 백성들이 도탄에 빠지고 나라가 위태롭게 된다. 그런 연후에 급히 바로잡으려 하면 이미 썩어버린 재목처럼 때는 늦은 것이다. 어찌 삼가지 않겠는가.
>
> — 이규보, 『이옥설(理屋說)』

보기

> 임금은 하늘의 뜻을 받드는 존재다. 그가 정치를 잘 펴서 백성들을 평안하게 하는 것은 하늘의 뜻을 바르게 펴는 증거요, 임금이 정치를 바르게 하지 않는 것 역시 하늘의 뜻이다. 하늘의 뜻은 쉽게 판단할 수는 없기 때문이다. 임금이 백성들을 괴롭게 하더라도 그것에 대한 평가는 그가 죽은 뒤에 할 일이다.

① 태평천하(太平天下)인 상황에서도 한가롭게 하늘의 뜻을 생각할 겁니까?
② 가렴주구(苛斂誅求)의 결과 나라가 무너지고 나면 그때는 어떻게 할 겁니까?
③ 과유불급(過猶不及)이라고 하지 않습니까? 무엇이든 적당히 해야 좋은 법입니다.
④ 대기만성(大器晩成)이라고 했습니다. 결과는 나중에 확인하는 것이 바람직합니다.
⑤ 성현은 근묵자흑(近墨者黑)이라고 하여, 악한 일은 가까이 하지 않아야 한다고 했습니다.

다음 밑줄 친 ㉠의 사례로 적절하지 않은 것은?

우리 현대인은 대인관계에 있어서 가면을 쓰고 살아간다. 물론 그것이 현대 사회를 살아가기 위한 인간의 기본적인 조건인지도 모른다. 어빙 고프만 같은 학자는 사람이 다른 사람과 교제를 할 때, 상대방에 대한 자신의 인상을 관리하려는 속성이 있다는 점을 강조한다. 즉, 사람들은 대체로 남 앞에 나설 때에는 가면을 쓰고 연기를 하는 배우와 같이 행동한다는 것이다.

왜 그런 상황이 발생하는 것일까? 그것은 주로 대중문화의 속성에 기인한다. 사실 20세기의 대중문화는 과거와는 다른 새로운 인간형을 탄생시키는 배경이 되었다고 할 수 있다. 특히 광고는 내가 다른 사람의 눈에 어떻게 보일 것인가 하는 점을 끊임없이 반복하고 강조함으로써 ㉠ 사람들에게 조바심이나 공포감을 불러일으키기까지 한다. 그 중에서도 외모와 관련된 제품의 광고는 개인의 삶의 의미가 '자신이 남에게 어떤 존재로 보이느냐'라는 것을 무수히 주입시킨다. 역사학자들도 '연기하는 자아'의 개념이 대중문화의 부상과 함께 더욱 의미 있는 것이 되었다고 말한다. 그들은 적어도 20세기 초부터 '성공'은 무엇을 잘하고 열심히 하는 것이 아니라 '인상관리'를 어떻게 하느냐에 달려 있다고 한다. 이렇게 자신의 일관성을 잃고 상황에 따라 적응하게 되는 현대인들은 대중매체가 퍼뜨리는 유행에 민감하게 반응하는 과정에서 자신의 취향을 형성해 가고 있다.

이렇듯 현대인의 새로운 타자 지향적인 삶의 태도는 개인에게 다른 사람들의 기대와 순간의 욕구에 의해 채워져야 할 빈 공간이 될 것을 요구했다. 현대사회에서 각 개인은 사회 적응을 위해 역할 수행자가 되어야 하고, 자기 스스로 자신의 연기를 모니터하면서 상황에 따라 편리하게 '사회적 가면'을 쓰고 살아가게 되었다. 이는 세련되었다는 평을 받는 사람들의 경우에 더욱 그러하다. 흔히 거론되는 '신세대 문화'의 특성 중 하나도 '사회적 가면'의 착용이라고 볼 수 있다. 물론 신세대는 구세대에 비해 훨씬 더 솔직하고 가식이 없다는 장점을 지니고 있다. 여기서 '가면'은 특정한 목적을 위해 자기를 감추거나 누구를 속인다는 부정적인 의미만을 갖고 있는 것은 아니다. 다만, 신세대는 남에게 보이는 자신의 모습에서 만족을 느끼는 정도가 크기 때문에 그런 만족을 얻기 위해 기울이는 노력이 크고, 그것은 자신의 자아를 돌아볼 여유도 없이 '가면'에만 충실하게 되는 것이다.

과거를 향유했던 사람들은 비교적 사람의 내면세계를 중요시했다. 겉으로 드러나는 모습은 허울에 불과하다고 믿었기 때문이다. 그러나 현시대를 살아가는 사람들의 모습을 보면 인간관계에 있어, 그 누구도 타인의 내면세계를 깊이 알려고 하지 않거니와 사실 그럴만한 시간적 여유도 없는 경우가 많다. 그런 이유로 무언가 '느낌'으로 와 닿는 것만을 중시하며 살아간다. 그 '느낌'이란 것은 꼭 말로 설명할 수는 없다 하더라도 겉으로 드러난 모습에 의해 영향을 받게 마련이다. 옷차림새나 말투 하나만 보고도 금방 그 어떤 '느낌'이 형성될 수도 있는 것이다. 사람을 단지 순간적으로 느껴지는 겉모습만으로 판단한다는 것은 위험하기 짝이 없는 일임에도 불구하고, 현대인들은 겉모습에서 주어지는 인상에 의해 상대방을 파악하고 인식하는 것을 거부하지 못하는 데에 문제가 있다.

① 홈쇼핑 광고를 보던 주부가 쇼핑 도우미의 말을 듣고 그 물건을 사지 않으면 자기만 손해를 보는 것 같아 상품을 주문하였다.

② 여학생이 납량특집 영화에서 화장실에 귀신이 나오는 장면을 본 후로는, 화장실 가기가 무서워 꼭 친구들과 함께 가게 되었다.

③ 한 소녀가 살을 빼는 식품 광고에 나오는 다른 소녀의 마른 모습을 본 후, 자신은 살이 많이 쪘다고 생각하여 살을 빼려고 운동을 시작했다.

④ 텔레비전 오락 프로그램에 나온 연예인들이 입고 있는 멋진 옷을 본 사람이 그 옷을 입지 않으면 유행에 뒤떨어질 것이라고 생각하여 그 옷을 샀다.

⑤ 잡지에서 '건강하게 오래 사는 가구 배치 방법'이라는 기사를 읽은 사람이 그렇게 하지 않으면 금방 병이 날 것처럼 생각되어 가구를 다시 배치하였다.

07 다음 〈보기〉에 대한 ㉠~㉤의 반응으로 적절하지 않은 것은?

사회진화론은 다윈의 생물 진화론을 개인과 집단에 적용시킨 사회이론이다. 사회 진화론의 중심 개념은 19세기에 등장한 '생존경쟁'과 '적자생존'인데, 이 두 개념의 적용 범위가 개인인가 집단인가에 따라 자유방임주의와 결합하기도 하고 민족주의나 제국주의와 결합하기도 하였다.

1860년대 영국의 대표적인 사회 진화론자인 ㉠ 스펜서는 인간 사회의 생활은 개인 간의 '생존경쟁'이며, 그 경쟁은 '적자생존'에 의해 지배된다고 주장하였다. 스펜서는 가난한 자는 자연적으로 '도태된 자'이므로 인위적인 도움을 주어서는 안 되고, 빈부격차는 사회진화의 과정에서 불가피하다고 인식하였다. 이러한 주장은 자본주의가 확장되던 영국과 미국에서 자유 경쟁과 약육강식의 현실을 정당화하고, 개인주의적 정서를 강화하는 데 이용되었다.

19세기 말 ㉡ 키드, 피어슨 등은 인종이나 민족, 국가 등의 집단 단위로 '생존 경쟁'과 '적자생존'을 적용하여 우월한 집단이 열등한 집단을 지배하는 것은 자연법칙이라고 주장함으로써 인종차별이나 제국주의를 정당화하였다. 우생학과 결합한 사회진화론은 앵글로색슨 족이나 아리아 족의 문화적·생물학적 우월성에 대한 믿음을 지지함으로써 서구 열강의 제국주의적·식민주의적·인종주의적 정책을 합리화하는 데 이용되었다.

한편 일본에서는 19세기 말 ㉢ 문명 개화론자들이 사회진화론을 수용하였다. 이들은 '생존경쟁'과 '적자생존'을 국가와 민족 단위에 적용하여 '약육강식'과 '우승열패'의 논리를 바탕으로 서구식 근대 문명국가 건설과 군국주의를 역설하였다. 나아가 세계적인 대세에 잘 적응한 일본이 경쟁에서 뒤처진 조선을 지배하는 것이 자연의 이치라는 주장을 전개했는데, 이는 나중에 식민사관으로 이어졌다.

사회 진화론은 구한말 개화파 지식인들에게도 큰 영향을 미쳤다. ㉣ 윤치호 같은 일부 개화파는 강자에 의한 패배를 불가피한 숙명으로 인식함으로써 조선 망국의 가능성을 거론하는 등 무기력한 모습을 보였다. 반면 ㉤ 박은식, 신채호 등 민족주의자들은 같은 사회진화론을 받아들이면서도 조선이 살아남기 위해서는 일본이나 서구 열강과의 경쟁에서 반드시 승자가 되어야 하며, 그러기 위해서는 힘을 키워야 한다는 자강론의 근거로 삼았다.

보기

19세기 말 일본에서 근대화된 방직기계로 대량 생산된 면제품이 들어오면서 재래식 기계로 옷감을 짜는 조선의 수공업은 심각한 타격을 입었다. 이제 막 공장을 갖추어 가던 조선의 수공업자들은 도산하였으며, 이들의 도산으로 면화 재배 농민들도 잇달아 몰락하였다.

① ㉠ : 자유경쟁 시장에서 개인의 능력 부족으로 도태된 조선인들을 도와주면 안 되겠군.

② ㉡ : 생물학적으로 열등한 집단에 대한 지원을 강화해야겠군.

③ ㉢ : 일본이 조선보다 앞서 서구식 근대 문명국가를 건설했기 때문에 가능했던 일이군.

④ ㉣ : 기계공업에 밀려 수공업자들과 농민들이 몰락하는 것은 불가피한 숙명이군.

⑤ ㉤ : 이런 문제를 해결하려면 우리 민족이 힘을 키워 경쟁에서 승리해야겠군.

| 02 | 언어추리

01

> - 마포역 부근의 어떤 정형외과는 토요일이 휴진이다.
> - 공덕역 부근의 어떤 치과는 토요일이 휴진이다.
> - 공덕역 부근의 모든 치과는 화요일이 휴진이다.

① 마포역 부근의 어떤 정형외과는 화요일이 휴진이다.
② 마포역 부근의 모든 정형외과는 화요일이 휴진이 아니다.
③ 마포역 부근의 어떤 정형외과는 토요일과 화요일 모두 휴진이다.
④ 모든 공덕역 부근의 치과는 토요일이 휴진이 아니다.
⑤ 공덕역 부근의 어떤 치과는 토요일과 화요일이 모두 휴진이다.

`Easy`

02

> - 마케팅팀의 사원은 기획 역량이 있다.
> - 마케팅팀이 아닌 사원은 영업 역량이 없다.
> - 기획 역량이 없는 사원은 소통 역량이 없다.

① 마케팅의 사원은 영업 역량이 있다.
② 소통 역량이 있는 사원은 마케팅팀이다.
③ 영업 역량을 가진 사원은 기획 역량이 있다.
④ 기획 역량이 있는 사원은 소통 역량이 있다.
⑤ 영업 역량이 없으면 소통 역량도 없다.

03 재무팀 A과장, 개발팀 B부장, 영업팀 C대리, 홍보팀 D차장, 디자인팀 E사원은 봄 ~ 겨울에 중국, 일본, 러시아로 출장을 간다. 다음 〈조건〉을 바탕으로 항상 옳은 것은?(단, A ~ E는 중국, 일본, 러시아 중 반드시 한 국가에는 출장을 가며, 아무도 출장을 가지 않는 계절은 없다)

> **조건**
> • 중국은 2명이 출장을 가고, 각각 여름 혹은 겨울에 출장을 간다.
> • 러시아에 출장 가는 사람은 봄 혹은 여름에 출장을 간다.
> • 재무팀 A과장은 반드시 개발팀 B부장과 함께 출장을 간다.
> • 홍보팀 D차장은 혼자서 봄에 출장을 간다.
> • 개발팀 B부장은 가을에 일본으로 출장을 간다.

① 홍보팀 D차장은 혼자서 중국으로 출장을 간다.
② 영업팀 C대리와 디자인팀 E사원은 함께 일본으로 출장을 간다.
③ 재무팀 A과장과 개발팀 B부장은 함께 중국으로 출장을 간다.
④ 영업팀 C대리가 여름에 중국 출장을 가면, 디자인팀 E사원은 겨울에 중국 출장을 간다.
⑤ 홍보팀 D차장이 어디로 출장을 가는지는 제시된 조건만으로 알 수 없다.

Hard

04 수빈, 인성, 성민, 지헌, 기열, 지혜 6명이 달리기 시합을 하고 다음과 같이 대화를 나눴을 때, 알 수 없는 것은?

> • 수빈 : 성민이와 지혜가 나보다 앞에서 결승선에 들어가는 걸 봤어.
> • 인성 : 지헌이는 간발의 차로 내 바로 앞에서 결승선에 들어갔어.
> • 성민 : 나는 지헌이보다는 빨랐는데, 1등은 아니야.
> • 지헌 : 성민이 말이 맞아. 정확히 기억은 안 나는데 나는 3등 아니면 4등이었어.
> • 기열 : 내가 결승선에 들어오고, 나중에 지헌이가 들어왔어.
> • 지혜 : 나는 1등은 아니지만 꼴등도 아니었어.

① 제일 먼저 결승선에 들어온 사람은 기열이다.
② 제일 나중에 결승선에 들어온 사람은 수빈이다.
③ 성민이는 지혜보다 순위가 높다.
④ 인성이는 성민이보다 순위가 낮다.
⑤ 지헌이가 3등이면 지혜는 5등이다.

05 L회사의 기획부 A ~ E 5명은 야근을 해야 한다. 다음 〈조건〉을 바탕으로 수요일에 야근하는 사람은?

조건
- 사장님이 출근할 때는 모든 사람이 야근을 한다.
- E는 화요일에 야근을 한다.
- A가 야근할 때 C도 반드시 해야 한다.
- 수요일에는 1명만 야근을 한다.
- 사장님은 월요일과 목요일에 출근을 한다.
- 월요일부터 금요일까지 한 사람당 3번 야근한다.
- B는 금요일에 야근을 한다.

① A   ② B
③ C   ④ D
⑤ E

Hard

06 경찰은 용의자 A ~ E 5명을 심문하였다. 이들은 다음과 같이 진술하였으며 2명의 진술은 모두 참이고, 3명의 진술은 모두 거짓이라고 할 때, 범인은?(단, 범행 현장에는 범죄자와 목격자가 함께 있었고, 모든 사람은 진실 또는 거짓만 말한다)

- A : 나는 범인이 아니고, 나와 E만 범행 현장에 있었다.
- B : C와 D는 범인이 아니고, 목격자는 2명이다.
- C : 나는 B와 함께 있었고, 범행 현장에 있지 않았다.
- D : C의 말은 모두 참이고, B가 범인이다.
- E : 나는 범행 현장에 있었고, A가 범인이다.

① A   ② B
③ C   ④ D
⑤ E

07 남학생 A ~ D, 여학생 W ~ Z 8명이 있다. 어떤 시험을 본 뒤, 이 8명의 득점을 알아보았더니 남녀 모두 1명씩 짝을 이루어 동점을 받았다. 다음을 바탕으로 옳은 것은?

> • 여학생 X는 남학생 B 또는 C와 동점이다.
> • 여학생 Y는 남학생 A 또는 B와 동점이다.
> • 여학생 Z는 남학생 A 또는 C와 동점이다.
> • 남학생 B는 여학생 W 또는 Y와 동점이다.

① 여학생 W는 남학생 C와 동점이다.
② 여학생 X와 남학생 B가 동점이다.
③ 여학생 Z와 남학생 C는 동점이다.
④ 여학생 Y는 남학생 A와 동점이다.
⑤ 남학생 D와 여학생 W는 동점이다.

Hard

08 L건설 개발 사업부에는 부장 1명, 과장 1명, 사원 2명, 대리 2명 총 6명이 근무하고 있다. 다음 〈조건〉에 따라 5주 동안 개발 사업부 전원이 여름휴가를 다녀오려고 한다. 휴가는 1번씩 2주 동안 다녀온다고 할 때, 적절하지 않은 것은?(단, 모든 휴가의 시작은 월요일, 끝은 일요일이다)

> **조건**
> • 회사에는 3명 이상 남아있어야 한다.
> • 같은 직급의 직원은 동시에 휴가를 갈 수 없다.
> • 과장과 부장은 휴가가 겹칠 수 없다.
> • 1주 차에는 과장과 사원만 휴가를 갈 수 있다.

① 1주 차에 아무도 휴가를 가지 않는다.
② 대리는 혼자 휴가 중일 수 있다.
③ 부장은 4주 차에 휴가가 시작된다.
④ 5주 차에는 1명만 휴가 중일 수 있다.
⑤ 대리 중 1명은 3주 차에 휴가가 시작된다.

| 03 | 자료해석

Hard

01 다음은 보험업계에서 경쟁하고 있는 기업들에 대한 실적 지표이다. 이에 대한 설명으로 옳지 않은 것은?

〈3사 간 시장 점유율 추이〉

(단위 : %)

구분	2011년	2012년	2013년	2014년
S그룹	15	14.9	14.7	14.7
H그룹	13.9	14	14	14.3
L그룹	13.3	13.5	13.7	14.2

〈3사의 2014년 1분기 지표〉

(단위 : 억 원, %)

구분	매출액	성장률	순익	손해율
S그룹	7,663	8.3	177(500)	69.8(69.9)
H그룹	7,372	10	336(453)	77.8(71)
L그룹	7,464	12.3	116(414)	78(76.6)

※ ( )는 2013년 지표

① 2011 ~ 2014년 점유율 추이를 살펴보면 각 그룹의 점유율상의 순위 변동은 없었다.

② 2014년 1분기에 H그룹의 매출액과 성장률은 L그룹에 뒤졌으나, 순익에서는 2013년과 2014년 모두 L그룹을 앞지르고 있다.

③ 2011 ~ 2014년의 세 그룹 점유율의 합은 모두 45%를 넘지 않았다.

④ 2014년 1분기에 성장률 면에서는 L그룹, 순익 면에서는 H그룹, 손해율 면에서는 S그룹이 가장 우위를 점하고 있다.

⑤ 2014년 1분기에 각 기업의 매출액 순위와 손해율이 적은 순서는 일치한다.

02 다음은 흡연과 흡연량에 대해 조사한 자료이다. 이를 참고할 때, 1999년 대비 2003년 우리나라 20세 이상 인구 중 담배를 피우지 않는 인구 비율의 증가율은?(단, 소수점 둘째 자리에서 반올림한다)

〈흡연 및 흡연량〉

(단위 : %)

구분		20세 이상 인구	안 피움	흡연		피움	흡연량				
				끊었음	피운 적 없음		10개비 이하	11~20 개비	21~30 개비	31~40 개비	41개비 이상
1999년	전국	100	64.9	15.2	84.8	35.1	34.9	55.2	7.2	0.3	2.4
	동부	100	65.1	15.1	84.9	64.9	35.9	54.7	6.8	0.3	2.3
	읍·면부	100	64.0	15.3	84.7	36.0	30.9	57.3	8.5	0.4	2.9
	성별 남자	100	32.2	55.2	44.8	67.8	32.3	57.2	7.6	0.3	2.6
	성별 여자	100	95.4	2.6	97.4	4.6	68.6	28.5	1.9	0.2	0.8
2003년	전국	100	70.8	20.7	79.3	29.2	40.5	50.7	6.0	2.6	0.2
	동부	100	70.7	20.6	79.4	29.3	40.8	50.6	5.9	2.5	0.2
	읍·면부	100	71.3	20.8	79.2	28.7	39.2	50.9	6.4	3.1	0.4
	성별 남자	100	43.7	60.9	39.1	56.3	38.1	52.5	6.4	2.7	0.3
	성별 여자	100	96.2	3.5	96.5	3.8	73.4	24.9	0.6	1.0	0.1

① 8.8%

② 8.9%

③ 9.0%

④ 9.1%

⑤ 9.2%

03 다음은 연도별 출생아 수 및 합계출산율을 나타낸 자료이다. 이에 대한 설명으로 옳은 것은?

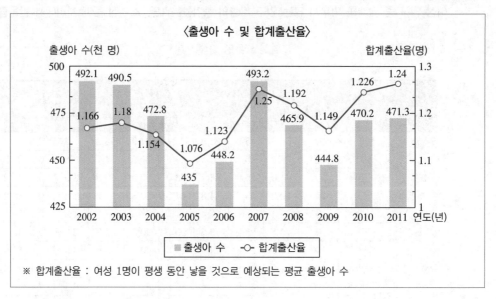

① 2005년의 출생아 수는 2003년 대비 약 0.6배이다.

② 우리나라의 합계출산율은 지속적으로 상승하고 있다.

③ 한 여성이 평생 동안 낳을 것으로 예상되는 평균 출생아 수는 2005년에 가장 낮다.

④ 2010년에 비해 2011년에는 합계출산율이 0.024명 증가했다.

⑤ 2009년 이후 합계출산율이 상승하고 있으므로 2012년에도 전년보다 증가할 것이다.

04 다음은 연도별 유아교육 규모를 나타낸 자료이다. 이에 대하여 올바르게 설명한 사람을 〈보기〉에서 모두 고르면?

〈유아교육 규모〉

(단위 : %, 원, 학급, 명)

구분	2004년	2005년	2006년	2007년	2008년	2009년	2010년
유치원 수	8,494	8,275	8,290	8,294	8,344	8,373	8,388
학급 수	20,723	22,409	23,010	23,860	24,567	24,908	25,670
원아 수	545,263	541,603	545,812	541,550	537,822	537,361	538,587
교원 수	28,012	31,033	32,095	33,504	34,601	35,415	36,461
취원율	26.2	31.4	35.3	36.0	38.4	39.7	39.9
교원 1인당 원아 수	19.5	17.5	17.0	16.2	15.5	15.2	14.8

보기

• 민성 : 전년 대비 유치원 원아 수가 증가한 해에는 유치원 수도 증가하였다.
• 니호 : 교원 1인당 원아 수가 줄어드는 것은 원아 수 대비 학급 수가 늘어나기 때문이다.
• 딘지 : 취원율은 매년 증가히고 있는 추세이다.
• 미송 : 교원 수가 매년 증가하는 이유는 청년 취업과 관계가 있다.

① 민성, 니호
② 민성, 딘지
③ 니호, 미송
④ 딘지, 미송
⑤ 니호, 딘지

Easy

01 다음은 일정한 규칙에 따라 나열된 수열이다. A+B의 값은?

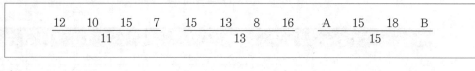

	12	10	15	7		15	13	8	16		A	15	18	B
		11					13					15		

① -17
② -7
③ 19
④ 23
⑤ 27

02 다음은 일정한 규칙에 따라 나열된 수열이다. B의 값은?

	12	14	15	8		14	22	18	10		31	38	23	29
		7					8					B		

① 9
② 11
③ 13
④ 64
⑤ 121

03 원영이의 회사 앞 카페에서는 12~1시까지 점심시간에 이용하는 손님을 대상으로 오픈 기념이벤트를 시행한다. 0~6의 일곱 장의 카드 중 두 개의 카드를 뽑아 두 자릿수를 만들었을 때, 20 미만 혹은 60 이상의 두 자릿수가 되면 무료커피 교환권 쿠폰을 제공한다. 이때 원영이가 무료커피 교환권을 받을 확률은?

① $\dfrac{1}{6}$
② $\dfrac{5}{6}$
③ $\dfrac{6}{7}$
④ $\dfrac{17}{36}$
⑤ $\dfrac{1}{3}$

04 A계열사와 B계열사의 제품생산량의 비율은 3 : 7이고, 각각의 불량품은 A계열사 2%, B계열사 3%이다. 신제품 생산을 위한 부품을 선정했는데 불량이었을 때, 그 부품이 B계열사의 불량품일 확률은?

① $\dfrac{13}{21}$ 　　　　　　　　　　② $\dfrac{7}{8}$

③ $\dfrac{7}{9}$ 　　　　　　　　　　④ $\dfrac{13}{15}$

⑤ $\dfrac{15}{17}$

Hard

05 2016년 상반기 L전자 홍보팀 입사자는 2015년 하반기에 비해 20% 감소하였으며, 2016년 상반기 인사팀 입사자는 2015년 하반기 마케팅팀 입사자 수의 2배이고, 영업팀 입사자는 2015년 하반기보다 30명이 늘었다. 2016년 상반기 마케팅팀의 입사자는 2016년 상반기 인사팀의 입사자와 같다. 2016년 상반기 전체 입사자가 2015년 하반기 대비 25% 증가했을 때, 2015년 하반기 대비 2016년 상반기 인사팀 입사자 수의 증감률은?

〈L전자 입사자 수〉

(단위 : 명)

구분	마케팅팀	영업팀	홍보팀	인사팀	합계
2015년 하반기 입사자 수	50		100		320

① -25% 　　　　　　　　② -15%

③ 0% 　　　　　　　　④ 15%

⑤ 25%

06 다음은 일정한 규칙에 따라 나열된 수열이다. A+2B의 값은?

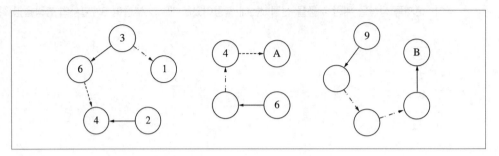

① 6

② 10

③ 14

④ 18

⑤ 22

07 다음은 일정한 규칙에 따라 나열된 수열이다. A×B의 값은?

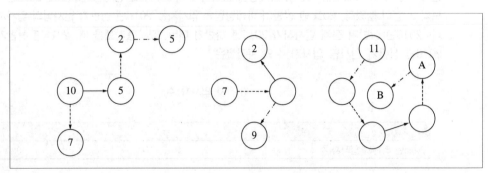

① 65

② 75

③ 85

④ 95

⑤ 105

08 근성이는 집에서 회사까지 걸어서 이동하는데 다음과 같이 집과 회사 가운데에 생태공원 조성을 위한 공사가 시작되어 공사장 안으로는 통행이 금지되었다. 공사가 진행되는 동안 근성이가 회사까지 이동할 수 있는 경우의 수는?(단, 근성이는 최단 거리로 이동한다)

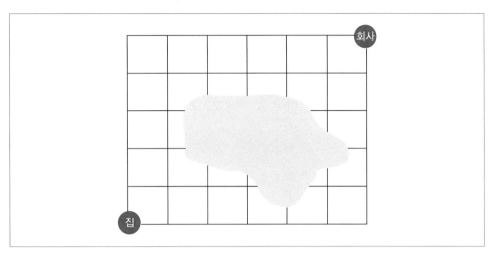

① 31가지   ② 32가시
③ 33가지   ④ 34가지
⑤ 35가지

09 A ~ C 세 지점에 각각 3, 5, 6kg의 택배를 배달하려고 한다. 기본비용 1,000원으로 2칸을 이동할 수 있고, 이후 추가로 이동하기 위해서는 무게 1kg의 택배를 한 칸 움직일 때마다 100원의 배송 요금이 든다고 할 때, 가장 비용을 절약할 수 있는 지점은?

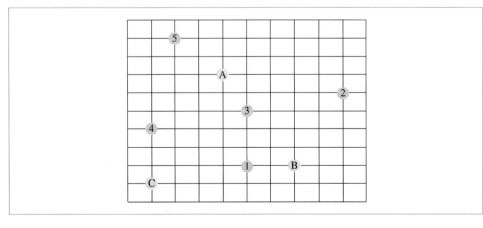

①   ②   ③   ④   ⑤

교육은 우리 자신의 무지를 점차 발견해 가는 과정이다.

– 윌 듀란트 –

PART

III

3개년 주요기업
기출복원문제

정답 및 해설 p.076

|01| 언어

※ 다음 문단을 논리적 순서대로 바르게 나열한 것을 고르시오. [1~7]

| 2024년 하반기 SK그룹

01

(가) 다행히 성인 ADHD는 치료가 가능한 질환으로 보통 약물 치료와 비약물 치료를 병행한다. 약물 치료는 '염산메틸페니데이트' 등의 중추신경 자극제를 통해 집중력을 높이고 충동성을 감소시키는 데 도움을 준다. 비약물 치료에는 대표적으로 인지행동치료가 있는데 잘못된 생각과 행동 패턴을 바꾸고 스트레스 관리 능력을 향상시키는 데 도움을 준다. 이와 같이 약물 치료와 인지행동치료는 대표적인 ADHD 치료 방법으로 'ADHD의 표준 치료'라고도 불린다.

(나) 이처럼 ADHD는 성인에게도 나타날 수 있으며 성인이라고 숨겨야 할 질병은 더더욱 아니다. 많은 사람들이 ADHD로 인해 어려움을 겪고 있지만 적절한 치료와 관리를 통해 충분히 일상생활에 적응하고 성공적인 삶을 살 수 있다. 충동성, 주의력 결핍 등의 문제로 일상생활이 어려울 경우 주저하지 말고 전문가의 도움을 받는 것이 좋다.

(다) 주의력 결핍 및 과잉행동 장애(ADHD; Attention Deficit / Hyperactivity Disorder)는 연령이나 발달 수준에 비하여 주의력이 부족하여 일상생활에 지장이 있는 병적 상태를 의미한다. ADHD라고 하면 주로 뛰어다니고 산만한 아이들을 떠올리기 쉽다. 하지만 ADHD는 어른에게도 나타날 수 있는 질환이며, 성인 ADHD는 단순히 주의가 산만한 것을 넘어 일상생활 전반에 어려움을 초래할 수 있다.

(라) ADHD의 정확한 원인은 아직 밝혀지지 않았지만 유전적인 요인, 뇌 기능 이상, 환경적인 요인 등이 복합적으로 작용하는 것으로 알려져 있다. 특히 뇌의 도파민과 노르에피네프린과 같은 신경전달물질의 불균형이 ADHD와 깊은 관련이 있다는 연구 결과도 있다.

(마) 성인 ADHD는 어린 시절과 달리 과잉 행동보다는 주의력 결핍과 충동성이 더 두드러지는 경우가 많다. 업무에 집중하기 어렵고 자꾸 딴 생각을 하거나 일을 미루는 경향이 있다. 또한, 물건을 자주 잃어버리거나 약속 시간을 잘 지키지 못하는 등 조직적인 생활이 어렵다. 이 외에도 불안, 우울, 자존감 저하 등 다양한 정신적인 어려움을 겪기도 한다.

① (나) – (가) – (다) – (마) – (라)
② (나) – (라) – (마) – (가) – (다)
③ (다) – (가) – (나) – (라) – (마)
④ (다) – (마) – (라) – (가) – (나)
⑤ (라) – (다) – (가) – (나) – (마)

02

(가) 이 전위차에 의해 전기장이 형성되어 전자가 이동하게 된다. 일반적으로 전자가 이동하더라도 얇은 산화물에 이동이 막힐 것으로 생각하기 쉽지만 이의 경우, 전자 터널링 현상이 발생하여 전자가 얇은 산화물을 통과하게 된다. 이 전자들은 플로팅 게이트로 전자가 모이게 되고, 이러한 과정을 거쳐 데이터가 저장되게 된다.

(나) 어떻게 NAND 플래시 메모리에 데이터가 저장될까? 플로팅 게이트에 전자가 없는 상태의 NAND 플래시 메모리의 컨트롤 게이트에 높은 전압을 가하면 수직 방향으로 컨트롤 게이트는 높은 전위, 기저 상태는 낮은 전위를 갖게 되어 전위차가 발생한다.

(다) 반대로 플로팅 게이트에 전자가 저장된 상태에서 컨트롤 게이트에 0V를 가하면 전위차가 반대로 발생하고, 전자 터널링 현상에 의해 플로팅 게이트에 저장된 전자가 얇은 산화물을 통과하여 기저상태로 되돌아간다. 이런 과정을 거쳐 데이터가 지워지게 된다.

(라) NAND 플래시 메모리는 MOSFET 구조 위에 얇은 산화물, 플로팅 게이트, 얇은 산화물, 컨트롤 게이트를 순서대로 쌓은 구조이며 데이터의 입력 및 삭제를 반복하여 사용할 수 있는 비휘발성 메모리의 한 종류이다.

① (가) - (나) - (다) - (라) 　　　　② (가) - (다) - (나) - (라)
③ (가) - (라) - (나) - (다) 　　　　④ (라) - (가) - (다) - (나)
⑤ (라) - (나) - (가) - (다)

Easy
03

(가) 근대에 접어들어 모든 사물이 생명력을 갖지 않는 일종의 기계라는 견해가 강조되면서 아리스토텔레스의 목적론은 비과학적이라는 이유로 많은 비판에 직면한다.

(나) 대표적인 근대 사상가인 갈릴레이는 목적론적 설명이 과학적 설명으로 사용될 수 없다고 주장했고, 베이컨은 목적에 대한 탐구가 과학에 무익하다고 평가했으며 스피노자는 목적론이 자연에 대한 이해를 왜곡한다고 비판했다.

(다) 일부 현대 학자들은 근대 사상가들이 당시 과학에 기초한 기계론적 모형이 더 설득력을 갖는다는 일종의 교조적 믿음에 의존했을 뿐, 아리스토텔레스의 목적론을 거부할 충분한 근거를 제시하지 못했다고 비판한다.

(라) 이들의 비판은 목적론이 인간 이외의 자연물도 이성을 갖는 것으로 의인화한다는 것이다. 그러나 이런 비판과는 달리 아리스토텔레스는 자연물을 생물과 무생물로, 생물을 식물·동물·인간으로 나누고, 인간만이 이성을 지닌다고 생각했다.

① (가) - (나) - (라) - (다) 　　　　② (가) - (다) - (나) - (라)
③ (가) - (라) - (나) - (다) 　　　　④ (나) - (다) - (라) - (가)
⑤ (나) - (라) - (다) - (가)

(가) 동아시아의 문명 형성에 가장 큰 영향력을 끼친 책을 꼽을 때, 그중에 『논어』가 빠질 수 없다. 『논어』는 공자(B.C 551 ~ 479)가 제자와 정치인 등을 만나서 나눈 이야기를 담고 있다. 공자의 활동기간으로 따져보면 『논어』는 지금으로부터 대략 2500년 전에 쓰인 것이다. 지금의 우리는 한나절에 지구 반대편으로 날아다니고 여름에 겨울 과일을 먹는, 그야말로 공자는 상상할 수도 없는 세상에 살고 있다.

(나) 2500년 전의 공자와 그가 대화한 사람 역시 우리와 마찬가지로 '호모 사피엔스'이기 때문이다. 2500년 전의 사람도 배고프면 먹고, 졸리면 자고, 좋은 일이 있으면 기뻐하고, 나쁜 일이 있으면 화를 내는 오늘날의 사람과 다름없었다. 불의를 보면 공분하고, 전쟁보다 평화가 지속되기를 바라고, 예술을 보고 들으며 즐거워했는데 오늘날의 사람도 마찬가지이다.

(다) 물론 2500년의 시간으로 인해 달라진 점도 많고 시대와 문화에 따라 '사람다움이 무엇인가?'에 대한 답은 다를 수 있지만, 사람은 돌도 아니고 개도 아니고 사자도 아니라 여전히 사람일 뿐인 것이다. 즉 현재의 인간이 과거보다 자연의 힘에 두려워하지 않고 자연을 합리적으로 설명할 수는 있지만, 인간적 약점을 극복하고 신적인 존재가 될 수는 없는 그저 인간일 뿐인 것이다.

(라) 『논어』의 일부는 여성과 아동, 이민족에 대한 당시의 편견을 드러내고 있어 이처럼 달라진 시대의 흐름에 따라 폐기될 수밖에 없지만, 이를 제외한 부분은 '오래된 미래'로서 읽을 가치가 있는 것이다.

(마) 이론의 생명 주기가 짧은 학문의 경우, 2500년 전의 책은 역사적 가치가 있을지언정 이론으로서는 폐기 처분이 당연시된다. 그런데 왜 21세기의 우리가 2500년 전의 『논어』를 지금까지도 읽고 또 읽어야 할 책으로 간주하고 있는 것일까?

① (가) – (마) – (나) – (다) – (라)   ② (가) – (마) – (나) – (라) – (다)

③ (가) – (마) – (다) – (나) – (라)   ④ (나) – (다) – (가) – (마) – (라)

⑤ (마) – (가) – (나) – (다) – (라)

05

(가) '인력이 필요해서 노동력을 불렀더니 사람이 왔더라.'라는 말이 있다. 인간을 경제적 요소로만 단순하게 생각했으나, 이에 따른 인권문제, 복지문제, 내국인과 이민자와의 갈등 등이 수반된다는 말이다. 프랑스처럼 우선 급하다고 이민자를 선별하지 않고 받으면 인종 갈등과 이민자의 빈곤화 등 많은 사회비용이 발생한다.

(나) 이제 다문화정책의 패러다임을 전환해야 한다. 한국에 들어온 다문화가족을 적극적으로 지원해야 한다. 다문화가족과 더불어 살면서 다양성과 개방성을 바탕으로 상생의 발전을 도모해야 한다. 그리고 결혼이민자만 다문화가족으로 볼 것이 아니라 외국인 근로자와 유학생, 북한이탈주민까지 큰 틀에서 함께 보는 것도 필요하다.

(다) 다문화정책의 핵심은 두 가지이다. 첫째, 새로운 사회에 적응하려는 의지가 강해서 언어 배우기, 일자리, 문화 이해에 매우 적극적인 태도를 지닌 좋은 인력을 선별해서 입국하도록 하는 것이다. 둘째, 이민자가 새로운 사회에 잘 정착할 수 있도록 사회통합에 주력해야 하는 것이다. 해외 인구 유입 초기부터 사회비용을 절약할 수 있는 사람들을 들어오게 하는 것이 중요하기 때문이다.

(라) 또한 이미 들어온 이민자에게는 적극적인 지원을 해야 한다. 언어와 문화, 환경이 모두 낯선 이민자에게는 이민 초기에 세심한 배려가 필요하다. 특히 중요한 것은 다문화가족이 그들이 가지고 있는 강점을 활용하여 취약계층이 아닌 주류층으로 설 수 있도록 지원해야 한다. 뿐만 아니라 이민자에 대한 지원 시기를 놓치거나 차별과 편견으로 내국인에게 증오감을 갖게 해서는 안 된다.

① (가) – (나) – (라) – (다) ② (가) – (다) – (라) – (나)
③ (가) – (라) – (나) – (다) ④ (다) – (가) – (라) – (나)
⑤ (다) – (나) – (라) – (가)

(가) 칸트의 '무관심성'에 대한 논의에서 이에 대한 단서를 얻을 수 있다. 칸트는 미적 경험의 주체가 '객체가 존재한다.'는 사실성 자체로부터 거리를 둔다고 주장한다.

이에 따르면, 영화관에서 관객은 영상의 존재 자체에 대해 '무관심한' 상태에 있다. 영상의 흐름을 냉정하고 분석적인 태도로 받아들이는 것이 아니라, 영상의 흐름이 자신에게 말을 걸어오는 듯이, 자신이 미적 경험의 유희에 초대된 듯이 공감하며 체험하고 있다. 미적 거리두기와 공감적 참여의 상태를 경험하는 것이다. 주체와 객체가 엄격하게 분리되거나 완전히 겹쳐지는 것으로 이해하는 통상적인 동일시 이론과 달리, 칸트는 미적 지각을 지각 주체와 지각 대상 사이의 분리와 융합의 긴장감 넘치는 '중간 상태'로 본 것이다.

(나) 관객은 영화를 보면서 영상의 흐름을 어떻게 지각하는 것일까? 그토록 빠르게 변화하는 앵글, 인물, 공간, 시간 등을 어떻게 별 어려움 없이 흥미진진하게 따라가는 것일까? 흔히 영화의 수용에 대해 설명할 때 관객의 눈과 카메라의 시선 사이에 일어나는 동일시 과정을 내세운다. 그러나 동일시 이론은 어떠한 조건을 기반으로, 어떠한 과정을 거쳐서 동일시가 일어나는지, 영상의 흐름을 지각할 때 일어나는 동일시의 고유한 방식이 어떤 것인지에 대해 의미 있는 설명을 제시하지 못하고 있다.

(다) 이렇게 볼 때 영화 관객은 자신의 눈을 단순히 카메라의 시선과 직접적으로 동일시하는 것이 아니다. 관객은 영화를 보면서 영화 속 공간, 운동의 양상 등을 유희적으로 동일시하며 장소 공간이나 방향 공간 등 다양한 공간의 층들을 동시에 인지할 뿐만 아니라 감정 공간에서 나오는 독특한 분위기의 힘을 감지하고, 이를 통해 영화 속의 공간과 공감하며 소통하고 있는 것이다.

(라) 관객이 영상의 흐름을 생동감 있게 체험할 수 있는 이유는 영화 속의 공간이 단순한 장소로서의 공간이라기보다는 '방향 공간'이기 때문이다. 카메라의 다양한 앵글 선택과 움직임, 자유로운 시점 선택이 방향 공간적 표현을 용이하게 해 준다.

두 사람의 대화 장면을 보여 주는 장면을 생각해 보자. 관객은 단지 대화에 참여한 두 사람의 존재와 위치만 확인하는 것이 아니라, 두 사람의 시선 자체가 지닌 방향성의 암시, 즉 두 사람의 얼굴과 상반신이 서로를 향하고 있는 방향 공간적 상황을 함께 지각하고 있는 것이다.

(마) 영화의 매체적 강점은 방향 공간적 표현이라는 데에만 그치지 않는다. 영상의 흐름에 대한 지각은 언제나 생생한 느낌을 동반한다. 관객은 영화 속 공간과 인물의 독특한 감정에서 비롯된 분위기의 힘을 늘 느끼고 있다. 따라서 영화 속 공간은 근본적으로 이러한 분위기의 힘을 느끼도록 해 주는 '감정 공간'이라 할 수 있다.

① (가) – (라) – (나) – (마) – (다)
② (나) – (가) – (라) – (마) – (다)
③ (나) – (다) – (가) – (라) – (마)
④ (라) – (가) – (다) – (나) – (마)
⑤ (라) – (다) – (마) – (나) – (가)

07

먹을거리가 풍부한 현대인의 가장 큰 관심사 중 하나는 웰빙과 다이어트일 것이다. 현대인은 날씬한 몸매에 대한 열망이 지나쳐서 비만한 사람들이 나태하다고 생각하기도 하고, 심지어는 거식증으로 인해 사망한 패션모델까지 있었다. 이러한 사회적 경향 때문에 우리가 먹는 음식물에 포함된 지방이나 기름 성분은 몸에 좋지 않은 '나쁜 성분'으로 매도당하기도 한다. 물론 과도한 지방 섭취, 특히 몸에 좋지 않은 지방은 비만의 원인이 되고 당뇨병, 심장병, 고혈압과 같은 각종 성인병을 유발하지만, 사실 지방은 우리 몸이 정상적으로 활동하는 데 필수적인 성분이다.

(가) 먹을 것이 풍족하지 않은 상황에서 생존에 필수적인 능력은 다름 아닌 에너지를 몸에 축적하는 능력이었다.

(나) 사실 비만과 다이어트의 문제는 찰스 다윈(Charles R. Darwin)의 진화론과 밀접한 관련이 있다. 찰스 다윈은 19세기 영국의 생물학자로 『종의 기원』이라는 책을 써서 자연선택을 통한 생물의 진화 과정을 설명하였다.

(다) 약 100년 전만 해도 우리나라를 비롯한 전 세계 대부분의 국가는 식량이 그리 풍족하지 않았다. 실제로 수십만 년 지속된 인류의 역사에서 인간이 매일 끼니 걱정을 하지 않고 살게 된 것은 최근 수십 년의 일이다.

(라) 생물체가 살아남고 번식을 해서 자손을 남길 수 있느냐 하는 것은 주위 환경과의 관계가 중요한 역할을 하는데, 자연선택이란 주위 환경에 따라 생존하기에 적합한 성질 또는 기능을 가진 종들이 그렇지 못한 종들보다 더 잘 살아남게 되어 자손을 남기게 된다는 개념이다.

그러므로 인류는 이러한 축적 능력이 유전적으로 뛰어난 사람들이 그렇지 않은 사람들보다 상대적으로 더 잘 살아남았을 것이다. 그렇게 살아남은 자들의 후손인 현대인들이 달거나 기름진 음식을 본능적으로 좋아하게 된 것은 진화의 당연한 결과였다. 그리하여 음식이 풍부한 현대사회에서는 이러한 유전적 특성은 단점으로 작용하게 되었다. 지방이 풍부한 음식을 찾는 경향은 지나치게 지방을 축적하게 했고, 결국 부작용으로 이어졌다.

① (나) – (가) – (라) – (다)　　　　② (나) – (다) – (가) – (라)

③ (나) – (라) – (다) – (가)　　　　④ (다) – (가) – (나) – (라)

⑤ (다) – (라) – (가) – (나)

| 2024년 하반기 SK그룹

08

최근 자동차 회사에서는 친환경 에너지 시대에 맞춰 내연기관 대신 전기를 이용하는 전기 자동차를 생산하기 위해 많은 노력을 기울이고 있다. 전기 자동차에서 가장 중요한 기술을 꼽는다면 단연 2차 전지 기술일 것이다. 2차 전지(Secondary Cell)는 일회용 건전지와 달리 충전을 통해 반복해서 사용할 수 있는 전지를 말한다. 기존의 내연기관 자동차에서 시동을 걸 때 사용하는 납축 전지 또한 최초로 발명된 2차 전지이다. 2차 전지는 일반적으로 양극, 음극, 전해질, 분리막으로 구성되어 있다. 외부에서 전기를 2차 전지에 공급하면 2차 전지 내의 이온이 전해질을 통해 분리막을 넘어 한쪽 극으로 이동하게 되고, 2차 전지의 전기를 사용할 때는 다시 반대편 극으로 이온이 이동하면서 전기를 발생시키게 된다. 이와 같이 2차 전지는 이온이 극과 극으로 이동하면서 충전과 방전을 할 수 있는 전지이다.

현재 2차 전지에는 다양한 종류가 있다. 앞서 말했던 납축 전지가 최초의 2차 전지이며 이 외에도 니켈 카드뮴 전지, 니켈 수소 전지가 있지만, 가장 유명한 2차 전지는 스마트폰, 노트북, 전기 자동차 등 다양한 분야에서 사용되는 리튬 이온 전지이다. 리튬 이온 전지는 높은 에너지 밀도, 긴 수명, 빠른 충전 속도 등의 장점을 가져 미래 2차 전지 시장을 주도하고 있지만, 과방전 시의 전지 손상, 과충전 시의 폭발 사고 등 한계점을 가져 앞으로 더욱 많은 연구 및 개선이 필요한 전지이다.

그럼에도 불구하고 2차 전지는 친환경 에너지 시대를 실현하는 데 필수적인 역할을 한다. 전기 자동차의 장거리 주행, 신재생 에너지의 안정적인 공급, 스마트 그리드 구축 등 다양한 분야에서 활용되고 있으며, 탄소중립을 위한 필수 기술 중의 하나로 세계 곳곳에서는 더욱 높은 에너지 밀도, 빠른 충전 속도, 긴 수명, 안전한 사용 등 발전된 2차 전지를 개발하기 위해 많은 노력을 기울이고 있다. 대표적인 차세대 2차 전지로는 고체 전해질을 사용하는 전고체 전지, 황을 양극으로 사용하는 리튬 황 전지, 금속을 음극에, 공기를 양극에 사용하는 금속 공기 전지, 나트륨 이온 전지, 칼륨이나 마그네슘을 사용하는 다가이온 전지가 있으며, 이 외에도 소재 개발 및 제조 공정 연구도 활발하게 이루어지고 있다.

2차 전지는 우리의 삶을 편리하게 만들고 지속 가능한 미래를 위한 필수적인 기술이다. 차세대 2차 전지 기술은 다양한 산업 분야의 혁신을 이끌어 낼 것이다. 안전성, 효율 등 해결해야 할 문제는 산적해 있지만 막대한 부가가치를 가지고 있으므로 새로운 시대를 열어갈 핵심기술이 될 것이다.

① 2차 전지의 발전은 미래 산업의 혁신을 이끌어 낼 것이다.
② 과충전 및 과방전은 2차 전지의 성능 및 수명을 단축시킨다.
③ 지속 가능한 개발을 위해 앞으로 2차 전지의 중요성이 더욱 강조될 것이다.
④ 최초의 2차 전지인 납축 전지는 현재까지도 전기 자동차의 시동을 걸 때 사용된다.
⑤ 2차 전지 내부의 이온은 전해질을 통해 양쪽의 극으로 이동하며 전기를 발생시킨다.

09

레이저절단 가공은 고밀도, 고열원의 레이저를 절단하고자 하는 소재로 쏘아 절단 부위를 녹이고 증발시켜 소재를 절단하는 최첨단 기술이다. 레이저절단 가공은 일반 가공법으로는 작업이 불가능한 절단면 및 복잡하고 정교한 절단 형상을 신속하고 정확하게 절단하여 가공할 수 있고, 절단하고자 하는 소재의 제약도 일반 가공법에 비해 자유롭다. 또한 재료와 직접 접촉하지 않으므로 절단 소재의 물리적 변형이 적어 깨지기 쉬운 소재도 다루기 쉽고, 다른 열절단 가공에 비해 열변형의 우려가 적다. 이런 장점으로 반도체 소자가 나날이 작아지고 더욱 정교해지면서 레이저절단 가공은 반도체산업에서는 이제 없어서는 안 될 필수적인 과정이 되었다.

① 레이저절단 가공 작업 중에는 기체가 발생한다.
② 과거 반도체소자의 정교함은 현재 반도체소자에 미치지 못하였을 것이다.
③ 레이저절단 가공은 절단 부위를 녹이므로 열변형의 우려가 큰 가공법이다.
④ 현재 기술력으로는 다른 가공법을 사용하여 반도체소자를 다루기 힘들 것이다.
⑤ 두께가 얇아 깨지기 쉬운 반도체 웨이퍼는 레이저절단 가공으로 가공하여야 한다.

10

한국인의 대표적 만성질환인 당뇨병은 소변을 통해 포도당이 대량으로 유출되는 병이다. 대한당뇨병학회가 공개한 자료에 따르면 2020년 기준 30세 이상 한국인 중 당뇨 유병자는 약 600만 명으로, 6명 중 1명이 당뇨병을 앓는 것으로 나타났다.
우리 몸은 식사와 소화를 통해 생산한 포도당을 세포에 저장하기 위해 췌장에서 인슐린을 분비한다. 인슐린은 세포의 겉에 있는 인슐린 수용체와 결합하여 포도당을 글리코겐으로 변환하게 된다. 이 과정에서 문제가 생기면 혈액 속의 포도당을 처리하지 못해 당뇨병에 걸리게 되는데 췌장에 문제가 생겨 인슐린이 분비되지 않으면 1형 당뇨, 인슐린 수용체가 부족하거나 인슐린 저항성이 생겨 인슐린 작용에 문제가 생기면 2형 당뇨로 구분한다. 특히 대부분의 당뇨병 환자는 2형 당뇨로 전체 당뇨병환자의 약 90%를 차지한다.
유전적 요인이 크게 작용하는 1형 당뇨는 평생 인슐린 주사에 의존해야 하며, 비만, 운동부족 등 생활 습관적 요인이 크게 작용하는 2형 당뇨는 생활 습관 개선이나 경구 혈당강하제로 관리할 수 있지만 지속될 경우 인슐린 주사가 필요할 수 있다.

① 나쁜 생활 습관은 1형 당뇨를 유발할 수 있다.
② 2형 당뇨 초기에는 혈당강하제를 통해 혈당을 관리할 수 있다.
③ 당뇨병은 혈액 속에 남아있는 포도당이 소변을 통해 배출되는 병이다.
④ 2020년 당뇨 유병자 기준 2형 당뇨를 앓고 있는 사람은 약 540만 명이다.
⑤ 포도당이 글리코겐으로 세포에 저장되기 위해서는 인슐린과 인슐린 수용체가 결합해야 한다.

11

커피 찌꺼기를 일컫는 커피박이라는 단어는 우리에게 생소한 편이다. 하지만 외국에서는 커피 웨이스트(Coffee Waste), 커피 그라운드(Coffee Ground) 등 다양한 이름으로 불린다. 커피박은 커피 원두로부터 액을 추출한 후 남은 찌꺼기를 말하는데 이는 유기물뿐만 아니라 섬유소, 리그닌, 카페인 등 다양한 물질을 풍부하게 함유하고 있어 재활용 가치가 높은 유기물 자원으로 평가받고 있다. 특히 우리나라는 높은 커피 소비국으로 2007년부터 2010년까지의 관세청 자료에 의하면 매년 지속적으로 커피원두 및 생두 수입이 지속적으로 증가한 것으로 나타났다. 1인당 연간 커피 소비량은 2019년 기준 평균 328잔 정도에 달하며 커피 한잔에 사용되는 커피콩은 0.2%, 나머지는 99.8%로 커피박이 되어 생활폐기물 혹은 매립지에서 소각처리된다.

이렇게 커피 소비량이 증가하고 있는 가운데 커피를 마시고 난 후 생기는 부산물인 커피박도 연평균 12만 톤 이상 발생하고 있는 것으로 알려져 있다. 막대한 양의 커피박은 폐기물로 분류되며 폐기처리만 해도 큰 비용이 발생된다.

따라서 우리나라와 같이 농업분야의 유기성 자원이 절대적으로 부족한 곳에서는 비료 원자재 대부분을 수입산에 의존하고 있는데, 원재료 매입비용이 적은 반면 부가가치를 창출할 수 있는 수익성이 매우 높은 재료로 커피박 자원을 재활용할 수 있다면 자원절감과 비용절감 두 마리 토끼를 잡을 수 있을 것으로 기대된다.

또한 커피박은 부재료 선택에 신경을 쓴다면 분명 더 나은 품질의 퇴비가 될 수 있다고 전문가들은 지적한다. 그 가운데 톱밥, 볏짚, 버섯폐배지, 한약재 찌꺼기, 쌀겨, 스테비아분말, 채종유박, 깻묵 등의 부재료 화학성 pH는 4.9 ~ 6.4, 총탄소 4 ~ 54%, 총질소 0.08 ~ 10.4%, 탄질률 7.8 ~ 680으로 매우 다양했다. 특히 한약재 찌꺼기의 질소함량이 가장 높았고 유기물함량은 톱밥이 가장 높았다.

유기물 퇴비를 만들기 위한 조건은 수분함량, 공기, 탄질비, 온도 등이 중요하다. 흔히 유기퇴비의 원료로는 농가에서 쉽게 찾아볼 수 있는 볏짚, 나무껍질, 깻묵, 쌀겨 등이 있다. 그밖에 낙엽이나 산야초를 베어 퇴비를 만들어도 되지만 일손과 노동력이 다소 소모된다는 단점이 있다. 무엇보다 양질의 퇴비를 만들기 위해서는 재료로 사용되는 자재가 지닌 기본적인 탄소와 질소의 비율이 중요한데 탄질률은 20 ~ 30 : 1 인 것이 가장 이상적이다. 농촌진흥청 관계자는 이에 대해 "탄질률은 퇴비의 분해 속도와 관련이 있어 지나치게 질소가 많거나 탄소성분이 많을 경우 양질의 퇴비를 얻을 수 없다. 또한 퇴비재료에 미생물이 첨가되면서 자연 분해되면 열이 발생하는데 이는 유해 미생물을 죽일 수 있어 양질의 퇴비를 얻기 위해서는 퇴비 더미의 온도를 50℃ 이상으로 유지하는 것이 바람직하다."고 밝혔다.

① 퇴비 재료에 있는 유해 미생물을 50℃ 이상의 고온을 통해 없앨 수 있다.

② 비료에서 중요한 성분인 질소가 많이 함유되어 있을수록 좋은 비료라고 할 수 있다.

③ 커피박을 이용하여 유기 비료를 만드는 것은 환경 보호뿐만 아니라 경제적으로도 이득이다.

④ 커피박과 함께 비료에 들어갈 부재료를 고를 때에는 질소나 유기물이 얼마나 들어있는지가 중요한 기준이다.

⑤ 커피박을 이용하여 유기 비료를 만들 때, 질소 보충이 필요한 사람이라면 한약재 찌꺼기를 첨가하는 것이 좋다.

김치는 넓은 의미에서 소금, 초, 장 등에 '절인 채소'를 말한다. 김치의 어원인 '딤채(沈菜)'도 '담근 채소'라는 뜻이다. 그러므로 깍두기, 오이지, 오이소박이, 단무지는 물론 장아찌까지도 김치류에 속한다고 볼 수 있다. 우리나라의 김치는 '지'라고 불렸다. 그래서 짠지, 싱건지, 오이지 등의 김치에는 지금도 '지'가 붙는다. 초기의 김치는 단무지나 장아찌에 가까웠을 것이다.

처음에는 서양의 피클이나 일본의 쓰케모노와 비슷했던 김치가 이들과 전혀 다른 음식이 된 것은 젓갈과 고춧가루를 쓰기 시작하면서부터이다. 하지만 이때에도 김치의 주재료는 무나 오이였다. 우리가 지금 흔히 먹는 배추김치는 18세기 말 중국으로부터 크고 맛이 좋은 배추 품종을 들여온 뒤로 사람들이 널리 담그기 시작하였고, 20세기에 들어와서야 무김치를 능가하게 되었다.

김치와 관련하여 우리나라 향신료의 대명사로 쓰이는 고추는 생각만큼 오랜 역사를 갖고 있지 못하다. 중미 멕시코가 원산지인 고추는 '남만초'나 '왜겨자'라는 이름으로 16세기 말 조선에 전래되어 17세기부터 서서히 보급되다가 17세기 말부터 가루로 만들어 비로소 김치에 쓰이게 되었다. 조선 전기까지 주요 향신료는 후추, 천초 등이었고, 이 가운데 후추는 값이 비싸 쉽게 얻을 수 없었다. 19세기 무렵에 와서 고추는 향신료로서 압도적인 우위를 차지하게 되었다. 그 결과 후추는 더 이상 고가품이 아니게 되었으며, '산초'라고도 불리는 천초의 경우 지금에 와서는 간혹 추어탕에나 쓰일 정도로 되었다.

우리나라의 고추는 다른 나라의 고추 품종과 달리 매운맛에 비해 단맛 성분이 많고, 색소는 강렬하면서 비타민C 함유량이 매우 많다. 더구나 고추는 소금이나 젓갈과 어우러져 몸에 좋은 효소를 만들어 내고 몸의 지방 성분을 산화시켜 열이 나게 함으로써 겨울의 추위를 이기게 하는 기능이 있다. 고추가 김장김치에 사용되기 시작한 것도 이 때문이라고 한다.

① 19세기 이후 후추와 천초는 향신료로서의 우위를 고추에 빼앗겼다.

② 배추김치가 김치의 대명사가 된 것은 불과 100여 년밖에 되지 않았다.

③ 초기의 김치는 서양의 피클이나 일본의 쓰케모노와 크게 다르지 않았다.

④ 김장김치에 고추가 사용되기 시작한 것은 몸에 열을 발생시키는 효능 때문이다.

⑤ 고추가 들어오기 전까지는 김치에 고추 대신 후추, 천초와 같은 향신료를 사용하였다.

태양빛은 흰색으로 보이지만 실제로는 다양한 파장의 가시광선이 혼합되어 나타난 것이다. 프리즘을 통과시키면 흰색 가시광선은 파장에 따라 붉은빛부터 보랏빛까지의 무지갯빛으로 분해된다. 가시광선의 파장 범위는 390 ~ 780nm* 정도인데 보랏빛이 가장 짧고 붉은빛이 가장 길다. 빛의 진동수는 파장과 반비례하므로 진동수는 보랏빛이 가장 크고 붉은빛이 가장 작다. 태양빛이 대기층에 입사하여 산소나 질소 분자와 같은 공기 입자(직경 0.1 ~ 1nm 정도), 먼지 미립자, 에어로졸**(직경 1 ~ 100,000nm 정도) 등과 부딪치면 여러 방향으로 흩어지는데 이러한 현상을 산란이라 한다. 산란은 입자의 직경과 빛의 파장에 따라 '레일리(Rayleigh) 산란'과 '미(Mie) 산란'으로 구분된다.

레일리 산란은 입자의 직경이 파장의 1/10보다 작을 경우에 일어나는 산란을 말하는데 그 세기는 파장의 네제곱에 반비례한다. 대기의 공기 입자는 직경이 매우 작아 가시광선 중 파장이 짧은 빛을 주로 산란시키며, 파장이 짧을수록 산란의 세기가 강하다. 따라서 맑은 날에는 주로 공기 입자에 의한 레일리 산란이 일어나서 보랏빛이나 파란빛이 강하게 산란되는 반면 붉은빛이나 노란빛은 약하게 산란된다. 산란되는 세기로는 보랏빛이 가장 강하겠지만 우리 눈은 보랏빛보다 파란빛을 더 잘 감지하기 때문에 하늘은 파랗게 보이는 것이다. 만약 태양빛이 공기 입자보다 큰 입자에 의해 레일리 산란이 일어나면 공기 입자만으로는 산란이 잘되지 않던 긴 파장의 빛까지 산란되어 하늘의 파란빛은 상대적으로 엷어진다.

미 산란은 입자의 직경이 파장의 1/10보다 큰 경우에 일어나는 산란을 말하는데 주로 에어로졸이나 구름 입자 등에 의해 일어난다. 이때 산란의 세기는 파장이나 입자 크기에 따른 차이가 거의 없다. 구름이 흰색으로 보이는 것은 미 산란으로 설명된다. 구름 입자(직경 20,000nm 정도)처럼 입자의 직경이 가시광선의 파장보다 매우 큰 경우에는 모든 파장의 빛이 고루 산란된다. 이 산란된 빛이 동시에 우리 눈에 들어오면 모든 무지갯빛이 혼합되어 구름이 하얗게 보인다. 이처럼 대기가 없는 달과 달리 지구는 산란 효과에 의해 파란 하늘과 흰 구름을 볼 수 있다.

*nm(나노미터) : 물리학적 계량 단위(1nm=10^{-9}m)
**에어로졸 : 대기 중 또는 가스에 떠 있는 미세한 액체나 고체 입자의 부유물

① 가시광선의 파란빛은 보랏빛보다 진동수가 작다.
② 프리즘으로 분해한 태양빛을 다시 모으면 흰색이 된다.
③ 파란빛은 가시광선 중에서 레일리 산란의 세기가 가장 크다.
④ 빛의 진동수가 2배가 되면 레일리 산란의 세기는 16배가 된다.
⑤ 달의 하늘에서는 공기 입자에 의한 태양빛의 산란이 일어나지 않는다.

14 다음 중 '브레히트'가 〈보기〉의 입장을 가진 '아리스토텔레스'에게 제기할 만한 의문으로 가장 적절한 것은?

오페라는 이른바 수준 있는 사람들이 즐기는 고상한 예술이라고 생각하는 사람들이 많다. 그런데 오페라 앞에 '거지'라든가 '서 푼짜리' 같은 단어를 붙인 '거지 오페라', '서 푼짜리 오페라'라는 것이 있다. 이렇게 어울리지 않는 단어들로 제목을 억지로 조합해 놓은 의도는 무엇일까?

영국 작가 존 게이는 당시 런던 오페라무대를 점령했던 이탈리아 오페라에 반기를 들고, 1782년에 이와는 완전히 대조적인 성격의 거지 오페라를 만들었다. 그는 이탈리아 오페라가 일반인의 삶과 거리가 먼 신화나 왕, 귀족들의 이야기를 소재로 한데다가 영국 관객들이 이해하지 못하는 이탈리아어로 불린다는 점에 불만을 품었다. 그는 등장인물의 신분을 과감히 낮추고 음악 형식도 당시의 민요와 유행가를 곁들여 사회의 부패상을 통렬하게 풍자하였다. 이렇게 만들어진 거지 오페라는 이탈리아 오페라에 대항하는 서민 오페라로 런던에서 선풍적인 인기를 끌었다.

1928년에 독일의 극작가 브레히트는 작곡가 쿠르트 바일과 손잡고 거지 오페라를 번안한 서 푼짜리 오페라를 만들었다. 그는 형식과 내용 면에서 훨씬 적극적이고 노골적으로 당시 사회를 비판한다. 이 극은 밑바닥 사람들의 삶을 통해 위정자들의 부패와 위선을 그려 계급적 갈등과 사회적 모순을 드러내고 있다. 브레히트는 감정이입과 동일시에 근거를 둔 종래의 연극에 반기를 들고 낯선 기법의 서사극을 만들었다. 등장인물이 극에서 빠져나와 갑자기 해설사의 역할을 하게 함으로써 관객들이 극에 몰입하지 않고 지금 연극을 보고 있다는 사실을 자각하도록 한 것이다.

이처럼 존 게이와 브레히트는 종전의 극과는 다른 형식과 내용의 극을 지향했다. 제목을 서로 어울리지 않는 단어들로 조합하고 새로운 형식을 도입한 이유는 기존의 관점을 뒤집어 보게 하려는 의도였다. 그 이면에는 사회의 부조리를 풍자하고자 하는 의도가 깔려있었다.

보기

아리스토텔레스는 예술을 통한 관객과 극중 인물과의 감정 교류와 공감을 강조했다. 그는 관객들이 연극을 통해 타인의 경험과 감정, 상황을 받아들이고 나아가 극에 이입하고 몰두함으로써 쌓여 있던 감정을 분출하며 느끼는, 이른바 카타르시스를 경험하게 된다고 주장하였다.

① 극과 거리를 두고 보아야 오히려 카타르시스를 경험할 수 있지 않나요?
② 관객이 몰입하게 되면 사건을 객관적으로 바라보기 어려운 것 아닌가요?
③ 해설자 역할을 하는 인물이 있어야 관객의 몰입을 유도할 수 있지 않나요?
④ 낯선 기법을 쓰면 관객들이 극중 인물과 더 쉽게 공감할 수 있지 않을까요?
⑤ 동일시를 통해야만 풍자하고 있는 사회의 모습을 더 잘 알 수 있지 않을까요?

15 다음 글을 〈보기〉와 같은 순서로 재구성하려고 할 때, 논리적 순서대로 바르게 나열한 것은?

(가) 최근 전자상거래 시장에서 소셜 커머스 열풍이 거세게 불고 있다. 할인율 50%라는 파격적인 조건으로 검증된 상품을 구매할 수 있다는 입소문이 나면서 국내 소셜 커머스 시장의 규모가 급성장하고 있다. 시장 규모가 커지다 보니 개설된 소셜 커머스 사이트가 수백 개에 달하고, 소셜 커머스 모임 사이트까지 등장할 정도로 소셜 커머스의 인기가 날로 높아지고 있다.

(나) 현재 국내 소셜 커머스는 일정 수 이상의 구매자가 모일 경우 파격적인 할인가로 상품을 판매하는 방식의 소셜 쇼핑이 주를 이루고 있다. 그러나 소셜 쇼핑 외에도 SNS상에 개인화된 쇼핑 환경을 만들거나 상거래 전용공간을 여는 방식의 소셜 커머스도 등장하고 있다. 소셜 커머스의 소비자는 판매자(생산자)의 상품을 구매하는 데서 그치지 않고 판매자들로 하여금 자신들이 원하는 물건을 판매하도록 유도할 수 있으며, 자신들 스스로가 새로운 소비자를 끌어모을 수도 있다. 이러한 소비자의 변모는 소비자의 역할뿐만 아니라 상거래 지형이 크게 변화할 것임을 시사한다. 소셜 커머스 시대에는 소비자가 상거래의 주도권을 쥐는 일이 가능해진 것이다.

(다) 소셜 커머스란 소셜 네트워크 서비스(SNS)를 통하여 이루어지는 전자상거래를 가리키는 말이다. 소셜 커머스는 상품의 구매를 원하는 사람들이 할인을 성사하기 위하여 공동 구매자를 모으는 과정에서 주로 SNS를 이용하는 데서 그 명칭이 유래되었다. 소셜 커머스는 2005년 '야후(Yahoo)'의 장바구니 공유서비스인 '쇼퍼스피어(Shopersphere)' 같은 사이트를 통하여 처음 소개되었다.

보기

국내 소셜 커머스의 현황 → 소셜 커머스의 명칭 유래 및 등장 배경 → 소셜 커머스의 유형 및 전망

① (가) – (나) – (다) ② (가) – (다) – (나)
③ (나) – (가) – (다) ④ (나) – (다) – (가)

16 다음 글에서 〈보기〉의 문장이 들어갈 위치로 가장 적절한 곳은?

베블런효과는 가격이 오를수록 수요가 증가하는 비정상적인 소비 현상을 설명하는 경제학 이론이다. (가) 일반적인 수요 법칙과 달리 베블런효과는 주로 사치품이나 명품에서 나타나며, 소비자가 높은 가격을 지불함으로써 사회적 지위나 부를 과시하려는 것이다. (나)

베블런효과의 문제점은 경제적 불균형과 과도한 소비를 초래할 수 있다는 점이다. 고가의 사치품에 대한 과시적 소비는 소득 격차를 더욱 부각시키고 사회적 불평등을 심화시킬 수 있다. (다) 또한, 이러한 소비 패턴은 실질적인 필요보다는 과시적 욕구에 기반하므로 자원의 비효율적 배분을 초래할 수 있다. (라) 기업 입장에서는 이러한 소비자 심리를 이용해 가격을 인위적으로 높이는 전략을 구사할 수 있지만, 이는 장기적으로 소비자 신뢰를 저하시킬 위험이 있다. (마) 베블런효과는 소비자 행동 연구와 시장 전략 수립에 중요한 개념이지만, 그 부작용을 고려한 신중한 접근이 필요하다.

보기

예를 들어 고가의 명품 가방이나 시계는 그 자체의 기능보다 소유자의 재력 등 우월의식을 드러내는 역할을 한다.

---

① (가)
② (나)
③ (다)
④ (라)
⑤ (마)

17 다음 글을 읽고 알 수 있는 내용으로 적절하지 않은 것은?

전 세계적인 과제로 탄소중립이 대두되자 친환경적 운송수단인 철도가 주목받고 있다. 특히 국제에너지기구는 철도를 에너지 효율이 가장 높은 운송수단으로 꼽으며, 철도 수송을 확대하면 세계 수송부문에서 온실가스 배출량이 그렇지 않을 때보다 약 6억 톤이 줄어든다고 하였다.

특히 철도의 에너지 소비량은 도로의 22분의 1이고, 온실가스 배출량은 9분의 1에 불과하기에 탄소배출이 높은 도로 운행의 수요를 친환경 수단인 철도로 전환한다면 수송 부문 총배출량이 획기적으로 감소할 것으로 전망하고 있다.

이에 발맞추어 우리나라의 S철도공단 역시 '녹색교통'인 철도 중심 교통체계를 구축하기 위해 박차를 가하고 있다. 정부 또한 '2050 탄소중립 실현' 목표에 맞춰 저탄소 철도 인프라 건설·관리로 탄소를 지속적으로 감축하고자 노력하고 있다.

S철도공단은 철도 인프라 생애주기 관점에서 탄소를 감축하기 위해 먼저 철도 건설 단계에서부터 친환경·저탄소 자재를 적용해 탄소 배출을 줄이고 있다. 실제로 중앙선 안동 ~ 영천 간 궤도 설계당시 철근 대신에 저탄소 자재인 유리섬유 보강근을 콘크리트 궤도에 적용했으며, 이를 통한 탄소감축효과는 약 6,000톤으로 추정된다. 이 밖에도 저탄소 철도 건축물 구축을 위해 2025년부터 모든 철도 건축물을 에너지 자립률 60% 이상(3등급)으로 설계하기로 결정했으며, 도심의 철도 용지는 지자체와의 협업을 통해 도심 속 철길 숲 등 탄소 흡수원이자 지역민의 휴식처로 철도부지 특성에 맞게 조성되고 있다.

S철도공단은 이와 같은 철도로의 수송 전환으로 약 20%의 탄소 감축 목표를 내세웠으며, 이를 위해서는 정부의 노력도 필요하다고 강조하였다. 특히 수송 수단 간 공정한 가격 경쟁이 이루어질 수 있도록 도로 차량에 집중된 보조금 제도를 화물차의 탄소배출을 줄이기 위한 철도 전환교통 보조금으로 확대하는 등 실질적인 방안의 필요성을 제기하고 있다.

① 녹색교통으로 철도 수송이 대두된 배경
② 철도 수송 확대를 통해 기대할 수 있는 효과
③ 국내의 탄소 감축 방안이 적용된 설계 사례
④ 정부가 철도 중심 교통체계 구축을 위해 시행한 조치
⑤ S철도공단의 철도 중심 교통체계 구축을 위한 방안

┃ 2024년 하반기 SK그룹

18

인간의 존엄성, 자유, 평등과 같은 가치는 문화, 사회, 시대를 넘어 대부분의 사람들이 공유하고 동의하는 가치관인 보편적 가치로 알려져 있다. 그러나 보편적 가치는 사회에서 규정된 법과 서로 상충하는 경우가 생긴다. 예를 들어 난민 문제에서는 인도주의적 가치와 국가 안보를 위한 필요성이 서로 충돌할 수 있다. 이와 같이 보편적 가치와 법이 충돌하는 것은 기원전 고대 그리스의 소포클레스의 희곡 『안티고네』에서도 나타나고 있다.

오이디푸스의 딸인 안티고네는 두 명의 오빠 에테오클래스, 폴리네이케스가 있었는데, 이 두 명은 고대 폴리스인 테베의 왕권을 두고 전쟁을 하던 중 죽게 된다. 에테오클래스와 폴리네이케스가 죽고 난 뒤 왕위에 오른 안티고네의 외숙부 크레온은 에테오클래스는 성대하게 장례를 치러 주었지만, 외세의 군대를 끌고 온 폴리네이케스는 들판에 버려두어 누구든지 장례를 치르거나 애도를 한다면 사형에 처할 것이라고 공표한다. 그러나 안티고네는 자신의 양심에 따라 오빠인 폴리네이케스가 들판에 버려져 있는 것을 볼 수 없어 그의 시신을 묻어주었다가 붙잡힌다. 크레온은 자신의 명령을 어긴 안티고네에게 분노하여 그녀가 굶어 죽도록 산 채로 무덤에 가둔다. 이때 테베의 유명한 장님 예언가인 테이레시아스가 크레온을 찾아와 신의 법도에 따라 행동한 안티고네를 가두었으니 곧 큰 불행이 올 것이라고 예언하게 된다. 이에 크레온은 자신의 결정을 후회하고 안티고네를 풀어주려고 하였으나, 이미 안티고네는 무덤 속에서 목을 매달아 스스로 목숨을 끊은 상태였다. 이 사건으로 인해 크레온의 아들이자 안티고네의 약혼자인 하이몬은 아버지를 죽이려다 실패하여 스스로 목숨을 끊었고, 하이몬의 어머니이자 크레온의 아내인 에우리디케도 남편을 저주하며 목숨을 끊는 연속적인 비극이 일어나게 된다.

안티고네의 비극적 죽음은 개인의 신념과 사회적 법 사이의 충돌을 보여주고 있다. 이는 앞서 말한 것과 같이 고대 그리스에 한정된 것이 아니라 시대를 초월하여 현재에도 발생하는 문제로서 인간이 도덕적이기 위해서는 신념과 법이 충돌할 때 어떤 선택을 해야 하는지 의문점을 던지고 있는 작품이다.

① 테베 내전의 정치적 갈등과 권력 다툼
② 개인의 양심과 사회적 질서의 차이 분석
③ 고대 그리스 시기 신의 법도가 가지는 의미
④ 개인의 의무와 국가의 권위 사이의 갈등과 결과
⑤ 자연법과 실정법 사이의 상충과 도덕적인 인간의 선택

19

정부는 탈원전·탈석탄 공약에 발맞춰 2030년까지 전체 국가발전량의 20%를 신재생에너지로 채운다는 정책목표를 수립하였다. 목표를 달성하기 위해 신재생에너지에 대한 송·변전 계획을 제8차 전력 수급기본계획에 처음으로 수립하겠다는 게 정부의 방침이다.

정부는 기존의 수급계획이 수급 안정과 경제성을 중점적으로 수립된 것에 반해, 8차 계획은 환경성과 안전성을 중점으로 하였으며 신규 발전설비는 원전, 석탄화력 발전에서 친환경, 분산형 재생에너지와 LNG 발전을 우선시하는 방향으로 수요관리를 통합하여 합리적 목표 수용 결정에 주안점을 두었다고 밝혔다.

그동안 많은 NGO 단체에서 에너지분산에 관한 다양한 제안을 해왔지만 정부 차원에서 고려하거나 논의가 활발히 진행된 적은 거의 없었으며 명목상으로 포함하는 수준이었다. 그러나 이번 정부에서는 탈원전·탈석탄 공약을 제시하는 등 중앙집중형 에너지 생산시스템에서 분산형 에너지 생산시스템으로 정책의 방향을 전환하고자 한다.

중앙집중형 에너지 생산시스템은 환경오염, 송전선 문제, 지역에너지 불균형 문제 등 다양한 사회적인 문제를 야기하였다. 하지만 그동안은 값싼 전기인 기저 전력을 편리하게 사용할 수 있는 환경을 조성하고자 하는 기존 에너지계획과 전력 수급계획에 밀려 중앙집중형 발전원 확대가 꾸준히 진행되었다. 그러나 현재 중앙집중형 에너지정책에서 분산형 에너지정책으로 전환을 모색하기 위한 다각도의 노력을 하고 있다. 이러한 정부의 정책변화와 아울러 석탄화력 발전소가 국내 미세먼지에 주는 영향과 일본 후쿠시마 원자력 발전소 문제, 국내 경주 대지진 및 포항 지진 문제 등으로 인한 원자력에 대한 의구심 또한 커지고 있다.

제8차 전력 수급계획(안)에 의하면, 우리나라의 에너지정책은 격변기를 맞고 있다. 우리나라는 현재 중앙집중형 에너지 생산시스템이 대부분이며 분산형 전원시스템은 그 설비용량이 극히 적은 상태이다. 또한 우리나라의 발전설비는 105GW이며, 지난해 최대 전력치를 보면 80GW 수준이므로 25GW 정도의 여유가 있는 상태이다. 25GW라는 여유는 원자력 발전소 약 25기 정도의 전력 생산 설비가 여유 있는 상황이라고 볼 수 있다. 또한 제7차 전력 수급기본계획에서 전기수요 증가율을 4.3 ~ 4.7%라고 예상하였으나 실제 증가율은 1.3 ~ 2.8% 수준에 그쳤다는 점은 우리나라의 전력 소비량 증가량이 둔화하고 있는 상태라는 것을 나타내고 있다.

① 에너지 분권의 필요성과 방향
② 중앙집중형 에너지정책의 한계점
③ 전력 소비량과 에너지 공급량의 문제점
④ 중앙집중형 에너지 생산시스템의 발전 과정

20

현재 우리나라의 진료비 지불제도는 여러 가지 종류를 시행하고 있지만 가장 주도적으로 시행되는 지불제도는 행위별수가제도이다. 행위별수가제는 의료기관에서 의료인이 제공한 의료서비스(행위, 약제, 치료 재료 등)에 대해 서비스 별로 가격(수가)을 정하여 사용량과 가격에 의해 진료비를 지불하는 제도로 의료보험 도입 당시부터 채택하고 있는 지불제도이다. 그러나 최근 관련 전문가들로부터 이러한 지불제도를 개선해야 한다는 목소리가 많이 나오고 있다.

조사에 의하면 우리나라의 국민의료비를 증대시키는 주요 원인은 고령화로 인한 진료비 증가와 행위별수가제로 인한 비용의 무한 증식이다. 현재 우리나라의 국민의료비는 OECD 회원국 중 최상위를 기록하고 있으며 앞으로 더욱 심화될 것으로 예측된다. 특히 행위별수가제는 의료행위를 할수록 지불되는 진료비가 증가하므로 CT, MRI 등 영상검사 등을 중심으로 의료 남용이나 과다 이용 문제가 발생하고 있고, 병원의 이익 증대를 위하여 환자에게는 의료비 부담을, 의사에게는 업무 부담을, 건강보험에는 재정 부담을 증대시키고 있다.

이러한 행위별수가제의 문제점을 개선하기 위해 일부 질병군에서는 환자가 입원해서 퇴원할 때까지 발생하는 진료에 대하여 질병마다 미리 정해진 금액을 내는 제도인 포괄수가제를 시행 중이며, 요양병원, 보건기관에서는 입원 환자의 질병, 기능 상태에 따라 입원 1일당 정액수가를 적용하는 정액수가제를 병행하여 실시하고 있지만 비용 산정의 경직성, 의사 비용과 병원 비용의 비분리 등 여러 가지 문제점이 있어 현실적으로 효과를 내지 못하고 있다는 지적이 나오고 있다.

기획재정부와 보건복지부는 시간이 지날수록 건강보험 적자는 계속 증대되어 머지않아 고갈될 위기에 있다고 발표하였다. 당장 행위별수가제를 전면적으로 폐지할 수는 없으므로 기존의 다른 수가제의 문제점을 개선하여 확대하는 등 의료비 지불방식의 다변화가 구조적으로 진행되어야 할 것이다.

① 신포괄수가제의 정의
② 건강보험의 재정 상황
③ 행위별수가제의 한계점
④ 의료비 지불제도의 역할
⑤ 다양한 의료비 지불제도 소개

동양사상이라 해서 언어와 개념을 무조건 무시하는 것은 결코 아니다. 만약 그렇다면 동양사상은 경전이나 저술을 통해 언어화되지 않고 순전히 침묵 속에서 전수되어 왔을 것이다. 물론 이것은 사실이 아니다. 동양사상도 끊임없이 언어적으로 다듬어져 왔으며 논리적으로 전개되어 왔다. 흔히 동양사상은 신비주의적이라고 말하지만, 이것은 동양사상의 한 면만을 특정 지우는 것이지 결코 동양의 철인(哲人)들이 사상을 전개함에 있어 논리를 무시했다거나 항시 어떤 신비적인 체험에 호소해서 자신의 주장들을 폈다는 것을 뜻하지는 않는다. 그러나 역시 동양사상은 신비주의적임에 틀림없다. 거기서는 지고(至高)의 진리란 언제나 언어화될 수 없는 어떤 신비한 체험의 경지임이 늘 강조되어 왔기 때문이다. 최고의 진리는 언어 이전, 혹은 언어 이후의 무언(無言)의 진리이다. 엉뚱하게 들리겠지만, 동양사상의 정수(精髓)는 말로써 말이 필요 없는 경지를 가리키려는 데에 있다고 해도 과언이 아니다. 말이 스스로를 부정하고 초월하는 경지를 나타내도록 사용된 것이다. 언어로써 언어를 초월하는 경지를 나타내고자 하는 것이야말로 동양철학이 지닌 가장 특징적인 정신이다. 동양에서는 인식의 주체를 심(心)이라는 매우 애매하면서도 포괄적인 말로 이해해 왔다. 심(心)은 물(物)과 항시 자연스러운 교류를 하고 있으며, 이성은 단지 심(心)의 일면일 뿐인 것이다. 동양은 이성의 오만이라는 것을 모른다. 지고의 진리, 인간을 살리고 자유롭게 하는 생동적 진리는 언어적 지성을 넘어선다는 의식이 있었기 때문일 것이다. 언어는 언제나 마음을 못 따르며 둘 사이에는 항시 괴리가 있다는 생각이 동양인들의 의식 저변에 깔려 있는 것이다.

① 동양사상은 신비주의적인 요소가 많다.
② 언어와 개념을 무시하면 동양사상을 이해할 수 없다.
③ 동양사상은 언어적 지식을 초월하는 진리를 추구한다.
④ 인식의 주체를 심(心)으로 표현하는 동양사상은 이성적이라 할 수 없다.
⑤ 동양사상에서는 언어는 마음을 따르므로 진리는 마음속에 있다고 주장한다.

| 2024년 상반기 포스코그룹

22

> 난자는 두 개의 반구로 구분할 수 있다. 하나는 영양소가 다량 함유된 난황이 있어 주로 저장의 역할을 하는 식물 반구, 다른 하나는 세포의 소기관들이 많이 분포해 주로 대사활동을 하는 부분인 동물 반구이다. 이 난자가 정자와 만나면 수정란이 되며 생명체는 이 하나의 단순한 수정란에서 세포의 증식, 분화, 형태형성의 단계를 거치면서 점차 복잡한 상태로 발전한다. 이런 과정을 '발생'이라 한다.
>
> 정자가 동물 반구로 진입해 난자와 만나면 색소들이 정자 진입지점 주변으로 모여 검은 점을 이룬다. 이때 동물 반구의 피질이 진입지점 방향으로 약간 회전하지만, 수정란 안쪽의 세포질은 피질과 함께 회전하지 않기 때문에 정자 진입지점 반대쪽에 있는 동물 반구 경계 부위의 세포질 부위가 회색 초승달처럼 보이게 된다. 이 회색 초승달을 '회색신월환'이라고 한다.
>
> 개구리와 같은 양서류의 경우, 다른 생명체와 비교할 수 있는 독특한 특징을 가지고 있다. 식물 반구의 피질에는 색소가 없고, 동물 반구의 피질에는 색소가 많으며 내부 세포질에는 색소가 적게 분포되어 있다는 점이다. 이런 특징으로 양서류의 수정란과 발생과정을 쉽게 관찰할 수 있었으며 많은 학자는 이러한 관찰을 통해 다양한 생물학적 이론을 발표할 수 있었다.
>
> 1920년대 독일의 생물학자 한스 슈페만은 도롱뇽을 통해 양서류의 발생을 연구하였다. 슈페만은 도롱뇽의 수정란을 하나는 회색신월환이 양쪽으로 나뉘도록 한 것과, 다른 하나는 이것이 한쪽에만 있도록 한 것 두 가지로 분류하여 관찰하였다. 관찰 결과 회색신월환이 둘로 나뉘어 포함된 수정란은 나뉜 두 세포 모두가 정상적인 발생과정을 보여주었으나 회색신월환이 없이 묶인 다른 하나는 정상적인 발생과정을 보이지 않았다.
>
> 이 실험을 통해 회색신월환은 정상적인 발생에 결정적인 역할을 하는 요소가 있다는 것을 알 수 있었으며, 1928년에 슈페만은 생명체 발달에 핵이 결정적인 역할을 한다는 사실을 발표하여 1935년 노벨 생리의학상을 받았다.

① 정자가 동물 반구로 진입해 난자와 융합되면 색소들이 정자 진입지점 주변으로 모여 회색 점을 이룬다.

② 생명체는 복잡한 수정란으로부터 시작되어 세포의 증식, 분화, 형성을 통해 발전한다.

③ 한스 슈페만은 개구리의 수정란을 통해 회색신월환의 중요성을 밝혀냈다.

④ 한스 슈페만은 노벨 생리의학상 수상자이다.

23

지진해일은 지진, 해저 화산폭발 등으로 바다에서 발생하는 파장이 긴 파도이다. 지진에 의해 바다 밑바닥이 솟아오르거나 가라앉으면 바로 위의 바닷물이 갑자기 상승 또는 하강하게 된다. 이 영향으로 지진해일파가 빠른 속도로 퍼져나가 해안가에 엄청난 위험과 피해를 일으킬 수 있다.

전 세계의 모든 해안 지역이 지진해일의 피해를 받을 수 있지만, 우리에게 피해를 주는 지진해일의 대부분은 태평양과 주변 해역에서 발생한다. 이는 태평양의 규모가 거대하고 이 지역에서 대규모 지진이 많이 발생하기 때문이다. 태평양에서 발생한 지진해일은 발생 하루 만에 발생지점에서 지구의 반대편까지 이동할 수 있으며, 수심이 깊을 경우 파고가 낮고 주기가 길기 때문에 선박이나 비행기에서도 관측할 수 없다.

먼 바다에서 지진해일 파고는 해수면으로부터 수십 cm 이하이지만 얕은 바다에서는 급격하게 높아진다. 수심이 6,000m 이상인 곳에서 지진해일은 비행기의 속도와 비슷한 시속 800km로 이동할 수 있다. 지진해일은 얕은 바다에서 파고가 급격히 높아짐에 따라 그 속도가 느려지며 지진해일이 해안가의 수심이 얕은 지역에 도달할 때 그 속도는 시속 45 ~ 60km까지 느려지면서 파도가 강해진다. 이것이 해안을 강타함에 따라 파도의 에너지는 더 짧고 더 얕은 곳으로 모여 무시무시한 파괴력을 가져 우리의 생명을 위협하는 파도로 발달하게 된다. 최악의 경우, 파고가 15m 이상으로 높아지고 지진의 진앙 근처에서 발생한 지진해일의 경우 파고가 30m를 넘을 수도 있다. 파고가 3 ~ 6m 높이가 되면 많은 사상자와 피해를 일으키는 아주 파괴적인 지진해일이 될 수 있다.

지진해일의 파도 높이와 피해 정도는 에너지의 양, 지진해일의 전파 경로, 앞바다와 해안선의 모양 등으로 결정될 수 있다. 또한 암초, 항만, 하구나 해저의 모양, 해안의 경사 등 모든 것이 지진해일을 변형시키는 요인이 된다.

① 태평양 인근에서 발생한 지진해일은 대부분 한 달에 걸쳐 지구 반대편으로 이동하게 된다.
② 지진해일이 해안가에 도달할수록 파도가 강해지며 속도는 800km에 달한다.
③ 지진해일은 파장이 짧으며, 화산폭발 등으로 인해 발생한다.
④ 해안의 경사는 지진해일에 아무런 영향을 주지 않는다.
⑤ 바다가 얕을수록 지진해일의 파고가 높아진다.

Easy

24

> 뉴턴은 빛이 눈에 보이지 않는 작은 입자라고 주장하였고, 이것은 그의 권위에 의지하여 오랫동안 정설로 여겨졌다. 그러나 19세기 초에 토머스 영의 겹실틈 실험은 빛의 파동성을 증명하였다. 이 실험의 방법은 먼저 한 개의 실틈을 거쳐 생긴 빛이 다음에 설치된 두 개의 겹실틈을 지나가게 하여 스크린에 나타나는 무늬를 관찰하는 것이다.
>
> 이때 빛이 파동이냐 입자이냐에 따라 결과 값이 달라진다. 즉, 빛이 입자라면 일자 형태의 띠가 두 개 나타나야 하는데, 실험 결과 스크린에는 예상과 다른 무늬가 나타났다. 마치 두 개의 파도가 만나면 골과 마루가 상쇄와 간섭을 일으키듯이, 보강 간섭이 일어난 곳은 밝아지고 상쇄 간섭이 일어난 곳은 어두워지는 간섭무늬가 연속적으로 나타난 것이다. 그러나 19세기 말부터 빛의 파동성으로는 설명할 수 없는 몇 가지 실험적 사실이 나타났다. 1905년에 아인슈타인은 빛은 광양자라고 하는 작은 입자로 이루어졌다는 광양자설을 주장하였다. 빛의 파동성은 명백한 사실이었으므로 이것은 빛이 파동이면서 동시에 입자인 이중적인 본질을 가지고 있다는 것을 의미하는 것이었다.

① 겹실틈 실험은 한 개의 실틈을 거쳐 생긴 빛이 다음 설치된 두 개의 겹실틈을 지나가게 해서 그 틈을 관찰하는 것이다.

② 토머스 영의 겹실틈 실험은 빛의 파동성을 증명하였지만, 이는 아인슈타인에 의해서 거짓으로 판명 났다.

③ 겹실틈 실험 결과, 일자 형태의 띠가 두 개 나타났으므로 빛은 입자이다.

④ 아인슈타인의 광양자설은 뉴턴과 토머스 영의 가설을 모두 포함한다.

⑤ 뉴턴의 가설은 그의 권위에 의해 현재까지도 정설로 여겨진다.

25

미국 로체스터대 교수 겸 노화연구센터 공동책임자인 베라 고부노바는 KAIST 글로벌전략연구소가 '포스트 코로나, 포스트 휴먼 – 의료·바이오 혁명'을 주제로 개최한 제3차 온라인 국제포럼에서 "대다수 포유동물보다 긴 수명을 가진 박쥐는 바이러스를 체내에 보유하고 있으면서도 염증반응이 일어나지 않는다."며 "박쥐의 염증 억제전략을 생물학적으로 이해하면 코로나19는 물론 자가면역질환 등 다양한 염증질환 치료제에 활용할 수 있을 것"이라고 말했다.

박쥐는 밀도가 높은 군집 생활을 한다. 또한, 포유류 중 유일하게 날개를 지닌 생물로서 뛰어난 비행 능력과 비행 중에도 고온의 체온을 유지하는 것 등의 능력으로 먼 거리까지 무리를 지어 날아다니기 때문에 쉽게 질병에 노출되기도 한다. 그럼에도 오랜 기간 지구상에 존재하며 바이러스에 대항하는 면역기능이 발달된 것으로 추정된다. 박쥐는 에볼라나 코로나바이러스에 감염돼도 염증반응이 일어나지 않기 때문에 대표적인 바이러스 숙주로 지목되고 있다.

고부노바 교수는 "인간이 도시에 모여 산 것도, 비행기를 타고 돌아다닌 것도 사실상 약 100년 정도로 오래되지 않아 박쥐만큼 바이러스 대항 능력이 강하지 않다."며 "박쥐처럼 약 6000 ~ 7000만 년에 걸쳐 진화할 수도 없다."라고 설명했다. 그러면서 "박쥐 연구를 통해 박쥐의 면역체계를 이해하고 바이러스에 따른 다양한 염증반응 치료제를 개발하는 전략이 필요하다."라고 강조했다.

고부노바 교수는 "이 같은 비교생물학을 통해 노화를 억제하고 퇴행성질환에 대응하기 위한 방법을 찾을 수 있다."며 "안전성이 확인된 연구 결과물들을 임상에 적용해 더욱 발전해 나가는 것이 필요하다."라고 밝혔다.

① 박쥐의 수명은 긴 편이지만 평균적인 포유류 생물의 수명보다는 짧다.
② 박쥐는 날개가 있는 유일한 포유류지만 짧은 거리만 날아서 이동이 가능하다.
③ 박쥐는 현재까지도 바이러스에 취약한 생물이지만 긴 기간 지구상에 존재할 수 있었다.
④ 박쥐가 많은 바이러스를 보유하고 있는 것은 무리생활과 더불어 수명과도 관련이 있다.
⑤ 박쥐의 면역은 인간에 직접 적용할 수 없기에 연구가 무의미하다.

레드와인이란 포도 과육을 압착하여 과즙을 만든 뒤, 여기에 포도 껍질과 씨를 넣고 양조통에서 일정 시간 발효시켜 당분을 제거한 주류를 말한다. 이 과정에서 포도 껍질과 씨앗 등에 있던 탄닌 성분이 우러나게 되면서 레드와인은 특유의 떫고 신맛이 생긴다.

레드와인은 원재료인 포도의 품종에 따라 붉은색에서 보라색까지 색상에 차이가 생기며, 이는 특히 포도 껍질과 관련이 있다. 또한 포도의 재배 환경에 따라서도 산도와 향, 와인 색상에도 차이가 생기는데, 날씨가 더울수록 산도가 약해지고 향은 진해진다.

이렇게 만들어진 레드와인은 적정량을 섭취하게 되면 항산화 성분을 얻을 수 있어 인체에 유익한 영향을 준다. 대표적인 효능으로는 레드와인의 섭취를 통해 얻은 항산화 성분의 영향으로 혈관질환의 개선, 인지기능의 향상, 호흡기관의 보호, 암 예방이 있다.

이외에도 지질 산화를 감소시키고 혈관 내벽을 두껍게 만들어 주기 때문에 고혈압과 관련된 심혈관계 질환에 도움이 되고, 세포의 노화를 감소시켜 치매와 세포 파괴 위험을 낮출 수 있다. 또한 소염 살균효과도 가지고 있어 호흡기에 환경오염 물질이 침투하지 않도록 보호하고, 폐에 악성종양이 생기는 것도 예방한다.

① 기온이 높은 환경에서 재배한 포도로 만든 와인일수록 레드와인 특유의 신맛이 강해진다.

② 진한 향의 레드와인을 선호할 경우 더운 지역의 포도로 제조한 것을 구매해야 한다.

③ 심혈관질환이 있는 모든 환자에게 일정량의 레드와인 섭취는 유익한 영향을 준다.

④ 같은 품종의 포도로 만든 레드와인의 색상은 동일하다.

⑤ 레드와인은 포도에서 과육만을 추출하여 만든다.

무선으로 전력을 주고받으면 전원을 직접 연결하는 유선보다 효율은 떨어지지만 전자제품을 자유롭게 이동하며 사용할 수 있는 장점이 있다. 이처럼 무선으로 전력을 주고받을 수 있도록 전자기를 활용하여 전기를 공급하거나 이용하는 기술이 무선 전력 전송방식인데 대표적으로 '자기유도 방식'과 '자기공명 방식' 두 가지를 들 수 있다.

자기유도 방식은 변압기의 원리와 유사하다. 변압기는 네모 모양의 철심 좌우에 코일을 감아, 1차 코일에 '+, −' 극성이 바뀌는 교류전류를 보내면 마치 자석을 운동시켜서 자기장을 형성하는 것처럼 1차 코일에서도 자기장을 형성한다. 이 자기장에 의해 2차 코일에 전류가 만들어지는데 이 전류를 유도전류라 한다. 변압기는 자기장의 에너지를 잘 전달할 수 있는 철심이 있으나, 자기유도 방식은 철심이 없이 무선 전력 전송을 하는 것이다.

이러한 자기유도 방식은 전력 전송효율이 90% 이상으로 매우 높다는 장점이 있다. 하지만 1차 코일에 해당하는 송신부와 2차 코일에 해당하는 수신부가 수 센티미터 이상 떨어지거나 송신부와 수신부의 중심이 일치하지 않게 되면 전력 전송효율이 급격히 저하된다는 문제점이 있다. 휴대전화 같은 경우, 충전패드에 휴대전화를 올려놓는 방식으로 거리 문제를 해결하고 충전패드 전체에 코일을 배치하여 송수신부 간 전송효율을 높임으로써 무선 충전이 가능하도록 하였다. 다만 휴대전화는 직류전류를 사용하기 때문에 1차 코일로부터 2차 코일에 유도된 교류전류를 직류전류로 변환해 주는 정류기가 충전 단계 전에 필요하다.

두 번째 전송방식은 자기공명 방식이다. 다양한 소리굽쇠 중에 하나를 두드리면 동일한 고유진동수를 가지는 소리굽쇠가 같이 진동하는 물리적 현상이 공명이다. 자기장에 공명이 일어나도록 1차 코일과 공진기를 설계하여 공진주파수를 만든다. 이후 2차 코일과 공진기를 설계하여 공진주파수가 전달되도록 하는 것이 자기공명 방식의 원리이다.

이러한 특성으로 인해 자기공명 방식은 자기유도 방식과 달리 수 미터 가량 근거리 전력 전송이 가능하다는 장점이 있다. 이 방식이 상용화된다면, 송신부와 공명되는 여러 전자제품을 전원을 연결하지 않아도 사용할 수 있거나 충전할 수 있다. 그러나 실험 단계의 코일 크기로는 일반 가전제품에 적용할 수 없으므로 코일을 소형화해야 할 필요가 있다. 따라서 이를 해결하기 위한 연구가 필요하다.

① 자기유도 방식을 사용하면 무선 전력 전송임에도 어떠한 환경에서든 유실되는 전력이 많이 없다는 장점이 있다.

② 자기공명 방식에서 해결이 시급한 것은 전력을 생산하는 데 필요한 코일의 크기가 너무 크다는 것이다.

③ 자기유도 방식은 변압기의 핵심인 유도전류와 철심을 이용한 방식이다.

④ 자기공명 방식에서 2차 코일은 공진주파수를 생성하는 역할을 한다.

⑤ 휴대전화와 자기유도 방식의 '2차 코일'은 모두 직류전류 방식이다.

※ 다음 글의 내용으로 적절하지 않은 것을 고르시오. [28~35]

Easy

28

인체의 면역시스템은 면역 효과를 보이는 특별한 세포와 물질로 구성되어 있다. 면역세포와 면역물질들은 체내로 침입하는 이물질이나 세균 등의 반응으로 발생하는 염증 및 암세포를 억제한다. 대표적인 면역세포로 항원을 직접 공격할 수 있는 항체를 분비하는 B세포와 이 B세포를 돕거나 종류에 따라 항원을 직접 공격하는 T세포가 있다.

하지만 암세포는 이런 몸의 면역시스템을 회피할 수 있다. 면역시스템은 암세포를 인지하고 직접 공격하여 암세포의 확산을 억제하지만, 몇몇 암세포는 이 면역시스템을 피하여 성장하고 다른 부분으로 전이 및 확산하여 암 발병의 원인이 된다. 면역항암제는 이러한 암세포의 면역시스템 회피 작용을 억제하고 면역세포가 암세포를 효과적으로 공격할 수 있도록 보조한다.

면역항암제는 면역관문억제제, 치료용 항체, 항암백신 등이 있다. 면역관문억제제는 체내 과도한 면역반응을 억제하기 위한 T세포의 면역관문을 억제하고 T세포의 공격 기능을 활성화하여 암세포를 공격하도록 하는 방식이며, 치료용 항체는 암세포가 스스로 사멸되도록 암세포에 항체를 투여하는 방식이다. 또한 항암백신은 암세포의 특이적인 항원이나 체내 면역반응을 향상하게 시킬 수 있는 항원을 투입하여 체내 면역시스템을 활성화하는 방법이다.

현재 대표적인 면역항암제로 CAR(Chimeric Antigen Receptors)-T세포 치료제가 있으며, 림프종 백혈병 치료의 한 방법으로 이용하고 있다. CAR-T세포 치료제는 먼저 환자의 T세포를 추출하고 CAR을 발현하도록 설계된 RNA 바이러스를 주입하여 증식시킨 후 재조합한다. 이후에 증식시킨 T세포를 환자에게 주입하고 그 주입한 T세포가 환자의 체내암세포를 제거하도록 하는 방법이다. 다시 말하면, 환자의 T세포를 추출하여 T세포의 암세포를 공격하는 기능을 강화 후 재투여하여 환자의 체내암세포를 더욱 효과적으로 제거할 수 있는 치료제이다. 이는 체내 면역기능을 활용한 새로운 암 치료 방법으로 주목받고 있다.

하지만 CAR-T세포 치료제 투여 시 부작용에 큰 주의를 기울여야 한다. CAR-T세포 치료제를 투여하면 T세포가 면역 활성물질을 과도하게 분비하여 신체 이상 증상이 발현될 가능성이 높으며 심한 경우 환자에게 치명적인 사이토카인 폭풍을 일으키기도 한다.

① 면역세포에는 T세포와 B세포가 있다.
② 면역시스템이 암세포를 억제하기 힘들 때, 암이 발병할 수 있다.
③ 치료용 항체는 면역세포가 암세포를 직접 공격할 수 있도록 돕는 항암제이다.
④ CAR-T세포 치료제는 T세포의 암세포 공격 기능을 적극 활용한 항암제이다.
⑤ 과다한 면역 활성물질은 도리어 신체에 해를 가할 수 있다.

Hard

29

스톡홀름 증후군은 납치나 인질 상황에서 피해자가 가해자에게 동정심이나 애정을 느끼는 심리적 현상으로, 1973년 8월 스웨덴 스톡홀름의 신용은행(Kreditbanken) 인질극 사건에서 유래하였다. 범인인 얀 에릭 올슨(Jan-Erik Olsson)은 은행에 침입하여 4명을 인질로 잡고 교도소에 복역 중인 친구의 석방, 300만 스웨덴 크로나, 권총 2정, 방탄 헬멧과 조끼, 탈출을 위한 차량을 요구하며 6일 동안 인질극을 벌였는데 이 과정에서 인질에게 공포감을 주면서도 친절과 호의를 베풀어 그들을 정신적으로 사로잡게 된다. 납치범의 작은 호의에 당시 인질들은 6일간의 감금 동안 경찰들을 적대적으로 대하며 납치범을 경찰로부터 보호하거나 심지어 납치범이 검거된 후 납치범들을 변호하는 모습을 보였고, 이 사건을 계기로 스톡홀름 증후군이라는 용어가 널리 사용되기 시작하였다.

스톡홀름 증후군은 학술적으로 검증된 현상은 아니지만, 정신과 의사 등 관련 전문가들은 스톡홀름 증후군이 생존본능에서 비롯된다고 주장한다. 인질극과 같이 극도로 위협적인 상황에서 피해자는 자신의 생명을 지키기 위해 가해자와 감정적 유대를 형성하려고 하며, 특히 위협적인 가해자가 피해자에게 친절을 베풀거나 폭력을 행사하지 않을 때 더욱 두드러지게 나타난다. 피해자는 극한의 상황에서 가해자의 친절을 실제보다 크게 받아들이게 되고, 나아가 가해자를 긍정적으로 인식하게 된다. 이는 피해자가 자신이 현재 상황을 통제할 수 없다는 무력감을 덜기 위한 일종의 심리적 방어기제이다.

피해자가 가해자에게 동조하거나 연대하는 모습은 외부인의 입장에서 봤을 때는 역설적이고 비합리적으로 보인다. 그러나 스톡홀름 증후군은 심리적으로 궁지에 몰려 극단적인 스트레스를 받아 발생하는 복잡한 감정의 결과이다. 피해자의 입장에서는 자신이 처한 현실을 부정하지 않고 받아들이기 위해, 또는 생존을 위해 가해자에게 동조할 수밖에 없는 것이다.

이러한 스톡홀름 증후군은 인질극과 같은 범죄 현장에서만 발생하는 것이 아니다. 가정폭력이나 학대 상황에서도 유사한 심리적 현상이 나타날 수 있다. 피해자는 자신보다 더 큰 힘을 가진 사람의 학대에서 벗어나기 어려운 경우, 학대가 덜 고통스럽게 느껴지도록 하기 위해 가해자와 감정적 유대를 형성하려 한다. 이는 피해자가 가해자의 학대로부터 벗어나지 못하게 하는 심각한 문제로 이어지게 된다.

스톡홀름 증후군은 복잡하고 다층적인 심리적 현상이므로 이를 정확히 이해하고 접근하는 것이 중요하다. 특히 피해자들은 자신의 감정이 왜곡되었음을 인식하지 못하는 경우가 많기 때문에 반드시 외부의 도움이 필요하다. 피해자의 입장을 이해하고 심리상담과 치료를 통해 피해자가 자신의 감정을 객관적으로 바라보고 건강한 인간관계를 회복할 수 있도록 도와주어야 한다.

① 피해자가 무기력한 상황일수록 스톡홀름 증후군 현상이 나타나기 쉽다.
② 스톡홀름 증후군은 위협적인 가해자로부터의 생존을 위한 심리적 현상이다.
③ 스톡홀름 증후군은 극한의 상황에서 일시적으로 발생하는 심리적 현상이다.
④ 스톡홀름 증후군은 피해자의 심리적 방어기제로 인한 감정 왜곡이 원인이다.
⑤ 스톡홀름 증후군을 치료하기 위해서는 피해자의 심리·환경적 상황을 면밀히 살펴보아야 한다.

30

> 지난해 충청남도에서 청년농업인의 맞춤형 스마트팜인 '온프레시팜 1호'가 문을 열었다. 이는 청년 농업인이 안정적으로 농업을 경영하여 자리 잡고 살아갈 수 있는 영농 터전을 마련하기 위한 맞춤형 사업이다. 이를 통해 이제 막 농업에 뛰어든 농작물 재배 능력이 낮고 영농 기반이 부족한 청년농업 인들이 농촌 안에서 안정적으로 농작물을 생산하고, 경제적으로 정착할 수 있을 것으로 기대되고 있다.
> 온프레시팜은 에어로포닉스와 수열에너지를 접목시켜 토양 없이 식물 뿌리와 줄기에 영양분이 가득 한 물을 분사해 농작물을 생산하는 방식이다. 이는 화석연료 대비 경제적으로 우수할 뿐만 아니라 병해충의 발생이 적고 시설적으로도 쾌적하다. 또한 토양이 없어 공간 활용에 유리하며 재배 관리 자동화가 가능해 비교적 관리도 수월하다. 하지만 초기 시설비용이 많이 들고 재배 기술의 확보가 어려워 접근이 쉽지 않다.

① 온프레시팜 사업은 청년농업인들이 영농 활동을 지속할 수 있도록 지원하는 사업이다.

② 온프레시팜은 기존 농업인이 아닌 농촌에 새로 유입되고 있는 청년농업인을 위한 사업이다.

③ 온프레시팜 방식은 같은 재배 면적에서 기존 농업방식보다 더 많은 농작물의 재배를 가능하게 한다.

④ 청년농업인들은 기존의 농업방식보다는 자동화 재배 관리가 가능한 온프레시팜 방식의 접근이 더 수월하다.

⑤ 온프레시팜 방식으로 농작물을 재배할 경우 흙 속에 살고 있는 병해충으로 인해 발생하는 피해를 예방할 수 있다.

31

모든 차의 운전자는 도로교통법 제48조 제1항에 의해 차의 조향장치와 제동장치, 그 밖의 장치를 정확하게 조작해야 하고, 도로의 교통상황과 차의 구조 및 성능에 따라 다른 사람에게 위험과 장해를 주는 속도나 방법으로 운전을 해서는 안 된다. 즉 운전속도나 방법이 도로교통법상 위배됨 없이 운전을 하더라도, 그 운전행위가 객관적으로 교통상황과 차의 구조, 성능 등을 모두 고려해 볼 때 다른 사람에게 위험과 장해를 초래할 개연성이 높다면 안전운전 의무를 지키지 않은 것으로 본다는 것이다. 여기서 더 나아가 실제로 다른 사람들에게 자동차를 통해 위협 또는 위해를 가하거나 교통 상의 위험을 발생시킨다면 난폭운전, 또는 보복 운전으로 처벌을 받을 수 있다.

흔히들 난폭운전과 보복 운전을 비슷한 개념으로 혼동하는 경우가 있다. 하지만 그 기준이나 처벌 수위에 있어선 엄연히 차이가 있다. 난폭운전이란 도로교통법에 따르면 특정 위반행위를 둘 이상 연달아서 하거나, 하나의 행위를 지속 또는 반복하여 다른 사람에게 위협 또는 위해를 가하는 경우 또는 교통상의 위험을 발생시킨 경우를 말한다. 여기서 말하는 특정 위반행위란 신호위반, 중앙선침범, 속도위반, 안전거리 미확보, 진로변경금지 위반, 급제동, 앞지르기 방법 또는 방해금지 위반, 정당한 사유 없는 소음 발생 등을 말하며 이런 행위들이 연달아 발생하거나 반복된다면 난폭운전으로 처벌을 받을 수 있는 것이다.

다음으로 보복 운전은 운전면허를 받은 사람이 자동차 등을 이용하여 형법상 특수상해, 특수폭행, 특수협박, 특수손괴의 '특수'범죄를 행한 경우를 말하며 도로교통법에 따라 운전면허가 취소 또는 정지될 뿐만 아니라 형법에 의거, 난폭운전보다 훨씬 무거운 처벌을 받을 수 있다. 보복 운전이 형법에 의해 특수범죄로 취급되는 이유는 자동차를 법률에 명시된 '위험한 물건'으로 보기 때문이다. 위험한 물건은 그 자체로 흉기에 속하지는 않으나, 특수한 상황에서의 성질과 사용 방법에 따라 사람을 살상할 수 있는 물건을 말한다. 운전자가 운전대를 잡고 있는 자동차는 그 자체로 위험한 물건이 될 수 있음에는 이견이 없을 것이다. 앞서가다가 고의로 급정지를 하거나 급감속, 급제동을 반복하며 특정인을 고의로 위협하는 행위, 중앙선이나 갓길로 밀어붙이는 행위 등은 모두 자동차라는 흉기가 될 수 있는 물건을 이용해 발생하는 특수범죄로 보복 운전에 해당할 수 있다.

① 안전운전 의무를 지키기 위해서는 다른 사람에게 위험이 되지 않도록 운전을 해야 한다.
② 대부분의 사람들이 난폭운전과 보복 운전 간의 차이를 느끼지 못한다.
③ 속도위반만 했을 경우에도 난폭운전이 될 수 있다.
④ 보복 운전과 난폭운전 모두 특수범죄에 해당한다.
⑤ 보복 운전의 상황에서 자동차는 흉기로 취급된다.

32

> '갑'이라는 사람이 있다고 하자. 이때 사회가 갑에게 강제적 힘을 행사하는 것이 정당화되는 근거는 무엇일까? 그것은 갑이 다른 사람에게 미치는 해악을 방지하려는 데 있다. 특정 행위가 갑에게 도움이 될 것이라든가, 이 행위가 갑을 더욱 행복하게 할 것이라든가 또는 이 행위가 현명하다든가 혹은 옳은 것이라든가 하는 이유를 들면서 갑에게 이 행위를 강제하는 것은 정당하지 않다. 이러한 이유는 갑에게 권고하거나 이치를 이해시키거나 무엇인가를 간청하거나 할 때는 충분한 이유가 된다. 그러나 갑에게 강제를 가하는 이유 혹은 어떤 처벌을 가할 이유는 되지 않는다. 이와 같은 사회적 간섭이 정당화되기 위해서는 갑이 행하려는 행위가 다른 어떤 이에게 해악을 끼칠 것이라는 점이 충분히 예측되어야 한다. 한 사람이 행하고자 하는 행위 중에서 그가 사회에 대해서 책임을 져야 할 유일한 부분은 다른 사람에게 관계되는 부분이다.

① 타인과 관계되는 행위는 사회적 책임이 따른다.
② 개인에 대한 사회의 간섭은 어떤 조건이 필요하다.
③ 행위 수행 혹은 행위 금지의 도덕적 이유와 법적 이유는 구분된다.
④ 한 사람의 행위는 타인에 대한 행위와 자신에 대한 행위로 구분된다.
⑤ 사회는 개인의 해악에 관해서는 관심이 있지만, 그 해악을 방지할 강제성의 근거는 가지고 있지 않다.

33

최근 국내 건설업계에서는 3D프린팅 기술을 건설 분야와 접목하고자 노력하고 있다. 해외 건설사들도 3D프린팅 기술을 이용한 건축 시장을 선점하기 위한 경쟁이 활발히 이루어지고 있으며 이미 미국 텍사스 지역에서 3D프린팅 기술을 이용하여 주택 4채를 1주일 만에 완공한 바 있다. 또한 우리나라에서도 인공 조경 벽 등 건설 현장에서 3D프린팅 건축물을 차차 도입해 가고 있다.

왜 건설업계에서는 3D프린팅 기술을 주목하게 되었을까? 3D프린팅 건축 방식은 전통 건축 방식과 비교하여 비용을 절감할 수 있고 공사 기간이 단축되는 점을 장점으로 꼽을 수 있다. 특히 공사 기간이 짧은 점은 천재지변으로 인한 이재민 등을 위한 주거시설을 빠르게 준비할 수 있다는 점에서 호평받고 있다. 또한 전통 건축 방식으로는 구현하기 힘든 다양한 디자인을 구현할 수 있는 점과 건축 폐기물 감소 및 CO_2 배출량 감소 등 환경보호 면에서도 긍정적인 평가를 받고 있으며 각 국가 간 이해관계 충돌로 인한 직·간접적 자재 수급난을 해결할 수 있는 점도 긍정적 평가를 받는 요인이다.

어떻게 3D프린터로 건축물을 세우는 것일까? 먼저 일반적인 3D프린팅의 과정을 알아야 한다. 일반적인 3D프린팅은 컴퓨터로 물체를 3D 형태로 모델링한 후 용융성 플라스틱이나 금속 등을 3D프린터 노즐을 통해 분사하여 아래부터 층별로 겹겹이 쌓는 과정을 거친다.

3D프린팅 건축 방식도 마찬가지이다. 컴퓨터를 통해 건축물을 모델링 후 모델링한 정보에 따라 콘크리트, 금속, 폴리머 등의 건축자재를 노즐을 통해 분사시켜 층층이 쌓아 올리면서 컴퓨터로 설계한 대로 건축물을 만든다. 기계가 대신 건축물을 만든다는 점에서 사람의 힘으로 한계가 있는 기존 건축방식의 해결은 물론 코로나19 사태로 인한 인건비 상승 및 전문인력 수급난을 해결할 수 있다는 점 또한 호평받고 있다.

하지만 아쉽게도 우리나라에서의 3D프린팅 건설 사업은 관련 인증 및 안전 규정 미비 등의 제도적 한계와 기술적 한계가 있어 상용화 단계가 이루어지기는 힘들다. 특히 3D프린터로 구조물을 적층하여 구조물을 쌓아 올리는 데에는 로봇 팔이 필요한데 아직은 5층 이하의 저층 주택 준공이 한계이고 현 대한민국 주택시장은 고층 아파트 등 고층 건물이 주력이므로 3D프린팅 고층 건축물 제작 기술을 개발해야 한다는 주장도 더러 나오고 있다.

① 현재 우리나라는 3D프린팅 건축 기술의 제도적 장치 및 기술적 한계를 해결해야만 하는 과제가 있다.
② 3D프린팅 건축 기술은 전통 건축 기술과는 달리 환경에 영향을 덜 끼친다.
③ 3D프린팅 건축 기술은 인력난을 해소할 수 있는 새로운 기술이다.
④ 이미 해외에서는 3D프린팅를 이용하여 주택을 시공한 바 있다.
⑤ 3D프린팅 건축 기술로 인해 대량의 실업자가 발생할 것이다.

34

혐기성미생물은 산소에 비해 에너지 대사 효율이 낮은 질소산화물로 에너지를 만든다. 혐기성미생물이 에너지 대사 효율이 높은 산소를 사용하지 않는 이유는 무엇일까? 생물체가 체내에 들어온 영양분을 흡수하기 위해서는 산소를 매개로 한 여러 가지 화학반응을 수행해야 한다. 영양분이 산화반응을 통해 세포 안으로 흡수되면 전자가 나오는데, 이 전자가 체내에서 퍼지는 과정에서 ATP가 생긴다. 그리고 에너지를 생산하기 위해 산소를 이용하는 호흡 과정에서 독성물질인 과산화물과 과산화수소와 같은 활성산소가 생긴다.

이 두 물질은 DNA나 단백질 같은 세포 속 물질을 산화시켜 손상시킨다. 일반 미생물은 활성산소로부터 자신을 보호하는 메커니즘이 발달했다. 사람도 몸속에 독성 산소화합물을 해독하는 메커니즘이 있어 활성산소로 인해 죽지는 않는다. 단지 주름살이 늘거나 신체 기관이 서서히 노화될 뿐이다. 인체 내에서 '슈퍼 옥사이드 분해효소(SOD)'가 과산화물 분자를 과산화수소와 산소로 바꾸고, 카탈리아제가 과산화수소를 물과 산소로 분해하기 때문이다. 그러나 혐기성미생물에는 활성산소를 해독할 기관이 없다. 그렇기 때문에 혐기성미생물은 활성산소를 피하는 방향으로 진화해 왔다고 할 수 있다.

① 산소는 일반 생물체에 이로움과 함께 해로움을 주기도 한다.
② 체내 활성산소의 농도가 증가되면 생물체의 생명이 연장된다.
③ 혐기성미생물은 활성산소를 분해하는 메커니즘을 갖지 못했다.
④ 활성산소가 생물체의 죽음을 유발하는 직접적인 원인은 아니다.
⑤ 혐기성미생물은 활성산소를 피하는 방향으로 진화해 왔다.

위기지학(爲己之學)이란 15세기의 사림파 선비들이 『소학(小學)』을 강조하면서 내세운 공부 태도를 가리킨다. 원래 이 말은 위인지학(爲人之學)과 함께 『논어(論語)』에 나오는 말이다. '옛날에 공부하던 사람들은 자기를 위해 공부했는데, 요즘 사람들은 남을 위해 공부한다.' 즉, 공자는 공부하는 사람의 관심이 어디에 있느냐를 가지고 학자를 두 부류로 구분했다. 어떤 학자는 '위기(爲己)란 자아가 성숙하는 것을 추구하며, 위인(爲人)이란 남들에게서 인정받기를 바라는 태도'라고 했다.

조선 시대를 대표하는 지식인 퇴계 이황(李滉)은 이렇게 말했다. '위기지학이란, 우리가 마땅히 알아야 할 바가 도리이며 우리가 마땅히 행해야 할 바가 덕행이라는 것을 믿고, 가까운 데서부터 착수해 나가되 자신의 이해를 통해서 몸소 실천하는 것을 목표로 삼는 공부이다. 반면 위인지학이란, 내면의 공허함을 감추고 관심을 바깥으로 돌려 지위와 명성을 취하는 공부이다.' 위기지학과 위인지학의 차이는 공부의 대상이 무엇이냐에 있다기보다 공부를 하는 사람의 일차적 관심과 태도가 자신을 내면적으로 성숙시키는 데 있느냐 아니면 다른 사람으로부터 인정을 받는 데 있느냐에 있다는 것이다.

이것은 학문의 목적이 외재적 가치에 의해서가 아니라 내재적 가치에 의해서 정당화된다는 사고방식이 나타났음을 뜻한다. 이로써 당시 사대부들은 출사(出仕)를 통해 정치에 참여하는 것 외에 학문과 교육에 종사하면서도 자신의 사회적 존재의의를 주장할 수 있다고 믿었다. 더 나아가 학자 또는 교육자로서 사는 것이 관료 또는 정치가로서 사는 것보다 훌륭한 것이라고 주장할 수 있게 되었다. 또한 위기지학의 출현은 종래 과거제에 종속되어 있던 교육에 독자적 가치를 부여했다는 점에서 역사적 사건으로 평가받아 마땅하다.

① 국가가 위기지학을 권장함으로써 그 위상이 높아졌다.

② 위인지학을 추구하는 사람들은 체면과 인정을 중시했다.

③ 위기적 태도를 견지한 사람들은 자아의 성숙을 추구했다.

④ 공자는 학문을 대하는 태도를 기준으로 삼아 학자들을 나누었다.

36 다음 글을 읽고 추론한 내용으로 가장 적절한 것은?

> 환경결정론을 간단히 정의하면 모든 인간의 행동, 노동과 창조 등은 환경 내의 자연적 요소들에 의해 미리 결정되거나 통제된다는 것이다. 이에 대하여 환경가능론은 자연환경은 단지 인간이 반응할 수 있는 다양한 가능성의 기회를 제공할 뿐이며 인간은 환경을 변화시킬 수 있는 능동적인 힘을 가지고 있다고 반박한다.
>
> 환경결정론 사조 형성에 영향을 준 사상은 1859년에 발표된 다윈의 진화론이다. 다윈의 진화사상과 생물체가 환경에 적응한다는 개념은 인간도 특정 환경에 적응해야 한다는 것으로 수용되었다. 이러한 철학적 배경하에 형성되기 시작한 환경결정론의 발달에 공헌한 사람으로는 라첼, 드모랭, 샘플 등이 있다. 라첼은 인간도 자연법칙 아래에서 살고 있다고 보았으며 문화의 형태도 자연적 조건에 의해 결정되고 적응한 결과로 간주하였다. 드모랭은 보다 극단적으로 사회유형은 환경적 힘의 산물로 보고 초원 지대의 유목사회, 지중해 연안의 상업 사회를 환경결정론적 사고에 입각하여 해석하였다.
>
> 환경결정론이 인간의 의지와 선택의 자유를 인정하지 않는다는 점이 문제라면 환경가능론은 환경이 제공한 많은 가능성 중 왜 어떤 가능성이 선택되어야 하는가를 설명하기 힘들다. 과학기술의 발달에 의해 인간이 자연의 많은 장애물을 극복하게 된 것은 사실이지만, 실패로 인해 고통받는 사례도 많다. 사실 결정론이냐 가능론이냐 결론을 내리는 것은 그리 중요하지 않다. 인간과 환경의 관계는 매우 복잡하며 지표상의 경관은 자연적인 힘과 문화적인 힘에 의해 이루어지기 때문에 어떤 한가지 결정인자를 과소평가하거나 과장하면 안된다. 인간 활동의 결과로 인한 총체적인 환경파괴 문제가 현대문명 전반의 위기로까지 심화되는 오늘날, 인간과 자연의 진정한 상호 관계는 어떠해야 할지 생각해야 할 것이다. 이제 자연이 부여한 여러 가지 가능성 중에서 자연환경과 조화를 이룰 수 있는 가능성을 선택해야 할 때이다.

① 인간과 자연은 항상 대립하고 있어. 자연의 위력 앞에서 우리는 맞서 싸워야 해.

② 자연의 힘은 대단해. 몇 해 전 동남아 대해일을 봤지? 인간이 얼마나 무력한지 알겠어.

③ 우리는 잘 살기 위해서 자연을 너무 훼손했어. 이제는 자연과 공존하는 삶을 생각해야 해.

④ 인간은 자연의 위대함 앞에 굴복해야 돼. 인간의 끝없는 욕망이 오늘의 재앙을 불러왔다고 봐야 해.

⑤ 인간의 능력은 초자연적이야. 이런 능력을 잘 살려 나간다면 에너지 부족 사태쯤이야 충분히 해결할 거야.

Easy
37

현대인들이 부족한 잠으로 인해 만성피로를 겪고 있다. 성인 평균 권장 수면시간은 7 ~ 8시간이지만, 이를 지키는 이들은 우리나라 성인 기준 단 4%에 불과하다. 국가별 일평균 수면시간 조사에 따르면 한국인의 하루 평균 수면시간은 7시간 41분으로 OECD 18개 회원국 중 최하위를 기록했다. 또한 직장인의 수면시간은 이보다도 짧은 6시간 6분, 권장 수면시간에 2시간 가까이 부족한 수면시간으로 현대인 대부분이 수면 부족에 시달린다 해도 과언이 아닐 정도이다.

수면시간 총량이 적은 것도 문제지만 더 심각한 점은 _____, 즉 수면의 질 또한 높지 않다는 것이다. 수면장애를 '단순히 일이 많아서' 또는 '잠버릇 때문에' 발생한 일시적인 가벼운 증상 정도로 여기는 사회적 분위기를 고려하면 실제 수면장애 환자는 더 많을 것으로 추정된다. 특히 대표적인 수면장애인 '수면무호흡증'은 피로감·불안감·우울감은 물론 고혈압·당뇨병과 심혈관질환·뇌졸중까지 다양한 합병증을 유발할 수 있다는 점에서 진단과 치료가 요구된다.

① '어떻게 잘 잤는지'
② '언제 잠을 잤는지'
③ '어디서 잠을 잤는지'
④ '얼마만큼 많이 잤는지'
⑤ '왜 잠이 부족한 것인지'

몰랐지만 넘겨짚어 시험의 정답을 맞힌 경우와 제대로 알고 시험의 정답을 맞힌 경우를 구별할 수 있을까? 또 무작정 외워서 쓴 경우와 제대로 이해하고 쓴 경우는 어떤가? 전자와 후자는 서로 다르게 평가받아야 할까, 아니면 동등한 평가를 받아야 할까?

선택형 시험의 평가는 오로지 답안지에 표기된 선택지가 정답과 일치하는가의 여부에만 달려 있다. 이는 위의 첫 번째 물음이 항상 긍정으로 대답되지는 않으리라는 사실을 말해준다. 그러나 만일 시험관에게 답안지를 놓고 응시자와 면담할 기회가 주어진다면, 시험관은 응시자에게 정답지를 선택한 근거를 물음으로써 그가 문제에 관해 올바른 정보와 추론 능력을 가지고 있는지 검사할 수 있을 것이다. 예를 들어 한 응시자가 '대한민국의 수도가 어디냐?'는 물음에 대해 '서울'이라고 답했다고 하자. 그렇게 답한 이유가 단지 '부모님이 사시는 도시라 이름이 익숙해서'였을 뿐, 정작 대한민국의 지리나 행정에 관해서는 아는 바 없다는 사실이 면접을 통해 드러났다고 하자. 이 경우에 시험관은 이 응시자가 대한민국의 수도에 관한 올바른 정보를 갖고 있다고 인정하기 어려울 것이다. 이 예는 응시자가 올바른 답을 제시하는 데 필요한 정보가 부족한 경우이다.

그렇다면 어떤 사람이 문제의 올바른 답을 추론해 내는 데 필요한 모든 정보를 갖고 있었고 실제로도 정답을 제시했다고 해서, 그가 문제에 대한 올바른 추론 능력을 가지고 있다고 할 수 있는가? 어느 도난사건을 함께 조사한 홈즈와 왓슨이 사건의 모든 구체적인 세부사항, 예컨대 범행 현장에서 발견된 흙발자국의 토양 성분뿐 아니라 올바른 결론을 내리는 데 필요한 모든 일반적 정보, 예컨대 영국의 지역별 토양의 성분에 관한 정보 등을 똑같이 갖고 있었고, 실제로 동일한 용의자를 범인으로 지목했다고 하자. 이 경우 두 사람의 추론을 동등하게 평가해야 하는가? 그렇지 않다.

예컨대 왓슨은 모든 정보를 완비하고 있었음에도 불구하고, 이름에 모음의 수가 가장 적다는 엉터리 이유로 범인을 지목했다고 하자. 이런 경우에도 우리는 왓슨의 추론에 박수를 보낼 수 있을까? 아니다. 왜냐하면 _____

① 왓슨은 일반적으로 타당한 개인적 경험을 토대로 추론했기 때문이다.

② 왓슨은 올바른 추론의 방법을 알고 있음에도 불구하고 요행을 우선시했기 때문이다.

③ 왓슨은 추론에 필요한 전문적인 훈련을 받지 못해서 범인을 잘못 골랐기 때문이다.

④ 왓슨은 올바른 추론에 필요한 정보를 가지고 있긴 했지만 그 정보와 무관하게 범인을 지목했기 때문이다.

⑤ 왓슨은 올바른 추론에 필요한 논리적 능력은 갖추고 있음에도 불구하고 범인을 추론하는 데 필요한 관련 정보가 부족했기 때문이다.

39

반도체 및 디스플레이 제조공정에서 사용되는 방법인 포토리소그래피(Photolithography)는 그 이름처럼 사진 인쇄 기술과 비슷하게 빛을 이용하여 복잡한 회로 패턴을 제조하는 공정이다. 포토리소그래피는 디스플레이에서는 TFT(Thin Film Transistor, 박막 트랜지스터) 공정에 사용되는데, 먼저 세정된 기판(Substrate) 위에 TFT 구성에 필요한 증착 물질과 이를 덮을 PR(Photo Resist, 감광액) 코팅을 올리고, 빛과 마스크, 그리고 현상액과 식각 과정으로 PR 코팅과 증착 물질을 원하는 모양대로 깎아 내린 다음 다시 그 위에 층을 쌓는 것을 반복하여 원하는 형태를 패터닝하는 것이다.

한편 포토리소그래피 공정에 사용되는 PR 물질은 빛의 반응에 따라 포지티브와 네거티브 두 가지 방식으로 분류되는데 포지티브 방식은 마스크에 의해 빛에 노출된 부분이 현상액에 녹기 쉽게 화학 구조가 변하는 것으로, 노광(Exposure) 과정에서 빛을 받은 부분을 제거한다. 반대로 네거티브 방식은 빛에 노출된 부분이 더욱 단단해지는 것으로 빛을 받지 못한 부분을 현상액으로 제거한다. 이후 원하는 패턴만 남은 PR층은 식각(Etching) 과정을 거쳐 PR이 덮여 있지 않은 부분의 증착 물질을 제거하고, 남은 증착 물질이 원하는 모양으로 패터닝 되면 그 위의 도포되어 있던 PR층을 마저 제거하여 증착 물질만 남도록 하는 것이다.

보기

창우와 광수는 각각 포토리소그래피 공정을 통해 디스플레이 회로 패턴을 완성시키기로 하였다. 창우는 포지티브 방식을, 광수는 네거티브 방식을 사용하기로 하였는데, 광수는 실수로 포지티브 방식의 PR 코팅을 사용해 공정을 진행했음을 깨달았다.

① 창우의 디스플레이 회로는 증착, PR 코팅, 노광, 현상, 식각까지의 과정을 반복하여 완성되었을 것이다.
② 광수가 포토리소그래피의 매 공정을 검토했을 경우 최소 식각 과정을 확인하면서 자신의 실수를 알아차렸을 것이다.
③ 포토리소그래피 공정 중 현상 과정에서 문제가 발생했다면 창우의 디스플레이 기판에는 PR층과 증착 물질이 남아있지 않을 것이다.
④ 원래 의도대로라면 노광 과정 이후 창우가 사용한 감광액은 용해도가 높아지고, 광수가 사용한 감광액은 용해도가 매우 낮아졌을 것이다.
⑤ 광수가 원래 의도대로 디스플레이 회로를 완성시키기 위해서는 최소한 노광 과정까지는 공정을 되돌릴 필요가 있다.

40

1930년대 대공황 상황에서 케인스는 당시 영국과 미국에 만연한 실업의 원인을 총수요의 부족이라고 보았다. 그는 총수요가 증가하면 기업의 생산과 고용이 촉진되고 가계의 소득이 늘어 경기를 부양할 수 있다고 주장했다. 따라서 정부의 재정정책을 통해 총수요를 증가시킬 필요성을 제기하였다. 케인스는 총수요를 늘리기 위해서 총수요 중 많은 부분을 차지하는 가계의 소비에 주목하였고, 소비는 소득과 밀접한 관련이 있다고 생각하였다. 케인스는 절대소득가설을 내세워, 소비를 결정하는 요인들 중에서 가장 중요한 것은 현재의 소득이라고 하였다. 그리고 소득이 없더라도 생존을 위해 꼭 필요한 소비인 기초소비가 존재하며, 소득이 증가함에 따라 일정 비율로 소비도 증가한다고 주장하였다. 이러한 절대소득가설은 1950년대까지 대표적인 소비결정이론으로 사용되었다.

그러나 쿠즈네츠는 절대소득가설로는 설명하기 어려운 소비 행위가 이루어지고 있음에 주목하였다. 쿠즈네츠는 미국에서 장기간에 걸쳐 일어난 각 가계의 실제 소비 행위를 분석한 결과 저소득층의 소득 중 소비가 차지하는 비율이 고소득층보다 높다는 것을 발견하였다. 이러한 실증 분석 결과는 절대소득가설로는 명확히 설명하기 어려운 것이었다.

이러한 현상을 설명하기 위해 프리드먼은 소비는 장기적인 기대소득으로서의 항상소득에 의존한다는 항상소득가설을 내세웠다. 프리드먼은 실제로 측정되는 소득을 실제소득이라 하고 실제소득은 항상소득과 임시소득으로 구성된다고 보았다. 항상소득이란 평생 동안 벌어들일 것으로 기대되는 소득의 매기 평균 또는 장기적 평균 소득이다. 임시소득은 장기적으로 예견되지 않은 일시적인 소득으로서 양(+)일 수도, 음(−)일 수도 있다. 프리드먼은 소비가 임시소득과는 아무런 상관관계가 없고 오직 항상소득에만 의존한다고 보았으며, 임시소득의 대부분은 저축된다고 설명했다. 사람들은 월급과 같이 자신이 평균적으로 벌어들이는 돈을 고려하여 소비를 하지, 예상치 못한 복권 당첨이나 주가 하락에 의한 손실을 고려하여 소비하지는 않는다는 것이다.

항상소득가설을 바탕으로 프리드먼은 쿠즈네츠가 발견한 현상을 단기적인 소득의 증가는 임시소득이 증가한 것에 해당하므로 소비가 늘어나지 않은 것이라고 설명하였다. 항상소득가설에 따른다면 소비를 늘리기 위해서는 단기적인 재정 정책보다 장기적인 재정 정책을 펴는 것이 바람직하다. 가령 정부가 일시적으로 세금을 줄여 가계의 소득을 증가시키고 그에 따른 소비 진작을 기대한다 해도, 가계는 일시적인 소득의 증가를 항상소득의 증가로 받아들이지 않아 소비를 늘리지 않기 때문이다.

> **보기**
>
> 코로나로 인해 위축된 경제 상황을 극복하기 위해, 정부는 소득 하위 80% 국민에게 1인당 25만 원의 재난지원금을 지급하기로 하였다.

① 케인스에 따르면, 재난지원금은 일시적 소득으로 대부분 저축될 것이다.

② 프리드먼에 따르면, 재난지원금은 생존에 꼭 필요한 기초소비 비중을 늘릴 것이다.

③ 프리드먼에 따르면, 재난지원금을 받은 국민들은 늘어난 소득만큼 소비를 늘릴 것이다.

④ 프리드먼에 따르면, 재난지원금은 항상소득이 아니기 때문에 소비에 영향을 주지 않을 것이다.

⑤ 케인스에 따르면, 재난지원금과 같은 단기적 재정정책보다는 장기적인 재정정책을 펴야 한다고 주장할 것이다.

41 다음 글의 중심 내용으로 가장 적절한 것은?

쇼펜하우어에 따르면 우리가 살고 있는 세계의 진정한 본질은 의지이며 그 속에 있는 모든 존재는 맹목적인 삶에의 의지에 의해서 지배당하고 있다. 쇼펜하우어는 우리가 일상적으로 또는 학문적으로 접근하는 세계는 단지 표상의 세계일 뿐이라고 주장하는데, 인간의 이성은 단지 이러한 표상의 세계만을 파악할 수 있을 뿐이다. 그에 따르면 존재하는 세계의 모든 사물들은 우선적으로 표상으로서 드러나게 된다. 시간과 공간 그리고 인과율에 의해서 파악되는 세계가 나의 표상인데 이러한 표상의 세계는 오직 나에 의해서, 즉 인식하는 주관에 의해서만 파악되는 세계이다. 쇼펜하우어에 따르면 이러한 주관은 모든 현상의 세계, 즉 표상의 세계에서 주인의 역할을 하는 '나'이다.

이러한 주관을 이성이라고 부를 수도 있는데, 이성은 표상의 세계를 이끌어가는 주인공의 역할을 하는 것이다. 그러나 쇼펜하우어는 여기서 한발 더 나아가 표상의 세계에서 주인의 역할을 하는 주관 또는 이성은 의지의 지배를 받는다고 주장한다. 즉, 쇼펜하우어는 이성에 의해서 파악되는 세계의 뒤편에는 참된 본질적 세계인 의지의 세계가 있으므로 표상의 세계는 제한적이며 표면적인 세계일 뿐, 결코 이성에 의해서 또는 주관에 의해서 결코 파악될 수 없다고 주장한다. 오히려 그는 그동안 인간이 진리를 파악하는 데 최고의 도구로 칭송받던 이성이나 주관을 의지에 끌려 다니는 피지배자일 뿐이라고 비판한다.

① 세계의 본질로서 의지의 세계
② 표상 세계의 극복과 그 해결 방안
③ 의지의 세계와 표상의 세계 간의 차이
④ 표상 세계 안에서의 이성의 역할과 한계

42 다음 글의 제목으로 가장 적절한 것은?

중세 유럽에서는 토지나 자원을 왕실이 소유하고 있었다. 사람들은 이러한 토지나 자원을 이용하려면 일정한 비용을 지불해야 했다. 예를 들어 광산을 개발하거나 수산물을 얻는 사람들은 해당 자원의 이용에 대한 비용을 왕실에 지불하였고 이는 왕실의 권력과 부의 유지를 돕는 동시에 국가의 재정을 보충하는 역할을 하였는데, 이때 지불한 비용이 바로 로열티이다.

로열티의 개념은 산업혁명과 함께 발전하였다. 산업혁명을 통해 특허, 상표 등의 지식 재산권이 보호되기 시작하면서 기업들은 이러한 권리를 보유한 개인이나 조직에게 사용에 대한 보상을 지불하게 되었다. 지식 재산권은 기업이 특정한 기술, 디자인, 상표 등을 보유하고 있을 때 그들에게 독점적인 권리를 제공하고 이러한 권리의 보호와 보상을 위해 로열티제도가 도입되었다.

로열티는 기업과 지식 재산권 소유자 간의 계약에 의해 설정되는 형태로 발전하였다. 기업이 특정 제품을 판매하거나 특정 기술을 이용하는 경우 지식 재산권 소유자에게 계약에 따라 정해진 로열티를 지불하게 된다. 이로써 지식 재산권을 보유한 개인이나 조직은 자신들의 창작물이나 기술의 사용에 대한 보상을 받을 수 있으며, 기업들은 이러한 지식 재산권의 이용을 허가받아 경쟁 우위를 확보할 수 있게 되었다.

현재 로열티는 제품 판매나 라이선스, 저작물의 이용 등 다양한 형태로 나타나며 지식 재산권의 보호와 경제적 가치를 확보하는 중요한 수난으로 작용하고 있다. 로열티는 지식과 창조성의 보상으로서의 역할을 수행하며 기업들의 연구개발을 촉진하고 혁신을 격려한다. 이처럼 로열티제도는 기업과 지식 재산권 소유자 간의 상호협력과 혁신적인 경제발전에 기여하는 중요한 구조적 요소이다.

① 지식 재산권을 보호하는 방법

② 로열티 지급 시 유의사항

③ 지식 재산권의 정의

④ 로열티제도의 유래와 발전

⑤ 로열티제도의 모순

43 다음 글의 주장에 대한 비판으로 적절하지 않은 것은?

> 동물실험이란 교육, 시험, 연구 및 생물학적 제제의 생산 등 과학적 목적을 위해 동물을 대상으로 실시하는 실험 또는 그 과학적 절차를 말한다. 전 세계적으로 매년 약 6억 마리의 동물들이 실험에 쓰이고 있다고 추정되며, 대부분의 동물들은 실험이 끝난 뒤 안락사를 시킨다.
>
> 동물실험은 대개 인체실험의 전 단계로 이루어지는데, 검증되지 않은 물질을 바로 사람에게 주입하여 발생하는 위험을 줄일 수 있다는 점에서 필수적인 실험이라고 말할 수 있다. 물론 살아있는 생물을 대상으로 하는 실험이기 때문에 대체(Replacement), 감소(Reduction), 개선(Refinement)으로 요약되는 3R 원칙에 입각하여 실험하는 것이 당연하다. 굳이 다른 방법이 있다면 그 방법을 채택할 것이며, 희생이 되는 동물의 수를 최대한 줄이고 필수적인 실험 조건 외에는 자극을 주지 않아야 한다.
>
> 하지만 그럼에도 보다 안전한 결과를 도출해 내기 위한 동물실험은 필요악이며, 이러한 필수적인 의약실험조차 금지하려 한다는 것은 기술 발전 속도를 늦춰 약이 필요한 누군가의 고통을 감수하자는 이기적인 주장과 같다고 할 수 있다.

① 아무리 엄격하게 통제된 실험이라고 해도 동물 입장에서 바라본 실험이 비윤리적이며 생명체의 존엄성을 훼손하는 행위라는 사실을 벗어날 수는 없다.

② 과거와 달리 현대에서는 인공 조직을 배양하여 실험의 대상으로 삼을 수 있으므로 동물실험 자체를 대체하는 것이 가능하다.

③ 3R 원칙과 같은 윤리적 강령이 법적인 통제력을 지니지 않은 이상 실제로 얼마나 엄격하게 지켜질 것인지는 알 수 없다.

④ 화장품 업체들의 동물실험과 같은 사례를 통해, 생명과 큰 연관이 없는 실험은 필요악이라고 주장할 수 없다.

⑤ 동물실험에서 안전성을 검증받은 이후 인체에 피해를 준 약물의 사례가 존재한다.

44 다음 글의 논지를 강화하기 위한 내용으로 적절하지 않은 것은?

뉴턴은 이렇게 말했다. "플라톤은 내 친구이다. 아리스토텔레스는 내 친구이다. 하지만 진리야말로 누구보다 소중한 내 친구이다." 케임브리지에서 뉴턴에게 새로운 전환점을 준 사람이 있다. 수학자이며 당대 최고의 교수였던 아이작 배로우(Isaac Barrow)였다. 배로우는 뉴턴에게 수학과 기하학을 가르치고 그의 탁월함을 발견하여 후원자가 됐다. 이처럼 뉴턴은 타고난 천재가 아니라, 자신의 피나는 노력과 위대한 스승들의 도움을 통해 후천적으로 키워진 것이다.

뉴턴이 시대를 관통하는 천재로 여겨진 것은 "사과는 왜 땅에 수직으로 떨어질까?"라는 질문에서 시작했다. 이 질문을 던진 지 20여 년이 지나고 마침내 모든 물체가 땅으로 떨어지는 것은 지구 중력에 의한 만유인력이라는 개념을 발견한 것이 계기가 되었다. 사과가 떨어지는 것을 관찰하여 온갖 질문을 던지고, 새로운 가설을 만든 후에 그것을 증명하기 위해 오랜 시간 연구하고 실험을 한 결과가 위대한 발견으로 이어진 것이다. 위대한 발명이나 발견은 어느 한 순간 섬광처럼 오는 것이 아니다. 시작 단계의 작은 아이디어가 질문과 논쟁을 통해 점차 다른 아이디어들과 충돌하고 합쳐지면서 숙성의 시간을 갖고, 그런 후에야 세상에 유익한 발명이나 발견이 나오는 것이다.

이전부터 천재가 선천적인 것인지, 후천적인 것인지에 관한 논란은 계속되어 왔다. 과거에는 천재가 신적인 영감을 받아 선천적으로 탄생한다는 주장이 힘을 얻었다. 플라톤의 저서 『이온』에도 음유시인이 기술이나 지식이 아닌 신적인 힘과 영감을 받는 존재임이 언급된다. 그러나 아리스토텔레스의 『시학』은 『이온』과 조금 다른 관점을 취하고 있다. 기본적으로 시가 모방 미학이라는 입장은 같지만, 아리스토텔레스는 이것이 신적인 힘을 모방한 것이 아닌 인간의 모방이라고 믿었다.

최근 연구에 의하면 천재라 불리는 모든 사람들이 선천적으로 타고난 것이 아니고 후천적인 학습을 통해 수준을 점차 더 높은 단계로 발전시켰다고 한다. 선천적 재능과 후천적 학습을 모두 거친 절충적 천재가 각광받는 것이다. 이것이 우리에게 주는 시사점은 비록 지금은 창의적이지 않더라도 꾸준히 포기하지 말고 창의성을 개발하고 실현하는 방법을 배워서 실천한다면 모두가 창의적인 사람이 될 수 있다는 교훈이다. 타고난 천재가 아니고 훈련과 노력으로 새롭게 태어나는 창재(창의적인 인재)로 거듭나야 한다.

① 1만 시간의 법칙은 한 분야에서 전문가가 되기 위해서는 최소 1만 시간의 훈련이 필요하다는 것이다.

② 뉴턴뿐만 아니라 아인슈타인 역시 끊임없는 연구와 노력을 통해 천재로 인정받았다.

③ 세계적인 발레리나 강수진은 고된 연습으로 발이 기형적으로 변해버렸다.

④ 신적인 것보다 연습이 영감을 가져다주는 경우가 있다.

⑤ 칸트는 천재가 선천적인 것이라고 하였다.

다음 글의 주장에 대한 비판으로 가장 적절한 것은?

사회현상을 볼 때는 돋보기로 세밀하게, 그리고 때로는 멀리 떨어져서 전체 속에 어떻게 위치하고 있는가를 동시에 봐야 한다. 숲과 나무는 서로 다르지만 따로 떼어 생각할 수 없기 때문이다. 현대 사회현상의 최대 쟁점인 과학기술에 대해 평가할 때도 마찬가지이다. 로봇 탄생의 숲을 보면, 그 로봇개발에 투자한 사람과 로봇을 개발한 사람들의 의도가 드러난다. 그리고 나무인 로봇을 세밀히 보면, 그 로봇이 생산에 이용되는지 아니면 감옥의 죄수들을 감시하기 위한 것인지 그 용도를 알 수가 있다. 이 광범한 기술의 성격을 객관적이고 물질적이어서 가치관이 없다고 쉽게 생각하면 로봇에 당하기 십상이다.

자동화는 자본주의의 실업을 늘려 실업자에 대해 생계의 위협을 가하는 측면뿐 아니라, 기존근로자에 대한 감시를 더욱 효율적으로 해내는 역할도 수행한다. 자동화를 적용하는 기업 측에서는 자동화가 인간의 삶을 증대시키는 이미지로 일반 사람들에게 인식되기를 바란다. 그래야 자동화 도입에 대한 노동자의 반발을 무마하고 기업가의 구상을 관철시킬 수 있기 때문이다. 그러나 자동화나 기계화 도입으로 인해 실업을 두려워하고, 업무 내용이 바뀌는 것을 탐탁해하지 않았던 유럽의 노동자들은 자동화 도입에 대해 극렬히 반대했던 경험들을 갖고 있다.

지금도 자동화·기계화는 좋은 것이라는 고정관념을 가진 사람들이 많고, 현실에서 이러한 고정관념이 가져오는 파급효과는 의외로 크다. 예를 들어 은행에 현금을 자동으로 세는 기계가 등장하면 은행원들이 현금을 세는 작업량은 줄어든다. 손님들도 기계가 현금을 재빨리 세는 것을 보고 감탄해 하면서 행원이 세는 것보다 더 많은 신뢰를 보낸다. 그러나 현금 세는 기계의 도입에는 이익 추구라는 의도가 숨어있다. 현금 세는 기계는 행원의 수고를 덜어준다. 그러나 현금 세는 기계를 들여옴으로써 실업자가 생기고 만다. 사람이 잘만 이용하면 잘 써먹을 수 있을 것만 같은 기계가 엄청나게 혹독한 성품을 지닌 프랑켄슈타인으로 돌변하는 것이다.

자동화와 정보화를 추진하는 핵심 조직이 기업이란 것에서도 알 수 있듯이 기업은 이윤추구에 도움이 되지 않는 행위는 무가치하다고 판단한다. 그러므로 자동화는 그 계획 단계에서부터 기업의 의도가 스며들어가 탄생된다. 또한 그 의도대로 자동화나 정보화가 진행되면, 다른 한편으로 의도하지 않은 결과를 초래한다. 자동화와 같은 과학기술이 풍요를 생산하는 수단이라고 생각하는 것은 하나의 고정관념에 불과하다.

채플린이 제작한 영화 「모던 타임즈」에 나타난 것처럼 초기 산업화 시대에는 기계에 종속된 인간의 모습이 가시적으로 드러날 수밖에 없었다. 그래서 이러한 종속에 저항하고자 하는 인간의 노력도 적극적인 모습을 보였다. 그러나 현대의 자동화기기는 그 첨병이 정보통신기기로 바뀌면서 문제는 질적으로 달라진다. 무인 생산까지 진전된 자동화나 정보통신화는 인간에게 단순노동을 반복시키는 그런 모습을 보이지 않는다. 그래서인지는 몰라도 정보통신은 별 무리 없이 어느 나라에서나 급격하게 개발·보급되고 보편화되어 있다. 그런데 문제는 이 자동화기기가 생산에만 이용되는 것이 아니라, 노동자를 감시하거나 관리하는 데도 이용될 수 있다는 것이다. 오히려 정보통신의 발달로 이전보다 사람들은 더 많은 감시와 통제를 받게 되었다.

① 기업의 이윤추구가 사회복지 증진과 직결될 수 있음을 간과하고 있어.
② 기계화·정보화가 인간의 삶의 질 개선에 기여하고 있음을 경시하고 있어.
③ 기계화를 비판하는 주장만 되풀이할 뿐, 구체적인 근거를 제시하지 않고 있어.
④ 화제의 부분적 측면에 관계된 이론을 소개하여 편향적 시각을 갖게 하고 있어.
⑤ 현대의 기술문명이 가져다 줄 수 있는 긍정적인 측면을 과장하여 강조하고 있어.

46 다음 글을 근거로 판단할 때 가장 적절한 것은?

> 1896년 『독립신문』 창간을 계기로 여러 가지의 애국가 가사가 신문에 게재되기 시작했는데, 어떤 곡조에 따라 이 가사들을 노래로 불렀는지는 명확하지 않다. 다만 대한제국이 서구식 군악대를 조직해 1902년 '대한제국 애국가'라는 이름의 국가(國歌)를 만들어 나라의 주요 행사에 사용했다는 기록은 남아 있다. 오늘날 우리가 부르는 애국가의 노랫말은 외세의 침략으로 나라가 위기에 처해있던 1907년을 전후하여 조국애와 충성심을 북돋우기 위하여 만들어졌다.
>
> 1935년 해외에서 활동 중이던 안익태는 오늘날 우리가 부르고 있는 국가를 작곡하였다. 대한민국 임시정부는 이 곡을 애국가로 채택해 사용했으나 이는 해외에서만 퍼져나갔을 뿐, 국내에서는 광복 이후 정부수립 무렵까지 애국가 노랫말을 스코틀랜드 민요에 맞춰 부르고 있었다. 그러다가 1948년 대한민국 정부가 수립된 이후 현재의 노랫말과 함께 안익태가 작곡한 곡조의 애국가가 정부의 공식 행사에 사용되고 각급 학교 교과서에도 실리면서 전국적으로 애창되기 시작하였다.
>
> 애국가가 국가로 공식화되면서 1950년대에는 대한뉴스 등을 통해 적극적으로 홍보가 이루어졌다. 그리고 「국기게양 및 애국가 제창 시의 예의에 관한 지시(1966)」 등에 의해 점차 국가의례의 하나로 간주되었다.
>
> 1970년대 초에는 공연장에서 본공연 전에 애국가가 상영되기 시작하였다. 이후 1980년대 중반까지 주요 방송국에서 국기강하식에 맞춰 애국가를 방송하였다. 주요 방송국의 국기강하식 방송, 극장에서의 애국가 상영 등은 1980년대 후반 중지되었으며 음악회와 같은 공연 시 애국가 연주도 이때 자율화되었다.
>
> 오늘날 주요 행사 등에서 애국가를 제창하는 경우에는 부득이한 경우를 제외하고 4절까지 제창하여야 한다. 애국가는 모두 함께 부르는 경우에는 전주곡을 연주한다. 다만, 약식절차로 국민의례를 행할 때 애국가를 부르지 않고 연주만 하는 의전행사(외국에서 하는 경우 포함)나 시상식 · 공연 등에서는 전주곡을 연주해서는 안 된다.

① 1940년에 해외에서는 안익태가 만든 애국가 곡조를 들을 수 없었다.

② 1990년대 초반에는 국기강하식 방송과 극장에서의 애국가 상영이 의무화되었다.

③ 오늘날 우리가 부르는 애국가의 노랫말은 1896년 『독립신문』에 게재되지 않았다.

④ 시상식에서 애국가를 부르지 않고 연주만 하는 경우에는 전주곡을 연주할 수 있다.

다음은 윤리적 소비에 대한 글이다. (가) ~ (다)와 관련된 사례를 〈보기〉에서 골라 바르게 연결한 것은?

> 윤리적 소비란 무의식적으로 하는 단순한 소비 활동이 아닌 자신의 소비 활동의 결과가 사람과 동물, 사회와 환경에 어떠한 영향을 끼칠지 고려하여 행동하는 것을 말한다. 이와 같은 소비 행위는 그 이념에 따라 다음과 같이 나눌 수 있다.
>
> (가) 녹색소비 : 환경보호에 도움이 되거나, 환경을 고려하여 제품을 생산 및 개발하거나 서비스를 제공하는 기업의 제품을 구매하는 친환경적인 소비 행위를 말한다.
>
> (나) 로컬소비 : 자신이 거주하는 지역의 경제 활성화를 돕고, 운반 시 소비되는 연료나 배출되는 환경오염 물질을 줄이기 위해 자신이 거주하는 지역에서 만들어진 상품과 서비스를 소비하는 지속 가능한 소비 행위를 말한다.
>
> (다) 공정무역 : 불공정 무역구조로 인하여 선진국에 비해 경제적 개발이 늦은 저개발국가에서 발생하는 노동력 착취, 환경파괴, 부의 편중 등의 문제를 해소하기 위한 사회적 소비 운동이다. 이를 위해 소비자는 저개발국가의 생산자가 경제적 자립을 이루고 지속 가능한 발전을 할 수 있도록 '가장 저렴한 가격'이 아닌 '공정한 가격'을 지불한다.
>
> 이와 같이 소비자는 자신의 소비 행위를 통해 사회적 정의와 평등을 촉진하고, 환경보호에 기여하는 등 사회적 영향력을 행사할 수 있다.

> **보기**
>
> ㉠ A사는 비건 트렌드에 맞춰 기존에 사용해왔던 동물성 원료 대신 친환경 성분의 원료를 구입하여 화장품을 출시했다.
>
> ㉡ B레스토랑은 고객들에게 신선한 샐러드를 제공하고 지역 내 농가와의 상생을 위하여 인접 농가에서 갓 생산한 채소들을 구매한다.
>
> ㉢ C사는 해안가에 버려진 폐어망 및 폐페트병을 수집해 이를 원사로 한 가방 및 액세서리를 구매해 유통한다.
>
> ㉣ D카페는 제3세계에서 생산하는 우수한 품질의 원두를 직수입하여 고객들에게 합리적인 가격에 제공한다.
>
> ㉤ E사는 아시아 국가의 빈곤한 여성 생산자들의 경제적 자립을 돕기 위해 이들이 생산한 의류, 생활용품, 향신료 등을 국내에 수입 판매하고 있다.

	(가)	(나)	(다)
①	㉠, ㉢	㉡	㉣, ㉤
②	㉠, ㉣	㉡	㉢, ㉤
③	㉣, ㉤	㉡	㉠, ㉢
④	㉠, ㉡, ㉢	㉤	㉣
⑤	㉠, ㉢, ㉤	㉡	㉣

| 2023년 하반기 삼성그룹

48

과거에는 공공서비스가 경합성과 배제성이 모두 약한 사회기반시설 공급을 중심으로 제공되었다. 이런 경우 서비스 제공에 드는 비용은 주로 세금을 비롯한 공적 재원으로 충당을 한다. 하지만 복지와 같은 개인단위 공공서비스에 대한 사회적 요구가 증가함에 따라 관련 공공서비스의 다양화와 양적 확대가 이루어지고 있다. 이로 인해 정부의 관련 조직이 늘어나고 행정업무의 전문성 및 효율성이 떨어지는 문제점이 나타나기도 한다. 이 경우 정부는 정부 조직의 규모를 확대하지 않으면서 서비스의 전문성을 강화할 수 있는 민간 위탁 제도를 도입할 수 있다. 민간 위탁이란 공익성을 유지하기 위해 서비스의 대상이나 범위에 대한 결정권과 서비스관리의 책임을 정부가 갖되, 서비스 생산은 민간업체에 맡기는 것이다.

민간 위탁은 주로 다음과 같은 몇 가지 방식으로 운용되고 있다. 가장 일반적인 것은 '경쟁 입찰방식'이다. 이는 일정한 기준을 충족하는 민간업체 간 경쟁 입찰을 거쳐 서비스 생산자를 선정, 계약하는 방식이다. 공원과 같은 공공 시설물관리 서비스가 이에 해당한다. 이 경우 정부가 직접 공공서비스를 제공할 때보다 서비스의 생산비용이 절감될 수 있고 정부의 재정 부담도 경감될 수 있다. 다음으로는 '면허 발급 방식'이 있다. 이는 서비스 제공을 위한 기술과 시설이 기준을 충족하는 민간 업체에게 정부가 면허를 발급하는 방식이다. 자동차 운전면허 시험, 산업폐기물 처리 서비스 등이 이에 해당한다. 이 경우 공공서비스가 갖춰야 할 최소한의 수준은 유지하면서도 공급을 민간의 자율에 맡겨 공공서비스의 수요와 공급이 탄력적으로 조절되는 효과를 얻을 수 있다. 또한 '보조금 지급 방식'이 있는데, 이는 민간이 운영하는 종합복지관과 같이 안정적인 공공서비스 제공이 필요한 기관에 보조금을 주어 재정적으로 지원하는 것이다.

① 경쟁 입찰방식은 정부의 재정 부담을 줄여준다.

② 과거 공공서비스는 주로 공적 재원에 의해 운영됐다.

③ 정부로부터 면허를 받은 민간업체는 보조금을 지급받을 수 있다.

④ 공공서비스의 양적 확대에 따라 행정 업무 전문성이 떨어지는 부작용이 나타난다.

⑤ 서비스 생산을 민간업체에게 맡김으로써 공공서비스의 전문성을 강화할 수 있다.

49

헌법의 개정이 어느 정도까지 가능한가에 대해서는 학자들마다 입장이 다른데, 이는 대체로 개정 무한계설과 개정 한계설로 나뉜다. 개정 무한계설은 헌법에 규정된 개정 절차를 밟으면 어떠한 조항이나 사항이더라도 개정할 수 있다는 입장이다. 개정 무한계설에서는 헌법 규범과 헌법현실 사이의 틈을 해소할 수 있는 유일한 방법은 헌법개정을 무제한 허용하는 것이라고 주장한다. 또한 헌법제정권력과 헌법개정권력의 구별을 부인하여 헌법 최고의 법적 권력은 헌법개정권력이라고 주장한다. 그리고 현재의 헌법 규범이나 가치에 의해 장래의 세대를 구속하는 것은 부당하다는 점을 밝힌다. 그러나 개정 무한계설은 법 규범이 가지는 실질적인 규범력의 차이는 외면한 채 헌법개정에 있어서 형식적 합법성만을 절대시한다는 비판을 받는다.

개정 한계설은 헌법에 규정된 개정 절차를 따를지라도 특정한 조항이나 사항은 개정할 수 없다는 입장이다. 개정 한계설에서는 헌법제정권력과 헌법개정권력을 다른 것으로 구별하여 헌법개정권력은 헌법제정권력의 소재(所在)를 변경하거나 헌법제정 당시의 국민적 합의인 헌법의 기본적 가치질서를 변경할 수 없다고 주장한다. 또 헌법 제정자가 내린 근본적 결단으로서의 헌법은 개정 대상이 될 수 없다거나, 헌법 위에 존재하는 자연법*의 원리에 어긋나는 헌법개정은 허용되지 않는다고 본다. 예를 들어 대한민국 헌법의 국민주권 원리, 인간으로서의 존엄과 가치보장은 헌법개정 절차에 의해서도 개정할 수 없다는 것이다.

*자연법 : 인간 이성을 통하여 발견한 자연적 정의 또는 자연적 질서를 사회 질서의 근본원리로 생각하는 보편 타당한 법

① 개정 한계설은 제정권력과 개정권력을 구별한다.
② 개정 무한계설은 절차를 지킬 경우 국민주권 원리도 개정 가능하다고 본다.
③ 개정 무한계설은 형식적인 절차는 무시한 채 실질적인 규범력의 차이만 강조한다.
④ 개정 무한계설은 헌법개정을 통해 규범과 현실 사이의 격차를 줄일 수 있다고 본다.
⑤ 개정 한계설은 인간으로서의 존엄과 가치보장을 개정하는 것은 자연법의 원리에 어긋난다고 본다.

50 다음 글을 읽고 알 수 있는 사실이 아닌 것은?

> 인류의 역사를 석기시대, 청동기시대 그리고 철기시대로 구분한다면 현대는 '플라스틱시대'라고 할
> 수 있을 만큼 플라스틱은 현대사회에서 가장 혁명적인 물질 중 하나이다. "플라스틱은 현대생활의
> 뼈, 조직, 피부가 되었다."는 미국의 과학 저널리스트 수전 프라인켈(Susan Freinkel)의 말처럼 플
> 라스틱은 인간 생활에 많은 부분을 차지하고 있다. 저렴한 가격과 필요에 따라 내구성, 강도, 유연
> 성 등을 조절할 수 있는 장점 덕분에 일회용 컵부터 옷, 신발, 가구 등 플라스틱이 아닌 것이 거의
> 없을 정도이다. 그러나 플라스틱에는 치명적인 단점이 있다. 플라스틱이 지닌 특성 중 하나인 영속
> 성(永續性)이다. 즉, 인간이 그동안 생산한 플라스틱은 바로 분해되지 않고 어딘가에 계속 존재하고
> 있어 플라스틱은 환경오염의 원인이 된 지 오래이다.
> 치약, 화장품, 피부 각질제거제 등 생활용품, 화장품에 들어 있는 작은 알갱이의 성분은 '마이크로비
> 드(Microbead)'라는 플라스틱이다. 크기가 1mm보다 작은 플라스틱을 마이크로비드라고 하는데
> 이 알갱이는 정수처리 과정에서 걸러지지 않고 생활 하수구에서 강으로, 바다로 흘러간다. 이 조그
> 만 알갱이들은 바다를 떠돌면서 생태계의 먹이사슬을 통해 동식물 체내에 축적되어 면역체계 교란,
> 중추신경계 손상 등의 원인이 되는 잔류성유기오염물질(Persistent Organic Pollutants)을 흡착한
> 다. 그리고 물고기, 새 등 여러 생물은 마이크로비드를 먹이로 착각해 섭취한다. 마이크로비드를
> 섭취한 해양생불은 다시 인간의 식탁에 올라온다. 즉, 우리가 버린 플라스틱을 우리가 다시 먹게
> 되는 셈이다.
> 플라스틱 포크로 음식을 먹고, 플라스틱 컵으로 물을 마시는 등 플라스틱을 음식을 먹기 위한 수단
> 으로만 생각했지 직접 먹게 되리라고는 상상도 못 했을 것이다. 우리가 먹은 플라스틱이 우리 몸에
> 남아 분해되지 않고 큰 질병을 키우게 될 것을 말이다.

① 마이크로비드는 크기가 작기 때문에 정수처리 과정에서 걸러지지 않고 바다로 유입된다.

② 플라스틱은 필요에 따라 유연성, 강도 등을 조절할 수 있고, 값이 싼 장점이 있다.

③ 마이크로비드는 잔류성유기오염물질을 분해하는 역할을 한다.

④ 플라스틱은 바로 분해되지 않고 어딘가에 존재한다.

51 다음 글에 사용된 설명 방식으로 적절하지 않은 것은?

> 집단사고는 강한 응집력을 보이는 집단의 의사결정과정에서 나타나는 비합리적인 사고방식이다. 이
> 는 소수의 우월한 엘리트들이 모여서 무언가를 결정하는 과정에서 흔히 발생한다. 이것의 폐해는
> 반대 시각의 부재, 다시 말해 원활하지 못한 소통에서 비롯된다. 그 결과 '이건 아닌데······.' 하면
> 서도 서로 아무 말을 못 해서 일이 파국으로 치닫곤 한다.
>
> 요즘 각광받는 집단지성은 집단사고와 비슷한 것 같지만 전혀 다른 개념이다. 집단지성이란 다수
> 의 개체들이 협력하거나 경쟁함으로써 얻어지는 고도의 지적 능력을 말한다. 이는 1910년대 한
> 곤충학자가 개미의 사회적 행동을 관찰하면서 처음 제시한 개념인데, 사회학자 피에르레비가 사이
> 버공간에서의 집단지성의 개념을 제시한 이후 여러 분야에서 활발히 연구되고 있다. 위키피디아는
> 집단지성의 대표적인 사례이다. 위키피디아는 참여자 모두에게 편집권이 있고, 다수에 의해 수정
> 되며 매일 업데이트 되는 '살아있는 백과사전'이다. 서로 이해와 입장이 다른 수많은 참여자가 콘텐
> 츠를 생산하거나 수정하고 다시 그것을 소비하면서 지식의 빈자리를 함께 메워 가는 소통의 과정
> 그 자체가 위키피디아의 본질이다. 이처럼 집단지성은 참여와 소통의 수준 면에서 집단사고와는
> 큰 차이가 있다.

① 정의
② 대조
③ 예시
④ 인용
⑤ 비유

52 다음 중 밑줄 친 ㉠ ~ ㉢에 대한 설명으로 적절하지 않은 것은?

국내연구팀이 반도체집적회로에 일종의 ㉠ '고속도로'를 깔아 신호의 전송속도를 높이는 신개념 반도체 소재 기술을 개발했다. 탄소 원자를 얇은 막 형태로 합성한 2차원 신소재인 그래핀을 반도체회로에 깔아 기존 금속 선로보다 많은 양의 전자를 빠르게 운송하는 것이다.

최근 반도체 내에 많은 소자가 집적되면서 소자 사이의 신호를 전송하는 ㉡ '도로'인 금속 재질의 선로에 저항이 기하급수적으로 증가하는 문제가 발생했다. 이러한 집적화의 한계를 극복하기 위해 연구팀은 금속 재질 대신 그래핀을 신호 전송용 길로 활용했다.

그래핀은 탄소 원자가 육각형으로 결합한, 두께 0.3나노미터의 얇은 2차원 물질로 전선에 널리 쓰이는 구리보다 전기 전달 능력이 뛰어나며 전자 이동속도도 100배 이상 빨라 이상적인 반도체용 물질로 꼽힌다. 그러나 너무 얇다 보니 전류나 신호를 전달하는 데 방해가 되는 저항이 높고, 전하 농도가 낮아 효율이 떨어진다는 단점이 있었다.

연구팀은 이런 단점을 해결하고자 그래핀에 불순물을 얇게 덮는 방법을 생각했다. 그래핀 표면에 비정질 탄소를 흡착시켜 일종의 ㉢ '코팅'처럼 둘러싼 것이다. 연구 결과 이 과정에서 신호전달을 방해하던 저항은 기존 그래핀 선로보다 60% 감소했고, 신호손실은 약 절반 정도로 줄어들었으며, 전달할 수 있는 전하의 농도는 20배 이상 증가했다. 이를 통해 연구팀은 금속 선로의 수백분의 1 크기로 작으면서도 효율성은 그대로인 고효율, 고속 신호 전송선로를 완성하였다.

① 연구팀은 ㉡을 ㉠으로 바꾸었다.
② 반도체 내에 많은 소자가 집적될수록 ㉡에 저항이 증가한다.
③ ㉠은 구리보다 전기 전달 능력과 전자 이동속도가 뛰어나다.
④ 연구팀은 전자의 이동속도를 높이기 위해 ㉠에 ㉢을 하였다.
⑤ ㉠은 그래핀, ㉡은 금속 재질, ㉢은 비정질 탄소를 의미한다.

| 02 | 수리

▎2024년 하반기 SK그룹

01 알코올 농도가 22%인 술 A와 10%인 술 B를 섞어 알코올 농도가 17% 이상인 술 300mL를 만들고자 할 때, 술 A는 최소 몇 mL 필요한가?

① 175mL
② 180mL
③ 185mL
④ 190mL
⑤ 195mL

▎2024년 하반기 SK그룹

02 S사 구내식당에서 판매하는 A햄버거와 B햄버거는 1,800원을 더 지불하면 세트메뉴로 변경할 수 있다. 또한 B햄버거 단품 가격이 A햄버거 단품 가격보다 400원 더 저렴하다고 한다. A햄버거와 B햄버거 모두 세트메뉴로 2개씩 변경하여 구매할 때 29,200원을 지불해야 한다면, B햄버거 단품의 가격은?

① 5,100원
② 5,300원
③ 5,500원
④ 5,700원
⑤ 5,900원

▎2024년 상반기 삼성그룹

`Easy`

03 한 학교의 올해 남학생과 여학생 수는 작년에 비해 남학생은 8% 증가, 여학생은 10% 감소했다. 작년의 전체 학생 수는 820명이고, 올해는 작년에 비해 10명이 감소했다고 할 때, 작년의 여학생 수는?

① 400명
② 410명
③ 420명
④ 430명
⑤ 440명

04 S사 전체 신입사원의 남자와 여자의 비율은 55:45이고, 여자 신입사원 중에서 안경을 착용한 사원과 착용하지 않은 사원의 비율은 55:45이다. 신입사원을 1명 고를 때, 그 사원이 안경을 착용했을 확률이 30%라면, 남자 신입사원 중에서 안경을 착용한 남자 신입사원의 비율은?

① $\dfrac{3}{110}$

② $\dfrac{7}{110}$

③ $\dfrac{21}{110}$

④ $\dfrac{21}{220}$

⑤ $\dfrac{21}{440}$

05 민지네 과일가게에서는 토마토와 배를 각각 1개당 90원, 210원에 판매를 하고, 1개의 무게는 각각 120g, 450g이다. 한 바구니에 토마토와 배를 몇 개씩 담아 무게를 재어보니 6.15kg이었고, 가격은 3,150원이었다. 바구니의 무게가 990g이며 가격은 300원이라고 할 때, 바구니 안에 들어있는 배의 개수는?

① 5개

② 6개

③ 7개

④ 8개

⑤ 9개

06 작년 S초등학교의 전교생 수는 480명이었다. 올해 남학생 수는 20% 증가하였고, 여학생 수는 10% 감소하여 올해 남학생 수와 여학생 수의 비율이 20:21이 되었다. 올해 전교생 수는?

① 488명

② 492명

③ 496명

④ 500명

⑤ 504명

07 A~H 8명의 후보 선수 중 4명을 뽑을 때, A, B, C를 포함하여 뽑을 확률은?

① $\dfrac{1}{14}$

② $\dfrac{3}{8}$

③ $\dfrac{3}{5}$

④ $\dfrac{1}{5}$

⑤ $\dfrac{1}{2}$

Hard

08 길이 258m인 터널을 완전히 통과하는 데 18초 걸리는 A열차가 있다. 이 열차가 길이 144m인 터널을 완전히 건너는 데 걸리는 시간이 16초인 B열차와 서로 마주보는 방향으로 달려 완전히 지나는 데 걸린 시간이 9초였다. B열차의 길이가 80m라면 A열차의 길이는?

① 320m

② 330m

③ 340m

④ 350m

⑤ 360m

09 S회사 회계팀에는 A~E 다섯 명의 팀원이 일을 하고 있다. 이들은 다가오는 감사에 대비하기 위해 월요일부터 금요일에 한 명씩 돌아가면서 당직 근무를 하기로 하였다. D는 금요일에, E는 수요일에 당직 근무를 할 확률은 얼마인가?

① $\dfrac{1}{2}$

② $\dfrac{1}{4}$

③ $\dfrac{1}{5}$

④ $\dfrac{1}{10}$

⑤ $\dfrac{1}{20}$

10 어느 학생이 두 문제 A, B를 푸는데 문제 A를 맞히지 못할 확률은 60%, 두 문제를 모두 맞힐 확률은 24%일 때, 이 학생이 문제 A는 맞히고, 문제 B는 맞히지 못할 확률은?

① 36%   ② 30%

③ 28%   ④ 24%

⑤ 16%

Hard

11 작년 S사의 일반 사원 수는 400명이었다. 올해 진급하여 직책을 단 사원은 작년 일반 사원 수의 12%이고, 20%는 퇴사를 하였다. 올해 전체 일반 사원 수가 작년보다 6% 증가했을 때, 올해 채용한 신입사원은 몇 명인가?

① 144명   ② 146명

③ 148명   ④ 150명

⑤ 152명

Easy

12 세빈이는 이번 주말에 등산을 하였다. 올라갈 때에는 시속 4km로 걷고 내려올 때에는 올라갈 때보다 2km 더 먼 거리를 시속 6km의 속력으로 걸어 내려왔다. 올라갈 때와 내려올 때 걸린 시간이 같았다면 내려올 때 걸린 시간은?

① 1시간   ② 1.5시간

③ 2시간   ④ 2.5시간

⑤ 3시간

13 서로 다른 8개의 컵 중에서 4개만 식탁 위에 원형으로 놓는 방법의 수는?

① 400가지

② 410가지

③ 420가지

④ 430가지

⑤ 440가지

14 아마추어야구 시합에서 A팀과 B팀이 경기하고 있다. 7회 말까지는 동점이었고 8·9회에서 A팀이 획득한 점수는 B팀이 획득한 점수의 2배이었다. 최종적으로 12 : 9로 A팀이 승리하였을 때, 8·9 회에서 B팀은 몇 점을 획득하였는가?

① 2점

② 3점

③ 4점

④ 5점

⑤ 6점

`Easy`

15 K회사의 구내식당에서는 파란색과 초록색 두 가지 색깔의 식권을 판매한다. 파란색 식권은 1장에 1명이 식사가 가능하고 초록색 식권은 1장에 2명까지 식사가 가능할 때, 파란색 식권 3장과 초록색 식권 2장으로 식사 가능한 최대 인원은?

① 5명

② 6명

③ 7명

④ 8명

⑤ 9명

16 다음은 K공단에서 조사한 2018 ~ 2023년 건강보험 진료비 및 약품비 현황에 대한 자료이다. 이에 대한 설명으로 옳지 않은 것은?

〈건강보험 진료비 및 약품비 현황〉

(단위 : 억 원)

구분	2018년	2019년	2020년	2021년	2022년	2023년
진료비	750,000	810,000	820,000	890,000	980,000	1,050,000
약품비	180,000	200,000	210,000	220,500	245,000	260,000

① 약품비는 항상 진료비의 25% 이하이다.
② 2023년의 약품비는 2018년 대비 약 44% 증가하였다.
③ 진료비는 2023년에 처음으로 100조 원을 초과하였다.
④ 진료비 증가액이 전년 대비 가장 큰 해는 2022년이다.
⑤ 약품비 증가액이 전년 대비 가장 작은 해는 2020년이다.

17 다음은 2023년 S국의 쌀, 보리, 콩, 수수, 귀리의 수입 및 수출량에 대한 자료이다. 이에 대한 설명으로 옳은 것은?

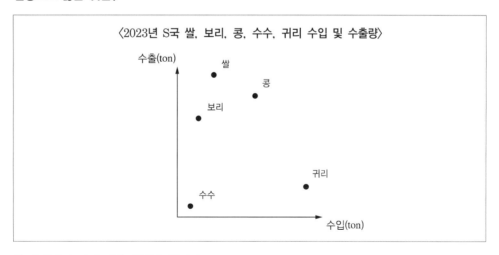

① 수입량이 가장 많은 곡식은 쌀이다.
② 수출량이 가장 많은 곡식은 귀리이다.
③ 보리는 수입량 대비 수출량이 가장 크다.
④ 수수는 수입량과 수출량 모두 가장 적다.
⑤ 콩은 수입량과 수출량 모두 세 번째로 많다.

18 다음은 2001 ~ 2023년 국제학업성취도평가 중 읽기 항목의 점수에 대한 자료이다. 이에 대한 〈보기〉의 설명 중 옳지 않은 것을 모두 고르면?

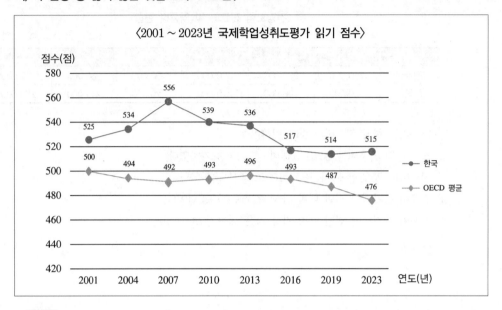

〈2001 ~ 2023년 국제학업성취도평가 읽기 점수〉

보기

경제협력개발기구(OECD)의 주관하에 3년 주기로 시행하고 있는 국제학업성취도평가는 크게 수학, 읽기, 과학을 평가하고 있다. 위의 자료는 읽기 항목 점수에 대한 자료이며 ⊙ 한국은 항상 OECD 평균보다 높은 성적을 기록하고 있다. 특히 2007년의 읽기 점수는 2001 ~ 2023년 중 가장 높은 점수를 기록하였으며 ⓒ OECD 평균 점수와의 차이는 2023년이 가장 큰 것으로 기록되었다. 하지만 이후로 점수가 하락세를 보였으며 비록 2023년에는 점수가 소폭 상승하였으나 전체적으로는 하락세를 보였다. 한편, ⓒ OECD 평균 읽기 점수는 2013년 이후 하락하였다. 이는 스마트폰 등 전자기기의 영향이 큰 것으로 전문가들은 추측하고 있다.

① ⓒ

② ⓒ

③ ⊙, ⓒ

④ ⓒ, ⓒ

⑤ ⊙, ⓒ, ⓒ

19 다음은 과자와 빵의 100g당 열량과 단백질의 양을 나타낸 자료이다. 과자와 빵을 합하여 200g을 섭취해 열량 360kcal 이상, 단백질 13g 이상을 얻으려고 할 때, 섭취해야 하는 빵의 양의 범위는?

구분	열량(kcal)	단백질(g)
과자	120	8
빵	320	5

① 50g 이상 80g 이하
② 50g 이상 90g 이하
③ 50g 이상 100g 이하
④ 60g 이상 100g 이하
⑤ 80g 이상 100g 이하

20 다음은 A ~ D사의 2020 ~ 2023년까지 DRAM 판매 수익에 대한 자료이다. 이에 대한 설명으로 옳지 않은 것은?

〈2020 ~ 2023년 DRAM 판매 수익〉

(단위 : 조 원)

구분	2020년	2021년	2022년	2023년
A사	20	18	9	22
B사	10	6	-2	8
C사	10	7	-6	-2
D사	-2	-5	-8	-4

※ 그해의 판매 수익이 음수라면 적자를 기록한 것임

① 2021 ~ 2023년 A ~ D사의 전년 대비 수익 증감 추이는 모두 같다.
② A ~ D사의 2022년 전체 판매 수익은 적자를 기록하였다.
③ 2022년 A ~ D사의 전년 대비 판매 수익 감소율은 모두 50% 이하이다.
④ B사와 D사의 2020년 대비 2023년의 판매 수익이 감소한 금액은 같다.
⑤ 2020년 대비 2023년의 판매 수익이 가장 크게 증가한 곳은 A사이다.

21 다음은 주요 선진국과 BRICs의 고령화율을 나타낸 자료이다. 2040년의 고령화율이 2010년 대비 3배 이상이 되는 나라를 〈보기〉에서 모두 고르면?

〈주요 선진국과 BRICs 고령화율〉

(단위 : %)

구분	한국	미국	프랑스	영국	독일	일본	브라질	러시아	인도	중국
1990년	5	12	14	13	15	11	4	10	2	5
2000년	7	12	16	15	16	17	5	12	3	6
2010년	11	13	20	16	20	18	7	13	4	10
2020년	15	16	20	20	23	28	9	17	6	11
2030년(예상치)	24	20	25	25	28	30	16	21	10	16
2040년(예상치)	33	26	30	32	30	36	21	26	16	25

보기

㉠ 한국　　　　　　　　　　㉡ 미국
㉢ 일본　　　　　　　　　　㉣ 브라질
㉤ 인도

① ㉠, ㉡, ㉢　　　　　　　② ㉠, ㉡, ㉣
③ ㉠, ㉣, ㉤　　　　　　　④ ㉡, ㉢, ㉤

Hard

22 S사에서 제조하는 A, B제품 각각 1개를 만드는 데 필요한 X, Y원료의 양 및 개당 이익이 다음과 같을 때, 공장에서 얻을 수 있는 최대 이익은?(단, X원료는 18kg, Y원료는 20kg까지 사용할 수 있다)

〈A, B제품의 제조 X, Y원료 필요량 및 개당 이익〉

구분	X원료 필요량	Y원료 필요량	개당 이익
A제품	600g	500g	6만 원
B제품	400g	500g	5만 원

① 210만 원　　　　　　　　② 220만 원
③ 230만 원　　　　　　　　④ 240만 원
⑤ 250만 원

23 다음은 2022년과 2023년 디지털 콘텐츠 제작 분야의 영역별 매출 현황에 대한 자료이다. 이에 대한 설명으로 옳지 않은 것은?

〈제작 분야의 영역별 매출 현황〉

(단위 : 억 원, %)

구분	정보	출판	영상	음악	캐릭터	애니메이션	게임	기타	합계
2022년	227 (10.8)	143 (6.8)	109 (5.2)	101 (4.8)	61 (2.9)	264 (12.6)	1,177 (56.0)	18 (0.9)	2,100 (100)
2023년	364 (13.0)	213 (7.6)	269 (9.6)	129 (4.6)	95 (3.4)	272 (9.7)	1,441 (51.5)	17 (0.6)	2,800 (100)

※ ( )는 총매출액에 대한 비율임

① 2023년 총매출액은 2022년 총매출액보다 700억 원 더 많다.
② 2022년과 2023년 모두 게임 영역이 차지하는 비율이 50% 이상이다.
③ 기타 영역을 제외한 모든 영역에서 2022년보다 2023년이 매출액이 더 많다.
④ 2022년과 2023년 총매출액에 대한 비율의 차이가 가장 적은 것은 기타 영역이다.
⑤ 음악, 애니메이션, 게임, 기타 영역은 2022년 대비 2023년에 매출액 비율이 감소하였다.

24 A보건소에 근무 중인 B대리는 금연 치료프로그램 참가자의 문의 전화를 받았다. 참가자는 금연치료의약품과 금연보조제를 처방받아서 복용하고 있는데, 1월 한 달 동안 본인이 부담하는 의약품비가 얼마인지 궁금하다고 하였다. B대리는 참가자가 1월 4일부터 의약품으로는 바레니클린을 복용하며, 금연보조제로는 패치를 사용하고 있다는 사실을 확인한 후 1월 한 달 기준 의약품에 대한 본인부담금을 안내하였다. 이때 B대리가 안내한 본인부담금은?

구분	금연치료의약품		금연보조제		
	부프로피온	바레니클린	패치	껌	정제
용법	1일 2정	1일 2정	1일 1장	1일 4 ~ 12정	1일 4 ~ 12정
시장가격	680원/정	1,767원/정	1,353원/장	375원/정	417원/정
국가 지원액	500원/정	1,000원/정	1,500원/일		

※ 의료급여수급권자 및 최저생계비 150% 이하인 자는 상한액 이내 지원
※ 1월 투여기간 : 4 ~ 31일

① 40,068원
② 41,080원
③ 42,952원
④ 43,085원
⑤ 44,065원

25 다음은 지역별 인구 및 인구밀도에 대한 자료이다. 이에 대한 〈보기〉의 설명 중 옳은 것을 모두 고르면?

〈지역별 인구 및 인구밀도〉

(단위 : 천 명, 명/km^2)

구분	2021년		2022년		2023년	
	인구	인구밀도	인구	인구밀도	인구	인구밀도
서울	10,032	16,574	10,036	16,582	10,039	16,593
부산	3,498	4,566	3,471	4,531	3,446	4,493
대구	2,457	2,779	2,444	2,764	2,431	2,750
인천	2,671	2,602	2,645	2,576	2,655	2,586

※ (인구밀도) $= \dfrac{\text{(인구)}}{\text{(면적)}}$

보기

ㄱ. 2021년에서 2022년까지 감소한 인구가 2022년 전체 인구에서 차지하는 비율은 부산보다 대구가 더 크다.

ㄴ. 인천의 면적은 1,000km^2보다 넓다.

ㄷ. 부산의 면적은 대구의 면적보다 넓다.

① ㄱ
② ㄴ
③ ㄱ, ㄴ
④ ㄴ, ㄷ
⑤ ㄱ, ㄴ, ㄷ

26 다음은 수도권에서의 배, 귤, 사과 판매량에 대한 자료이다. 수도권 중 서울에서 판매된 배의 비율을 a, 경기도에서 판매된 귤의 비율을 b, 인천에서 판매된 사과의 비율을 c라고 할 때, $a+b+c$의 값은?(단, 수도권은 서울, 경기, 인천이다)

〈수도권 배, 귤, 사과 판매량〉

(단위 : 개)

구분	서울	경기	인천
배	800,000	1,500,000	200,000
귤	7,500,000	3,000,000	4,500,000
사과	300,000	450,000	750,000

① 0.9
② 0.94
③ 0.98
④ 1.02
⑤ 1.06

27 다음은 연도별 병역자원 현황을 나타낸 자료이다. 총 지원자 수에 대한 2015・2016년 평균과 2021・2022년 평균의 차이는?

〈병역자원 현황〉

(단위 : 만 명)

구분	2015년	2016년	2017년	2018년	2019년	2020년	2021년	2022년
징・소집 대상	135.3	128.6	126.2	122.7	127.2	130.2	133.2	127.7
보충역 복무자 등	16	14.3	11.6	9.5	8.9	8.6	8.6	8.9
병력동원 대상	675.6	664	646.1	687	694.7	687.4	654.5	676.4
합계	826.9	806.9	783.9	819.2	830.8	826.2	796.3	813

① 11.25만 명   ② 11.75만 명

③ 12.25만 명   ④ 12.75만 명

⑤ 13.25만 명

28 다음은 S전자 공장에서 만든 부품과 불량품의 수치를 기록한 자료이다. 전년 대비 부품 수의 차이와 불량품 수의 차이 사이에 일정한 비례관계가 성립할 때, A와 B에 들어갈 수치를 바르게 나열한 것은?

〈연도별 부품 수와 불량품 수〉

(단위 : 개)

구분	2017년	2018년	2019년	2020년	2021년	2022년
부품 수	120	170	270	420	620	(A)
불량품 수	10	30	70	(B)	210	310

    (A)   (B)

① 800   90

② 830   110

③ 850   120

④ 870   130

⑤ 900   150

29 다음은 주중과 주말 교통상황에 대한 자료이다. 이에 대한 〈보기〉의 설명 중 옳은 것을 모두 고르면?

〈주중·주말 예상 교통량〉

(단위 : 만 대)

구분	전국	수도권 → 지방	지방 → 수도권
주말 예상 교통량	60	5	3
주중 예상 교통량	40	4	2

〈대도시 간 예상 최대 소요 시간〉

구분	서울 – 대전	서울 – 부산	서울 – 광주	서울 – 강릉	남양주 – 양양
주말	2시간	5시간	4시간	3시간	2시간
주중	1시간	4시간	3시간	2시간	1시간

보기

ㄱ. 대도시 간 예상 최대 소요 시간은 모든 구간에서 주중이 주말보다 적게 걸린다.
ㄴ. 주중 전국 교통량 중 수도권에서 지방으로 가는 교통량의 비율은 10%이다.
ㄷ. 지방에서 수도권으로 가는 주말 예상 교통량은 주중 예상 교통량의 2배이다.
ㄹ. 서울 – 광주 구간 주중 소요 시간은 서울 – 강릉 구간 주말 소요 시간과 같다.

① ㄱ, ㄴ   ② ㄴ, ㄷ
③ ㄷ, ㄹ   ④ ㄱ, ㄴ, ㄹ
⑤ ㄴ, ㄷ, ㄹ

30 다음은 피자 1판 주문 시 구매 방식별 할인 혜택과 비용을 나타낸 자료이다. 정가가 12,500원인 피자 1판을 가장 저렴하게 살 수 있는 구매 방식은?

〈구매 방식별 할인 혜택과 비용〉

(단위 : 원)

구분	할인 혜택과 비용
스마트폰앱	정가의 25% 할인
전화	정가에서 1,000원 할인 후, 할인된 가격의 10% 추가 할인
회원카드와 쿠폰	회원카드로 정가의 10% 할인 후, 할인된 가격의 15%를 쿠폰으로 추가 할인
직접 방문	정가의 30% 할인, 교통비용 1,000원 발생
교환권	피자 1판 교환권 구매비용 10,000원 발생

※ 구매 방식은 한 가지만 선택함

① 스마트폰앱   ② 전화
③ 회원카드와 쿠폰   ④ 직접 방문
⑤ 교환권

31 다음은 A기업 지원자의 인턴 및 해외연수 경험과 합격 여부에 대한 자료이다. 이에 대한 〈보기〉의 설명 중 옳은 것을 모두 고르면?

〈A기업 지원자의 인턴 및 해외연수 경험과 합격 여부〉

(단위 : 명, %)

인턴 경험	해외연수 경험	합격 여부		합격률
		합격	불합격	
있음	있음	53	414	11.3
	없음	11	37	22.9
없음	있음	0	16	0
	없음	4	139	2.8

※ 합격률(%)= $\dfrac{(합격자 수)}{(합격자 수)+(불합격자 수)} \times 100$

※ 합격률은 소수점 둘째 자리에서 반올림한 값임

보기

ㄱ. 해외연수 경험이 있는 지원자가 해외연수 경험이 없는 지원자보다 합격률이 높다.

ㄴ. 인턴 경험이 있는 지원자가 인턴 경험이 없는 지원자보다 합격률이 높다.

ㄷ. 인턴 경험과 해외연수 경험이 모두 있는 지원자 합격률은 인턴 경험만 있는 지원자 합격률의 2배 이상이다.

ㄹ. 인턴 경험과 해외연수 경험이 모두 없는 지원자와 인턴 경험만 있는 지원자 간 합격률 차이는 30%p보다 크다.

① ㄱ, ㄴ   ② ㄱ, ㄷ

③ ㄴ, ㄷ   ④ ㄱ, ㄴ, ㄹ

⑤ ㄴ, ㄷ, ㄹ

Easy

32 다음은 2019 ~ 2022년 A신도시 쓰레기 처리 관련 통계 자료이다. 이에 대한 설명으로 옳지 않은 것은?

<A신도시 쓰레기 처리 관련 통계>

구분	2019년	2020년	2021년	2022년
1kg 쓰레기 종량제 봉투 가격	100원	200원	300원	400원
쓰레기 1kg당 처리비용	400원	400원	400원	400원
A신도시 쓰레기 발생량	5,013톤	4,521톤	4,209톤	4,007톤
A신도시 쓰레기 관련 적자 예산	15억 원	9억 원	4억 원	0원

① 쓰레기 종량제 봉투 가격이 100원이었던 2019년에 비해 400원이 된 2022년에는 쓰레기 발생량이 약 20%나 감소하였고 쓰레기 관련 적자 예산은 0원이 되었다.

② 쓰레기 1kg당 처리비용이 인상될수록 A신도시의 쓰레기 발생량과 쓰레기 관련 적자가 급격히 감소하는 것을 볼 수 있다.

③ 봉투 가격이 인상됨으로써 주민들은 비용에 부담을 느끼고 쓰레기 배출량을 줄였다고 추측할 수 있다.

④ 연간 쓰레기 발생량 감소 곡선보다 쓰레기 종량제 봉투 가격의 인상 곡선이 더 가파르다.

⑤ 쓰레기 종량제 봉투 가격 상승과 A신도시의 쓰레기 발생량은 반비례한다.

33 다음은 연도별 뺑소니 교통사고 통계 현황에 대한 자료이다. 이에 대한 〈보기〉의 설명 중 옳은 것을 모두 고르면?

〈뺑소니 교통사고 통계 현황〉

(단위 : 건, 명)

구분	2018년	2019년	2020년	2021년	2022년
사고건수	15,500	15,280	14,800	15,800	16,400
검거 수	12,493	12,606	12,728	13,667	14,350
사망자 수	1,240	1,528	1,850	1,817	1,558
부상자 수	9,920	9,932	11,840	12,956	13,940

※ $[검거율(\%)] = \dfrac{(검거\ 수)}{(사고\ 건수)} \times 100$

※ $[사망률(\%)] = \dfrac{(사망자\ 수)}{(사고\ 건수)} \times 100$

※ $[부상률(\%)] = \dfrac{(부상자\ 수)}{(사고\ 건수)} \times 100$

보기

ㄱ. 사고 건수는 매년 감소하지만 검거 수는 매년 증가한다.

ㄴ. 2020년의 사망률과 부상률이 2021년의 사망률과 부상률보다 모두 높다.

ㄷ. 2020 ~ 2022년의 사망자 수와 부상자 수의 증감 추이는 반대이다.

ㄹ. 2019 ~ 2022년 검거율은 매년 높아지고 있다.

① ㄱ, ㄴ ② ㄱ, ㄹ

③ ㄴ, ㄹ ④ ㄷ, ㄹ

⑤ ㄱ, ㄷ, ㄹ

※ S사는 직원들의 명함을 다음과 같은 명함 제작 기준에 따라 제작한다. 이어지는 질문에 답하시오.
[34~35]

〈명함 제작 기준〉

(단위 : 원)

구분	100장	추가 50장
국문	10,000	3,000
영문	15,000	5,000

※ 고급 종이로 제작할 경우 정가의 10% 가격 추가됨

Easy

| 2024년 상반기 삼성그룹

34 올해 신입사원이 입사해서 국문 명함을 만들었다. 명함은 1인당 150장씩 지급하며, 일반 종이로 만들어 총 제작비용은 195,000원이다. 신입사원은 총 몇 명인가?

① 12명
② 13명
③ 14명
④ 15명
⑤ 16명

| 2024년 상반기 삼성그룹

35 이번 신입사원 중 해외영업부서로 배치받은 사원이 있다. 해외영업부 사원들에게는 고급 종이로 영문 명함을 200장씩 만들어주려고 한다. 총인원이 8명일 때 총액은?

① 158,400원
② 192,500원
③ 210,000원
④ 220,000원
⑤ 247,500원

※ 다음은 2018 ~ 2022년의 해양사고 발생 현황에 대한 자료이다. 이어지는 질문에 답하시오. **[36~37]**

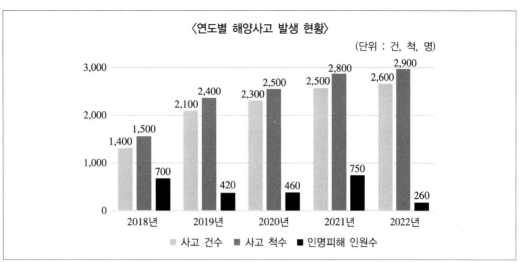

〈연도별 해양사고 발생 현황〉

(단위 : 건, 척, 명)

Easy

| 2023년 하반기 삼성그룹

36 다음 중 2018년 대비 2019년 사고 척수의 증가율과 사고 건수의 증가율이 순서대로 나열된 것은?

① 40%, 45%
② 45%, 50%
③ 60%, 50%
④ 60%, 55%
⑤ 60%, 65%

| 2023년 하반기 삼성그룹

37 다음 중 사고 건수당 인명피해의 인원수가 가장 많은 연도는?

① 2018년
② 2019년
③ 2020년
④ 2021년
⑤ 2022년

※ 다음은 국유재산 종류별 규모 현황에 대한 자료이다. 이어지는 질문에 답하시오. [38~39]

<국유재산 종류별 규모 현황>

(단위 : 억 원)

구분	2017년	2018년	2019년	2020년	2021년
합계	9,384,902	9,901,975	10,444,088	10,757,551	10,817,553
토지	4,374,692	4,485,830	4,670,080	4,630,098	4,677,016
건물	580,211	616,824	652,422	677,188	699,211
공작물	2,615,588	2,664,379	2,756,345	2,821,660	2,887,831
입목죽	108,049	110,789	80,750	128,387	88,025
선박·항공기	21,775	20,882	23,355	23,178	25,524
기계·기구	4,124	4,096	6,342	9,252	10,524
무체재산	10,432	10,825	11,334	11,232	11,034
유가증권	1,670,031	1,988,350	2,243,460	2,456,556	2,418,389

38 다음 중 2019년에 국유재산의 규모가 10조를 넘는 국유재산 종류의 개수는?

① 2개
② 3개
③ 4개
④ 5개

39 위 자료에 대한 설명으로 옳은 것을 <보기>에서 모두 고르면?

보기

ㄱ. 2019년과 2021년에 국유재산 종류별로 규모가 큰 순서는 동일하다.
ㄴ. 2017년과 2018년에 규모가 가장 작은 국유재산은 동일하다.
ㄷ. 2018년 국유재산 중 건물과 무체재산, 유가증권 규모의 합계는 260조 원보다 크다.
ㄹ. 2017년부터 2020년까지 국유재산 중 선박·항공기와 기계·기구의 전년 대비 증감 추이는 동일하다.

① ㄴ, ㄷ
② ㄷ, ㄹ
③ ㄱ, ㄴ, ㄷ
④ ㄴ, ㄷ, ㄹ

40 일정한 규칙으로 수를 나열할 때, A+B의 값은?

| 3 | 6 | 2 | 12 | 4 | (A) | 28 | 392 | (B) | 6,768 |

① 412　　　　　　　　　　　　② 414

③ 416　　　　　　　　　　　　④ 418

⑤ 420

41 일정한 규칙으로 수를 나열할 때, 11번째 항의 값은?

| −10 | −11 | −6 | 5 | 22 | 45 | 74 |

① 247　　　　　　　　　　　　② 250

③ 253　　　　　　　　　　　　④ 256

⑤ 259

※ 일정한 규칙으로 수를 나열할 때, 빈칸에 들어갈 알맞은 수를 고르시오. [42~51]

Easy
42

| −2 | 6 | 10 | −30 | −26 | ( ) |

① 78　　　　　　　　　　　　② −56

③ 24　　　　　　　　　　　　④ −11

43

0	0.01	0.05	0.14	0.3	0.55	( )	1.4	2.04

① 0.72   ② 0.85

③ 0.91   ④ 1.04

⑤ 1.4

44

77	35	42	−7	49	( )	105	−161

① −54   ② −56

③ −58   ④ −60

⑤ −64

45

3	5	11	21	43	( )	171	341	683

① 85   ② 90

③ 95   ④ 100

⑤ 105

$$5 \quad 4 \quad 4\frac{1}{5} \quad 4\frac{4}{7} \quad 5 \quad (\quad) \quad 5\frac{12}{13} \quad 6\frac{2}{5}$$

① $5\dfrac{5}{11}$ ② $5\dfrac{6}{11}$

③ $5\dfrac{7}{11}$ ④ $5\dfrac{8}{11}$

⑤ $5\dfrac{9}{11}$

$$\frac{5}{12} \quad \frac{8}{15} \quad \frac{13}{18} \quad (\quad) \quad \frac{17}{12} \quad \frac{55}{27}$$

① $\dfrac{31}{21}$ ② $\dfrac{4}{3}$

③ $\dfrac{25}{21}$ ④ 1

⑤ $\dfrac{17}{21}$

$$\frac{3}{35} \quad \frac{15}{63} \quad \frac{35}{99} \quad (\quad) \quad \frac{99}{195} \quad \frac{143}{255}$$

① $\dfrac{63}{143}$ ② $\dfrac{67}{143}$

③ $\dfrac{63}{147}$ ④ $\dfrac{67}{147}$

⑤ $\dfrac{70}{149}$

49

| | 3 | 4 | 0 | 16 | −5 | 36 | −12 | ( ) |

① − 36　　　　　　　　　② 64

③ 72　　　　　　　　　　④ 121

⑤ 144

50

| | $\dfrac{27}{358}$ | $\dfrac{30}{351}$ | $\dfrac{32}{345}$ | $\dfrac{33}{340}$ | ( ) | $\dfrac{32}{333}$ |

① $\dfrac{35}{338}$　　　　　　　② $\dfrac{34}{338}$

③ $\dfrac{33}{338}$　　　　　　　④ $\dfrac{34}{336}$

⑤ $\dfrac{33}{336}$

Easy
51

| | 4 | 3 | 1 | 2 | −1 | 3 | ( ) |

① − 3　　　　　　　　　② − 4

③ − 5　　　　　　　　　④ − 6

⑤ − 7

| 03 | 추리

※ 다음 명제가 모두 참일 때, 빈칸에 들어갈 명제로 가장 적절한 것을 고르시오. [1~6]

| 2024년 상반기 삼성그룹

01

전제1. 재고가 있다.
전제2. 설비투자를 늘리지 않는다면, 재고가 있지 않다.
전제3. 건설투자를 늘릴 때에만, 설비투자를 늘린다.
결론. _____

① 설비투자를 늘린다.

② 건설투자를 늘리지 않는다.

③ 건설투자를 늘린다면, 공장을 짓는다.

④ 재고가 있거나 설비투자를 늘리지 않는다.

⑤ 설비투자를 늘리지 않을 때만, 공장을 짓는다.

Hard

| 2023년 하반기 삼성그룹

02

전제1. 눈을 자주 깜빡이지 않으면 눈이 건조해진다.
전제2. 스마트폰을 이용할 때는 눈을 자주 깜빡이지 않는다.
결론. _____

① 스마트폰을 이용할 때는 눈이 건조해진다.

② 눈이 건조해지면 눈을 자주 깜빡인 것이다.

③ 눈이 건조해지면 눈을 자주 깜빡이지 않는다.

④ 눈이 건조해지지 않으면 눈을 자주 깜빡이지 않는다.

⑤ 눈을 자주 깜빡이지 않으면 스마트폰을 이용하는 때이다.

| 2023년 하반기 삼성그룹

03

전제1. 밤에 잠을 잘 못자면 낮에 피곤하다.
전제2. _____
전제3. 업무 효율이 떨어지면 성과급을 받지 못한다.
결론. 밤에 잠을 잘 못자면 성과급을 받지 못한다.

① 업무 효율이 떨어지면 밤에 잠을 잘 못 잔다.

② 낮에 피곤하면 업무 효율이 떨어진다.

③ 성과급을 받으면 밤에 잠을 잘 못 잔다.

④ 밤에 잠을 잘 자면 성과급을 받는다.

⑤ 성과급을 받지 못하면 낮에 피곤하다.

PART 3

주요기업 기출복원문제

04

> 전제1. 한씨는 부동산을 구두로 양도했다.
> 전제2. _____
> 결론.   한씨의 부동산 양도는 무효다.

① 무효가 아니면, 부동산을 구두로 양도했다.
② 부동산을 구두로 양도하지 않으면, 무효다.
③ 부동산을 구두로 양도하면, 무효다.
④ 부동산을 구두로 양도하면, 무효가 아니다.
⑤ 구두로 양보하지 않으면, 무효가 아니다.

05

> • A고등학교 학생은 봉사활동을 해야 졸업한다.
> • 이번 학기에 봉사활동을 하지 않은 A고등학교 학생이 있다.
> • _____

① A고등학교 졸업생은 봉사활동을 했다.
② 봉사활동을 안 한 A고등학교 졸업생이 있다.
③ 다음 학기에 봉사활동을 해야 하는 A고등학교 학생이 있다.
④ 다음 학기에 봉사활동을 하지 않는 학생은 졸업을 할 수 없다.
⑤ 이번 학기에 봉사활동을 하지 않은 A고등학교 학생은 이미 봉사활동을 했다.

06

> • _____
> • 선영이는 경식이보다 나이가 많다.
> • 그러므로 재경이가 나이가 가장 많다.

① 재경이는 선영이보다 나이가 많다.
② 재경이는 경식이보다 나이가 많다.
③ 경식이는 재경이보다 나이가 많다.
④ 재경이는 선영이와 나이가 같다.
⑤ 선영이는 나이가 제일 적다.

※ 다음 명제가 모두 참일 때, 항상 참인 것을 고르시오. [7~8]

07

> • 사과를 좋아하면 배를 좋아하지 않는다.
> • 귤을 좋아하면 배를 좋아한다.
> • 귤을 좋아하지 않으면 오이를 좋아한다.

① 사과를 좋아하면 오이를 좋아하지 않는다.
② 배를 좋아하지 않으면 사과를 좋아한다.
③ 사과를 좋아하면 오이를 좋아한다.
④ 배를 좋아하면 오이를 좋아한다.
⑤ 귤을 좋아하면 사과를 좋아한다.

Easy

08

> • 스포츠를 좋아하는 사람은 음악을 좋아한다.
> • 그림을 좋아하는 사람은 독서를 좋아한다.
> • 음악을 좋아하지 않는 사람은 독서를 좋아하지 않는다.

① 스포츠를 좋아하지 않는 사람은 독서를 좋아한다.
② 음악을 좋아하는 사람은 독서를 좋아하지 않는다.
③ 독서를 좋아하는 사람은 스포츠를 좋아하지 않는다.
④ 그림을 좋아하는 사람은 음악을 좋아한다.
⑤ 음악을 좋아하지 않는 사람은 그림을 좋아한다.

09 S회사에서 보관 중인 중요 문서가 도난당했다. 회사는 A ~ D 4명을 용의자로 지목했으며, 범인은 이 중 1명이다. 다음은 용의자들의 진술이며, 문서를 훔친 범인은 항상 거짓을, 범인이 아닌 사람은 항상 참을 말한다고 할 때, 중요 문서를 훔친 사람은?

- A : D가 범인이야.
- B : C가 말한 것이 사실이라면 범인은 A나 D 중 1명이야.
- C : 나와 D는 범인이 아니야.
- D : B와 C는 범인이 아니야.

---

① A   ② B
③ C   ④ D
⑤ 알 수 없음

10 TV광고 모델에 지원한 A ~ G 7명 중에서 2명이 선발되었다. 선발 내용에 대하여 5명이 다음과 같이 진술하였다. 이 중 3가지 진술만 참일 때, 항상 선발되는 사람은?

- A, B, G는 모두 탈락하였다.
- E, F, G는 모두 탈락하였다.
- C와 G 중에서 1명만 선발되었다.
- A, B, C, D 중에서 1명만 선발되었다.
- B, C, D 중에서 1명만 선발되었고, D, E, F 중에서 1명만 선발되었다.

---

① A   ② C
③ D   ④ E
⑤ G

11 A ~ F 6명은 각각 뉴욕, 파리, 방콕, 시드니, 런던, 베를린 중 한 곳으로 여행을 가고자 한다. 다음 〈조건〉에 따라 여행지를 고를 때, 반드시 참인 것은?

> **조건**
> • 여행지는 서로 다른 곳으로 선정한다.
> • A는 뉴욕과 런던 중 한 곳을 고른다.
> • B는 파리와 베를린 중 한 곳을 고른다.
> • D는 방콕과 런던 중 한 곳을 고른다.
> • A가 뉴욕을 고르면 B는 파리를 고른다.
> • B가 베를린을 고르면 E는 뉴욕을 고른다.
> • C는 시드니를 고른다.
> • F는 A ~ E가 선정하지 않은 곳을 고른다.

① A가 뉴욕을 고를 경우, E는 런던을 고른다.
② B가 베를린을 고를 경우, F는 뉴욕을 고른다.
③ D가 런던을 고를 경우, B는 파리를 고른다.
④ E가 뉴욕을 고를 경우, D는 런던을 고른다.
⑤ F는 뉴욕을 고를 수 없다.

12 A팀 직원 10명은 S레스토랑에서 회식을 진행하였다. 다음 〈조건〉과 같이 10명 모두 식사와 후식을 하나씩 선택하였을 때, 양식과 커피를 선택한 직원은 모두 몇 명인가?

> **조건**
> • 식사는 한식과 양식 2종류가 있고, 후식은 커피, 녹차, 홍차 3종류가 있다.
> • 홍차를 선택한 사람은 3명이며, 이 중 2명은 한식을 선택했다.
> • 녹차를 선택한 사람은 홍차를 선택한 사람보다 많지만, 5명을 넘지 않았다.
> • 한식을 선택한 사람 중 2명은 커피를, 1명은 녹차를 선택했다.

① 1명
② 2명
③ 3명
④ 4명
⑤ 5명

13 A~F 여섯 명은 경기장에서 배드민턴 시합을 하기로 하였다. 경기장에 도착하는 순서대로 다음과 같은 토너먼트 배치표의 1~6에 한 명씩 배치한 후 모두 도착하면 토너먼트 경기를 하기로 하였을 때, 〈조건〉을 바탕으로 항상 거짓인 것은?

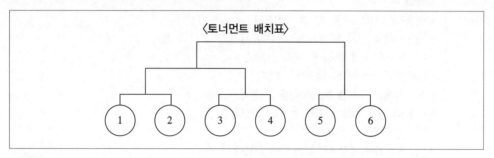

〈토너먼트 배치표〉

조건
- C는 A 바로 뒤에 도착하였다.
- F는 마지막으로 도착하였다.
- E는 D보다 먼저 도착하였다.
- B는 두 번째로 도착하였다.
- D는 C보다 먼저 도착하였다.

① A는 최대 두 번 경기를 하게 된다.
② B는 최대 세 번 경기를 하게 된다.
③ C는 다섯 번째로 도착하여 최대 두 번 경기를 하게 된다.
④ D는 첫 번째 경기에서 A와 승부를 겨룬다.
⑤ E는 가장 먼저 경기장에 도착하였다.

14 어느 도시에 있는 병원의 공휴일 진료 현황이 다음과 같을 때, 공휴일에 진료하는 병원의 수는?

- 만약 B병원이 진료를 하지 않으면, A병원은 진료를 한다.
- 만약 B병원이 진료를 하면, D병원은 진료를 하지 않는다.
- 만약 A병원이 진료를 하면, C병원은 진료를 하지 않는다.
- 만약 C병원이 진료를 하지 않으면, E병원이 진료를 한다.
- E병원은 공휴일에 진료를 하지 않는다.

① 1곳   ② 2곳
③ 3곳   ④ 4곳
⑤ 5곳

15 A ~ E 5명은 S카페에서 마실 것을 주문하고자 한다. 〈조건〉에 따라 메뉴판에 있는 것을 주문했을 때, 항상 참인 것은?

<table>
<tr><th colspan="4">〈S카페 메뉴판〉</th></tr>
<tr><th colspan="2">커피류</th><th colspan="2">음료류</th></tr>
<tr><td>• 아메리카노</td><td>1,500원</td><td>• 핫초코</td><td>2,000원</td></tr>
<tr><td>• 에스프레소</td><td>1,500원</td><td>• 아이스티</td><td>2,000원</td></tr>
<tr><td>• 카페라테</td><td>2,000원</td><td>• 오렌지주스</td><td>2,000원</td></tr>
<tr><td>• 모카치노</td><td>2,500원</td><td>• 에이드</td><td>2,500원</td></tr>
<tr><td>• 카푸치노</td><td>2,500원</td><td>• 생과일주스</td><td>3,000원</td></tr>
<tr><td>• 캐러멜 마키아토</td><td>3,000원</td><td>• 허브티</td><td>3,500원</td></tr>
<tr><td>• 바닐라라테</td><td>3,500원</td><td></td><td></td></tr>
<tr><td>• 아포가토</td><td>4,000원</td><td></td><td></td></tr>
</table>

조건
- A ~ E는 서로 다른 것을 주문하였다.
- A와 B가 주문한 것의 가격은 같다.
- B는 커피를 마실 수 없어 음료류를 주문하였다.
- C는 B보다 가격이 비싼 음료류를 주문하였다.
- D는 S카페에서 가장 비싼 것을 주문하였다.
- E는 오렌지주스 또는 카페라테를 주문하였다.

① A는 최소 가격이 1,500원인 메뉴를 주문하였다.
② B는 허브티를 주문하였다.
③ C는 핫초코를 주문하였다.
④ D는 음료류를 주문하였다.
⑤ 5명이 주문한 금액의 합은 최대 15,500원이다.

Hard

16

- 원숭이를 좋아하면 코끼리를 좋아한다.
- 낙타를 좋아하면 코끼리를 좋아하지 않는다.
- 토끼를 좋아하면 원숭이를 좋아하지 않는다.

A : 코끼리를 좋아하면 토끼를 좋아한다.
B : 낙타를 좋아하면 원숭이를 좋아하지 않는다.

① A만 옳다.
② B만 옳다.
③ A, B 모두 옳다.
④ A, B 모두 틀리다.
⑤ A, B 모두 옳은지 틀린지 판단할 수 없다.

17

각각 다른 심폐기능 등급을 받은 가, 나, 다, 라, 마 5명 중 등급이 가장 낮은 2명의 환자에게 건강 관리 안내문을 발송한다.
- 마보다 심폐기능이 좋은 환자는 2명 이상이다.
- 마는 다보다 한 등급 높다.
- 나는 라보다 한 등급 높다.
- 가보다 심폐기능이 나쁜 환자는 2명이다.

A : 다에게 건강 관리 안내문을 발송한다.
B : 라에게 건강 관리 안내문을 발송한다.

① A만 옳다.
② B만 옳다.
③ A, B 모두 옳다.
④ A, B 모두 틀리다.
⑤ A, B 모두 옳은지 틀린지 판단할 수 없다.

18

- 휴가는 2박 3일이다.
- 혜진이는 수연이보다 하루 일찍 휴가를 간다.
- 지연이는 수연이보다 이틀 늦게 휴가를 간다.
- 태현이는 지연이보다 하루 일찍 휴가를 간다.
- 수연이는 화요일에 휴가를 간다.

A : 수요일에 휴가 중인 사람의 수와 목요일의 휴가 중인 사람의 수는 같다.
B : 태현이는 금요일까지 휴가이다.

① A만 옳다.
② B만 옳다.
③ A, B 모두 옳다.
④ A, B 모두 틀리다.
⑤ A, B 모두 옳은지 틀린지 판단할 수 없다.

Hard

19 C기업의 직원인 A ~ E 5명이 자신들의 직급에 대하여 이야기하고 있다. 이들은 각각 사원, 대리, 과장, 차장, 부장이다. 1명의 말만 진실이고 나머지 사람들의 말은 모두 거짓이라고 할 때, 진실을 말한 사람은?(단, 직급은 사원 - 대리 - 과장 - 차장 - 부장 순이며, 모든 사람은 진실 또는 거짓만 말한다)

- A : 나는 사원이고, D는 사원보다 직급이 높아.
- B : E가 차장이고, 나는 차장보다 낮은 직급이지.
- C : A는 과장이 아니고, 사원이야.
- D : E보다 직급이 높은 사람은 없어.
- E : C는 부장이고, B는 사원이야.

① A   ② B
③ C   ④ D
⑤ E

20 S부서는 회식 메뉴를 선정하려고 한다. 다음 〈조건〉에 따라 주문할 메뉴를 선택한다고 할 때, 반드시 주문할 메뉴를 모두 고르면?

> **조건**
> • 삼선짬뽕은 반드시 주문한다.
> • 양장피와 탕수육 중 하나는 반드시 주문하여야 한다.
> • 자장면을 주문하는 경우, 탕수육은 주문하지 않는다.
> • 자장면을 주문하지 않는 경우에만 만두를 주문한다.
> • 양장피를 주문하지 않으면, 팔보채를 주문하지 않는다.
> • 팔보채를 주문하지 않으면, 삼선짬뽕을 주문하지 않는다.

① 삼선짬뽕, 자장면, 양장피
② 삼선짬뽕, 탕수육, 양장피
③ 삼선짬뽕, 팔보채, 양장피
④ 삼선짬뽕, 탕수육, 만두
⑤ 삼선짬뽕, 탕수육, 양장피, 자장면

21 원형 테이블에 번호 순서대로 앉아 있는 다섯 명의 여자 1 ~ 5 사이에 다섯 명의 남자 A ~ E가 한 명씩 앉아야 한다. 다음 〈조건〉을 따르면서 자리를 배치할 때, 적절하지 않은 것은?

> **조건**
> • A는 짝수 번호의 여자 옆에 앉아야 하고, 5 옆에는 앉을 수 없다.
> • B는 짝수 번호의 여자 옆에 앉을 수 없다.
> • C가 3 옆에 앉으면 D는 1 옆에 앉는다.
> • E는 3 옆에 앉을 수 없다.

① A는 1과 2 사이에 앉을 수 없다.
② D는 4와 5 사이에 앉을 수 없다.
③ C가 2와 3 사이에 앉으면 A는 반드시 3과 4 사이에 앉는다.
④ E가 1과 2 사이에 앉으면 C는 반드시 4와 5 사이에 앉는다.
⑤ E가 4와 5 사이에 앉으면 A는 반드시 2와 3 사이에 앉는다.

22 다음 글의 내용이 참일 때, 반드시 참인 것은?

> 정확히 지난 7년 동안 A지역에서 수영하는 것은 법적으로 금지되어 왔다. 그런데 C동아리의 모든 회원들은 A지역 근처에서만 살았고, 회원이 되려면 지난 2년간 적어도 한 번은 수영한 경험이 있어야 한다. C동아리는 현재 새로운 회원을 영입하기 위해 신청서를 받고 있다.

① C동아리의 현재 회원들은 모두 A지역에서 벗어나서 수영을 했다.

② C동아리의 현재 회원들은 적어도 한 번은 불법적으로 수영을 했다.

③ C동아리의 지원자들은 그 누구도 A지역에서 합법적으로 수영하지 않았다.

④ C동아리의 회원 중에는 A지역에서 합법적으로 번지점프를 한 사람은 없다.

⑤ A지역 외부에서 한 번도 수영해 보지 않은 C동아리의 현재 회원들은 A지역의 법을 어긴 경험이 있다.

23 S사는 직원 A ~ F 6명 중에서 임의로 선발하여 출장을 보내려고 한다. 다음 〈조건〉에 따라 출장 갈 인원을 결정할 때, A가 출장을 간다면 출장을 가는 최소 인원은?

> **조건**
> • A가 출장을 가면 B와 C 중 1명은 출장을 가지 않는다.
> • C가 출장을 가면 D와 E 중 적어도 1명은 출장을 가지 않는다.
> • B가 출장을 가지 않으면 F는 출장을 간다.

① 1명   ② 2명

③ 3명   ④ 4명

⑤ 5명

Easy

24 S그룹의 A ~ D 네 명의 사원은 각각 홍보팀, 총무팀, 영업팀, 기획팀 소속으로 3 ~ 6층의 서로 다른 층에서 근무하고 있다. 이들 중 한 명이 거짓말을 하고 있을 때, 바르게 추론한 것은?(단, 각 팀은 서로 다른 층에 위치하며, A ~ D사원은 진실만을 말하거나 거짓만을 말한다)

> • A사원 : 저는 홍보팀과 총무팀 소속이 아니며, 3층에서 근무하고 있지 않습니다.
> • B사원 : 저는 영업팀 소속이며, 4층에서 근무하고 있습니다.
> • C사원 : 저는 홍보팀 소속이며, 5층에서 근무하고 있습니다.
> • D사원 : 저는 기획팀 소속이며, 3층에서 근무하고 있습니다.

① A사원은 홍보팀 소속이다.
② B사원은 6층에서 근무하고 있다.
③ 홍보팀은 3층에 위치한다.
④ 기획팀은 4층에 위치한다.
⑤ D사원은 5층에서 근무하고 있다.

25 S병원에는 현재 5명의 심리상담사가 근무 중이다. 얼마 전 시행한 감사 결과 이들 중 1명이 근무시간에 자리를 비운 것이 확인되었다. 5명의 심리상담사 중 3명이 진실을 말하고 2명이 거짓을 말한다고 할 때, 거짓을 말하고 있는 심리상담사를 모두 고르면?

> • A : B는 진실을 말하고 있어요.
> • B : 제가 근무시간에 C를 찾아갔을 때, C는 자리에 없었어요.
> • C : 근무시간에 자리를 비운 사람은 A입니다.
> • D : 저는 C가 근무시간에 밖으로 나가는 것을 봤어요.
> • E : D는 어제도 근무시간에 자리를 비웠어요.

① A, B   ② A, D
③ B, C   ④ B, D
⑤ C, E

26 다음과 같은 대화를 나누는 다섯 사람 중 두 사람은 진실만을 말하고, 세 사람은 거짓만을 말하고 있다. 지훈이 거짓을 말할 때, 진실만을 말하는 사람끼리 바르게 짝지은 것은?

- 동현 : 정은이는 지훈이와 영석이를 싫어해.
- 정은 : 아니야. 난 둘 중 한 사람은 좋아해.
- 선영 : 동현이는 정은이를 좋아해.
- 지훈 : 선영이는 거짓말만 해.
- 영석 : 선영이는 동현이를 싫어해.
- 선영 : 맞아. 그런데 정은이는 지훈이와 영석이 둘 다 좋아해.

① 동현, 선영   ② 정은, 영석
③ 동현, 영석   ④ 정은, 선영
⑤ 선영, 영석

27 K사의 기획팀에서 근무하고 있는 직원 A ~ D 4명은 서로의 프로젝트 참여 여부에 대하여 다음과 같이 진술하였고, 이들 중 단 1명만이 진실을 말하였을 때, 반드시 프로젝트에 참여하는 사람은?

- A : 나는 프로젝트에 참여하고, B는 프로젝트에 참여하지 않는다.
- B : A와 C 중 적어도 1명은 프로젝트에 참여한다.
- C : 나와 B 중 적어도 1명은 프로젝트에 참여하지 않는다.
- D : B와 C 중 1명이라도 프로젝트에 참여한다면, 나도 프로젝트에 참여한다.

① A   ② B
③ C   ④ D
⑤ 없음

Hard

28 동아리 회비를 담당하고 있는 F팀장은 점심시간 후, 회비가 감쪽같이 사라진 것을 발견했다. 점심시간 동안 사무실에 있었던 사람은 A ~ E 5명이고, 이들 중 2명은 범인, 3명은 범인이 아니다. 범인은 거짓말을 하고, 범인이 아닌 사람은 진실을 말한다. 다음 〈보기〉를 참고할 때, 옳은 것은?

> **보기**
>
> • A는 B, D 중 1명이 범인이라고 주장한다.
> • B는 C가 범인이라고 주장한다.
> • C는 B가 범인이라고 주장한다.
> • D는 A가 범인이라고 주장한다.
> • E는 A와 B가 범인이 아니라고 주장한다.

① A와 D 중 범인이 있다.

② B가 범인이다.

③ C와 E가 범인이다.

④ D는 범인이 아니다.

⑤ 범인이 누구인지 주어진 조건만으로는 알 수 없다.

Easy

29 다음 사실로부터 추론할 수 있는 것은?

> • 지훈이는 이번 주 워크숍에 참여하며, 다음 주에는 체육대회에 참가할 예정이다.
> • 영훈이는 다음 주 체육대회와 창립기념일 행사에만 참여할 예정이다.

① 지훈이는 다음 주 창립기념일 행사에 참여한다.

② 영훈이는 이번 주 워크숍에 참여한다.

③ 지훈이와 영훈이는 이번 주 체육대회에 참가한다.

④ 지훈이와 영훈이는 다음 주 체육대회에 참가한다.

⑤ 영훈이는 창립기념일 행사보다 체육대회에 먼저 참가한다.

30 C사는 A ~ E 5개의 제품을 대상으로 내구성, 효율성, 실용성 세 개 영역에 대해 1 ~ 3등급을 기준에 따라 평가하였다. 평가 결과가 다음과 같을 때, 반드시 참이 되지 않는 것은?

> • 모든 영역에서 3등급을 받은 제품이 있다.
> • 모든 제품이 3등급을 받은 영역이 있다.
> • A제품은 내구성 영역에서만 3등급을 받았다.
> • B제품만 실용성 영역에서 3등급을 받았다.
> • C, D제품만 효율성 영역에서 2등급을 받았다.
> • E제품은 1개의 영역에서만 2등급을 받았다.
> • A와 C제품이 세 영역에서 받은 등급의 총합은 서로 같다.

① A제품은 효율성 영역에서 1등급을 받았다.
② B제품은 내구성 영역에서 3등급을 받았다.
③ C제품은 내구성 영역에서 3등급을 받았다.
④ D제품은 실용성 영역에서 2등급을 받았다.
⑤ E제품은 실용성 영역에서 2등급을 받았다.

31 A ~ E 5명이 기말고사를 봤는데, 이 중 2명이 부정행위를 하였다. 부정행위를 한 2명은 거짓을 말하고 부정행위를 하지 않은 3명은 진실을 말할 때, 다음 진술을 보고 부정행위를 한 사람끼리 바르게 짝지은 것은?

> • A : D는 거짓말을 하고 있어.
> • B : A는 부정행위를 하지 않았어.
> • C : B가 부정행위를 했어.
> • D : 나는 부정행위를 하지 않았어.
> • E : C가 거짓말을 하고 있어.

① A, B
② B, C
③ C, D
④ C, E
⑤ D, E

32 A ~ D 네 사람만 참여한 달리기 시합에서 동순위 없이 순위가 완전히 결정되었고, A, B, C는 각자 다음과 같이 진술하였다. 이들의 진술이 자신보다 낮은 순위의 사람에 대한 진술이라면 참이고, 높은 순위의 사람에 대한 진술이라면 거짓이라고 할 때, 반드시 참인 것은?

> • A : C는 1위이거나 2위이다.
> • B : D는 3위이거나 4위이다.
> • C : D는 2위이다.

① A는 1위이다.
② B는 2위이다.
③ D는 4위이다.
④ A가 B보다 순위가 높다.
⑤ C가 D보다 순위가 높다.

Hard
33 S사는 자율출퇴근제를 시행하고 있다. 출근시간은 12시 이전에 자유롭게 할 수 있으며 본인 업무를 마치면 바로 퇴근한다. 다음 1월 28일의 업무에 대한 일지를 고려하였을 때, 항상 참인 것은?

> • 점심시간은 12시부터 1시까지이며, 점심시간에는 업무를 하지 않는다.
> • 업무 1개당 1시간이 소요되며, 출근하자마자 업무를 시작하여 쉬는 시간 없이 근무한다.
> • S사에 근무 중인 K팀의 A ~ D는 1월 28일에 전원 출근했다.
> • A와 B는 오전 10시에 출근했다.
> • B와 D는 오후 3시에 퇴근했다.
> • C는 팀에서 업무가 가장 적어 가장 늦게 출근하고 가장 빨리 퇴근했다.
> • D는 B보다 업무가 1개 더 많았다.
> • A는 C보다 업무가 3개 더 많았고, 팀에서 가장 늦게 퇴근했다.
> • 이날 K팀은 가장 늦게 출근한 사람과 가장 늦게 퇴근한 사람을 기준으로, 오전 11시에 모두 출근하였으며 오후 4시에 모두 퇴근한 것으로 보고되었다.

① A는 4개의 업무를 하고 퇴근했다.
② B의 업무는 A의 업무보다 많았다.
③ C는 2시에 퇴근했다.
④ A와 B는 팀에서 가장 빨리 출근했다.
⑤ 업무를 마친 C가 D의 업무 중 1개를 대신했다면 D와 같이 퇴근할 수 있었다.

Easy

34 고등학생 S는 총 7과목(ㄱ ~ ㅅ)을 한 과목씩 순서대로 중간고사를 보려고 한다. S가 세 번째로 시험 보는 과목이 ㄱ일 때, 〈조건〉에 따라 네 번째로 시험 보는 과목은?

> **조건**
> • 7개의 과목 중에서 ㄷ은 시험을 보지 않는다.
> • ㅅ은 ㄴ보다 나중에 시험 본다.
> • ㄴ은 ㅂ보다 먼저 시험 본다.
> • ㄹ은 ㅁ보다 나중에 시험 본다.
> • ㄴ은 ㄱ과 ㄹ보다 나중에 시험 본다.

① ㄴ   ② ㄹ
③ ㅁ   ④ ㅂ
⑤ ㅅ

Hard

35 S사는 공개 채용을 통해 4명의 남자 사원과 2명의 여자 사원을 최종 선발하였고, 선발된 6명의 신입 사원을 기획부, 인사부, 구매부 세 부서에 배치하려고 한다. 다음 〈조건〉에 따라 신입 사원을 배치할 때, 적절하지 않은 것은?

> **조건**
> • 기획부, 인사부, 구매부 각 부서에 적어도 1명의 신입 사원을 배치한다.
> • 기획부, 인사부, 구매부에 배치되는 신입 사원의 수는 서로 다르다.
> • 부서별로 배치되는 신입 사원의 수는 구매부가 가장 적고, 기획부가 가장 많다.
> • 여자 신입 사원만 배치되는 부서는 없다.

① 인사부에는 2명의 신입 사원이 배치된다.
② 구매부에는 1명의 남자 신입 사원이 배치된다.
③ 기획부에는 반드시 여자 신입 사원이 배치된다.
④ 인사부에는 반드시 여자 신입 사원이 배치된다.
⑤ 인사부에는 1명 이상의 남자 신입 사원이 배치된다.

36 한 마트에서는 4층짜리 매대에 과일들을 진열해 놓았다. 매대의 각 층에 서로 다른 과일이 한 종류씩 진열되어 있을 때, 다음에 근거하여 적절하게 추론한 것은?

> • 정리된 과일은 사과, 귤, 감, 배 네 종류이다.
> • 사과 위에는 아무 과일도 존재하지 않는다.
> • 배는 감보다 아래쪽에 올 수 없다.
> • 귤은 감보다는 높이 위치해 있지만, 배보다 높이 있는 것은 아니다.

① 사과는 3층 매대에 있을 것이다.
② 귤이 사과 바로 아래층에 있을 것이다.
③ 배는 감 바로 위층에 있을 것이다.
④ 귤은 감과 배 사이에 있다.
⑤ 귤은 가장 아래층에 있을 것이다.

37 N백화점 명품관에서 도난 사건이 발생했다. CCTV 확인을 통해 그 시각 백화점 명품관에 있던 A∼F 여섯 명의 용의자가 검거됐다. 이들 중 범인인 두 사람이 거짓말을 하고 있다면, 거짓말을 한 사람은?

> • A : F가 성급한 모습으로 나가는 것을 봤어요.
> • B : C가 가방 속에 무언가 넣는 모습을 봤어요.
> • C : 나는 범인이 아닙니다.
> • D : B 혹은 A가 훔치는 것을 봤어요.
> • E : F가 범인인 게 확실해요. CCTV를 자꾸 신경 쓰고 있었거든요.
> • F : 얼핏 봤는데, 제가 본 도둑은 C 아니면 E예요.

① A, C
② B, C
③ B, F
④ D, E
⑤ F, C

※ 다음 도식에서 기호들은 일정한 규칙에 따라 문자를 변화시킨다. 물음표에 들어갈 적절한 문자를 고르시오(단, 규칙은 가로와 세로 중 한 방향으로만 적용된다). [38~39]

```
                    PAU3            EST6
                     ↓               ↓
    MZG2  →   ○   →   □   →   ☆   →   O4IB
                     ↓               ↓
    CN49  →   ☆   →   △   →   85MD
                     ↓               ↓
                    P3UA            FVU9
```

┃ 2023년 상반기 삼성그룹

38

JLMP → ○ → □ → ?

① NORL
② LNOK
③ RONL
④ MPQM
⑤ ONKK

┃ 2023년 상반기 삼성그룹

39

DRFT → □ → ☆ → ?

① THVF
② EUGW
③ SGQE
④ VHTF
⑤ DTFR

"오늘 당신의 노력은 아름다운 꽃의 물이 될 것입니다."

그러나, 이 꽃을 볼 때 사람들은 이 꽃의 아름다움과 향기만을 사랑하고 칭찬하였지, 이 꽃을 그렇게 아름답게 어여쁘게 만들어 주는 병 속의 물은 조금도 생각지 않는 것이 보통입니다.

만일 이 꽃병 속에 들어 있는 물을 죄다 쏟아 버리고 빈 병에다 이 꽃을 꽂아 보십시오.

아무리 아름답고 어여쁜 꽃이기로서니 단 한 송이의 꽃을 피울 수 있으며, 단 한 번이라도 꽃 향기를 날릴 수 있겠습니까?

우리는 여기서 아무리 본바탕이 좋고 아름다운 꽃이라도 보이지 않는 물의 숨은 힘이 없으면 도저히 그 빛과 향기를 자랑할 수 없는 것을 알았습니다.

- 방정환의 「우리 뒤에 숨은 힘」 중 -

아이들이 답이 있는 질문을 하기 시작하면 그들이 성장하고 있음을 알 수 있다.

– 존 J. 플롬프 –

앞선 정보 제공! 도서 업데이트

언제, 왜 업데이트될까?

도서의 학습 효율을 높이기 위해 자료를 추가로 제공할 때!
공기업 · 대기업 필기시험에 변동사항 발생 시 정보 공유를 위해!
공기업 · 대기업 채용 및 시험 관련 중요 이슈가 생겼을 때!

01 시대에듀 도서
www.sdedu.co.kr/book
홈페이지 접속

02 상단 카테고리
「도서업데이트」
클릭

03 해당
기업명으로
검색

참고자료, 시험 개정사항 등 정보 제공으로 학습효율을 높여 드립니다.

시대에듀
대기업 인적성검사
시리즈

신뢰와 책임의 마음으로 수험생 여러분에게 다가갑니다.

전면개정판 2025

LG그룹
온라인 적성검사

기출이 답이다

편저 | SDC(Sidae Data Center)

SDC
SDC는 시대에듀 데이터 센터의 약자로 약 30만 개의 NCS·적성 문제 데이터를
바탕으로 최신 출제경향을 반영하여 문제를 출제합니다.

누적 판매량
1위
대기업 인적성검사
시리즈

2025 상반기 대비

**8개년 기출복원문제 +
기출유형 완전 분석 + 무료LG특강**

정답 및 해설

[합격시대]
온라인 모의고사
무료쿠폰
—
10대기업
면접 기출
질문 자료집
—
영역별
공략비법
강의

시대에듀

PART

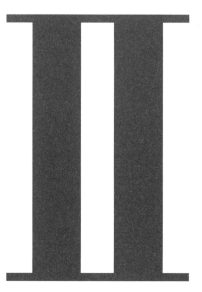

기출복원문제
정답 및 해설

01 2024년 하반기 기출복원문제

| 01 | 언어이해

01	02	03	04	05					
③	⑤	①	④	④					

01 정답 ③

③은 밴드왜건 효과(편승 효과)의 사례이다. 밴드왜건 효과란 유행에 따라 상품을 구입하는 소비 현상을 뜻하는 경제용어로, 기업은 이러한 현상을 충동구매 유도 마케팅 전략으로 활용하고 정치계에서는 특정 유력 후보를 위한 선전용으로 활용한다.

02 정답 ⑤

제시문은 우리에게 친숙한 지레를 예로 들어 흥미를 유발한 후, 그 안에 숨어 있는 '돌림힘'에 대해 설명하고 있다. 따라서 (라) 지레의 원리에 들어 있는 돌림힘의 개념 – (가) 돌림힘의 정의 – (다) 돌림힘과 돌림힘이 합이 된 알짜 돌림힘의 정의 – (나) 알짜 돌림힘이 일을 할 경우의 순으로 나열하는 것이 적절하다.

03 정답 ①

제시문은 사주분석 중 특히 타고난 체형과 체질을 파악해 미리 내 몸의 어느 부분이 약하고 강한지를 알고 그에 맞는 건강관리를 통해 질병을 예방하자는 내용이므로 '사주로 건강 관리하기'가 글의 제목으로 가장 적절하다.

오답분석

② 제시문은 사주의 길흉화복 중 특별히 건강에 관련된 것에 중점을 두고 있으므로 글의 제목으로는 지나치게 광범위하다.
③ 제시문은 사주로 음양오행을 배합하여 알 수 있는 정보 중 건강에 대해 한정적으로 언급하고 있으므로 글의 제목으로는 적절하지 않다.
④ 제시문은 사주 분석으로 질병을 치료하는 것이 아닌, 사주로 내 몸 중 어느 부분이 강하고 약한지 예측하여 미리 건강관리를 하여 질병을 예방하자는 내용이므로 글의 제목으로 적절하지 않다.
⑤ 제시문은 사주 분석으로 체형 및 체질을 개선하는 것이 아닌, 타고난 체형과 체질을 파악해 이것을 토대로 건강관리를 하자는 내용이므로 글의 제목으로 적절하지 않다.

04 정답 ④

마지막 문단에 따르면 아인슈타인이 '우주상수 람다'를 지운 것이 잘못되었다 했으므로 우주상수 람다가 잘못된 이론이라고 볼 수 없다.

오답분석

① 첫 번째 문단에 따르면 시간의 상대성 때문에 주인공과 딸의 시간이 다르게 흐른 것이므로 만일 시간의 상대성이 없다면, 주인공과 딸의 시간은 동일하게 흘렀을 것이다.
② 세 번째 문단에 따르면 특정한 질량을 가진 물체가 시공간을 극도로 휘게 만들면 그 중력은 빛조차도 새어나올 수 없는 강한 힘을 가지게 될 것이라고 하였다.
③ 마지막 문단에서 아인슈타인도 처음에는 '우주의 불변'을 주장했으나, 일반상대성이론의 대입으로 우주가 변한다는 것을 받아들였다.
⑤ 두 번째 문단에 따르면 중력은 시간을 왜곡한다고 하였으며 이러한 중력은 질량이 있는 물체에서 나오는 힘이다. 따라서 물체가 질량이 없다면 중력 또한 없어 시공간을 왜곡할 수 없었을 것이다.

05 정답 ④

빈칸 뒤가 '따라서'로 연결되어 있으므로 '사회적 제도의 발명이 필수적이다.'를 결론으로 낼 수 있는 논거가 들어가야 한다.

| 02 | 언어추리

01	02	03	04	05					
④	④	②	②	③					

01 정답 ④

'커피를 좋아한다'를 A, '홍차를 좋아한다'를 B, '탄산수를 좋아한다'를 C, '우유를 좋아한다'를 D, '녹차를 좋아한다'를 E라고 하면 'A → ~B → ~E → C'와 '~C → D'가 성립한다.
이때 'C → B'인지는 알 수 없다.

02 정답 ④

A의 진술과 C의 진술이 서로 모순되므로 둘 중 1명은 진실을 말하고 있다.
ⅰ) A가 참일 경우
   범인은 B가 된다. 이 경우 B, C, D 모두 거짓을 말하는 것이나, D의 진술이 거짓일 경우 A와 B는 범인이 아니므로 모순이다.
ⅱ) C가 참일 경우
   B와 C는 범인이 아니며 A, B, D의 진술은 모두 거짓이다. A의 진술이 거짓이므로 B는 범인이 아니고, B의 진술이 거짓이므로 C와 D 2명 중 범인이 있다. 마지막으로 D의 진술도 거짓이므로 A와 B는 범인이 아니다.
따라서 물건을 훔친 범인은 D이다.

03 정답 ②

A대리와 E대리의 진술이 서로 모순이므로, 둘 중 1명은 거짓을 말하고 있다.
 i) A대리의 진술이 거짓인 경우
　　A대리의 말이 거짓이라면 B사원의 말도 거짓이 되고, D사원의 말도 거짓이 되므로 모순이다.
 ii) A대리의 진술이 진실인 경우
　　A대리, B사원, D사원의 말이 진실이 되고, C사원과 E대리의 말이 거짓이 된다.
• 진실
 - A대리 : A대리·E대리 출근, 결근자 모름
 - B사원 : C사원 출근, A대리 진술은 진실
 - D사원 : B사원 진술은 진실
• 거짓
 - C사원 : D사원 출근
 - E대리 : D사원 출근, A대리는 결근 사유 듣지 못함
따라서 출근하지 않은 직원은 B사원이다.

04 정답 ②

여섯 번째 조건에 의해 E는 1층에서 살고, C가 살 수 있는 층에 따른 A ~ D의 위치는 다음과 같다.
• C가 1층에 살 때
 첫 번째 조건에 의해 C와 E가 같은 층에 살 수 있으며, 다섯 번째 조건에 의해 D는 2층에 산다. 세 번째, 네 번째 조건에 의해
 A는 4층에 살고, B는 3층 또는 5층에 산다. 이때, 빈 층은 홀수 번째 층이므로 두 번째 조건을 만족한다.
• C가 2층에 살 때
 다섯 번째 조건에 의해 D는 3층에 살고, 세 번째, 네 번째 조건에 의해 A는 4층에 산다. B는 두 번째 조건에 의해 5층에 살
 수 없고, 첫 번째 조건에 의해 B는 1층 또는 3층에 산다.
• C가 3층에 살 때
 다섯 번째 조건에 의해 D는 4층에 살고, 세 번째, 네 번째 조건에 의해 A는 2층에 산다. B는 두 번째 조건에 의해 5층에 살
 수 없고, 첫 번째 조건에 의해 B는 1층 또는 3층에 산다.
• C가 4층에 살 때
 일곱 번째 조건에 의해 D는 5층에 살 수 없으므로 불가능하다.
따라서 B가 5층에 산다면 C는 1층에 산다.

오답분석
① A가 2층에 산다면 C는 3층에 산다.
③ C가 2층에 산다면 B와 E는 1층에 같이 살 수 있다.
④ D가 4층에 산다면 B와 C는 3층에 같이 살 수 있다.
⑤ E가 1층에 혼자 산다면 C가 2층에 살 때, 3층에 B와 D가 같이 살 수 있다.

05 정답 ③

직원은 모두 9명이고, 자리는 11개이므로 빈자리는 두 곳이다. 두 번째 조건에서 사원 양옆과 앞자리는 비어있을 수 없다고 했으므
로 B, C, E, F, G를 제외한 A, D자리는 빈자리가 된다. 세 번째 조건에서 부장 앞자리에 오상무 또는 최차장이 앉으며, 첫 번째
조건을 보면 같은 직급은 옆자리에 배정할 수 없다. 주어진 조건을 표로 정리하면 다음과 같다.

부장	빈자리	B	성대리	C	빈자리
	최차장 또는 오상무	김사원	F	이사원	G

따라서 F와 G에 과장 2명이 앉으면 성대리 양옆 중 한 자리에 '한대리'가 앉아야 하므로 ③은 옳지 않다.

오답분석
① 최차장이 E에 앉을 경우 앞자리 A는 빈자리이다.
② A와 D는 빈자리이다.
④ B, C, F, G 중 한 곳에 최차장이 앉으면, E에는 오상무가 앉게 된다.
⑤ 한대리가 앉을 수 있는 자리는 F 또는 G이다.

| 03 | 자료해석

01	02	03	04						
④	④	⑤	③						

01 정답 ④

녹지의 면적은 2022년부터 유원지 면적을 추월하였다.

02 정답 ④

• 대학교 이상인 인구 구성비의 2019년 대비 2023년 증가율 : $\dfrac{48-41}{41} \times 100 ≒ 17.1\%$

• 중학교 이하인 인구 구성비의 2019년 대비 2022년 감소율 : $\dfrac{13-18}{18} \times 100 ≒ -27.8\%$

03 정답 ⑤

연봉은 매년 말 고정적으로 각국의 통화로 지급한다고 하였다. 그러므로 연봉 액수는 감소하지 않으나, 환율에 따라 원화 환산 연봉이 감소할 수 있다. 환율의 감소율을 구하면 다음과 같다.

• 2022년 말 대비 2023년 말 중국의 환율 감소율 : $\dfrac{160-170}{170} \times 100 ≒ -5.88\%$

• 2021년 말 대비 2023년 말 일본의 환율 감소율 : $\dfrac{1,050-1,100}{1,100} \times 100 ≒ -4.54\%$

따라서 2022년 말 대비 2023년 말 중국기업의 원화 환산 연봉의 감소율이 약 -5.88%로 더 크다.

오답분석
① 2021년 말 원화 환산 연봉은 중국기업이 가장 많다.
  • 미국기업 : 1,250×3만=3,750만 원
  • 중국기업 : 190×20만=3,800만 원
  • 일본기업 : 1,100×290만÷100=3,190만 원
② 2022년 말 원화 환산 연봉은 일본기업이 가장 많다.
  • 미국기업 : 1,100×3만=3,300만 원
  • 중국기업 : 170×20만=3,400만 원
  • 일본기업 : 1,200×290만÷100=3,480만 원
③ 2023년 말 원화 환산 연봉은 일본기업이 중국기업보다 적다.
  • 미국기업 : 1,150×3만=3,450만 원
  • 중국기업 : 160×20만=3,200만 원
  • 일본기업 : 1,050×290만÷100=3,045만 원
④ 향후 3년간 가장 많은 원화환산 연봉을 주는 곳은 미국기업이다.
  • 미국기업 : 3,750만+3,300만+3,450만=10,500만 원
  • 중국기업 : 3,800만+3,400만+3,200만=10,400만 원
  • 일본기업 : 3,190만+3,480만+3,045만=9,715만 원

04　정답　③

04　정답　③

전년 대비 업체 수가 가장 많이 증가한 해는 103개가 증가한 2022년이며, 생산 금액이 가장 많이 늘어난 해는 402,017백만 원이 증가한 2023년이다.

오답분석

① 조사기간 동안 업체 수는 해마다 증가했으며, 품목 수도 꾸준히 증가했다.
② 증감률 전체 총합이 27.27%이며, 이를 7로 나누면 약 3.89%이다.
④ 전년 대비 2020~2023년 운영 인원의 증감률 추이와 품목 수의 증감률 추이는 '증가-증가-증가-감소'로 같다.
⑤ 전체 계산을 하면 정확하겠지만 시간이 없을 때는 각 항목의 격차를 어림잡아 계산해야 한다. 즉, 품목 수의 증감률은 업체 수에 비해 한 해(2023년)만 뒤처져 있으며 그 외에는 모두 앞서고 있으므로 옳다.

| 04 | 창의수리

01	02	03	04						
⑤	④	①	⑤						

01　정답　⑤

토너먼트 경기는 대진표에 따라 한 번 진 사람은 탈락하고 이긴 사람이 올라가서 우승자를 정하는 방식이다.
16명이 경기를 하면 처음에는 8번의 경기가 이루어지고, 다음은 4번, 2번, 1번의 경기가 차례로 진행된다.
따라서 최종 우승자가 나올 때까지 총 8+4+2+1=15번의 경기가 진행된다.

02　정답　④

제시된 수열은 정수 부분이 +2씩, 분자는 +4씩 증가하고, 분모는 (정수)×(분자)-2를 하는 수열이다.

따라서 $(\quad)=(4+2)\left\{\dfrac{7+4}{(4+2)\times(7+4)-2}\right\}=6\dfrac{11}{64}$ 이다.

03　정답　①

구분	A매장	B매장
판매가	$\left(1-\dfrac{14}{100}\right)a=\dfrac{86}{100}a$	$\left(1-\dfrac{20}{100}\right)a=\dfrac{80}{100}a$
총수입	$\dfrac{86}{100}a\times50=43a$	$\dfrac{80}{100}a\times80=64a$
이익	$43a-50\times700=43a-35,000$	$64a-80\times700=64a-56,000$

$43a-35,000=64a-56,000$

→ $21a=21,000$

∴ $a=1,000$

따라서 각 자리의 수를 모두 더한 값은 1이다.

04 정답 ⑤

제시된 수열은 정수 부분이 $+5$, $+7$, $+9$, $+11$, $\cdots$, 소수 부분이 -0.03, -0.05, -0.07, $\cdots$을 하는 수열이다.
따라서 ( )$=(48+15)+(0.63-0.13)=63.5$이다.

02 2024년 상반기 기출복원문제

| 01 | 언어이해

01	02	03	04	05					
⑤	④	④	②	②					

01 정답 ⑤

우리나라의 낮은 장기 기증률은 전통적 유교 사상 때문이라고 주장하고 있는 A와 달리, B는 이에 대하여 다양한 원인을 제시하고 있다. 따라서 A의 주장에 대해 반박할 수 있는 내용으로 ⑤가 가장 적절하다.

02 정답 ④

어빙 피셔의 교환방정식 'MV=PT'에서 V는 화폐유통속도를 나타낸다. 따라서 사이먼 뉴컴의 교환방정식인 'MV=PQ'에서 사용하는 V(Velocity), 즉 화폐유통속도와 동일하며 대체되어 사용되지 않는다.

오답분석

① 교환방정식 'MV=PT'는 화폐수량설의 기본모형인 거래모형이며, 'MV=PY'는 소득모형으로 사용된다.
② 사이먼 뉴컴의 교환방정식 'MV=PQ'에서 Q(Quantity)는 상품 및 서비스의 수량이다.
③ 어빙 피셔의 화폐수량설은 최근 총거래 수 T(Trade)를 총생산량 Y로 대체하여 사용하고 있다.
⑤ 어빙 피셔는 사이먼 뉴컴의 교환방정식을 인플레이션율과 화폐공급의 증가율 간 관계를 나타내는 이론인 화폐수량설로 재탄생시켰다.

03 정답 ④

제시문은 예전과는 달라진 덕후에 대한 사회적 시선과 그와 관련된 소비 산업에 대해 이야기하고 있다. 따라서 (다) 덕후의 어원과 더 이상 숨기지 않아도 되는 존재로의 변화 – (가) 달라진 사회 시선과 일본의 오타쿠와 다른 독자적 존재로서 진화해 가는 한국 덕후 – (나) 진화된 덕후들을 공략하기 위해 발달하고 있는 산업 순으로 나열하는 것이 적절하다.

04 정답 ②

제시문에서 '당분 과다로 뇌의 화학적 균형이 무너져 정신에 장애가 왔다고 주장'한 것과 '정제한 당의 섭취를 원천적으로 차단'한 실험 결과를 토대로 추론하면 빈칸에 들어갈 내용은 '과다한 정제당 섭취가 반사회적 행동을 유발할 수 있다.'로 귀결된다. 따라서 빈칸에 ②가 들어가는 것이 가장 적절하다.

05 정답 ②

마지막 문단에서 과거제 출신의 관리들이 공동체에 대한 소속감이 낮고 출세 지향적이었다는 내용을 확인할 수 있으므로 ②가 가장 적절하다.

① 첫 번째 문단에서 황종희가 '벽소'와 같은 옛 제도를 되살리는 방법으로 과거제를 보완하자고 주장했다는 내용을 볼 수 있다. 따라서 벽소는 과거제를 없애고자 등장한 새로운 제도가 아니라 과거제를 보완하고자 되살린 옛 제도이므로 적절하지 않다.
③ 두 번째 문단에서 과거제는 학습 능력 이외의 인성이나 실무 능력을 평가할 수 없다는 이유로 시험의 익명성에 대한 회의도 있었다고 하였으므로 적절하지 않다.
④ 마지막 문단에서 과거제를 통해 임용된 관리들은 승진을 위해서 빨리 성과를 낼 필요가 있었다. 그러나 지역사회를 위해 장기적인 정책을 추진하기보다 가시적이고 단기적인 결과만을 중시하는 부작용을 가져왔다고 하였으므로 적절하지 않다.
⑤ 첫 번째 문단에서 고염무는 관료제의 상층에는 능력주의적 제도를 유지하되, 지방관인 지현들은 그 지위를 평생 유지시켜 주고 세습의 길까지 열어 놓는 방안을 제안했다고 했으므로 적절하지 않다.

| 02 | 언어추리

01	02	03	04							
④	③	⑤	⑤							

01 정답 ④
다이아몬드는 광물이고, 광물은 매우 규칙적인 원자 배열을 가지고 있다. 따라서 '다이아몬드는 매우 규칙적인 원자 배열을 가지고 있다.'가 적절하다.

02 정답 ③
만약 갑의 말이 진실이면 을의 말은 거짓, 병·정의 말은 진실, 무의 말은 거짓이 되어 진실을 말한 사람이 3명이 되므로 1명만 진실을 말한다는 조건에 맞지 않는다. 그러므로 갑의 말은 거짓이다. 또한 을이나 무의 말이 진실이라면 병의 말이 진실이 되므로 1명만 진실을 말한다는 조건에 어긋나 을과 무의 말 역시 거짓이다. 병의 말이 진실이라면 을의 말은 거짓, 정의 말은 진실이 되므로 병의 말도 거짓이므로 진실을 말한 사람은 정이고, 갑, 을, 병, 무의 말은 모두 거짓이 된다. 따라서 병이 범인이다.

03 정답 ⑤
재은이가 요일별로 달린 거리를 표로 정리하면 다음과 같다.

월	화	수	목
200−50=150m	200m	200−30=170m	170+10=180m

따라서 재은이가 목요일에 화요일보다 20m 적게 달린 것을 추론할 수 있다.

04 정답 ⑤
ⓒ과 ⓔ·ⓢ은 상반되며, ⓒ과 ⓗ·ⓞ·ⓩ 역시 상반된다.
• 김대리가 짬뽕을 먹은 경우 : ⓗ, ⓞ, ⓩ 세 개의 진술이 참이 되므로 성립하지 않는다.
• 박과장이 짬뽕을 먹은 경우 : ㉠, ⓒ, ⓜ 세 개의 진술이 참이 되므로 성립하지 않는다.
• 최부장이 짬뽕을 먹은 경우 : 최부장이 짬뽕을 먹었으므로 ㉠, ⓜ, ⓞ은 반드시 거짓이 된다. 이때, ⓒ은 반드시 참이 되므로 상반되는 ⓗ, ⓩ은 반드시 거짓이 되고, ⓔ, ⓢ 또한 반드시 거짓이 되므로 상반되는 ⓒ이 참이 되는 것을 알 수 있다.
따라서 짬뽕을 먹은 사람은 최부장이고, 참인 진술은 ⓒ·ⓒ이다.

| 03 | 자료해석

01	02	03	04						
④	①	③	①						

01 　정답　④

2022년도 휴대전화 스팸 수신량은 2021년보다 $0.34-0.33=0.01$통 많으며, 2023년에는 2021년보다 $0.33-0.32=0.01$통이 적다.

따라서 증가량과 감소량이 0.01통으로 같음을 알 수 있으므로 옳은 설명이다.

오답분석

① 2019년의 이메일 스팸 수신량은 1.16통으로 휴대전화 스팸 수신량의 2.5배인 약 1.33통보다 적으므로 옳지 않은 설명이다.

② 2021년부터 2023년까지 휴대전화 스팸 수신량은 2022년도 증가하고 다음 해에 감소했으나 이메일 스팸 수신량은 계속 감소했으므로 옳지 않은 설명이다.

③ 전년 대비 이메일 스팸 수신량 감소율은 2021년에 $\frac{1.48-1.06}{1.48}\times100 \fallingdotseq 28.4\%$, 2022년에 $\frac{1.06-1.00}{1.06}\times100 \fallingdotseq 5.7\%$로 2021년 감소율이 2022년의 약 5배이므로 옳지 않은 설명이다.

⑤ 이메일 스팸수신량이 가장 많은 해는 2020년이 맞지만 휴대전화 스팸 수신량이 가장 적은 해는 2023년이므로 옳지 않은 설명이다.

02 　정답　①

이산화탄소의 농도가 계속해서 증가하고 있는 것과 달리 오존 전량은 2018년부터 2020년까지 차례로 감소하였고 2023년에도 감소하였으므로 ①은 옳지 않은 설명이다.

오답분석

② 이산화탄소의 농도는 2017년 387.2ppm에서 시작하여 2023년 395.7ppm으로 해마다 증가했다.

③ 오존 전량은 2018년에는 1DU, 2019년에는 2DU, 2020년에는 3DU 감소하였으며, 2023년에는 8DU 감소하였다.

④ 2023년 오존 전량은 335DU로, 2017년의 331DU보다 4DU 증가했다.

⑤ 2023년 이산화탄소 농도는 2018년의 388.7ppm에서 395.7ppm으로 7ppm 증가했다.

03 　정답　③

남자가 소설을 대여한 횟수는 60회이고, 여자가 소설을 대여한 횟수는 80회이므로 $\frac{60}{80}\times100=75\%$이다.

따라서 남자가 소설을 대여한 횟수는 여자가 소설을 대여한 횟수의 70% 이상이므로 ③은 옳지 않은 설명이다.

오답분석

① 40세 미만의 전체 대여 횟수는 120회, 40세 이상의 전체 대여 횟수는 100회이므로 옳다.

② 소설 전체 대여 횟수는 140회, 비소설 전체 대여 횟수는 80회이므로 옳다.

④ 40세 이상의 전체 대여 횟수는 100회이고, 그중 소설 대여는 50회이므로 $\frac{50}{100}\times100=50\%$이므로 옳다.

⑤ 40세 미만의 전체 대여 횟수는 120회이고, 그중 비소설 대여는 30회이므로 $\frac{30}{120}\times100=25\%$이므로 옳다.

04 정답 ①

26 ~ 30세 응답자는 총 51명이다. 그중 4회 이상 방문한 응답자는 5+2=7명이고, 비율은 $\frac{7}{51} \times 100 = 13.72\%$로 10% 이상이므로 ①은 옳은 설명이다.

오답분석

② 주어진 자료만으로는 31 ~ 35세 응답자의 1인당 평균 방문 횟수를 정확히 구할 수 없다. 그 이유는 방문 횟수를 '1회', '2 ~ 3회', '4 ~ 5회', '6회 이상' 등 구간으로 구분했기 때문이다. 다만 구간별 최소값으로 평균을 냈을 때, 평균 방문 횟수가 2회 이상이라는 점을 통해 2회 미만이라는 것은 틀렸다는 것을 알 수 있다.

1, 1, 1, 2, 2, 2, 2, 4, 4 → 평균$=\frac{19}{9} = 2.11$회

③ 주어진 자료만으로 판단할 때, 전문직 응답자 7명 모두 20 ~ 25세일 수 있으므로 비율이 5% 이상이 될 수 있다.

④ 전체 응답자 수는 113명이다. 그중 20 ~ 25세 응답자는 53명이므로, 비율은 $\frac{53}{113} \times 100 = 46.90\%$가 된다.

⑤ 응답자의 직업에서 학생과 공무원 응답자의 수는 51명이다. 즉, 전체 113명의 절반에 미치지 못하므로 비율은 50% 미만이다.

| 04 | 창의수리

01	02	03	04	05					
④	③	④	③	③					

01 정답 ④

• 흰 구슬을 먼저 뽑고, 검은 구슬을 뽑을 확률 : $\frac{4}{10} \times \frac{6}{9} = \frac{4}{15}$

• 검은 구슬을 먼저 뽑고, 흰 구슬을 뽑을 확률 : $\frac{6}{10} \times \frac{4}{9} = \frac{4}{15}$

$\therefore \frac{4}{15} + \frac{4}{15} = \frac{8}{15}$

따라서 흰 구슬과 검은 구슬을 각각 1개씩 뽑을 확률은 $\frac{8}{15}$이다.

02 정답 ③

두 사람이 각각 헤어숍에 방문하는 간격인 10과 16의 최소공배수 80을 일주일 단위로 계산하면 11주 3일(80÷7=11 ⋯ 3)이 된다. 따라서 두 사람은 일요일의 3일 후인 수요일에 다시 만난다.

03 정답 ④

각 행은 인접한 두 수의 차이가 일정한 수열이다.

1행 : 1 → 3 → 5 → 7
　　　　　+2　　+2　　+2

2행 : 11 → 15 → 19 → 23
　　　　　+4　　+4　　+4

3행 : 30 → 35 → 40 → 45
　　　　　+5　　+5　　+5

4행 : 62−74=−12이므로 앞의 항에 12씩 빼는 수열임을 알 수 있다.

　　　98 → (86) → 74 → 62
　　　　　−12　　−12　　−12

따라서 (　)=98−12=86이다.

04 정답 ③

×(−2)와 +(3의 배수)를 번갈아 가면서 적용하는 수열이다.

따라서 (　)=(−2)+12=10이다.

05 정답 ③

앞의 항에 −20, −19, −18, −17, −16, …을 하는 수열이다.

따라서 (　)=43−17=26이다.

| 01 | 언어이해

01	02	03	04						
③	④	④	④						

01   정답   ③

제시문은 원어민은 문법을 따로 배우지 않아도 자유자재로 모국어를 구사할 수 있는 이유를 설명하는 글이다. 따라서 (라) 원어민은 문법을 따로 배우지 않음 – (가) 어려서부터 문법을 내재화했기 때문 – (마) 모든 원어민은 문법적 직관이 있음 – (다) 그런데 이 문법적 직관은 저절로 얻어지지 않음 – (나) 언어활동을 통해 문법적 직관이 발달함 순으로 나열하는 것이 적절하다.

02   정답   ④

첫 번째 문장에서 경기적 실업이란 노동에 대한 수요가 감소하여 고용량이 줄어들어 발생하는 실업이라고 하였으므로, 빈칸에는 기업이 생산량을 줄임으로써 노동에 대한 수요가 감소한다는 내용이 들어가는 것이 가장 적절하다.

03   정답   ④

제시문에서는 미흡한 위생 관리나 건강관리 등의 개인적 요인으로 인해 질병이 발병한다고 주장한다. 따라서 이러한 주장에 대한 반박으로는 성별, 계층, 직업 등의 사회적 요인에 따라 질병의 종류나 정도가 다르게 나타날 수 있다는 내용의 ④가 가장 적절하다.

04   정답   ④

테크핀의 발전 원인에는 국내의 높은 IT 인프라, 전자상거래 확산, 규제 완화 등이 있으므로 ④가 가장 적절한 내용이다.

오답분석
① 핀테크와 테크핀의 부정적인 영향으로 혜택의 불균형이 있다.
② 핀테크는 금융기관이, 테크핀은 ICT 기업이 주도한다.
③ 테크핀은 금융보다 기술을 강조한다.
⑤ 테크핀의 발전은 핀테크의 발전을 야기하였다.

01 　정답 ②

A ~ E의 진술에 따르면 C와 E는 반드시 동시에 참 또는 거짓이 되어야 하며, B와 C는 동시에 참이나 거짓이 될 수 없다. 그러므로 A와 B, B와 D, C와 E가 거짓말을 하는 경우를 각각 정리하면 다음과 같다.

• A와 B의 말이 거짓일 경우
　B의 진술이 거짓이 되므로 이번 주 수요일 당직은 B이다. 그러나 D의 진술에 따르면 B는 목요일 당직이므로 이는 성립하지 않는다.

• B와 D의 말이 거짓인 경우
　B의 진술이 거짓이 되므로 이번 주 수요일 당직은 B이다. 또한 A, E의 진술에 따르면 E는 월요일, A는 화요일에 각각 당직을 선다. 이때 C는 수요일과 금요일에 당직을 서지 않으므로 목요일 당직이 되며, 남은 금요일 당직은 자연스럽게 D가 된다.

• C와 E의 말이 거짓인 경우
　A, B, D의 진술에 따르면 A는 화요일, D는 수요일, B는 목요일, C는 금요일 당직이 되어 남은 월요일 당직은 E가 된다. 이때 E의 진술이 참이 되므로 이는 성립하지 않는다.

따라서 거짓말을 하고 있는 두 명은 B와 D이며, 이번 주 수요일에 당직을 서는 사람은 B이다.

02 　정답 ③

제시된 용의자들 중 두 명이 진실을 말하는 경우를 정리하면 다음과 같다.

• A와 B의 말이 진실일 경우
　A는 자신이 범인이 아니라고 했지만, B는 A가 범인이라고 하였으므로 성립되지 않는다.

• A와 C의 말이 진실일 경우
　A는 범인이 아니며, C의 진술에 따르면 거짓말을 한 사람과 범인은 B가 된다.

• B와 C의 말이 진실일 경우
　C의 진술에서 B가 거짓말을 하고 있다고 했으므로 둘의 진술은 동시에 진실이 될 수 없다.

따라서 거짓말을 한 사람과 물건을 훔친 범인은 모두 B이다.

03 　정답 ⑤

원형 테이블은 회전시켜도 좌석 배치가 동일하다. 이를 고려히여 좌석에 인원수만큼의 번호 1 ~ 6번을 임의로 붙인 다음, A가 1번 좌석에 앉았다고 가정하여 배치하면 다음과 같다.

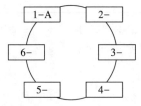

• 두 번째 조건 : E는 A와 마주보는 4번 자리에 앉게 된다.
• 세 번째 조건 : C는 E 기준으로 왼쪽인 5번 자리에 앉는다.
• 첫 번째 조건 : B는 C와 이웃한 자리 중 비어있는 6번 자리에 앉는다.
• 마지막 조건 : F는 A와 이웃한 2번이 아닌, 나머지 자리인 3번 자리에 앉는다.

그러므로 D는 남은 좌석인 2번 자리에 앉게 된다.

위의 내용을 정리하면 다음과 같다.

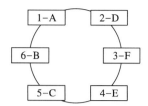

따라서 F와 이웃하여 앉는 사람은 D와 E이다.

04 정답 ③

'회사원은 회의에 참석한다.'를 A, '회사원은 결근을 한다.'를 B, '회사원은 출장을 간다.'를 C라 하면 첫 번째 명제와 마지막 명제를 다음과 같은 벤다이어그램으로 나타낼 수 있다.

1) 첫 번째 명제

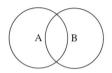

2) 마지막 명제

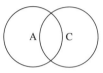

이때, 마지막 명제가 참이 되기 위해서는 B가 C에 모두 속해야 하므로 이를 벤다이어그램으로 나타내면 다음과 같다.

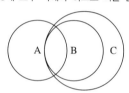

따라서 빈칸에 들어갈 명제는 '결근을 하는 회사원은 출장을 간다.'가 적절하다.

| 03 | 자료해석

01	02	03	04						
②	④	②	④						

01 정답 ②

L씨의 전체 영어 평균점수는 $\frac{315+320+335+390+400+370}{6}=\frac{2,130}{6}=355$점이다.

따라서 평균점수인 355점보다 높았던 달은 9월, 10월, 11월에 봤던 시험으로 총 3번임을 알 수 있다.

02 정답 ④

E과제에 대한 전문가 3의 점수는 $70 \times 5 - (100 + 40 + 70 + 80) = 60$점이고, A ~ E과제의 평균점수와 최종점수를 구하면 다음과 같다.

구분	평균점수	최종점수
A과제	$\dfrac{100 + 70 + 60 + 50 + 80}{5} = 72$점	$\dfrac{70 + 60 + 80}{3} = 70$점
B과제	$\dfrac{80 + 60 + 40 + 60 + 60}{5} = 60$점	$\dfrac{60 + 60 + 60}{3} = 60$점
C과제	$\dfrac{60 + 50 + 100 + 90 + 60}{5} = 72$점	$\dfrac{60 + 90 + 60}{3} = 70$점
D과제	$\dfrac{80 + 100 + 90 + 70 + 40}{5} = 76$점	$\dfrac{80 + 90 + 70}{3} = 80$점
E과제	70점	$\dfrac{60 + 70 + 80}{3} = 70$점

따라서 평균점수와 최종점수가 같은 과제는 B, E이다.

03 정답 ②

(가) ~ (다)에 들어갈 정확한 값을 찾으려 계산하기보다는 자료에서 해결할 수 있는 실마리를 찾아 적절하지 않은 선택지를 제거하는 방식으로 접근하는 것이 좋다.

먼저 종합순위가 3위인 D부장의 점수는 모두 공개되어 있으므로 총점을 계산해 보면, $80 + 80 + 60 + 70 = 290$점이다.

종합순위가 4위인 A사원의 총점은 $70 + (가) + 80 + 70 = 220 + (가)$점이며, 3위 점수인 290점보다 낮아야 하므로 (가)에 들어갈 점수는 70점 미만이다. 또한 종합순위가 2위인 C과장의 총점은 $(다) + 85 + 70 + 75 = 230 + (다)$점이며, 290점보다 높아야 하므로 (다)에 들어갈 점수는 60점을 초과해야 한다.

위의 조건에 해당하는 ②, ③에 따라 (가)=65점, (다)=65점을 대입하면, C과장의 총점은 $230 + 65 = 295$점이 된다.

종합순위가 1위인 B대리의 총점은 $80 + 85 + (나) + 70 = 235 + (나)$점이며, 295점보다 높아야 하므로 (나)에 들어갈 점수는 60점을 초과해야 한다.

따라서 (나)의 점수가 60점인 ③은 제외되므로 (가) ~ (다)의 점수로 적절한 것은 ②이다.

04 정답 ④

ㄴ. 2022년, 2023년 모두 30대 이상의 여성이 남성보다 비중이 높다.
ㄷ. 2023년도 40대 남성의 비중은 22.1%로 다른 나이대보다 비중이 높다.

오답분석

ㄱ. 2022년도에는 20대 남성이 30대 남성보다 1인 가구 비중이 더 높았지만, 2023년도에는 20대 남성이 30대 남성보다 1인 가구의 비중이 더 낮았다. 따라서 20대 남성이 30대 남성보다 1인 가구의 비중이 더 높은지는 알 수 없다.
ㄹ. 2년 이내 1인 생활 종료를 예상하는 1인 가구의 비중은 2022년도에는 증가하였으나, 2023년도에는 감소하였다.

| 04 | 창의수리

01	02	03	04	05					
③	②	④	⑤	④					

01 　정답　 ③

앞의 항에 2^2, 2^3, 2^4, 2^5, 2^6, 2^7, …을 더하는 수열이다.
따라서 $2^7 = 128$이므로, (　)$= 138 + 128 = 266$이다.

02 　정답　 ②

나열된 수를 각각 A, B, C라고 하면 다음과 같은 규칙이 성립한다.
$\underline{A \ B \ C} \rightarrow B - A = C$
따라서 (　)$-(-27) = 23$이므로, (　)$= 23 - 27 = -4$이다.

03 　정답　 ④

세로 열에 대하여 한 칸씩 내려가면서 $+12$를 하는 수열이다.
따라서 (　)$= 29 + 12 = 41$이다.

04 　정답　 ⑤

A, B, C 세 사람이 가위바위보를 할 때의 나올 수 있는 모든 경우는 $3 \times 3 \times 3 = 27$가지이다. 이때, A만 이기는 경우를 순서쌍으로 나타내면 (보, 바위, 바위), (가위, 보, 보), (바위, 가위, 가위)로 3가지가 나온다.
따라서 A만 이길 확률은 $\dfrac{3}{27} = \dfrac{1}{9}$이다.

05 　정답　 ④

두 주사위의 눈의 수의 곱은 다음과 같다.

구분	1	2	3	4	5	6
1	1	2	3	4	5	6
2	2	4	6	8	10	12
3	3	6	9	12	15	18
4	4	8	12	16	20	24
5	5	10	15	20	25	30
6	6	12	18	24	30	36

4의 배수가 나오는 경우의 수는 모두 15가지이다.
따라서 구하고자 하는 확률은 $\dfrac{15}{36} = \dfrac{5}{12}$이다.

| 01 | 언어이해

01	02	03	04						
③	④	⑤	③						

01   정답   ③

헤르만 헤세가 한 말인 "자기에게 자연스러운 면에서 읽고, 알고, 사랑해야 할 것이다."라는 문구를 통해 남의 기준에 맞추기보다 자신의 감정에 충실하게 책을 선택하여 읽으라고 하였음을 알 수 있다. 따라서 글의 주제로 ③이 가장 적절하다.

02   정답   ④

제시문은 분자 상태의 수소와 산소가 결합하여 물이 되는 과정을 설명한 것으로 수소 분자와 산소 분자가 원자로 분해되고, 분해된 산소 원자 하나와 수소 원자 두 개가 결합하여 물이라는 화합물이 생성된다고 했다. 따라서 산소 분자와 수소 분자가 '각각' 물이 된다는 ④는 적절하지 않은 내용이다.

03   정답   ⑤

이곡의 차마설은 말을 빌려 탄 개인적인 경험을 통해 소유에 대한 보편적인 깨달음을 제시하고 올바른 삶의 태도를 촉구하는 교훈적 수필로, 개인적 일상의 경험을 먼저 제시하고 이에 대한 자신의 의견을 제시하고 있다. 따라서 글의 전개 방식으로 ⑤는 적절하지 않다.

오답분석

① 말을 빌려 탄 개인의 경험을 소유에 대한 욕망이라는 추상적 대상으로 확장하는 유추의 방법을 사용하고 있다.
② 말을 빌려 탄 개인적 경험의 예화를 통해 소유에 대한 반성의 교훈을 제시하는 2단 구성 방식을 취하고 있다.
③ 주관적인 개인적 경험을 통해 소유에 대한 보편적인 의견을 제시하고 있다.
④ 맹자의 말을 인용하여 사람들의 그릇된 소유 관념을 비판하고 있다.

04   정답   ③

이소크라테스는 영원불변하는 보편적 지식의 무용성을 주장했을 뿐, 존재 자체를 부정했다는 내용은 제시문에서 확인할 수 없으므로 ③은 적절하지 않다.

오답분석

① 플라톤의 이데아론은 삶과 행위의 구체적이고 실제적인 일상이 무시된 채 본질적이고 이념적인 영역을 추구하고 있다는 비판을 받고 있다.
② 물질만능주의는 모든 관계를 돈과 같은 가치에 연관시켜 생각하는 행위로, 탐욕과 사리사욕을 위한 교육에 매진하는 소피스트들과 일맥상통하는 면이 있다.
④ 이소크라테스는 이데아론의 무용성을 주장하면서 동시에 비도덕적이고 지나치게 사리사욕을 위한 소피스트들의 교육을 비판했다.
⑤ 이소크라테스는 삶과 행위의 문제를 이론적이고도 실제적으로 해석하면서도, 도덕이나 정당화의 문제보다는 변화하는 실제적 행위만 추구한 소피스트들을 비판했기에 훌륭한 말(실제적 문제)과 미덕(도덕과 정당화)을 추구했음을 알 수 있다.

|02| 언어추리

01	02	03	04						
⑤	③	②	①						

01　정답　⑤

모든 1과 사원은 가장 실적이 많은 2과 사원보다 실적이 많고, 3과 사원 중 일부는 가장 실적이 많은 2과 사원보다 실적이 적다. 따라서 어떤 '3과 사원은 가장 실적이 적은 1과 사원보다 실적이 적다.'가 결론으로 적절하다.

02　정답　③

각각의 조건을 수식으로 비교해 보면 다음과 같다.
C>D, F>E, H>G>C, G>D>F
∴ H>G>C>D>F>E
따라서 A와 B 모두 옳다.

03　정답　②

조건에 따라 A~D의 사무실 위치를 표로 정리하면 다음과 같다.

구분	2층	3층	4층	5층
경우 1	부장	B과장	대리	A부장
경우 2	B과장	대리	부장	A부장
경우 3	B과장	부장	대리	A부장

따라서 B가 과장이므로 대리가 아닌 A는 부장이다.

오답분석

① A부장 외의 또 다른 부장은 2층, 3층 또는 4층에 근무한다.
③ 대리는 3층 또는 4층에 근무한다.
④ B는 2층 또는 3층에 근무한다.
⑤ C의 직위는 알 수 없다.

04　정답　①

먼저 8호 태풍 바비의 이동 경로에 대한 A국과 D국의 예측이 서로 어긋나므로 둘 중 한 국가의 예측만 옳다는 것을 알 수 있다.
• A국의 예측이 옳은 경우
　A국의 예측에 따라 8호 태풍 바비는 일본에 상륙하고, 9호 태풍 마이삭은 한국에 상륙한다. D국의 예측은 옳지 않으므로 10호 태풍 하이선이 중국에 상륙하지 않을 것이라는 C국의 예측 역시 옳지 않음을 알 수 있다. 따라서 B국의 예측에 따라 10호 태풍 하이선은 중국에 상륙하며, 태풍의 이동 경로를 바르게 예측한 나라는 A국과 B국이다.
• D국의 예측이 옳은 경우
　D국의 예측에 따라 10호 태풍 하이선은 중국에 상륙하지 않으며, 8호 태풍 바비가 일본에 상륙한다는 A국의 예측이 옳지 않게 되므로 9호 태풍 마이삭은 한국에 상륙하지 않는다. 따라서 B국이 예측한 결과의 대우인 '태풍 하이선이 중국에 상륙하지 않으면, 9호 태풍 마이삭은 한국에 상륙하지 않는다.'가 성립하므로 B국의 예측 역시 옳은 것을 알 수 있다. 그런데 이때 10호 태풍 하이선은 중국에 상륙하지 않는다는 C국의 예측 역시 성립하므로 두 국가의 예측만이 실제 태풍의 이동 경로와 일치했다는 조건에 어긋난다.
따라서 실제 태풍의 이동 경로를 바르게 예측한 나라는 A국과 B국이다.

01	02	03	04						
③	④	④	③						

01 정답 ③

발굴조사 비용의 비율은 다음과 같으며 2019년에 가장 높으므로 ③이 옳은 설명이다.

- 2018년 : $\dfrac{2,509}{2,591} \times 100 ≒ 96.8\%$
- 2019년 : $\dfrac{2,378}{2,445} \times 100 ≒ 97.3\%$
- 2020년 : $\dfrac{2,300}{2,371} \times 100 ≒ 97\%$
- 2021년 : $\dfrac{2,438}{2,515} \times 100 ≒ 96.9\%$
- 2022년 : $\dfrac{2,735}{2,840} \times 100 ≒ 96.3\%$

오답분석

① 전체 조사의 평균 건당 비용은 다음과 같으며, 2020년 이후 다시 증가하고 있다.

- 2018년 : $\dfrac{2,591}{3,462} ≒ 0.75$억 원
- 2019년 : $\dfrac{2,445}{3,467} ≒ 0.71$억 원
- 2020년 : $\dfrac{2,371}{3,651} ≒ 0.65$억 원
- 2021년 : $\dfrac{2,515}{3,841} ≒ 0.65$억 원
- 2022년 : $\dfrac{2,840}{4,294} ≒ 0.66$억 원

② 2020년과 2021년의 발굴조사 평균 건당 비용이 1억 원 이하이다.

④ 전체 건수에 대한 발굴조사 건수 비율은 2021년에 비해 2019년이 더 높다.

- 2019년 : $\dfrac{2,364}{3,467} \times 100 ≒ 68.2\%$
- 2021년 : $\dfrac{2,442}{3,841} \times 100 ≒ 63.6\%$

⑤ 5개년 동안 조사에 쓰인 비용은 $2,591+2,445+2,371+2,515+2,840=12,762$억 원으로 1조 3천억 원 미만이다.

02 정답 ④

A, B본부 전체인원 800명 중 찬성하는 비율로 차이를 알아보는 것이므로 인원 차이만 비교해도 된다.
따라서 전체 여성과 남성의 찬성인원 차이는 $300-252=48$명이며, 본부별 차이는 $336-216=120$명으로 성별이 아닌 본부별 차이가 더 크므로 ④는 옳지 않은 해석이다.

오답분석

① 두 본부 남성의 찬성률은 $\dfrac{(156+96)}{400} \times 100 = 63\%$로, 60% 이상이다.

② A본부 여성의 찬성률은 $\dfrac{180}{200} \times 100 = 90\%$이고, B본부는 $\dfrac{120}{200} \times 100 = 60\%$이다. 따라서 A본부 여성의 찬성률이 1.5배 높음을 알 수 있다.

③ B본부 전체인원 중 여성의 찬성률은 $\dfrac{120}{400} \times 100 = 30\%$로, 남성의 찬성률인 $\dfrac{96}{400} \times 100 = 24\%$의 1.25배이다.

⑤ A본부가 B본부보다 찬성이 많지만, 어디에 휴게실이 확충될지는 제시된 자료만으로는 알 수 없다.

03 정답 ④

ㄴ. 전체 경징계 건수는 $3+174+171+160+6=514$건이고, 중징계 건수는 $23+42+47+55+2=169$건으로 전체 징계 건수는 $514+169=683$건이다. 이 중 경징계 건수는 $\frac{514}{683}\times100≒75.3\%$로 70% 이상이다.

ㄷ. D로 인한 징계 건수 중 중징계의 비율은 $\frac{55}{(160+55)}\times100≒25.6\%$이고, 전체 징계 건수 중 중징계의 비율은 $\frac{169}{683}\times100≒$ 24.7%로 D로 인한 징계 건수 중 중징계의 비율이 더 높다.

오답분석

ㄱ. 전체 경징계 건수는 $3+174+171+160+6=514$건이고, 중징계 건수는 $23+42+47+55+2=169$건으로 3배 이상이다.
ㄹ. 징계 중 C의 사유가 218건으로 가장 많다.

04 정답 ③

월평균 매출액이 35억 원이므로 연매출액은 $35\times12=420$억 원이며, 연매출액은 상반기와 하반기 매출액을 합한 금액이다. 상반기의 월평균 매출액은 26억 원이므로 상반기 총매출액은 $26\times6=156$억 원이고, 하반기 총매출액은 $420-156=264$억 원이다. 따라서 하반기 평균 매출액은 $264÷6=44$억 원이며, 상반기 때보다 $44-26=18$억 원 증가하였다.

| 04 | 창의수리

01	02	03	04						
⑤	①	③	④						

01 정답 ⑤

룰렛 각 구간의 x, y, z의 규칙은 다음과 같다.

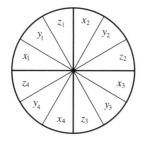 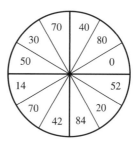

→ $2x-y=z$
이를 통해 $2\times52-ⓒ=84$이므로 ⓒ$=20$임을 알 수 있다.

다음으로 각 구간을 $\begin{array}{|c|c|}\hline A & B \\\hline C & D \\\hline\end{array}$ 라고 할 때, A, B, C, D의 규칙은 다음과 같다.

A, B, C, D의 값을 $3x+2y+z$라고 하면 각 구간의 값은 A, 280, 280, 280으로 모두 280이 되어 A$=280$이다.
따라서 $3\times$ⓐ$+2\times$ⓑ$+70=280$ → $3\times$ⓐ$+2\times$ⓑ$=210$, $2\times$ⓐ$-$ⓑ$=70$이므로 두 식을 연립하여 풀면 ⓐ$=50$, ⓑ$=30$이다.
따라서 ⓐ$+$ⓑ$+$ⓒ$=50+30+20=100$이다.

02 정답 ①

각 변에 있는 수의 합은 18로 일정하다.

7+4+(   )+5=18

따라서 (   )=2이다.

03 정답 ③

전체 일의 양을 1이라고 하고, A~C가 하루에 할 수 있는 일의 양을 각각 $\dfrac{1}{a}$, $\dfrac{1}{b}$, $\dfrac{1}{c}$라고 하자.

$\dfrac{1}{a}+\dfrac{1}{b}=\dfrac{1}{12}$ … ㉠

$\dfrac{1}{b}+\dfrac{1}{c}=\dfrac{1}{6}$ … ㉡

$\dfrac{1}{c}+\dfrac{1}{a}=\dfrac{1}{18}$ … ㉢

㉠, ㉡, ㉢을 모두 더한 다음 2로 나누면 3명이 하루에 할 수 있는 일의 양을 구할 수 있다.

$\dfrac{1}{a}+\dfrac{1}{b}+\dfrac{1}{c}=\dfrac{1}{2}\left(\dfrac{1}{12}+\dfrac{1}{6}+\dfrac{1}{18}\right)=\dfrac{1}{2}\left(\dfrac{3+6+2}{36}\right)=\dfrac{11}{72}$

따라서 72일 동안 3명이 끝낼 수 있는 일의 양은 $\dfrac{11}{72}\times72=11$이므로 전체 일의 양의 11배이다.

04 정답 ④

산책로의 길이를 xm라 하고 민주와 세희가 40분 동안 이동한 거리를 구하면 다음과 같다.
- 민주의 이동거리 : 40×40=1,600m
- 세희의 이동거리 : 45×40=1,800m

40분 후에 두 번째로 마주친 것이라고 했으므로 식을 세우면 다음과 같다.

1,600+1,800=2x

→ 2x=3,400

∴ x=1,700

따라서 산책로의 길이는 1,700m이다.

| 01 | 언어이해

01	02	03	04						
④	⑤	①	④						

01 정답 ④

제시문의 첫 번째 문단에서 위계화의 개념을 설명하고, 이러한 불평등의 원인과 구조에 대해 살펴보고 있다. 따라서 글의 제목으로 ④가 가장 적절하다.

02 정답 ⑤

마지막 문단의 '개성 있는 단독주택에서 살고 싶다는 욕구를 가진 사람들이 증가하고 있다지만 아파트가 주는 편안한 생활을 포기할 사람이 많지 않을 것이라는 분석인 셈이다.'라는 내용을 통해 알 수 있으므로 ⑤가 가장 적절하다.

오답분석
① 모듈러 주택과 콘크리트 주택의 건설 비용의 차이는 제시문에서 알 수 없다.
② 모듈러 주택의 조립과 마감에 걸리는 시간은 30 ~ 40일이다.
③ 모듈러 공법은 주요 자재의 최대 80 ~ 90퍼센트가량을 재활용할 수 있다는 내용만 있을 뿐 일반 철근콘크리트 주택의 재활용에 대해서는 제시문에서 확인할 수 없다.
④ 모듈러 주택이 처음 한국에 등장한 시기는 해외 대비 늦지만, 해외보다 소요되는 비용이 적을 것이라는 것은 알 수 없다.

03 정답 ①

두 번째 문단에서 '강한 핵력의 강도가 겨우 0.5% 다르거나 전기력의 강도가 4% 다를 경우에도 탄소나 산소는 우주에서 합성되지 않는다. 따라서 생명 탄생의 가능성도 사라진다.'라고 했으므로 탄소가 없어도 생명은 자연적으로 진화할 수 있다고 추론한 ①은 적절하지 않다.

04 정답 ④

논리의 흐름에 따라 순서를 나열해 보면, '문화 변동은 수용 주체의 창조적・능동적 측면과 관련되어 이루어짐 – (나) 수용 주체의 창조적・능동적 측면은 외래문화 요소의 수용을 결정지음 – (다) 즉, 문화의 창조적・능동적 측면은 내부의 결핍 요인을 자체적으로 극복하려 노력하나 그렇지 못할 경우 외래 요소를 수용함 – (가) 결핍 부분에 유용한 부분만을 선별적으로 수용함 – 다시 말해 외래문화는 수용 주체의 내부 요인에 따라 수용 여부가 결정됨'의 순으로 나열하는 것이 적절하다.

01	02	03	04						
②	③	③	④						

01   정답 ②

여름은 겨울보다 비가 많이 내림 → 비가 많이 내리면 습도가 높음 → 습도가 높으면 먼지와 정전기가 잘 일어나지 않음
비가 많이 내리면 습도가 높고 습도가 높으면 먼지가 잘 나지 않으므로 비가 많이 오지 않는 겨울이 여름보다 먼지가 잘 나므로
②는 옳지 않다.

오답분석
① 첫 번째 명제와 두 번째 명제로 추론할 수 있다.
③ 첫 번째 명제와 두 번째 명제와 마지막 명제로 추론할 수 있다.
④ 첫 번째 명제와 마지막 명제로 추론할 수 있다.
⑤ 마지막 명제의 대우와 첫 번째 명제로 추론할 수 있다.

02   정답 ③

주어진 조건에 따라 네 명의 직원이 함께 탄 5인승 택시의 자리는 다음과 같다.

• 경우 1

택시 운전기사	• 소속 : 디자인팀 • 직책 : 과장 • 신발 : 노란색	

• 소속 : 연구팀
• 직책 : 대리
• 신발 : 흰색
  또는 연두색
	• 소속 : 홍보팀
	• 직책 : 부장
	• 신발 : 검은색
		• 소속 : 기획팀
		• 직책 : 사원
		• 신발 : 흰색
		  또는 연두색

• 경우 2

택시 운전기사	• 소속 : 디자인팀 • 직책 : 과장 • 신발 : 노란색	

• 소속 : 기획팀
• 직책 : 사원
• 신발 : 흰색
  또는 연두색
	• 소속 : 홍보팀
	• 직책 : 부장
	• 신발 : 검은색
		• 소속 : 연구팀
		• 직책 : 대리
		• 신발 : 흰색
		  또는 연두색

따라서 '과장은 노란색 신발을 신었다.'가 항상 참이 된다.

오답분석
① 택시 운전기사 바로 뒤에는 사원 또는 대리가 앉을 수 있다.
② 부장은 뒷좌석 가운데에 앉는다.
④ 부장 옆에는 대리와 사원이 앉는다.
⑤ 사원은 흰색 또는 연두색 신발을 신었다.

03   정답 ③

'환율이 하락한다.'를 A, '수출이 감소한다.'를 B, 'GDP가 감소한다.'를 C, '국가 경쟁력이 떨어진다.'를 D라고 했을 때, 첫 번째
명제는 A → D, 세 번째 명제는 B → C, 네 번째 명제는 B → D이므로 네 번째 명제가 참이 되려면 C → A라는 명제가 필요하다.
따라서 C → A의 대우 명제인 ③이 적절하다.

04 정답 ④

'에어컨을 과도하게 쓰다.'를 A, '프레온 가스가 나온다.'를 B, '오존층이 파괴된다.'를 C, '지구 온난화가 진행된다.'를 D라고 했을 때, 첫 번째 명제는 ~C → ~B, 세 번째 명제는 ~D → ~C, 네 번째 명제는 ~D → ~A이므로 두 번째 명제가 도출되기 위해서는 빈칸에 ~B → ~A가 필요하다. 따라서 그 대우 명제인 ④가 적절하다.

| 03 | 자료해석

01	02	03	04						
③	②	③	⑤						

01 정답 ③

- A기업
  - 화물자동차 : $200,000+(1,000 \times 5 \times 100)+(100 \times 5 \times 100)=750,000$원
  - 철도 : $150,000+(900 \times 5 \times 100)+(300 \times 5 \times 100)=750,000$원
  - 연안해송 : $100,000+(800 \times 5 \times 100)+(500 \times 5 \times 100)=750,000$원
- B기업
  - 화물자동차 : $200,000+(1,000 \times 1 \times 200)+(100 \times 1 \times 200)=420,000$원
  - 철도 : $150,000+(900 \times 1 \times 200)+(300 \times 1 \times 200)=390,000$원
  - 연안해송 : $100,000+(800 \times 1 \times 200)+(500 \times 1 \times 200)=360,000$원

따라서 A기업은 모든 수단이 동일하고, B기업은 연안해송이 가장 저렴하므로 ③이 옳은 설명이다.

02 정답 ②

ㄱ. $\dfrac{10,023+200 \times 4}{4}=\dfrac{10,823}{4}=2,705.75$만 개

ㄷ. • 평균 주화 공급량 : $\dfrac{10,023}{4}=2,505.75$만 개

  • 주화 공급량 증가량 : $3,469 \times 0.1+2,140 \times 0.2+2,589 \times 0.2+1,825 \times 0.1=1,475.2$만 개

  • 증가한 평균 주화 공급량 : $\dfrac{10,023+1,475.2}{4}=2,874.55$만 개

  따라서 $2,505.75 \times 1.15>2,874.55$이므로, 증가율은 15% 이하이다.

오답분석

ㄴ. • 10원 주화의 공급기관당 공급량 : $\dfrac{3,469}{1,519} ≒ 2.3$만 개

  • 500원 주화의 공급기관당 공급량 : $\dfrac{1,825}{953} ≒ 1.9$만 개

ㄹ. 총 주화 공급액이 변하면 주화 종류별 공급량 비율도 당연히 변화한다.

03 　정답　③

1977 ~ 2012년 동안 65세 연령의 성별 기대여명과 OECD 평균 기대여명과의 연도별 격차는 다음과 같다.
- 남성
  - 1977년 : $12.7 - 10.2 = 2.5$년
  - 2002년 : $14.7 - 13.4 = 1.3$년
  - 2012년 : $16.3 - 15.5 = 0.8$년
- 여성
  - 1977년 : $15.6 - 14.9 = 0.7$년
  - 2002년 : $18.4 - 17.5 = 0.9$년
  - 2012년 : $19.8 - 19.6 = 0.2$년

따라서 격차는 여성보다 남성이 더 크므로 ③은 옳지 않은 설명이다.

오답분석

① 65세, 80세 여성의 기대여명은 2022년 이전까지 모두 OECD 평균보다 낮았으나, 2022년에 OECD 평균보다 모두 높아진 것을 확인할 수 있다.

② 연도별 80세 남성의 기대여명과 OECD 평균과의 격차는 다음과 같다.
- 1977년 : $5.7 - 4.7 = 1.0$년
- 2002년 : $6.6 - 6.1 = 0.5$년
- 2012년 : $7.3 - 6.9 = 0.4$년
- 2022년 : $8.3 - 8.0 = 0.3$년

따라서 80세 남성의 기대여명은 1977 ~ 2022년 동안 OECD 평균과의 격차가 꾸준히 줄어들었다.

④ 연령별 및 연도별 남성의 기대여명보다 여성의 기대여명이 더 높은 것을 확인할 수 있다.

⑤ 한국의 2022년 80세 여성 기대여명의 1977년 대비 증가율은 $\dfrac{10.1 - 6.4}{6.4} \times 100 ≒ 57.8\%$이고, OECD 평균 증가율은

$\dfrac{10.0 - 6.6}{6.6} \times 100 ≒ 51.5\%$이므로 옳다.

04 　정답　⑤

마케팅부서와 영업부서의 등급별 배정인원을 표로 정리하면 다음과 같다.

구분	S	A	B	C
마케팅부서	2명	5명	6명	2명
영업부서	2명	3명	4명	2명

영업부서와 마케팅부서에서 S등급과 C등급에 배정되는 인원은 같고, A등급과 B등급의 인원이 영업부서가 마케팅부서보다 2명씩 적다. 따라서 두 부서의 총 상여금액 차이는 $(420 \times 2) + (330 \times 2) = 1,500$만 원이므로 ⑤는 옳지 않다.

오답분석

①·③ 해설을 통해 알 수 있다.

② A등급 상여금은 B등급 상여금보다 $\dfrac{420 - 330}{330} \times 100 ≒ 27.3\%$ 많다.

④ 마케팅부서 15명에게 지급되는 총금액은 $(500 \times 2) + (420 \times 5) + (330 \times 6) + (290 \times 2) = 5,660$만 원이다.

|04| 창의수리

01	02	03	04						
③	④	③	②						

01 정답 ③

전체 8명에서 4명을 선출하는 경우의 수에서 남자만 4명을 선출하는 경우를 빼면 된다.

$$_8C_4 - _5C_4 = \frac{8 \times 7 \times 6 \times 5}{4 \times 3 \times 2 \times 1} - \frac{5 \times 4 \times 3 \times 2}{4 \times 3 \times 2 \times 1}$$

따라서 구하고자 하는 경우의 수는 $70 - 5 = 65$가지이다.

02 정답 ④

한 번의 가위바위보에서 한 명이 이길 확률은 $\frac{1}{3}$이고, 그렇지 않을 확률은 $\frac{2}{3}$이므로, 세 번 안에 한 명의 승자가 정해질 확률은 다음과 같다.

• 첫 게임에 승자가 정해질 확률 : $\frac{1}{3}$

• 첫 게임에 승자가 정해지지 않고, 두 번째 게임에 정해질 확률 : $\frac{2}{3} \times \frac{1}{3} = \frac{2}{9}$

• 첫 번째와 두 번째 게임에 승자가 정해지지 않고, 세 번째 게임에 정해질 확률 : $\frac{2}{3} \times \frac{2}{3} \times \frac{1}{3} = \frac{4}{27}$

따라서 세 번 안에 한 명의 승자가 정해질 확률은 $\frac{1}{3} + \frac{2}{9} + \frac{4}{27} = \frac{19}{27}$이다.

03 정답 ③

둘째 나이를 x살, 나이 차이를 y살이라 가정하면, 첫째와 셋째 나이는 $(x+y)$, $(x-y)$살이 되고, 아버지 나이는 둘째 나이의 3배이므로 $3x$살이다.
아버지의 나이에서 첫째 나이를 빼면 23살이고, 내년 아버지의 나이는 셋째 나이의 4배보다 4살 적음을 식으로 정리하면 다음과 같다.
$3x - (x+y) = 23 \rightarrow 2x - y = 23 \cdots \bigcirc$
$3x + 1 = 4 \times (x - y + 1) - 4 \rightarrow 1 + 4y = x \cdots \bigcirc$
$\bigcirc$과 $\bigcirc$을 연립하면,
$2(4y+1) - y = 23 \rightarrow 8y + 2 - y = 23 \rightarrow 7y = 21$
$\therefore x = 13, \ y = 3$
따라서 둘째의 나이는 13살이고, 삼형제는 3살씩 나이 차이가 나므로 올해 셋째의 나이는 $13 - 3 = 10$살이다.

04 정답 ②

민철이가 걸린 시간을 x분, 현민이가 걸린 시간을 y분이라고 하면 식은 다음과 같다.
$$\begin{cases} x = y + 24 \\ 50x = 200y \end{cases}$$
$\therefore x = 32, \ y = 8$
따라서 민철이는 집에서 도서관까지 가는 데 $24 + 8 = 32$분이 걸렸다.

06 2022년 상반기 기출복원문제

| 01 | 언어이해

01	02	03	04						
④	④	⑤	⑤						

01 정답 ④

제시문은 서양의 자연관은 인간이 자연보다 우월한 자연지배관이며, 동양의 자연관은 인간과 자연을 동일 선상에 놓거나 조화를 중요시한다고 설명하고 있다. 따라서 글의 중심 내용으로 '서양의 자연관과 동양의 자연관의 차이'가 가장 적절하다.

02 정답 ④

안전속도 5030 정책에 대한 연령대별 인지도의 평균은 $\dfrac{59.7+66.6+70.2+72.1+77.3}{5}=69.18\%$이므로 ④는 적절하지 않다.

오답분석

① 운전자를 대상으로 안전속도 5030 정책 인지도를 조사한 결과 68.1%의 운전자가 정책을 알고 있다고 하였으므로 10명 중 6명 이상은 정책을 알고 있다.
② 안전속도 5030 정책에 대한 20대 이하 운전자의 인지도는 59.7%로 가장 낮다.
③ 20대는 59.7%, 30대는 66.6%, 40대는 70.2%, 50대는 72.1%, 60대 이상은 77.3%로 연령대가 높을수록 정책에 대한 인지도가 높다.
⑤ 안전속도 5030 정책은 일반도로의 제한속도를 시속 50km로, 주택가 등의 이면도로는 시속 30km 이하로 하향 조정하는 정책이다.

03 정답 ⑤

제시문은 정부가 제공하는 공공데이터를 활용한 앱 개발에 대한 내용이다. 먼저 다양한 앱을 개발하려는 사람들을 통해 화제를 제시한 (라) 문단이 오는 것이 적절하며, 이러한 앱 개발에 있어 부딪히는 문제들을 제시한 (가) 문단이 그 뒤에 오는 것이 적절하다. 그리고 이러한 문제들을 해결하기 위한 방법으로 공공데이터를 제시하는 (나) 문단이 오는 것이 적절하며, 마지막으로 공공데이터에 대한 추가 설명으로 공공데이터를 위한 정부의 노력인 (다) 문단이 오는 것이 적절하다.

04 정답 ⑤

현대는 텔레비전이나 만화책을 보는 문화가 신문이나 두꺼운 책을 읽는 문화를 대체하고 있다. 이처럼 휴식이 따라오는 보는 놀이는 사람들의 머리를 비게 하여 생각 없는 사회로 치닫게 한다. 즉, 사람들은 텔레비전을 보는 동안 휴식을 취하며 생각을 하지 않으므로 텔레비전을 많이 볼수록 생각하는 시간이 적어짐을 추론할 수 있다.

| 02 | 언어추리

01	02	03								
④	②	②								

01   정답   ④

한나는 장미를 좋아하고, 장미를 좋아하는 사람은 사과를 좋아한다. 즉, 한나는 사과를 좋아한다. 두 번째 명제의 대우에 따르면 사과를 좋아하면 노란색을 좋아하지 않으므로 '한나는 노란색을 좋아하지 않는다.'가 반드시 참이다.

오답분석

① 마지막 명제의 대우 명제는 '사과를 좋아하지 않는 사람은 장미를 좋아하지 않는다.'이다.
② 주어진 문장은 두 번째 명제의 '이' 명제이다. 따라서 옳은지 그른지 판단할 수 없다.
③ 두 번째 명제와 세 번째 명제의 대우 명제를 결합하면 '노란색을 좋아하는 사람은 장미를 좋아하지 않는다.'를 유추할 수 있으므로, 이에 대한 대우 명제인 ③은 옳지 않다.
⑤ 제시된 명제를 통해 유추할 수 없다.

02   정답   ②

제시된 명제만으로는 진실 여부를 판별할 수 없으므로 ②는 반드시 참이라고 할 수 없다.

오답분석

① 첫 번재와 두 번째 명제에 의해 참이다.
③ 두 번째 명제로부터 참이라는 것을 알 수 있다.
④ 두 번째와 세 번째 명제를 통해 참이라는 것을 알 수 있다.
⑤ 모든 사람이 자신을 비방하지 않는 사람에게 호의적이라고 했을 때, 세 번째 명제에 의해 참이다.

03   정답   ②

'스테이크를 먹는다.'를 A, '지갑이 없다.'를 B, '쿠폰을 받는다.'를 C라 하면, 첫 번째 명제와 마지막 명제는 각각 A → B, ~B → C이다. 이때, 첫 번째 명제의 대우는 ~B → ~A이므로 마지막 명제가 참이 되려면 ~A → C가 필요하다. 따라서 빈칸에 들어갈 명제로 '스테이크를 먹지 않는 사람은 쿠폰을 받는다.'가 적절하다.

| 03 | 자료해석

01	02	03							
⑤	⑤	⑤							

01 정답 ⑤

여성 흡연율의 전년 대비 차이를 표로 정리하면 다음과 같다.

구분	2017년	2018년	2019년	2020년	2021년
여성 흡연율(%)	7.4	7.1	6.8	6.9	7.3
전년 대비 차이(%p)	–	−0.3	−0.3	+0.1	+0.4

따라서 가장 많은 차이를 보이는 해는 2021년이므로 ⑤는 옳지 않은 설명이다.

오답분석

① 남성의 흡연율은 2017년부터 2021년까지 계속 감소하고 있다.
② 여성의 흡연율은 2019년까지 감소하다가 이후 증가하고 있다.
③ 남성과 여성의 흡연율 차이를 정리하면 다음과 같다.

구분	2017년	2018년	2019년	2020년	2021년
남성 흡연율(%)	48.7	46.2	44.3	42.2	40.7
여성 흡연율(%)	7.4	7.1	6.8	6.9	7.3
남성·여성 흡연율 차이(%p)	41.3	39.1	37.5	35.3	33.4

따라서 남성과 여성의 흡연율 차이는 감소하고 있다.
④ 남성 흡연율의 전년 대비 차이를 정리하면 다음과 같다.

구분	2017년	2018년	2019년	2020년	2021년
남성 흡연율(%)	48.7	46.2	44.3	42.2	40.7
전년 대비 차이(%p)	–	−2.5	−1.9	−2.1	−1.5

따라서 가장 많은 차이를 보이는 해는 2018년이다.

02 정답 ⑤

ㄷ. 2017년 대비 2021년 청소년 비만율의 증가율은 $\frac{26.1-18}{18} \times 100 = 45\%$이다.
ㄹ. 2021년과 2019년의 비만율 차이를 구하면 다음과 같다.
  - 유아 : 10.2−5.8=4.4%p
  - 어린이 : 19.7−14.5=5.2%p
  - 청소년 : 26.1−21.5=4.6%p
  따라서 2021년과 2019년의 비만율 차이가 가장 큰 아동은 어린이임을 알 수 있다.

오답분석

ㄱ. 유아의 비만율은 전년 대비 계속 감소하고 있고, 어린이와 청소년의 비만율은 전년 대비 계속 증가하고 있다.
ㄴ. 2018년 이후의 어린이 비만율은 유아보다 크고 청소년보다 작지만, 2017년 어린이 비만율은 9.8%로, 유아 비만율인 11%와 청소년 비만율인 18%보다 작다.

03 정답 ⑤

이온음료는 7월에서 8월로 넘어가면서 판매량이 감소하는 모습을 보이고 있으므로 ⑤는 옳지 않다.

오답분석

① 맥주의 판매량은 매월 커피 판매량의 2배 이상임을 알 수 있다.

② 3~5월 판매현황과 6~8월 판매현황을 비교해 볼 때, 모든 캔 음료는 봄보다 여름에 더 잘 팔린다.

③ 3~5월 판매현황을 보면, 이온음료가 탄산음료보다 더 잘 팔리는 것을 알 수 있다.

④ 맥주는 매월 다른 캔 음료보다 많은 판매량을 보이고 있다.

| 04 | 창의수리

01	02	03	04						
④	⑤	④	③						

01 정답 ④

[(시침의 숫자)+(분침의 숫자)]×5=(가운데 숫자)

• A : $(9+7) \times 5 = 80$

• B : $(B+6) \times 5 = 65 \rightarrow B+6 = 13 \rightarrow B = 7$

따라서 $2B - \dfrac{A}{20} = 2 \times 7 - \dfrac{80}{20} = 14 - 4 = 10$이다.

02 정답 ⑤

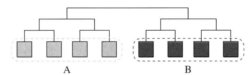

A   B

위의 그림과 같이 8강전 대진표를 살펴보면 결승전은 네 명 중에서 한 명씩 진출하는 것을 알 수 있다. 결승전 전까지 같은 국가의 선수 대결을 피하기 위해서는 A그룹과 B그룹에 두 명의 선수들이 나누어 들어가야 한다.

대진표상 A그룹과 B그룹은 따로 구별이 필요하지 않다. 하지만 두 명의 한국 선수가 각 그룹에 들어갔다고 하였을 때, 선수를 기준으로 두 그룹의 구별이 발생한다. 해당 그룹에 각 나머지 나라의 선수들이 배치되는 경우의 수는 $2 \times 2 \times 2 = 8$이다.

따라서 분배된 인원들의 경기의 경우의 수를 구하면 $_4C_2 \times _2C_2 \div 2 \times _4C_2 \times _2C_2 \div 2 = 9$이므로 $8 \times 9 = 72$가지이다.

03 정답 ④

남자 회원 수를 x명, 여자 회원 수를 y명이라고 하면 식은 다음과 같다.

$y = 0.8x \cdots \bigcirc$

$x - 5 = y + 1 \cdots \bigcirc$

$\bigcirc$과 $\bigcirc$을 연립하면 $x = 30$, $y = 24$

$\therefore x + y = 30 + 24 = 54$

따라서 모임의 회원 수는 54명이다.

04 정답 ③

• 20분 동안 30m/min의 속력으로 간 거리 : $20 \times 30 = 600$m

• 20분 후 남은 거리 : $2,000 - 600 = 1,400$m

• 1시간 중 남은 시간 : $60 - 20 = 40$분

따라서 20분 후 속력은 $1,400 \div 40 = 35$m/min이므로, 이후에는 35m/min의 속력으로 가야 한다.

| 01 | 언어이해

01	02	03	04							
②	①	⑤	⑤							

01 정답 ②

제시문의 핵심 내용을 보면 '반대는 필수불가결한 것이다.', '자유의지를 가진 국민의 범국가적 화합은 정부의 독단과 반대당의 혁명적 비타협성을 무력화시키는 정치권력의 충분한 균형에 의존하고 있다.', '그 균형이 더 이상 존재하지 않는다면 민주주의는 사라지고 만다.'로 요약할 수 있다. 따라서 이 내용을 토대로 글의 제목을 찾는다면 ②가 가장 적절하다.

02 정답 ①

제시문의 '이러한 오래된 충동은 수백만 년 동안 그와 함께해왔고, 새로운 충동은 기껏해야 수천 년 전에 획득했을 뿐이다.'를 통해 ①은 글의 내용으로 적절하지 않음을 알 수 있다.

03 정답 ⑤

제시문은 귀납의 특성과 귀납의 한계 및 정당화에 대한 내용이다. 따라서 먼저 귀납에 대해 설명하고 있는 (나) 문단이 오는 것이 적절하며, 특성으로 인한 귀납의 논리적 한계가 나타난다는 (라) 문단이 오는 것이 적절하다. 그 이후에 이러한 한계에 대한 흄의 의견인 (다) 문단과 구체적인 흄의 주장과 이에 따라 귀납의 정당화 문제에 대해 설명하는 (가) 문단이 차례로 오는 것이 적절하다.

04 정답 ⑤

제시문에서는 호랑이 카멜레온이 세이셸 제도에 살게 된 이유를 대륙의 분리 및 이동으로 설명하고 있으므로 이를 반증하는 사례를 통해 반박해야 한다. 만약 아프리카 동부의 카멜레온과 호랑이 카멜레온의 가장 가까운 공동 조상이 마다가스카르의 카멜레온과 호랑이 카멜레온의 가장 가까운 공동 조상보다 더 나중에 출현했다면, 세이셸 제도가 속했던 본래의 곤드와나 초대륙에서는 마다가스카르가 먼저 분리되어야 한다. 그러나 제시문에 따르면 아프리카가 마다가스카르보다 먼저 분리되어 나왔으므로 이는 글의 논지를 약화하는 사례가 된다.

오답분석

①·②·③·④ 대륙 이동의 증거가 되는 내용이므로 글의 논지를 약화하지 않는다.

|02| 언어추리

01	02	03	04						
④	⑤	④	③						

01 정답 ④

두 번째와 마지막 명제를 보면 귤을 사면 고구마를 사지 않고, 고구마를 사지 않으면 감자를 산다고 했으므로 '귤을 사면 감자도 같이 산다.'가 반드시 참이다.

오답분석

① 세 번째와 네 번째 명제에서 '사과를 사면 수박과 귤 모두 산다.'가 아닌 '사과를 사면 수박과 귤 중 하나를 산다.'를 추론할 수 있다.

② · ⑤ 알 수 없는 내용이다.

③ 네 번째 명제의 '이'는 '배를 사지 않으면 수박과 귤을 모두 사거나 사지 않는다.'이지만 명제가 참이라고 하여 '이'가 반드시 참이 될 수는 없다.

02 정답 ⑤

'책을 좋아한다.'를 A, '영화를 좋아한다.'를 B, '여행을 좋아한다.'를 C, '산책을 좋아한다.'를 D, '게임을 좋아한다.'를 E라고 할 때, 주어진 명제들을 기호화하면 $A \rightarrow B$, $\sim C \rightarrow \sim A$, $D \rightarrow \sim E$, $B \rightarrow D$이고, 다시 정리하면 $A \rightarrow B \rightarrow D \rightarrow \sim E$, $A \rightarrow C$가 성립한다. 따라서 ⑤는 $\sim C \rightarrow \sim E$이고, 정리한 내용에서 여행(C)과 게임(E)의 연관성을 구할 수 없으므로 참이 아니다.

03 정답 ④

'비가 옴'을 p, '한강 물이 불어남'을 q, '보트를 탐'을 r, '자전거를 탐'을 s라고 할 때, 주어진 명제들을 기호화하면 각 명제는 순서대로 $p \rightarrow q$, $\sim p \rightarrow \sim r$, $\sim s \rightarrow q$이다. 앞의 두 명제를 연결하면 $r \rightarrow p \rightarrow q$이고, 결론이 $\sim s \rightarrow q$가 되기 위해서는 $\sim s \rightarrow r$이라는 명제가 추가로 필요하다. 따라서 빈칸에 들어갈 명제는 ④가 적절하다.

04 정답 ③

'A세포가 있다.'를 p, '물체의 상을 감지하다.'를 q, 'B세포가 있다.'를 r, '빛의 유무를 감지하다.'를 s라고 할 때, 주어진 명제들을 기호화하면 첫 번째, 두 번째, 마지막 명제는 각각 $p \rightarrow \sim q$, $\sim r \rightarrow q$, $p \rightarrow s$이다. 두 번째 명제의 대우와 첫 번째 명제에 따라 $p \rightarrow \sim q \rightarrow r$이 되어 $p \rightarrow r$이 성립하고, 마지막 명제가 $p \rightarrow s$가 되기 위해서는 $r \rightarrow s$가 추가로 필요하다. 따라서 빈칸에 들어갈 명제는 $r \rightarrow s$의 ③이 적절하다.

| 03 | 자료해석

01	02	03							
④	③	②							

01 정답 ④

최소 인구인 도시의 인구수 대비 최대 인구인 도시의 인구수 비는 지속적으로 감소해 2011년에 약 3.56배까지 감소했으나 2021년 약 3.85배로 다시 증가하였으므로 ④는 옳지 않은 설명이다.

오답분석
① 2011년을 기점으로 서울과 베이징의 인구 순위가 뒤바뀐다.
② 서울의 경우 2001년 이후 지속적으로 인구가 감소하고 있다.
③ 베이징은 해당기간 동안 약 38%, 54%, 59%의 인구 성장률을 보이며 세 도시 중 가장 높은 성장률을 기록했다.
⑤ 최대 인구와 최소 인구의 차는 1991년 24,287천 명에서 2021년 28,141천 명으로 점차 지속적으로 증가했다.

02 정답 ③

서울의 수박 가격은 5월 16일에 감소했다가 5월 19일부터 다시 증가하고 있으며, 수박 가격 증가의 원인이 높은 기온 때문인지는 주어진 조건만으로는 알 수 없으므로 ③은 옳지 않은 설명이다.

03 정답 ②

월간 용돈을 5만 원 미만으로 받는 비율은 중학생 89.4%, 고등학생 60%로 중학생이 고등학생보다 높으므로 ②는 옳은 설명이다.

오답분석
① 용돈을 받는 남학생과 여학생의 비율은 각각 82.9%, 85.4%이다. 따라서 여학생이 더 높다.
③ 고등학교 전체 인원을 100명이라 한다면 그중에 용돈을 받는 학생은 약 80.8명이다. 80.8명 중에 용돈을 5만 원 이상 받는 학생의 비율은 40%이므로 80.8×0.4≒32.3명이다.
④ 전체에서 금전출납부의 기록, 미기록 비율은 각각 30%, 70%이다. 따라서 기록하는 비율이 더 낮다.
⑤ 용돈을 받지 않는 중학생 비율은 12.4%이고, 고등학생 비율은 19.2%이므로 중학생 비율이 더 낮다.

| 04 | 창의수리

01	02	03	04						
①	①	③	⑤						

01 정답 ①

가운데 숫자는 $+4$, $+8$, $+12$, $+16$을 하는 수열이다.
- A : $80+16=96$

(시침의 숫자)×(분침의 숫자)$+40=$(가운데 숫자)
- B : $56-40=$B$\times 8 \rightarrow$ B$=16\div 8 \rightarrow$ B$=2$

따라서 A$\div$B의 나머지 값은 $96\div 2=48 \cdots 0$이다.

02 정답 ①

A국가에서 10명 중 4명이 H병을 앓고 있으므로 40%가 H병에 걸려있다. H병을 검사했을 때, 오진일 확률은 40%, 정확한 진단을 받은 사람은 60%이다. 200명 중에서 H병에 걸린 사람과 걸리지 않은 사람으로 나누어 오진일 확률을 구하면 다음과 같다.
- 실제로 H병에 걸린 사람 : $200\times 0.4=80$명
  - 오진(H병에 걸리지 않았다는 진단) : $80\times 0.4=32$명
  - 정확한 진단(H병에 걸렸다는 진단) : $80\times 0.6=48$명
- 실제로 H병에 걸리지 않은 사람 : $200\times 0.6=120$명
  - 오진(H병에 걸렸다는 진단) : $120\times 0.4=48$명
  - 정확한 진단(H병에 걸리지 않았다는 진단) : $120\times 0.6=72$명

그러므로 병에 걸렸다고 진단받은 사람은 $48+48=96$명이고, 이때 오진으로 진단을 받은 사람은 48명이다.

따라서 구하고자 하는 확률은 $\frac{48}{96}\times 100=50\%$이다.

03 정답 ③

- A에서 B지점까지 걸린 시간 : $\frac{120}{30}=4$시간

- B에서 A지점까지 걸린 시간 : $\frac{120}{60}=2$시간

왕복 거리는 240km이고, 시간은 6시간이 걸렸다.

따라서 상희가 다시 A지점에 올 때까지의 평균 시속은 $\frac{240}{6}=40$km/h이다.

04 정답 ⑤

처음 퍼낸 설탕물의 양을 xg이라 하면 농도 4% 설탕물의 양은 $400-(300-x)-x=100$g이다.

(설탕의 양)$=\frac{(농도)}{100}\times$(설탕물의 양)이므로 식은 다음과 같다.

$$\frac{8}{100}\times (300-x)+\frac{4}{100}\times 100=\frac{6}{100}\times 400$$

$\rightarrow 2,400-8x+400=2,400$

$\rightarrow 8x=400$

$\therefore x=50$

따라서 처음 퍼낸 설탕물의 양은 50g이다.

CHAPTER

08 2021년 상반기 기출복원문제

| 01 | 언어이해

01	02	03	04						
①	②	④	①						

01 정답 ①

제시문은 근대문학 형성의 주역들이 시민이었다는 것을 주장하고 있으므로 글의 주제로 ①이 가장 적절하다.

02 정답 ②

제시문은 집단소송제의 중요성과 필요성에 대하여 역설하는 글로, 집단소송제를 통하여 기업 경영의 투명성을 높여 궁극적으로 기업의 가치 제고를 이룬다는 것이 주제이다. 따라서 글의 주제로 가장 적절한 것은 ②이다.

03 정답 ④

제시문은 가격을 결정하는 요인과 이를 통해 일반적으로 할 수 있는 예상을 언급한다. 하지만 현실적인 여러 요인으로 인해 '거품현상'이 나타나기도 하며 '거품현상'이란 구체적으로 무엇인지를 설명하는 글이다. 따라서 (가) 수요와 공급에 의해 결정되는 가격 – (마) 상품의 가격에 대한 일반적인 예상 – (다) 현실적인 가격 결정 요인 – (나) 이로 인해 예상치 못하게 나타나는 '거품현상' – (라) '거품현상'에 대한 구체적인 설명 순으로 나열하는 것이 적절하다.

04 정답 ①

북몽골, 남몽골로 부른다면 귀속의식을 벗어난 객관적인 표현이겠지만 중국과의 불화는 불가피한 상황이다. 제시문에 따르면 '예민한 지명 문제는 정부가 나서는 것보다 학계 목소리로 남겨두는 것이 좋다.'고 하였으므로 ①은 적절하지 않다.

| 02 | 언어추리

01	02	03	04						
③	④	④	⑤						

01 　정답　③

'진달래를 좋아함 → 감성적 → 보라색을 좋아함 → 백합을 좋아하지 않음'이므로 '진달래를 좋아하는 사람은 보라색을 좋아한다.'는 반드시 참이다.

02 　정답　④

고객만족도 점수를 정리하면 A회사는 90점, B회사는 95점, C회사는 $(90+95) \div 2 = 92.5$점이므로 A회사의 점수가 가장 낮은 것을 추론할 수 있다.

03 　정답　④

'낡은 것을 버리다.'를 p, '새로운 것을 채우다.'를 q, '더 많은 세계를 경험하다.'를 r이라고 하면, 첫 번째 명제는 $p \rightarrow q$이며, 마지막 명제는 $\sim q \rightarrow \sim r$이다. 이때 첫 번째 명제의 대우는 $\sim q \rightarrow \sim p$이므로 마지막 명제가 참이 되기 위해서는 $\sim p \rightarrow \sim r$이 필요하다. 따라서 빈칸에 들어갈 명제는 $\sim p \rightarrow \sim r$의 ④가 적절하다.

04 　정답　⑤

'회계팀 팀원'을 p, '회계 관련 자격증을 가지고 있다.'를 q, '돈 계산이 빠르다.'를 r이라고 하면, 첫 번째 명제는 $p \rightarrow q$이며, 마지막 명제는 $\sim r \rightarrow \sim p$이다. 이때 마지막 명제의 대우는 $p \rightarrow r$이므로 마지막 명제가 참이 되기 위해서는 $q \rightarrow r$이 필요하다. 따라서 빈칸에 들어갈 명제는 $q \rightarrow r$의 대우에 해당하는 $\sim r \rightarrow \sim q$의 ⑤가 적절하다.

| 03 | 자료해석

01	02	03	04						
④	④	⑤	④						

01 　정답　④

2019년 대비 2020년 월 평균 소득 증가율은 $\dfrac{788,000-765,000}{765,000} \times 100 \fallingdotseq 3.0\%$이며, 평균 시급 증가율은 $\dfrac{8,590-8,350}{8,350} \times 100 \fallingdotseq 2.9\%$로 월 평균 소득 증가율이 더 높으므로 ④는 옳은 설명이다.

오답분석

① 2017 ~ 2020년 동안 전년 대비 주간 평균 근로 시간은 2018년까지 증가하다가 2019년부터 감소하며, 월 평균 소득의 경우 지속적으로 증가한다.

② 전년 대비 2018년 평균 시급 증가액은 $7,530-6,470=1,060$원이며, 전년 대비 2019년 증가액은 $8,350-7,530=820$원이다.

　따라서 전년 대비 2018년 평균 시급 증가액은 전년 대비 2019년 증가액의 $\dfrac{1,060}{820} \fallingdotseq 1.3$배이므로 3배 미만이다.

③ 2018년까지는 전년 대비 평균 시급은 높아졌고, 주간 평균 근로 시간도 길어졌다.

⑤ 주간 평균 근로 시간에 대한 월 평균 소득의 비율이 가장 높은 연도는 2020년이다.

구분	2016년	2017년	2018년	2019년	2020년
비율	$\dfrac{669,000}{21.8} \fallingdotseq 30,688.1$	$\dfrac{728,000}{22.3} \fallingdotseq 32,645.7$	$\dfrac{733,000}{22.4} \fallingdotseq 32,723.2$	$\dfrac{765,000}{19.8} \fallingdotseq 38,636.4$	$\dfrac{788,000}{18.9} \fallingdotseq 41,693.1$

02 정답 ④

미혼모 가구 수는 2016 ~ 2018년까지 감소하다가 2019년부터 증가하였고, 미혼부 가구 수는 2017년까지 감소하다가 2018년부터 증가하였으므로 증감 추이가 바뀌는 연도는 동일하지 않으므로 ④는 옳지 않은 설명이다.

오답분석

① 한부모 가구 중 모자가구 수의 전년 대비 증가율은 다음과 같다.
• 2017년 : 2,000÷1,600=1.25배
• 2018년 : 2,500÷2,000=1.25배
• 2019년 : 3,600÷2,500=1.44배
• 2020년 : 4,500÷3,600=1.25배
따라서 2019년을 제외하고 1.25배씩 증가하였다.
② 한부모 가구 중 모자가구 수의 20%를 구하면 다음과 같다.
• 2016년 : 1,600×0.2=320천 명
• 2017년 : 2,000×0.2=400천 명
• 2018년 : 2,500×0.2=500천 명
• 2019년 : 3,600×0.2=720천 명
• 2020년 : 4,500×0.2=900천 명
따라서 부자가구가 20%를 초과한 해는 2019년(810천 명), 2020년(990천 명)이다.
③ 2019년 미혼모 가구 수는 모자가구 수의 $\dfrac{72}{3,600} \times 100 = 2\%$이다.
⑤ 2017년 부자가구 수는 미혼부 가구 수의 340÷17=20배이다.

03 정답 ⑤

토/일요일을 제외하고는 공적마스크를 구매할 수 있는 날이 7일마다 돌아온다. 36일은 7×5+1이므로 만약 L씨가 매주 공적마스크를 샀다면 마지막 평일에 구매하고 하루 뒤에 또 구매하였다. 그러므로 L씨는 토/일요일을 제외하고 금요일에 공적마스크를 구매할 수 있는 사람이며, 출생연도 끝자리는 5이거나 0이다. L씨가 구매한 3월 13일 이후 토/일을 제외하고 공적마스크를 구매할 수 있는 날짜는 3/20, 3/27, 4/3, 4/10, 4/17, 4/24, 5/1, 5/8, 5/15, …이다.
따라서 바르게 짝지어진 것은 ⑤이다.

04 정답 ④

특수학교뿐 아니라 초등학교와 고등학교도 정규직 영양사보다 비정규직 영양사가 더 적으므로 ④는 옳지 않다.

오답분석

① 급식 인력은 4개의 학교 중 초등학교가 34,184명으로 가장 많다.
② 초등학교, 중학교, 고등학교의 영양사와 조리사는 천 단위의 수인 데 반해 조리보조원은 만 단위이므로, 조리보조원이 차지하는 비율이 가장 높다는 것을 알 수 있다.
③ 중학교 정규직 영양사는 626명이고 고등학교 비정규직 영양사는 603명이므로 옳다.
⑤ 영양사 정규직 비율은 중학교가 $43.87\left(\dfrac{626}{1,427} \times 100\right)$%, 특수학교가 $94.69\left(\dfrac{107}{113} \times 100\right)$%로, 특수학교가 중학교보다 2배 이상 높다.

| 04 | 창의수리

01	02	03	04						
⑤	④	④	③						

01 정답 ⑤

홀수 항은 ×2+1이고, 짝수 항은 11^2, 22^2, 33^2, …을 하는 수열이다.
따라서 (   )=33^2=1,089이다.

02 정답 ④

n이 1과 2일 때의 수열을 구하면 다음과 같다.
a_1=(앞, 뒤)=2
a_2=(앞뒤, 뒤앞, 앞앞)=3
이때, 동전이 세 개인 경우의 수는 다음과 같이 구할 수 있다.
ⅰ) 첫 번째 동전이 앞면일 경우, a_2의 경우의 수를 배열이 가능하다.
ⅱ) 첫 번째 동전이 뒷면일 경우, 자동적으로 두 번째 동전은 앞면이 되고 이후 a_1의 경우의 수만큼 배열이 가능하다.
∴ a_3=a_1+a_2=5
즉, 피보나치 수열이 됨을 알 수 있다.
동전을 10개 나열하는 경우의 수는 10번째 피보나치 수를 구하는 것으로 해결할 수 있다.
→ 2, 3, 5, 8, 13, 21, 34, 55, 89, 144
따라서 구하고자 하는 경우의 수는 144가지이다.

03 정답 ④

철수가 농구코트의 모서리에 서 있으며, 농구공은 농구코트 안에서 철수로부터 가장 멀리 떨어진 곳에 있다고 하였다. 즉, 농구공과 철수는 대각선으로 마주 보고 있으므로 농구코트의 가로와 세로 길이를 이용하여 대각선의 길이를 구한다.
따라서 피타고라스의 정리를 이용하면 대각선의 길이는 $\sqrt{5^2+12^2}$=13m이다.

04 정답 ③

증발된 물의 양을 xg이라 하면 다음과 같은 식이 성립한다.
$\frac{3}{100} \times 400 = \frac{5}{100} \times (400-x)$
→ 1,200=2,000-5x
∴ x=160
따라서 증발된 물의 양이 160g이므로, 남아있는 설탕물의 양은 400-160=240g이다.

09 2019년 하반기 기출복원문제

| 01 | 언어이해

01	02	03							
③	⑤	①							

01 　정답 　③

제시문은 SNS가 긍정적인 면을 가지고 있지만, 부정적인 면과 이에 따른 부작용도 크므로 주의해야 한다는 내용의 글이다. 따라서 (가) 사회관계망서비스(SNS)의 긍정적인 면 – (라) 무차별적인 과도한 행동으로 인한 SNS의 부정적인 면 – (나) 범죄까지 악용되는 등의 심각한 부작용 – (다) SNS를 이용할 때에 각별한 주의가 필요함의 순으로 나열하는 것이 적절하다.

02 　정답 　⑤

ⓒ의 앞에는 한국어 세계화 사업의 기존 사례에 대한 문제점이 나와 있고, 아래에는 그에 대한 개선 방안들이 나와 있다. 그러므로 ⓒ에는 '한국어 세계화를 위한 개선 방안'이 들어가야 적절하다. 그리고 ⓐ은 한국어 세계화를 위한 개선 방안 중 '다양한 분야의 한국어 세계화 사업 계획 모집'과 관련된 기존 사례의 문제점이 들어가야 하므로 '한류 중심의 편향적 사업 계획'이 적절하다.

03 　정답 　①

(가)는 대기오염물질의 배출원 중 자연적 배출원에 대해 이야기하고 있고, (나)와 (다)는 각각 자연적 배출원의 종류인 생물 배출원과 비생물 배출원에 대해 설명하고 있다. (라)는 대기오염물질의 또 다른 배출원인 인위적 배출원에 대해 이야기하고, (마)는 인위적 배출원의 종류인 점오염원, 면오염원, 선오염원에 대해 설명하고 있다. 따라서 글을 구조화한 것으로 가장 적절한 것은 ①이다.

| 02 | 언어추리

01	02	03	04	05					
②	⑤	⑤	⑤	④					

01 정답 ②

창조적인 기업은 융통성이 있고, 융통성이 있는 기업 중의 일부는 오래 간다. 따라서 창조적인 기업이 오래 갈지 아닐지는 알 수 없으므로 ②는 항상 참이다.

02 정답 ⑤

'사람'을 p, '빵도 먹고 밥도 먹음'을 q, '생각을 함'을 r, '인공지능'을 s, 'T'를 t라고 하면 순서대로 '$p \rightarrow q$', '$\sim p \rightarrow \sim r$', '$s \rightarrow r$', '$t \rightarrow s$'이다. 두 번째 명제의 대우와 첫 번째 · 세 번째 · 네 번째 명제를 연결하면 '$t \rightarrow s \rightarrow r \rightarrow p \rightarrow q$'이므로 '$t \rightarrow q$'가 성립한다. 따라서 ⑤는 항상 참이다.

오답분석

① $t \rightarrow p$의 역 명제이므로 참인지 거짓인지 알 수 없다.
② $s \rightarrow r$의 역 명제이므로 참인지 거짓인지 알 수 없다.
③ $s \rightarrow q$의 이 명제이므로 참인지 거짓인지 알 수 없다.
④ $\sim q \rightarrow \sim r$이 참이므로 $\sim q \rightarrow r$은 거짓이다.

03 정답 ⑤

첫 번째, 네 번째, 여섯 번째, 마지막 조건에 의해 갑은 항상 월요일에 휴가를 가야 한다. 두 번째 조건에 따라 화요일에 회식을 하는 경우와 목요일에 회식을 하는 경우로 나누면 다음과 같다.
- 목요일에 회식을 하는 경우
  네 번째 조건과 여섯 번째 조건에 의해 병은 화요일에 휴가를 가야 하는데 이는 다섯 번째 조건에 어긋난다. 따라서 회식은 화요일에 한다.
- 화요일에 회식을 하는 경우
  네 번째 조건과 여섯 번째 조건에 의해 병은 목요일에 휴가를 간다. 다음으로 네 번째 조건과 다섯 번째 조건에 따라 정은 수요일에, 을은 금요일에 휴가를 가야 한다. 마지막으로 무는 세 번째 조건에 따라 금요일에 휴가를 간다.

구분	월	화	수	목	금
휴가자	갑	없음(회식)	정	병	을, 무

따라서 2명의 팀원이 휴가인 날은 금요일이다.

04 정답 ⑤

사원이 2명, 대리가 2명이고 사원이 대리보다 먼저 시험을 치르므로 앞의 두 명은 사원, 뒤의 두 명은 대리이다. 또한 다섯 번째 조건과 여섯 번째 조건에 따라 X - Z - Y - W 순서로 시험을 보는 경우와 W - Y - X - Z 순서로 시험을 보는 경우로 나누면 다음과 같다.
- X - Z - Y - W 순서인 경우
  W는 남자이고, 세 번째 조건에 따라 Y는 여자가 아니어야 하는데, Y - W의 순서는 알파벳 순서대로가 아니므로 네 번째 조건에 어긋난다. 따라서 W - Y - X - Z의 순서가 적절하다.

- W-Y-X-Z 순서인 경우

W는 남자이고, 세 번째 조건과 네 번째 조건에 따라 Y는 남자일 수도, 여자일 수도 있다. 따라서 다음과 같이 두 가지 경우의 수가 모두 가능하다.

구분	W	Y	X	Z
경우 1	남자 사원	남자 사원	여자 대리	여자 대리
경우 2	남자 사원	여자 사원	남자 대리	여자 대리

따라서 모든 경우에 마지막 순서는 여자 대리이므로 ⑤는 옳지 않다.

05 정답 ④

B와 E가 공통적으로 B가 탈락했다고 말하고 있으므로, B와 E는 모두 진실을 말하거나 모두 거짓을 말한다.
- B와 E가 거짓을 말한 경우

B는 합격했고 A, C, D, E는 모두 탈락했으며 A, C, D 중 한 명은 거짓, 나머지 두 명은 진실을 말해야 한다. 그러나 A, C, D 모두 거짓을 말하고 있으므로 조건에 맞지 않는다. 그러므로 B와 E는 진실을 말했다.
- B와 E가 진실을 말한 경우

B는 탈락했고, D가 합격자이며 A, C, D가 거짓을 말한다. 그러므로 모든 조건이 성립한다.

따라서 적절하지 않은 것은 ④이다.

| 03 | 자료해석

01										
③										

01 정답 ③

연령별로 전 연령 대비 의료급여 수급권자 수의 증감 추이가 남성과 여성이 동일한 지역은 없으므로 ③은 옳지 않은 설명이다.

오답분석

① 서울특별시 남성 수급권자 중 인원이 다섯 번째로 많은 연령대는 40대이며, 강원도 40대 남성과 여성 총수급권자는 3,108+3,291=6,399명이다.

② 80대 이상의 전체 수급권자 수는 118,508명이고, 이 중 경기도의 수급권자 수는 6,405+22,002=28,407명이다. 따라서 80대 이상 경기도의 수급권자가 전체에서 차지하는 비율은 $\frac{28,407}{118,508} \times 100 ≒ 24\%$이다.

④ 충청남도 50대 남성 수급권자 대비 60대 여성 수급권자 비율은 $\frac{4,351}{5,582} \times 100 ≒ 77.9\%$이고, 충청북도 50대 여성 수급권자 대비 60대 남성 수급권자 비율은 $\frac{4,007}{3,778} \times 100 ≒ 106.1\%$이므로 충청남도 50대 남성 수급권자 대비 60대 여성 수급권자 비율은 충청북도 50대 여성 수급권자 대비 60대 남성 수급권자 비율보다 106.1-77.9=28.2%p 낮다.

⑤ 경상남도 70대 이상 수급권자 수는 4,629+9,323+1,989+9,318=25,259명이고, 경상북도 20~30대 수급권자의 2배인 (3,060+2,722+1,949+2,297)×2=10,028×2=20,056명보다 많다.

| 04 | 창의수리

01	02	03	04	05	06				
①	②	⑤	⑤	③	③				

01 정답 ①

룰렛의 각 구간의 x, y, z 규칙은 다음과 같다.

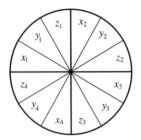

$\rightarrow x + y = z$

이를 통해 ⓒ=40-23=17인 것을 알 수 있다.

다음으로 각 구간을  라고 할 때, A, B, C, D의 규칙은 다음과 같다.

A, B, C, D의 값을 각 구간의 $x + y + z$라고 하자.
B를 제외한 A, C, D의 값을 구하면 10, B, 40, 80이다.
이에 따라 B=ⓒ+9+⑤=20 → ⑤+ⓒ=11
⑤+ⓒ=11과 ⑤=ⓒ+9를 연립하면 ⑤=10, ⓒ=1이다.
따라서 ⑤+ⓒ+ⓒ=10+17+1=28이다.

02 정답 ②

룰렛의 각 구간을 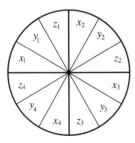 라고 할 때, 각 구간의 x, y, z 규칙은 다음과 같다.

A는 +1, B는 +2, C는 3, D는 +4이다.
이를 통해 ⓒ=ⓒ+1=⑤+2인 것을 알 수 있다.
A, B, C, D의 값을 각 구간의 $x + y + z$라고 하자.
A를 제외한 B, C, D의 값을 구하면 A, 51, 81, 111이다. 이에 따라 ⑤+ⓒ+ⓒ=21이다.
3⑤+3=21 → ⑤=60이고, ⓒ=⑤+1=7, ⓒ=⑤+2=80이다.
따라서 (⑤+ⓒ)÷ⓒ=(6+8)÷7=20이다.

03 정답 ⑤

룰렛의 각 구간의 x, y, z 규칙은 다음과 같다.

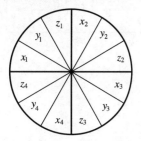

$$\rightarrow \frac{x+z}{2}=y$$

이를 통해 ㉠=2×2−2=2인 것을 알 수 있다.

다음으로 각 구간을 $\begin{array}{|c|c|}\hline A & B \\\hline C & D \\\hline\end{array}$ 라고 할 때, A, B, C, D의 규칙은 다음과 같다.

A, B, C, D의 값을 각 구간의 $x+2y+3z$라고 하자.

C를 제외한 A, B, D의 값을 구하면 12, 24, C, 48이다. 이에 따라 C=㉡+2×7+3×㉢=36 → ㉡+3㉢=22이다.

㉡+3㉢=22와 14=㉡+㉢을 연립하면 ㉡=10, ㉢=4이다.

따라서 ㉠×㉡×㉢=2×10×4=80이다.

04 정답 ⑤

서로 맞은편에서 달린다고 하였으므로 A가 B와 3번 마주치려면 B가 A를 두 바퀴 반을 앞질러야 한다. 즉, B는 A를 2.5×12=30m 앞서야 한다. A와 B가 달린 시간을 x초라고 하면 A와 B의 속력 차는 0.1m/s이므로 0.1x=30이다.

따라서 A와 B가 3번째로 만나는 시각은 300초 후이다.

05 정답 ③

부전승으로 올라가는 A를 제외한 남은 6명을 먼저 4명과 2명으로 나누는 경우의 수는 $_6\text{C}_4 \times {}_2\text{C}_2$=15가지이다. 다음으로 4명이 두 팀씩 경기하는 경우의 수를 구하면 $_4\text{C}_2 \times {}_2\text{C}_2 \times \frac{1}{2!}$=3가지이다.

따라서 구하고자 하는 전체 경우의 수는 15×3=45가지이다.

06 정답 ③

전체 직원 수가 150명이고, 남녀 비율이 8 : 7이므로 남직원은 80명, 여직원은 70명이다. 버스를 타고 출근하는 직원의 수는 119명이므로 지하철을 타는 직원의 수는 150−119=31명이다. 버스를 타는 직원 수가 119명이고, 이 중 여직원이 53명이므로 남직원은 119−53=66명이다. 전체 남직원의 수가 80명이고, 이 중 버스를 이용하는 사람이 66명이므로 지하철을 이용하는 남직원의 수는 80−66=14명이다. 이를 표로 정리하면 다음과 같다.

(단위 : 명)

구분	버스	지하철	합계
남자	66	14	80
여자	53	17	70
합계	119	31	150

따라서 지하철을 이용하는 직원을 선택했을 때 그 직원이 남직원일 확률은 $\frac{14}{31}$ 이다.

10 2019년 상반기 기출복원문제

| 01 | 언어이해

01	02	03								
④	②	④								

01 정답 ④

제시문은 사람을 삶의 방식에 따라 거미와 같은 사람, 개미와 같은 사람, 꿀벌과 같은 사람의 세 종류로 나누어 설명하고 있다. 거미와 같은 사람은 노력하지 않으면서도 남의 실수를 바라는 사람이며, 개미와 같은 사람은 자신의 일은 열심히 하지만 주변을 돌보지 못하는 사람이다. 이와 반대로 꿀벌과 같은 사람은 자신의 일을 열심히 하면서 남도 돕는 이타적 존재이다. 이를 통해 글쓴이는 가장 이상적인 인간형은 거미나 개미와 같은 사람이 아닌 꿀벌과 같은 이타적인 존재라고 설명한다. 따라서 글쓴이가 말하고자 하는 내용으로 가장 적절한 것은 ④이다.

02 정답 ②

(가)는 이익집단에 대해 정의하며 글의 중심 내용을 제시하고 있고, (나)와 (다)는 이익집단이 수행하는 다양한 기능을 설명하고 있으며, (라)~(바)는 이익집단의 활동 방식에 대해 설명하고 있다. 이때 (라)와 (마)는 활동 방식 중 다원주의 유형을, (바)는 코퍼러티즘 유형을 각각 설명하고 있으므로 글을 구조화한 것으로 ②가 가장 적절하다.

03 정답 ④

제시문에 따르면 신약 개발의 전문가가 되기 위해서는 해당 분야에서 오랫동안 연구한 경험이 필요하므로 석사나 박사를 취득하는 것이 유리하다고 하였다. 그러나 석사나 박사 학위가 신약 개발 전문가가 되는 데 도움을 준다는 것일 뿐 반드시 필요한 조건인지는 알 수 없다. 따라서 ④는 글을 통해 추론할 수 없다.

오답분석

① 두 번째 문단에 따르면 제약연구원은 약을 만드는 모든 단계에 참여한다고 하였으므로 일반적으로 약을 만드는 과정에 포함되는 약품 허가요청 단계에도 제약연구원이 참여하는 것을 알 수 있다.

② 일반적으로 제약연구원이 되기 위해서는 약학을 전공해야 한다고 생각하기 쉽다고 하였으므로 제약연구원에 대한 정보가 부족한 사람이라면 약학을 전공해야만 제약연구원이 될 수 있다고 생각할 수 있다.

③ 두 번째 문단에 따르면 약학 전공자 이외에도 생명 공학, 화학 공학, 유전 공학 전공자들도 제약연구원으로 활발하게 참여하고 있다고 설명하였다.

⑤ 마지막 문단에 따르면 오늘날 제약 분야가 성장함에 따라 도전 의식, 호기심, 탐구심 등도 제약연구원에게 필요한 능력이 되었다고 하였으므로 과거에 비해 요구되는 능력이 많아졌음을 알 수 있다.

| 02 | 언어추리

01	02	03	04						
④	②	⑤	④						

01 정답 ④

제시된 조건을 표로 정리하면 다음과 같다.

구분	월	화	수	목	금	토	일
오전	D, F	D, F	B, F	D, F	D, F	C, E	C, E
오후	A, B	C, A or B	A, B	C, A or B	C, A or B	A, E	A, E

ⅰ) B가 수요일 오전, 오후를 전부 근무하는 상황에서 D는 주말을 제외한 오전에만 근무하는데, D는 F가 근무하는 시간에 같이
근무했으므로 B가 있는 수요일을 제외한 월, 화, 목, 금 오전에는 D와 F가 함께 근무함을 알 수 있다.

ⅱ) E는 평일 근무를 하지 않으므로 주말 오전, 오후를 모두 근무해야 조건을 만족한다. C는 월요일과 수요일을 제외하고 매일
근무하므로, 주말에도 근무하는데, 오전에 근무하지 않는 A가 E와 함께 2회 근무한다고 했으므로 오전에는 C와 E가, 오후에는
A와 E가 함께 근무함을 알 수 있다.

ⅲ) 위 조건이 정리된 상황에서 남은 근무시간은 월요일 오후 2자리, 화요일 오후 1자리, 수요일 오전 및 오후 각 1자리, 목요일
오후 1자리, 금요일 오후 1자리까지 총 7자리이다. 최대 5회까지 근무가 가능한 상황에서 C가 5회, D와 E가 4회 근무하는
것이 확정되었으므로 평일 오전에만 근무하는 F가 수요일 오전에 1회, A가 월요일과 수요일을 포함한 평일 오후 3회, B가
월요일을 포함한 평일 오후 3회를 근무하게 한다.

따라서 '주말에는 E가 A, C와 근무를 한다.'가 반드시 참이다.

02 정답 ②

만약 D와 E의 진술이 참이라고 하면 가장 먼저 주문한 사람은 A나 B이고, 주문한 음식이 카르보나라가 되어야 하는데, 이렇게
되면 A와 B의 진술이 거짓이 되어 거짓말을 한 사람이 두 명이 되므로 D와 E 중 한 사람이 거짓말을 하고 있음을 알 수 있다.

• D가 거짓말을 하는 경우
 E의 진술이 참이 되어야 하므로 A − B − E − C 또는 B − A − E − C의 순서로 주문했다. 또한 D가 거짓말을 했으므로 D는 봉골레
 를 주문했어야 하는데 D가 봉골레를 주문하면 D의 뒤로 네 명이 주문했으므로 E와의 진술에 모순이 발생한다. 그러므로 D는
 진실을 말했고, E가 거짓말을 했다.

• E가 거짓말을 하는 경우
 제시된 조건을 표로 정리하면 다음과 같다.

카르보나라	봉골레	고르곤졸라	리소토	라자냐
C	E	B	A	D

따라서 카르보나라를 주문한 사람은 C이고, 고르곤졸라를 주문한 사람은 B이다.

03 정답 ⑤

• ⓒ, ⓔ에 의해 치타는 뒤에서 세 번째이며, 동시에 도착한 동물 중 한 마리가 사자임을 알 수 있다.
• ⓜ에 의해 호랑이는 치타와 사자를 포함한 5마리보다 빠르지만 표범보다 느린 두 번째이며, 표범이 첫 번째로 도착한 동물임을
 알 수 있다.
• ㉠, ㉡을 통해 늑대는 치타와 호랑이 사이의 세 번째임과 동시에 사자와 동시에 도착한 동물이며, 퓨마보다 빠른 여우가 여섯
 번째, 가장 마지막으로 도착한 동물이 퓨마임을 확인할 수 있다.

따라서 표범 − 호랑이 − 사자·늑대 − 치타 − 여우 − 퓨마의 순서로 도착했으며 늑대와 사자가 동시에 도착했음을 알 수 있으므로
반드시 참인 것은 ⑤이다.

04　　정답 ④

'푸딩을 좋아한다.'를 p, '커피를 좋아한다.'를 q, '케이크를 좋아한다.'를 r, '쿠키를 좋아한다.'를 s, '마카롱을 좋아한다.'를 t 라고 하면 '$q \to r \to \sim s$', '$s \to t \to p \to \sim q$'이므로 '쿠키를 좋아하는 사람은 커피를 싫어한다.'는 참이다.

| 03 | 자료해석

01									
④									

01　　정답 ④

환경오염 사고는 2016년에 전년 대비 $\dfrac{246-116}{246} \times 100 \fallingdotseq 52.8\%$ 감소했으므로 ④는 옳지 않은 설명이다.

오답분석

① 전기(감전) 사고는 2013 ~ 2016년 동안 매년 605건, 569건, 558건, 546건으로 감소하는 경향을 보이고 있다.
② 전체 사고 건수에서 화재 사고는 2010 ~ 2016년 동안 약 14.9%, 15.3%, 14.2%, 13.9%, 14.2%, 14.1%, 14.3%로 매년 13% 이상을 차지한다.
③ 해양 사고는 2010년 대비 2016년에 $\dfrac{2,839-1,627}{1,627} \times 100 \fallingdotseq 74.5\%$ 증가했다.
⑤ 전체 사고 건수에서 도로교통 사고의 비율은 2010년에 $\dfrac{226,878}{280,607} \times 100 \fallingdotseq 80.9\%$로 가장 높았다.

| 04 | 창의수리

01	02	03	04	05	06				
④	④	②	①	③	③				

01　　정답 ④

(가운데 숫자)$=\dfrac{(\text{시침의 숫자})+(\text{분침의 숫자})}{2}$인 수열이다.

- A : $\dfrac{12+2}{2}=7$
- B : $2 \times 11-12=10$

따라서 A$\times$B$=7 \times 10=70$이다.

02 정답 ④

가운데 숫자는 +1, +3, +5, …인 수열이다.
- A : 11+1=12

(시침의 숫자)+(분침의 숫자)+(가운데 숫자)=30
- B : 30−20−5=5

따라서 A+B=12+5=17이다.

03 정답 ②

가운데 숫자는 +6을 하는 수열이다.
- A : 3+6=9

(가운데 숫자)−(시침의 숫자)×2=(분침의 숫자)
- B : 9−4×2=1

따라서 A×B=9이다.

04 정답 ①

A, B, C직원이 하루에 할 수 있는 일의 양은 각각 $\frac{1}{a}$, $\frac{1}{b}$, $\frac{1}{c}$이다.

A직원이 B직원보다 3배 빠른 속도로 일한다고 했으므로 $\frac{1}{a}=\frac{3}{b}$이고, 함께 보고서를 완성하는 데 걸리는 기간이 3일이라고 했으므로 두 직원이 하루 동안 할 수 있는 일의 양은 $\frac{1}{a}+\frac{1}{b}=\frac{1}{3}$이다.

$$\frac{1}{a}+\frac{1}{b}=\frac{1}{3} \rightarrow \frac{1}{b}=\frac{1}{12}$$

B직원과 C직원이 함께 보고서를 완성하는 데 하루 동안 할 수 있는 일의 양은 $\frac{1}{b}+\frac{1}{c}=\frac{1}{4} \rightarrow \frac{1}{12}+\frac{1}{c}=\frac{1}{4} \rightarrow \frac{1}{c}=\frac{3}{12}-\frac{1}{12}$ $\rightarrow \frac{1}{c}=\frac{1}{6}$이다.

따라서 C직원이 혼자 보고서를 완성하는 데 걸리는 기간은 6일이다.

05 정답 ③

가현이가 수영하는 속력을 xm/s, A지점에서 B지점까지의 거리를 ym, 강물의 속력을 zm/s라고 하자.
가현이가 강물이 흐르는 방향으로 가는 속력은 $(x+z)$m/s, 거슬러 올라가는 속력은 $(x-z)$m/s이다.

$$\frac{y}{x+z}=\frac{y}{x-z}\times0.2 \rightarrow 10(x-z)=2(x+z) \rightarrow 2x=3z$$
$$\therefore x=\frac{3}{2}z$$

따라서 가현이가 수영한 속력은 강물의 속력의 $\frac{3}{2}$배, 즉 1.5배이다.

06 정답 ③

가운데 칸에 9개의 액자를 모두 설치할 수 있다. 다음으로 가장자리는 회전이 가능하므로 원순열을 이용하면 $(8-1)!$가지로 설치 가능하다. 따라서 액자를 설치할 수 있는 전체 경우의 수는 $(9\times7!)$가지이다.

| 01 | 언어이해

01	02	03	04						
⑤	③	③	②						

01 정답 ⑤

시민 단체들은 농부와 노동자들이 스스로 조합을 만들어 환경친화적으로 농산물을 생산하도록 교육하고 이에 필요한 자금을 지원하는 역할을 했을 뿐, 이들이 농산물을 직접 생산하고 판매한 것은 아니므로 ⑤는 적절하지 않다.

02 정답 ③

(가)에서 식민사관에 대한 정의를 내리고, (나)에서는 (가)를 부연하여 식민사관의 핵심은 타율성이론과 정체성이론이라 밝히며 그에 앞서 일선동조론에 대해 설명한다. 이어서 (다)와 (라)가 (나)에서 언급한 타율성이론과 정체성이론을 각각 설명하고 있으므로 글을 구조화한 것으로 ③이 가장 적절하다.

03 정답 ③

제시된 문단에서는 국내 산업 보호를 위해 정부가 사용하는 관세 조치와 비관세 조치를 언급하고 있다. 따라서 먼저 관세 조치의 개념을 설명하는 (나) 문단이 제시된 문단 뒤에 오고, 다음으로 관세 조치에 따른 부과 방법으로 종가세 방식을 설명하는 (가) 문단과 종량세 방식을 설명하는 (다) 문단이 차례대로 오는 것이 적절하다. 그 뒤를 이어 종가세와 종량세를 혼합 적용한 복합세 부과 방식을 설명하는 (마) 문단이 오며, 마지막으로 정부의 비관세 조치를 설명하는 (라) 문단 순으로 나열하는 것이 적절하다.

04 정답 ②

명확한 주어가 없이 전쟁에서 패전국이 있다면 반드시 승전국도 있다는 점을 점쟁이가 이용했기 때문에 나라가 승리할 것이라는 점쟁이의 예언 자체는 어긋날 수 없다. 또한 점쟁이의 예언과 상대 나라에 대한 정보가 어떤 관계가 있는지는 제시문을 통해 추론할 수 없다.

| 02 | 언어추리

01	02	03	04						
⑤	②	②	③						

01 정답 ⑤

'요리를 한다.'를 p, '설거지를 한다.'를 q, '주문을 받는다.'를 r, '서빙을 한다.'를 s라 하고 제시된 명제를 정리하면 '$p \to \sim q \to \sim s \to \sim r$'이 성립한다. 따라서 'E사원이 설거지를 하지 않으면 음식 주문도 받지 않는다.'는 항상 참이다.

02 정답 ②

A와 C의 진술은 서로 모순되므로 동시에 거짓이거나 참일 경우는 성립하지 않는다. 또한 A가 거짓인 경우 불참한 스터디원이 2명 이상이 되므로 A는 반드시 참이어야 하므로 성립 가능한 경우는 다음과 같다.
• B와 C의 말이 거짓인 경우
  A와 C, E가 스터디에 참석했고 B와 D가 불참하였으므로 B와 D가 벌금을 내야 한다.
• C와 D의 말이 거짓인 경우
  A와 D, E가 스터디에 참석했고 B와 C가 불참하였으므로 B와 C가 벌금을 내야 한다.
• C와 E의 말이 거짓인 경우
  불참한 스터디원이 C, D, E 3명이 되므로 성립하지 않는다.
따라서 B와 D 또는 B와 C가 벌금을 내야 하므로 선택지 중 옳은 것은 ②이다.

03 정답 ②

ⓑ에 따르면 동점자는 존재하지 않으므로 민준, 호욱, 승호, 성준은 각 영역에서 1~4등까지의 등수를 차지한다.
먼저 언어이해 영역에서는 ⊙, ⓜ에 따라 민준이 1등, 호욱 또는 성준이 2등 또는 3등, 승호가 4등을 했음을 알 수 있다.
다음으로 언어추리에서는 ⊙, ⓛ, ⓢ, ⓜ에 따라 성준이 1등, 민준이 2등, 호욱이 3등, 승호가 4등을 했음을 알 수 있다.
마지막으로 인문역량에서는 ⓒ, ⓔ, ⓞ에 따라 민준이 3등임을 알 수 있으며, 이때 성준이는 호욱이의 언어추리 등수인 3등에 1을 더한 4등을 했음을 알 수 있다.
따라서 '인문역량 3등은 민준이다.'는 반드시 참이다.

04 정답 ③

제시된 조건에서 A와 B 둘 중 한 사람은 반대하였으므로, 이를 두 가지의 경우로 나눠보면 다음과 같다.
• A가 찬성, B가 반대인 경우
  다섯 번째 조건과 대우 명제에 의해 F와 G가 찬성한다. 그러면 첫 번째 조건에 의해 E는 반대한다. 또한 문제에서 네 명이 찬성한다고 했기 때문에 C와 D 중 한 명은 찬성, 한 명은 반대를 한다.
  ∴ 찬성 – A, C(D), F, G / 반대 – B, D(C), E
• A가 반대, B가 찬성인 경우
  세 번째, 네 번째 조건에 의해 E는 반대, C, D는 찬성한다. F가 찬성을 하면 G도 찬성을 하여 찬성자가 다섯 명이 되므로 F는 반대, G는 찬성을 한다.
  ∴ 찬성 – B, C, D, G / 반대 – A, E, F
따라서 ③은 반드시 참이라고 할 수 없다.

| 03 | 자료해석

01									
⑤									

01 　정답　 ⑤

2017년 구성비 순위는 '경북>전남>충남·경남>경기>전북>충북>강원>제주'이고, 2018년 구성비 순위는 '경북>전남>충남>경남>경기>전북>충북>강원>제주'로, 충남과 경남의 순위가 다르므로 ⑤는 옳지 않은 설명이다.

오답분석

① 2017년 185천 가구, 2018년 181천 가구로 경북 지역의 농가가 가장 많다.

② 강원, 충북, 제주의 농가 수는 변하지 않았다.

③ 2017년 대비 2018년의 경북 지역과 전국 평균 농가 감소율을 구하면 다음과 같다.

- 경북 지역 농가 감소율 : $\frac{185-181}{185} \times 100 ≒ 2.2\%$

- 전국 평균 농가 감소율 : $\frac{1,088-1,069}{1,088} \times 100 ≒ 1.7\%$

따라서 경북 지역의 농가 감소율이 전국 평균 감소율보다 크다.

④ 다른 지역은 같거나 감소했지만 전남은 2017년 150천 가구에서 2018년 151천 가구로 농가 수가 증가했다.

| 04 | 창의수리

01	02	03	04	05	06				
③	③	④	③	⑤	②				

01 　정답　 ③

전개도를 접어 입체도형을 만들었을 때 마주보는 면에 적혀 있는 수의 차가 2이다.
따라서 ?=6-2=4이다.

02 　정답　 ③

전개도를 접어 입체도형을 만들었을 때 인접한 세 개의 면에 적힌 수의 합이 왼쪽 전개도에서는 12, 13이고 오른쪽 전개도에서는 14, 15이다.
따라서 ?=15-9=6이다.

03 　정답　 ④

전개도를 접어 입체도형을 만들었을 때 마주보는 면에 적힌 숫자의 차가 첫 번째 전개도는 5, 두 번째 전개도는 6, 세 번째 전개도는 7이다.
따라서 ?=2+7=9이다.

04 정답 ③

화요일에 눈이 왔을 때 금요일까지 눈이 올 경우의 수를 표로 정리하면 다음과 같다.

화	수	목	금
○	○	○	○
			×
		×	○
			×
	×	○	○
			×
		×	○
			×

금요일에 눈이 올 확률을 구해야 하므로 수요일, 목요일에 눈이 내리거나 눈이 내리지 않는 경우의 수인 4가지 경우에 따라 확률을 구하면 다음과 같다.

- 화 ○, 수 ○, 목 ○, 금 ○ : $\dfrac{1}{3} \times \dfrac{1}{3} \times \dfrac{1}{3} = \dfrac{1}{27}$
- 화 ○, 수 ○, 목 ×, 금 ○ : $\dfrac{1}{3} \times \dfrac{2}{3} \times \dfrac{1}{2} = \dfrac{1}{9}$
- 화 ○, 수 ×, 목 ○, 금 ○ : $\dfrac{2}{3} \times \dfrac{1}{2} \times \dfrac{1}{3} = \dfrac{1}{9}$
- 화 ○, 수 ×, 목 ×, 금 ○ : $\dfrac{2}{3} \times \dfrac{1}{2} \times \dfrac{1}{2} = \dfrac{1}{6}$

따라서 금요일에 눈이 올 확률은 $\dfrac{1}{27} + \dfrac{1}{9} + \dfrac{1}{9} + \dfrac{1}{6} = \dfrac{23}{54}$ 이다.

05 정답 ⑤

A가 500m 달리기에서 걸린 시간은 $\dfrac{500}{5} = 100$초이다. B는 A보다 10초 뒤에 들어왔으므로 B가 500m 달리기에서 걸린 시간은 $100 + 10 = 110$초이다. B는 처음과 같은 곳에서 출발하고 A와 B가 동시에 도착하려면 A 또한 B가 500m 달리기에서 걸린 시간만큼 걸려야 한다. A가 xm 뒤에서 출발한다고 했을 때, 식은 다음과 같다.

$\dfrac{500 + x}{5} = 110$

$\therefore x = 50$

따라서 A가 50m 뒤에서 출발해야 B와 동시에 도착할 수 있다.

06 정답 ②

5일마다 열리는 5일장이므로 3번째로 열리는 5일장은 15일 후이다.
따라서 $15 = 2 \times 7 + 1$이므로 5일장은 8월 5일 일요일에서 15일 후인 8월 20일 월요일에 3번째로 열린다.

| 01 | 언어이해

01	02	03	04						
③	③	④	④						

01 정답 ③

제시문은 유명인 모델의 광고 중복출연이 광고효과가 크지 않음을 지적하며, 광고효과를 극대화하기 위한 방안을 제시하고 있는 글이다. 따라서 유명인 모델이 여러 광고에 중복출연하는 광고계의 관행을 언급하며 이것이 높은 광고효과를 보장할 수 있는지 의문을 제기하는 (나)가 맨 앞에 와야 한다. 다음으로는 (나)의 질문에 대한 대답으로 어떤 모델이든지 상품 특성에 적합한 이미지를 갖는 인물이어야 광고가 크다는 기본적인 전제와 함께, 이 때문에 유명인이 자신의 이미지와 상관없이 여러 상품 광고에 출연하면 광고효과가 줄어들 수 있음을 언급하고 있는 (가)가 와야 한다. 또한 유명인의 이미지가 여러 상품으로 분산되어 광고 모델과 상품 간의 결합력을 떨어뜨린다는 내용으로, 역시 유명인의 광고 중복출연의 단점을 제시하고 있는 (라)가 그 다음으로 오는 것이 적절하다. 마지막으로 (가)와 (라)를 종합하여 유명인이 자신과 잘 어울리는 한 상품의 광고만 지속적으로 나오는 것이 좋다는 내용의 (마), 유명인의 광고 중복출연의 부작용을 언급하면서 광고모델의 적절한 선정을 강조하며 글을 마무리 짓는 (다)가 차례로 오는 것이 적절하다.

02 정답 ③

(가)는 우리나라 노인 빈곤 문제의 심각성을 제시하고 있으며, (나)는 우리나라 노인들의 경제활동량이 많음에도 불구하고 그러한 빈곤 문제가 심각함을 언급하며 (가)에서 제시한 노인 빈곤 문제의 심각성을 보충 설명하고 있다. 그 원인으로 (다)는 공적연금이 노인 소득에서 차지하는 비중과 급여 수준이 낮음을, (라)는 사각지대로 인해 사회보장제도의 혜택을 받지 못하는 노동자들이 많음을 제시한다. 마지막으로 (마)를 통해 (다), (라)와 같은 문제를 단계적이고 체계적으로 접근하여 해결해야 한다고 주장하며 글을 마무리하고 있다. 따라서 글을 구조화한 것으로 ③이 가장 적절하다.

03 정답 ④

제시문은 인간은 직립보행을 계기로 후각이 생존에 상대적으로 덜 영향을 주게 되면서, 시각을 발달시키는 대신 후각을 현저히 퇴화시켰다는 사실을 설명하고 있다. 다만 후각은 여전히 감정과 긴밀히 연계되어있고 관련 기억을 불러일으킨다는 사실을 언급하며 마무리하고 있다. 따라서 인간은 후각을 부수적인 기능으로 남겨두었다는 것이 글의 중심 내용으로 가장 적절하다.

04 정답 ④

두 번째 문단에 따르면 지구상의 많은 식물들이 꿀벌을 매개로 번식하며, 꽃가루받이를 할 꿀벌이 사라진다면 이러한 식물군 전체가 열매를 맺지 못할 위기에 놓인다고 하였다. 그러나 마지막 문단에 따르면 자원봉사자를 투입하여 꽃가루받이 수작업이 이루어지고 있다고 하였으므로 벌을 매개로 한 방법 이외에 번식할 수 있는 방법이 없다는 ④는 적절하지 않다.

① 첫 번째 문단에 따르면 벌은 꽃가루와 꿀을 얻는 과정에서 꽃가루를 옮겨 식물의 번식에 도움을 주므로, 비의도적인 것이라고
   할 수 있다.
② 두 번째 문단을 통해 알 수 있다.
③ 마지막 문단에서 꿀벌의 개체 수가 줄어드는 원인으로 살충제와 항생제, 대기오염, 전자파 등을 들고 있으며, 이는 현대문명
   사회에 이르러서 생겨난 것들이다.
⑤ 마지막 문단을 통해 알 수 있다.

| 02 | 언어추리

01	02	03	04						
②	③	⑤	①						

01 정답 ②

첫 번째, 두 번째 조건에 따라 로봇은 '3번 - 1번 - 2번 - 4번' 또는 '3번 - 2번 - 1번 - 4번' 순서로 전시되어 있으며, 사용 언어는
세 번째, 네 번째 다섯 번째 조건에 따라 '중국어 - 영어 - 한국어 - 일본어' 또는 '일본어 - 중국어 - 영어 - 한국어' 순이다. 제시된
조건에 의해 3번 로봇의 자리가 정해지게 되는데, 3번 로봇은 일본어를 사용하지 않는다고 하였으므로 사용 언어별 순서는 '중국어
- 영어 - 한국어 - 일본어' 순이다. 또한 2번 로봇은 한국어를 사용하지 않는다고 하였으므로 '3번 - 2번 - 1번 - 4번' 순서이다.
이를 정리하면 다음과 같다.

3번 로봇(중국어)	2번 로봇(영어)	1번 로봇(한국어)	4번 로봇(일본어)

따라서 3번 로봇이 가장 왼쪽에 위치해 있다.

02 정답 ③

B가 말한 두 번째 문장 "C가 나침반을 갖고 있어."와 C가 말한 두 번째 문장 "나는 나침반을 갖고 있지 않아."가 상반된 내용이므로
둘 중 하나는 진실, 다른 하나는 거짓이다.
• B가 말한 두 번째 문장이 진실, C가 말한 두 번째 문장이 거짓인 경우 : C가 나침반을 갖고 있으며, 각 사람이 말한 2개의 문장
  중 적어도 한 개는 진실이므로 C가 말한 첫 번째 문장인 "B가 지도를 갖고 있어."는 진실이다. 그런데 A가 말한 문장을 살펴보면,
  첫 번째 문장도 거짓, 두 번째 문장도 거짓이 되므로 각 사람이 말한 2개의 문장 중 적어도 한 개는 진실이라는 조건에 부합하지
  않는다. 따라서 B가 말한 두 번째 문장이 거짓, C가 말한 두 번째 문장이 진실이다.
• B가 말한 두 번째 문장이 거짓, C가 말한 두 번째 문장이 진실인 경우 : C는 나침반을 갖고 있지 않고, B가 말한 첫 번째 문장은
  참이므로 A는 지도를 갖고 있지 않다.
  – A가 나침반을 갖고 있는 경우 : A가 말한 두 번째 문장은 거짓이므로 첫 번째 문장이 참이 되어 D가 지도를 갖고 있는 것이
    된다. 그러면 D가 말한 두 문장이 모두 거짓이 되므로 조건에 맞지 않는다.
  – D가 나침반을 갖고 있는 경우 : D가 말한 첫 번째 문장은 거짓, 두 번째 문장은 참이 되므로 C가 지도를 갖고 있는 것이
    된다. 그러면 A가 말한 두 문장이 모두 거짓이 되므로 조건에 맞지 않는다.
  – B가 나침반을 갖고 있는 경우 : C나 D 중에 한 명이 지도를 갖고 있는데, 만약 D가 지도를 갖고 있다면 D가 말한 두 문장은 모두
    거짓이 되므로 조건에 맞지 않는다. 그러므로 지도를 갖고 있는 사람은 C이다. 이때 진실·거짓 여부를 표로 정리하면 다음과 같다.

구분	첫 번째 문장	두 번째 문장
A	×	○
B	○	×
C	×	○
D	○	○

따라서 C는 지도, B는 나침반을 가지고 있다.

03 정답 ⑤

일남이와 삼남이의 발언을 통해, 일남이와 삼남이 중 적어도 1명은 거짓을 말한다는 것을 알 수 있다. 만약 일남이와 삼남이가 모두 거짓말을 하고 있다면 일남이는 경찰이고(시민, 마피아 ×), 자신이 경찰이라고 말한 이남이의 말이 거짓이 되면서 거짓말을 한 사람이 3명 이상이 되므로 주어진 조건에 부합하지 않는다. 따라서 일남이는 경찰이 아니며, 일남이나 삼남이 중에 1명만 거짓을 말한다.

- 일남이가 거짓, 삼남이가 진실을 말한 경우
  일남이는 마피아이고, 오남이가 마피아라고 말한 이남이의 말은 거짓이므로, 이남이는 거짓을 말하고 있고 이남이는 경찰이 아니다. 즉, 남은 사남이와 오남이는 모두 진실을 말해야 하는데 두 사람의 말을 종합하면 사남이는 경찰도 아니고 시민도 아니므로 마피아여야 한다. 그러나 이미 일남이가 마피아이고 마피아는 1명이므로 모순이다.
- 일남이가 진실, 삼남이가 거짓을 말한 경우
  일남이는 시민이고, 이남·사남·오남 중 한 명은 거짓, 다른 2명은 진실을 말한다. 만약 오남이가 거짓을 말하고 이남이와 사남이가 진실을 말한다면 이남이는 경찰, 오남이는 마피아이고 사남이는 시민이어야 하는데, 오남이의 말이 거짓이 되려면 오남이는 경찰이어야 하므로 모순된다. 또한 만약 사남이가 거짓을 말하고 이남이와 오남이가 진실을 말한다면 이남이와 사남이가 모두 경찰이므로 역시 모순된다. 그러므로 이남이가 거짓, 사남이와 오남이가 진실을 말한다.

따라서 사남이는 경찰도 시민도 아니므로 마피아이고, 이남이와 오남이 모두 경찰이 아니므로 삼남이가 경찰이다.

04 정답 ①

9시 5분에 도착한 사람이 각각 J사원, M대리, H과장인 경우를 표로 정리하면 다음과 같다.

- J사원이 9시 5분에 도착한 경우 : 9시 5분에 도착한 J사원이 가장 빨리 도착한 것이 아니므로 조건에 맞지 않는다.

구분	J사원	M대리	H과장
실제 도착 시각	9시 5분	8시 45분	8시 55분
시계	8시 55분	8시 50분	8시 55분
실제 시각과 시계의 차이	+10분	−5분	0분

- H과장이 9시 5분에 도착한 경우 : 도착 시각 간격은 동일하지만, 이 경우 가장 빨리 도착한 사람이 8시 55분에 도착한 것이 되므로 조건에 맞지 않는다.

구분	J사원	M대리	H과장
실제 도착 시각	9시 15분	8시 55분	9시 5분
시계	8시 55분	8시 50분	8시 55분
실제 시각과 시계의 차이	+20분	+5분	+10분

- M대리가 9시 5분에 도착한 경우 : M대리가 9시 5분에 가장 빨리 도착하고, 이후 10분 간격으로 H과장과 J사원이 각각 도착했다. 따라서 모든 조건이 성립한다.

구분	J사원	M대리	H과장
실제 도착 시각	9시 25분	9시 5분	9시 15분
시계	8시 55분	8시 50분	8시 55분
실제 시각과 시계의 차이	+30분	+15분	+20분

따라서 M대리 − H과장 − J사원 순서로 도착했다.

|03| 자료해석

01									
⑤									

01 정답 ⑤

2013 ~ 2016년의 교원 1인당 원아 수를 구하면 다음과 같다.

• 2013년 : $\dfrac{8,423}{566}$ ≒ 14.9명

• 2014년 : $\dfrac{8,391}{572}$ ≒ 14.7명

• 2015년 : $\dfrac{8,395}{575}$ ≒ 14.6명

• 2016년 : $\dfrac{8,360}{578}$ ≒ 14.5명

따라서 교원 1인당 원아 수는 점점 감소하고 있으므로 ⑤는 옳지 않은 설명이다.

오답분석

① 2013 ~ 2016년의 유치원당 평균 학급 수는 다음과 같다.

   • 2013년 : $\dfrac{327}{112}$ ≒ 2.9개

   • 2014년 : $\dfrac{344}{124}$ ≒ 2.8개

   • 2015년 : $\dfrac{340}{119}$ ≒ 2.9개

   • 2016년 : $\dfrac{328}{110}$ ≒ 3.0개

   따라서 유치원당 평균 학급 수는 3.2개를 넘지 않는다.

② 2013 ~ 2016년의 학급당 원아 수는 다음과 같다.

   • 2013년 : $\dfrac{8,423}{327}$ ≒ 25.8명

   • 2014년 : $\dfrac{8,391}{344}$ ≒ 24.4명

   • 2015년 : $\dfrac{8,395}{340}$ ≒ 24.7명

   • 2016년 : $\dfrac{8,360}{328}$ ≒ 25.5명

   따라서 원아 수의 평균을 구하면 $\dfrac{25.8+24.4+24.7+25.5}{4}$ = 25.1명이므로 25명 이상이다.

③ 취원율이 가장 높았던 해와 원아 수가 가장 많은 해는 2013년으로 동일하다.

④ 2013 ~ 2016년의 학급당 교원 수는 다음과 같다.

   • 2013년 : $\dfrac{566}{327}$ ≒ 1.73명

   • 2014년 : $\dfrac{572}{344}$ ≒ 1.66명

   • 2015년 : $\dfrac{575}{340}$ ≒ 1.69명

   • 2016년 : $\dfrac{578}{328}$ ≒ 1.76명

   따라서 학급당 교원 수는 2014년에 가장 낮고, 2016년에 가장 높다.

| 04 | 창의수리

01	02	03	04	05	06				
③	②	③	④	③	②				

01 정답 ③

제시된 퍼즐의 각 열을 기준으로, 각 퍼즐의 상 – 좌 – 우 – 하 순서로 중복 없이 숫자를 나열하면 다음과 같다.
1열 : 1 1 (A) 3 5 8 13 21 34 55
2열 : 1 (A) 3 5 8 13 (B) 34 55 89
3열 : 2 3 5 8 13 21 34 55 (C) 144
즉, 앞의 두 자리 수의 합이 다음 자리 수가 되는 규칙을 갖고 있다.
(A)=1+1=2
(B)=8+13=21
(C)=34+55=89
따라서 (A)+(B)+(C)=2+21+89=112이다.

02 정답 ②

(A), (B), (C)가 포함되지 않은 퍼즐조각의 상 – 하 – 좌 – 우 순서로 숫자를 각각 더하면 다음과 같다.
1행3열 : 4+1+2+(−4)=3
2행1열 : 1+5+(−3)+1=4
2행3열 : (−4)+6+7+(−3)=6
3행1열 : 1+4+5+(−3)=7
3행2열 : (−2)+5+3+2=8
즉, 1행, 2행, 3행의 각 퍼즐 순서대로 각각의 합이 1, 2, 3, ⋯, 9가 되는 규칙을 갖는다.
1행1열 : (A)+2+(−5)+1=1 → (A)=3
1행3열 : 2+(−5)+1+(B)=2 → (B)=4
3행3열 : (−3)+3+5+(C)=9 → (C)=4
따라서 (A)×(B)×(C)=3×4×4=48이다.

03 정답 ③

마을 주민 수를 x명이라고 하자. x는 4와 7의 공배수이고, $(x+1)$은 13의 배수이다.
즉, 4와 7의 최소공배수는 28이므로 x는 28의 배수이다. 50명 이상 250명 이하의 범위 내에서 $(x+1)$은 29, 57, 85, 113, 141, 169, 197, 225이고, 이 중에서 13의 배수는 169뿐이다.
∴ $x=169-1=168$
따라서 L마을 주민은 모두 168명이다.

04 정답 ④

케이크 재료비는 50,000원이고, 케이크를 50개 만들었을 때 남는 이윤은 50,000×0.1×50=250,000원이다.
케이크를 20개 만들었을 때의 재료비는 50,000×20=1,000,000원이다.
따라서 $\dfrac{1,000,000+250,000}{20}=62,500$이므로 개당 62,500원으로 판매가를 책정해야 50개를 만들었을 때 남는 이윤과 같은 이윤을 남길 수 있다.

05   정답 ③

A가 첫 번째로 지불한 금액을 a원, B가 첫 번째로 지불한 금액을 b원이라고 하자.

$a+0.5a+b+1.5b=32,000 \rightarrow 1.5a+2.5b=32,000 \cdots \bigcirc$

$a+0.5a+5,000=b+1.5b \rightarrow 1.5a=2.5b-5,000 \cdots \bigcirc\bigcirc$

$\bigcirc$과 $\bigcirc\bigcirc$을 연립하면,

$5b=37,000$

$\therefore b=7,400, \ a=9,000$

따라서 A가 첫 번째로 낸 금액은 9,000원이다.

06   정답 ②

서희와 소정이가 첫 번째로 만나기까지 걸린 시간을 x초라고 하자.

$7x+5x=600$

$\therefore x=50$

첫 번째로 만난 지점과 출발점 사이의 거리, 즉 소정이가 이동한 거리를 구하면 $5 \times 50 = 250$m이고, 소정이가 세 번째로 만난 지점까지 이동한 거리는 $250 \times 3 = 750$m이다.

따라서 $750-600=150$m이므로, 세 번째로 만난 지점은 출발점으로부터 150m 떨어져 있다.

| 01 | 언어이해

01	02	03	04	05	06	07			
②	⑤	⑤	③	④	④	①			

01   정답 ②

ㄱ. 첫 번째 문단 다섯 번째 문장을 통해 알 수 있는 내용이다.
ㄷ. 세 번째 문단 세 번째 문장과 마지막에서 두 번째 문장을 통해 알 수 있는 내용이다.

오답분석

ㄴ. 마지막 문단 마지막 문장에 따르면 책임 조각설은 의무 충돌 시 의무 위반이 행위상 위법성이 성립하지만 적법 행위를 기대할
수 없기 때문에 면책될 수 있다고 본다.
ㄹ. 두 번째 문단 마지막 문장에 따르면 핸들을 꺾는 작위에 의해 건물을 훼손하면 안 된다는 부작위 의무를 위반한 것이므로
작위에 의한 법익 침해이다.

02   정답 ⑤

ㄱ·ㄹ·ㅁ은 첫 번째 문단에서, ㄷ은 첫 번째 문단과 마지막 문단에서 알 수 있는 내용이다.

오답분석

ㄴ. 첫 번째 문단에서 창의적 사고는 반성적 사고의 체화를 통해서 이루어진다고 하였고, 마지막 문단에서 창의력을 위해서는 유사
응용문제 풀이를 반성적 사고 속에서 반복적으로 수행하여 반성적 사고의 체화 단계에까지 도달하여야 한다고 하였다. 따라서
창의적 사고와 유사 응용문제 풀이의 반복이 관련이 없다는 것은 잘못된 진술이다.

03   정답 ⑤

'알맞다'는 '일정한 기준이나 조건, 정도 따위에 넘치거나 모자라지 않다'라는 의미의 형용사이므로, 어간 '알맞-'에 '-는'이 아닌
'-은'이 붙어야 한다. 따라서 밑줄 친 어법상 옳은 것은 ⑤이다.

오답분석

① 얇은 허리와 팔, 다리 → 가는 허리와 팔, 다리
   허리·다리·몸통 등 가늘고 긴 물체의 둘레나 너비, 부피 등과 관련해서는 '가늘다'가 쓰여야 한다.
② 몇일 → 며칠
   어원이 분명하지 아니한 것은 원형을 밝히어 적지 아니하므로(한글맞춤법 제27항 붙임2), '몇일'이 아닌 '며칠'이 되어야 한다.
③ 서슴치 → 서슴지
   ⓒ의 기본형은 '서슴다'로, 본래 '하'가 없는 말이다. 따라서 어간 '서슴-'에 어미 '-지'가 붙어 '서슴지'가 되어야 한다.
④ 늘여 → 늘려
   '본래보다 많거나 크게 하다'라는 의미의 동사는 '늘리다'이다.

04 정답 ③

첫 번째로 1965년 노벨상 수상자인 게리 베커에 대한 내용으로 이야기를 도입하며 베커가 주장한 '시간의 비용' 개념을 소개하는 (라) – (라)를 보충하는 내용으로 베커의 '시간의 비용이 가변적'이라는 개념을 언급한 (가) – 베커와 같이 시간의 비용이 가변적이라고 주장한 경제학자 린더의 주장을 소개한 (다) – 마지막으로 베커와 린더의 공통적 전제인 사람들에게 주어진 시간이 고정된 양이라는 사실과 기대수명이 늘어남으로써 시간의 가치가 달라질 것이라는 내용의 (나)의 순으로 나열하는 것이 적절하다.

05 정답 ④

제시문은 진리에 대한 세 가지 이론인 대응설, 정합설, 실용설을 소개하고 그 한계점에 대하여 설명하고 있다. 따라서 (나) 진리에 대한 세 가지 이론 소개 – (바) 대응설 이론 소개 – (사) 대응설의 한계점 – (가) 정합설 이론 소개 – (마) 정합설의 한계점 – (다) 실용설 이론 소개 – (라) 실용설의 한계점 순으로 나열하는 것이 적절하다.

06 정답 ④

비트코인의 거래 조작이 불가능한 이유는 연결된 모든 블록을 조작하기 위한 컴퓨팅 비용과 함께, 모든 조작을 10분 안에 끝내는 것이 이론적으로 불가능하기 때문이다. 따라서 ④는 적절하지 않다.

오답분석

① 첫 번째 문단에서 일반적인 가상화폐는 중앙관리기관이 발행하면 다른 사용자가 이를 사용한다고 하였고, 두 번째 문단에서 비트코인의 발행은 사용자들의 채굴을 통해 이루어진다고 하였다.
② 세 번째 문단에 따르면 비트코인이 희소성을 띠는 이유는 채굴할 수 있는 비트코인의 총량 자체가 2,100만 개로 한정되어 있고, 일정 시간당 채굴할 수 있는 비트코인의 양이 점점 줄어들고 있기 때문이다.
③ 마지막 문단의 두 번째 ~ 네 번째 문장을 통해 알 수 있다.
⑤ 두 번째 문단의 마지막 문장을 통해 알 수 있다.

07 정답 ①

㉠ 롤스는 모든 사람이 기본적 자유에 있어서 평등한 권리를 가져야 한다고 주장하였으며, ㉡ 노직은 사회 정의 실현을 위해 개인의 기본적 자유를 보장하는 것이 중요하다고 하였다. 따라서 ①이 가장 적절하다.

|02| 언어추리

01	02	03	04	05	06	07	08		
⑤	①	②	④	⑤	②	⑤	④		

01 정답 ⑤

영서, 수희 > 연수, 수희 > 주림이고 수희가 두 번째로 크므로 영서 > 수희이다. 또한, 주림이가 가장 작지 않으므로 키가 큰 순으로 나열하면 영서 > 수희 > 주림 > 연수이다. 따라서 항상 참인 것은 ⑤이다.

02 정답 ①

'늦잠을 잠'을 p, '부지런함'을 q, '건강함'을 r, '비타민을 챙겨먹음'을 s라 하면, 각각 '$\sim p \rightarrow q$', '$p \rightarrow \sim r$', '$s \rightarrow r$'이다. 어떤 명제가 참이면 그 대우도 참이므로, 첫 번째·세 번째 명제와 두 번째 명제의 대우를 연결하면 '$s \rightarrow r \rightarrow \sim p \rightarrow q$'이고 이에 따라 '$s \rightarrow q$'는 참이다. 따라서 항상 참인 것은 ①이다.

② s → q의 역이며, 참인 명제의 역은 참일 수도, 거짓일 수도 있다.

③ p → s이므로 참인지 거짓인지 알 수 없다.

④ ~ p → q의 이이며, 참인 명제의 이는 참일 수도, 거짓일 수도 있다.

⑤ r → q의 역이며, 참인 명제의 역은 참일 수도, 거짓일 수도 있다.

03   정답 ②

제시된 문장과 ②가 공통적으로 범하고 있는 오류는 '원천 봉쇄의 오류(우물에 독 풀기)'이다. 상대가 비판이나 거부를 하지 못하도록 미리 못 박는 오류에 해당한다.

① 성급한 일반화의 오류

③ 피장파장의 오류(역공격의 오류)

④ 의도 확대의 오류

⑤ 무지에 호소하는 오류

04   정답 ④

다섯 번째 ~ 일곱 번째 조건에 따라 가전 부스 1일 차 마케팅팀 근무자는 T대리, 2일 차 휴대폰 부스 개발팀 근무자는 S과장, 2일 차와 3일 차 PC 부스의 개발팀 근무자는 D대리와 O대리이다. 3일 차에는 과장들이 근무하지 않으므로 3일 차 가전 부스의 마케팅팀 근무자는 Y사원 또는 P사원이고, 이때 개발팀 근무자는 같은 직급일 수 없으므로 D대리 또는 O대리이다. 그러므로 3일 차 휴대폰 부스의 개발팀 근무자는 C사원이고, 3일 차 휴대폰 부스의 마케팅팀 근무자는 T대리, 3일 차 가전 부스와 PC 부스의 마케팅팀 담당자는 Y사원과 P사원이 된다. 한편 T대리는 1일 차와 3일 차에 근무하므로 2일 차 마케팅팀 근무자는 가전제품 부스에 K과장, 휴대폰 부스와 PC 부스에 Y사원과 P사원이 근무한다. 즉, 1일 차의 PC 부스 마케팅팀 근무자는 K과장, 개발팀 근무자는 C사원이고, 1일 차 가전 부스의 개발팀 근무자는 S과장이다. 이를 표로 정리하면 다음과 같다.

구분	1일 차		2일 차		3일 차	
	마케팅팀	개발팀	마케팅팀	개발팀	마케팅팀	개발팀
휴대폰			Y사원 or P사원	S과장	T대리	C사원
가전	T대리	S과장	K과장	D대리 or O대리	P사원 or Y사원	O대리 or D대리
PC	K과장	C사원	P사원 or Y사원	O대리 or D대리	Y사원 or P사원	D대리 or O대리

따라서 PC 부스의 1일 차 마케팅팀 근무자가 K과장이므로 ④는 옳지 않다.

05   정답 ⑤

A를 기준으로 A가 참인 경우와 A가 거짓인 경우가 있는데, 만약 A가 거짓이라면 B와 C가 모두 범인인 경우와 B와 C가 모두 범인이 아닌 경우로 나눌 수 있고, A가 참이라면 B가 범인인 경우와 C가 범인인 경우로 나누면 다음과 같다.

• A가 거짓이고 B와 C가 모두 범인인 경우

  B, C, D, E의 진술이 모두 거짓이 되어 5명이 모두 거짓말을 한 것이 되므로 조건에 어긋난다.

• A가 거짓이고 B와 C가 모두 범인이 아닌 경우

  B가 참이 되므로 C, D, E 중 1명만 거짓, 나머지는 참이 되어야 한다. C가 참이면 E도 반드시 참이고, C가 거짓이면 E도 반드시 거짓이므로 D가 거짓, C, E는 참을 말하는 것이 되어야 한다. 따라서 이 경우 D와 E가 범인이 된다.

• A가 참이고 B가 범인인 경우

  B가 거짓이 되기 때문에 C, D, E 중 1명만 거짓, 나머지는 참이 되어야 하므로 C, E가 참, D가 거짓이 된다. 따라서 이 경우 B와 E가 범인이 된다.

• A가 참이고 C가 범인인 경우

  B가 참이 되기 때문에 C, D, E 중 1명만 참, 나머지는 거짓이 되어야 하므로 C, E가 거짓, D가 참이 된다. 따라서 범인은 A와 C가 된다.

따라서 동시에 범인이 될 수 있는 사람으로 짝지어져 있는 것은 ⑤이다.

06 정답 ②

세 번째 조건에 따라 A는 청소기를 제외한 프리미엄형 가전을 총 2개 골랐는데 B가 청소기를 가져가지 않으므로 A는 청소기 일반형, C는 청소기 프리미엄형을 가져야 한다. 또한 다섯 번째 조건을 만족시키기 위해 A가 가져가는 프리미엄형 가전 종류의 일반형을 B가 가져야 하며, 여섯 번째 조건을 만족시키기 위해 전자레인지는 C가 가져야 한다. 이를 표로 정리하면 다음과 같다.

구분	A	B	C
경우 1	냉장고(프), 세탁기(프), 청소기(일)	냉장고(일), 세탁기(일), 에어컨(프 or 일)	에어컨(프 or 일), 청소기(프), 전자레인지
경우 2	세탁기(프), 에어컨(프), 청소기(일)	세탁기(일), 에어컨(일), 냉장고(프 or 일)	냉장고(프 or 일), 청소기(프), 전자레인지
경우 3	냉장고(프), 에어컨(프), 청소기(일)	냉장고(일), 에어컨(일), 세탁기(프 or 일)	세탁기(프 or 일), 청소기(프), 전자레인지

ㄱ. C는 항상 전자레인지를 가져간다.
ㄷ. B는 반드시 일반형 가전 2대를 가져가며, 나머지 1대는 프리미엄형일 수도, 일반형일 수도 있다.

오답분석

ㄴ. A는 어떤 경우에도 청소기 일반형을 가져간다.
ㄹ. C는 청소기 프리미엄형을 가져간다.

07 정답 ⑤

영래의 맞은편이 현석이고 현석이의 바로 옆자리가 수민이므로, 이를 기준으로 삼아 주어진 조건에 맞추어 자리를 배치해야 한다. 영래의 왼쪽 · 수민의 오른쪽이 비어있을 때 또는 영래의 오른쪽 · 수민의 왼쪽이 비어있을 때는 성표와 진모가 마주보면서 앉을 수 없으므로 성립하지 않는다. 따라서 영래의 왼쪽 · 수민의 왼쪽이 비어있을 때와 영래의 오른쪽 · 수민이의 오른쪽이 비어있을 때를 정리하면 다음과 같다.

• 영래의 왼쪽 · 수민의 왼쪽이 비어있을 때

• 영래의 오른쪽 · 수민의 오른쪽이 비어있을 때

따라서 진모와 수민이는 1명을 사이에 두고 앉음을 알 수 있으므로 ⑤가 적절하다.

08 정답 ④

갑과 병은 둘 다 참을 말하거나 거짓을 말한다. 그런데 을과 무의 진술이 모순되고 있으므로 둘 중 1명은 무조건 거짓말을 하고 있다. 만약 갑과 병이 거짓을 말하고 있다면 거짓말을 하는 사람이 최소 3명이 되므로 조건에 맞지 않는다. 그러므로 갑과 병은 모두 진실을 말하고 있으며 정은 갑의 진술과 어긋나므로 거짓을 말하고 있다. 그렇다면 거짓을 말하고 있는 나머지 1명은 을 또는 무인데, 을이 거짓을 말하는 경우 갑 · 을 · 무는 함께 무의 집에 있었던 것이 되므로 정이 범인이고, 무가 거짓말을 하는 경우에도 갑 · 을 · 무는 함께 출장을 가 있었던 것이 되므로 역시 정이 범인이 된다.

01	02								
②	①								

01 　정답　②

ㄱ. 남성 박사학위 취득자 중 50세 이상이 차지하는 비율은 $\dfrac{1,119}{5,730} \times 100 ≒ 19.53\%$이고, 여성 박사학위 취득자 중 50세 이상이

차지하는 비율은 $\dfrac{466}{2,966} \times 100 ≒ 15.71\%$이다. 따라서 남성 박사학위 취득자 중 50세 이상이 차지하는 비율이 더 높다.

ㄷ. 남성과 여성의 연령대별 박사학위 취득자 수가 많은 순위는 30 ～ 35세 미만 － 35 ～ 40세 미만 － 50세 이상 － 40 ～ 45세 미만 － 45 ～ 50세 미만 － 30세 미만 순서로 동일하다.

오답분석

ㄴ. 공학계열 박사학위 취득자 중 남성의 비율은 $\dfrac{2,441}{2,441+332} \times 100 ≒ 88.03\%$, 사회계열 박사학위 취득자 중 남성의 비율은

$\dfrac{1,024}{1,024+649} \times 100 ≒ 61.21\%$, 자연계열 박사학위 취득자 중 남성의 비율은 $\dfrac{891}{891+513} \times 100 ≒ 63.46\%$이므로 남성의 비율이 높은 분야의 순위는 공학계열 － 자연계열 － 사회계열 순서이다.

ㄹ. 박사학위 취득자 중 남·여 비율의 격차가 가장 큰 연령대는 남성 박사학위 취득자가 여성 박사학위 취득자의 2배 이상인 30 ～ 35세 미만과 50세 이상이며, 35 ～ 40세 미만에서는 남성 박사학위 취득자가 여성 박사학위 취득자의 2배에 다소 못 미치고, 40 ～ 45세 미만에서는 남성 박사학위 취득자가 여성 박사학위 취득자의 약 1.7배이다. 따라서 연령대가 올라갈수록 박사학위를 취득한 남·여 비율의 격차가 점점 커진다는 것은 옳지 않은 설명이다.

02 　정답　①

ㄱ. 자살고려율, 자살시도율, 자살률은 중위소득 이상이 각각 14.4%, 3.7%, 0.011%, 중위소득 미만이 각각 14.6%, 4.4%, 0.015%로 소득이 낮은 쪽이 모든 수치가 더 높게 나타났다.

ㄴ. 1930 ～ 1990년 사이 모든 시기에서 65세 이상의 자살률이 가장 높았다.

ㄷ. 1910년 15 ～ 24세의 자살률은 남자가 0.022%, 여자가 0.004%로 남자가 더 높았고, 백인이 0.014%, 흑인이 0.009%로 백인이 더 높았다.

오답분석

ㄹ. 그래프에서 15 ～ 19세의 자살률은 1950년대까지 증가와 감소를 반복함을 알 수 있다.

ㅁ. 25 ～ 64세, 65세 이상의 자살률은 1940년대 중반에 가장 높았으나, 15 ～ 19세와 20 ～ 24세의 자살률은 1970년 이후 더 높게 나타나는 것을 확인할 수 있다.

| 04 | 창의수리

01	02	03	04	05	06	07	08	09	
④	⑤	③	④	③	⑤	①	③	②	

01   정답 ④

양쪽 톱니바퀴의 수열을 맞물리는 순서대로 나열하면 1, 2, 3, 5, 8, …이다. 즉, 앞의 두 항을 더하면 다음 항이 된다.

$34+55=(B) \rightarrow (B)=89$

$55+89=(A) \rightarrow (A)=144$

따라서 $(A)+(B)=144+89=233$이다.

02   정답 ⑤

왼쪽 톱니바퀴는 다음과 같은 규칙을 따른다.

$1+2=3 \qquad 3 \times 4=12$

$5+6=11 \qquad 7 \times 8=56$

$9+10=19 \qquad 11 \times 12=132$

$(A)=13+14=27$

오른쪽 톱니바퀴는 다음과 같은 규칙을 따른다.

$1 \times 2=2 \qquad 3+4=7$

$5 \times 6=30 \qquad 7+8=15$

$9 \times 10=90 \qquad 11+12=23$

$(B)=13 \times 14=182$

따라서 $(B)-(A)=182-27=155$이다.

03   정답 ③

사과 6개, 배 2개, 감 1개를 일렬로 나열하면 사과와 배가 중복된다.

따라서 구하고자 하는 경우의 수는 $\dfrac{9!}{6! \times 2!}=252$가지이다.

04   정답 ④

x의 최댓값과 최솟값은 A와 B가 각각 다리의 양쪽 경계에서 마주쳤을 때이다. 즉, 최솟값은 A로부터 7.6km 떨어진 지점, 최댓값은 A로부터 8.0km 떨어진 지점에서 마주쳤을 때이므로 식을 세우면 다음과 같다.

- 최솟값 : $\dfrac{7.6}{6}=\dfrac{x}{60}+\dfrac{20-7.6}{12} \rightarrow \dfrac{x}{60}=\dfrac{15.2-12.4}{12}=\dfrac{2.8}{12}$

$\therefore x=14$

- 최댓값 : $\dfrac{8}{6}=\dfrac{x}{60}+\dfrac{20-8}{12} \rightarrow \dfrac{x}{60}=\dfrac{16-12}{12}=\dfrac{1}{3}$

$\therefore x=20$

그러므로 A와 B가 다리 위에서 마주치기 위한 x의 범위는 $14 \leq x \leq 20$이다.

따라서 최댓값과 최솟값의 차는 $20-14=6$이다.

05 정답 ③

깃발은 2개이고, 깃발을 5번 들어서 표시할 수 있는 신호의 전체 개수는 $2 \times 2 \times 2 \times 2 \times 2 = 32$가지이다. 여기서 5번 모두 흰색 깃발만 사용하거나 검은색 깃발만 사용하는 경우의 수 2가지를 빼면 만들 수 있는 신호는 총 $32 - 2 = 30$가지이다.

06 정답 ⑤

5인승 차량에 팀원들을 먼저 배치한 후 나머지를 7인승 차량에 배치하면 된다. 운전자는 2명이므로 그중 1명을 선택하여 배치하는 2가지 경우가 있고, 5인승 차량의 나머지 좌석에 팀원들을 각각 4명, 3명, 2명이 타는 경우가 있다.

따라서 구하고자 하는 경우의 수는 $2 \times ({}_8C_4 + {}_8C_3 + {}_8C_2) = 2 \times \left(\dfrac{8 \times 7 \times 6 \times 5}{4!} + \dfrac{8 \times 7 \times 6}{3!} + \dfrac{8 \times 7}{2!} \right) = 2 \times (70 + 56 + 28) = 308$가지이다.

07 정답 ①

지혜와 주헌이가 함께 걸어간 거리는 (150×30)m이고, 기숙사에서 회사까지 거리는 $\{150 \times (30 + 20)\}$m이다. 지혜가 기숙사에 가는 데 걸린 시간은 $150 \times 30 \div 300 = 15$분이고, 다시 회사까지 가는 데 걸린 시간은 $150 \times 50 \div 300 = 25$분이다. 그러므로 주헌이가 회사에 도착하는 데 걸린 시간은 $30 + 20 = 50$분이고, 지혜가 걸린 시간은 $30 + 15 + 25 = 70$분이다.

따라서 지혜는 주헌이가 도착하고 20분 후에 회사에 도착한다.

08 정답 ③

아래로 연결된 두 작은 원을 각각 A, B, 위에 있는 큰 원을 C라고 하면 $A^B - A = C$ 이다.

$1^5 - 1 = 0$, $2^3 - 2 = 6$, $3^4 - 3 = 78$

따라서 (   ) $= 4^4 - 4 = 252$이다.

09 정답 ②

아래로 연결된 두 작은 원을 각각 A, B, 위에 있는 큰 원을 C라고 하면 $\dfrac{A+C}{2} = B$이다.

$\dfrac{5+13}{2} = 9$, $\dfrac{18+22}{2} = 20$, $\dfrac{13+35}{2} = 24$, $\dfrac{52+?}{2} = 37$

따라서 (   ) $= 37 \times 2 - 52 = 22$이다.

| 01 | 언어이해

01	02	03	04	05	06	07			
①	③	③	②	②	②	②			

01 정답 ①

밑줄 친 부분에 해당하는 한자성어는 지피지기(知彼知己)이다.
'지피지기(知彼知己)'는 '적을 알고 나를 알아야 한다.'는 뜻으로, 적의 형편과 나의 형편을 자세히 알아야 한다는 의미이다.

오답분석

② 지록위마(指鹿爲馬) : 사슴을 가리켜 말이라고 한다는 뜻으로, 사실이 아닌 것을 사실로 만들어 강압으로 인정하게 된다는 의미이다.
③ 백전백승(百戰百勝) : 백 번 싸워 백 번 이긴다는 뜻으로, 싸울 때마다 번번이 이긴다는 의미이다.
④ 붕우유신(朋友有信) : 친구 사이의 도리는 믿음에 있다는 뜻으로, 오륜(五倫)의 하나이다.
⑤ 막상막하(莫上莫下) : 어느 것이 위고 아래인지 분간할 수 없다는 의미이다.

02 정답 ③

제시문은 비체계적 위험과 체계적 위험을 나누어 살핀 후 비체계적 위험 아래에서의 투자전략과 체계적 위험 아래에서의 투자전략을 설명하고 있다. 또한 베타계수의 활용을 통한 전략을 중심으로 내용이 전개되고 있다. 따라서 글의 제목으로는 ③이 가장 적절하다.

03 정답 ③

마지막 문단을 통해서 세계 문맹 퇴치에 이바지한 사람에게 세종대왕의 이름을 붙인 상을 주고 있음을 알 수 있으므로 ③이 가장 적절하다.

오답분석

① '세종이 만든 28자는 세계에서 가장 훌륭한 알파벳'이라고 평가한 사람은 미국의 다이아몬드(J. Diamond) 교수이다.
② 한글이 표음문자인 것은 맞지만, 기본적으로 24개의 문자를 익혀야 학습할 수 있다.
④ 문자와 모양의 의미를 외워야 하는 것은 문자 자체가 의미를 나타내는 표의문자인 '한자'에 해당한다.
⑤ 한글이 세계 언어학계에 본격적으로 알려진 것은 1960년대이다.

04　정답　②

제시문은 '시장집중률은 시장 내 일정 수의 상위기업들이 차지하는 비중을 나타내 주는 수치, 즉 일정 수의 상위 기업의 시장점유율을 합한 값이다.'라고 시장집중률의 개념을 제시하고 있다. 이를 통해 시장 구조를 구분하여 설명하고, 시장 내의 공급이 기업에 집중되는 양상을 파악할 수 있다는 의의를 밝히고 있으므로 중심 내용으로 ②가 가장 적절하다.

05　정답　②

제시문의 글쓴이는 마지막 부분에서 자신의 경험을 '백성을 좀먹는 무리'에 적용하고 있는데, 백성들을 괴롭히는 이들은 미리 제거해야 나중에 큰일을 당하지 않게 된다고 하였다. 따라서 하늘의 뜻을 따르는 임금의 통치에 대한 평가는 임금이 죽은 후에 해야 한다는 보기의 글쓴이에 대해 가렴주구(苛斂誅求, 가혹한 정치로 백성을 못살게 들볶음)를 내버려 두었다가 맞게 될 결과를 비판하는 내용인 ②가 가장 적절하다.

06　정답　②

글쓴이는 현대인들이 대중문화 속에서 '내가 다른 사람의 눈에 어떻게 보일까'에 대해 '조바심과 공포감'을 가지고 있으며, 이것은 특히 광고에 의해 많이 생겨난다고 말한다. 하지만 ②의 '극장에서 공포영화를 보고 화장실에 가기를 무서워한다.'라는 내용은 단순한 공포심을 나타내므로 ㉠의 사례로 적절하지 않다.

오답분석

①·③·④·⑤ 대중매체를 통해 정보를 얻고, 그 정보대로 실행하지 않으면 남들보다 열등한 상태에 놓이게 될 것으로 여겨 대중매체가 요구하는 대로 행동하는 사례들이다.

07　정답　②

보기는 국가 간 산업경쟁에서 승패가 갈린 사례이다. 근대화된 방직기계를 앞세운 일본이 '생존경쟁'에서 전근대적인 생산방식을 지닌 조선에 승리하였다고 볼 수 있다. 그러나 이런 상황에서 열등한 집단에 대한 지원을 강화하는 것은 사회진화론의 논리에 어긋나므로, ②의 반응은 적절하지 않다.

오답분석

① 두 번째 문단에서 스펜서는 인간 사회의 생활을 개인 간의 생존경쟁으로 파악했고, 인위적인 도움을 주어서는 안 된다고 주장하였다. 그러므로 보기에 제시된 상황에 대하여 패자인 조선의 수공업자들과 면화 재배 농민들의 몰락이 당연하며, 이들을 돕지 말아야 한다고 생각할 수 있다.
③ 네 번째 문단에 따르면 문명 개화론자들은 사회진화론을 수용하여 서구식 근대 문명국가를 건설해야 한다고 역설하였다. 따라서 이들이라면 일본이 근대화된 방직기계를 사용해서 조선의 재래식 기계를 압도한 것은 근대화에 앞섰기 때문이라고 보았을 것이다.
④ 강자에 대한 패배를 불가피한 숙명으로 인식한 윤치호 같은 인물은 조선의 수공업자나 농민들의 몰락을 어쩔 수 없는 일로 보았을 것이다.
⑤ 마지막 문단에 따르면 박은식, 신채호 등은 조선이 살아남기 위해 힘을 길러야 한다고 주장했다.

01	02	03	04	05	06	07	08		
⑤	③	④	③	④	①	⑤	⑤		

01 정답 ⑤

'어떤'과 '모든'이 나오는 명제는 벤다이어그램으로 정리하면 편리하다. 주어진 명제를 벤다이어그램으로 정리하면 다음과 같다.

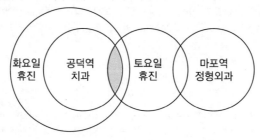

위의 벤다이어그램을 통해 '공덕역 부근의 어떤 치과는 토요일과 화요일이 모두 휴진이다.'를 추론할 수 있다.

오답분석
① 마포역 부근의 어떤 정형외과는 화요일에 휴진인지 알 수 없다.
② 주어진 명제만으로는 알 수 없다.
③ 마포역 부근의 어떤 정형외과가 화요일도 휴진인지는 알 수 없다.
④ 공덕역 부근의 어떤 치과는 토요일이 휴진이기 때문에 거짓이다.

02 정답 ③

명제가 참이면 명제의 대우도 참이 된다. 주어진 명제와 대우 명제를 정리하면 다음과 같다.
• 마케팅팀 ○ → 기획 역량 ○ [기획 역량 × → 마케팅팀 ×]
• 마케팅팀 × → 영업 역량 × [영업 역량 ○ → 마케팅팀 ○]
• 기획 역량 × → 소통 역량 × [소통 역량 ○ → 기획 역량 ○]
첫 번째와 두 번째 명제의 대우를 통해 '영업 역량 ○ → 마케팅팀 ○ → 기획 역량 ○'을 추론할 수 있다.
따라서 '영업 역량을 가진 사원은 기획 역량이 있다.'를 추론할 수 있다.

오답분석
① 마케팅팀 사원의 영업 역량 유무는 주어진 명제만으로는 알 수 없다.
② 소통 역량이 있는 사원이 마케팅팀인지의 여부는 주어진 명제만으로는 알 수 없다.
④ 기획 역량이 있는 사원이 소통 역량을 가지고 있는지의 여부는 주어진 명제만으로는 알 수 없다.
⑤ 영업 역량이 없으면 소통 역량이 없는지의 여부는 주어진 명제만으로는 알 수 없다.

03 정답 ④

주어진 조건을 표로 정리하면 다음과 같다.

구분	중국	러시아	일본
봄		홍보팀 D차장	
여름	영업팀 C대리(디자인팀 E사원)		
가을			재무팀 A과장, 개발팀 B부장
겨울	디자인팀 E사원(영업팀 C대리)		

조건에 따르면 중국에는 총 2명이 출장을 갈 수 있고, 각각 여름 혹은 겨울에 간다. 따라서 중국에 갈 수 있는 두 사람인 C대리와 E사원은 한 사람이 여름에 가면 한 사람이 겨울에 출장을 가게 되며, 주어진 조건에 따라 항상 옳은 것은 ④이다.

오답분석

①·⑤ 홍보팀 D차장은 혼자서 러시아로 출장을 간다.
②·③ 함께 일본으로 출장을 가는 두 사람은 재무팀 A과장과 개발팀 B부장이다

04 정답 ③

지헌이가 3등인 경우와 4등인 경우로 나누어 조건을 따져보아야 한다.

- 지헌이가 3등인 경우 : 지헌이의 바로 뒤로 들어온 인성이는 4등, 지헌이보다 앞섰다는 성민이와 기열이가 1 ~ 2등인데, 성민이가 1등이 아니라고 하였으므로 1등은 기열, 2등은 성민이 된다. 지혜는 꼴등이 아니라고 했으므로 5등, 수빈이는 6등이다.
- 지헌이가 4등인 경우 : 지헌이의 바로 뒤로 들어온 인성이는 5등, 2 ~ 3등은 성민이 또는 지혜가 되어야 하며, 1등은 기열이, 6등은 성민이와 지혜보다 뒤에 들어온 수빈이다.

이를 표로 정리하면 경우의 수는 다음과 같이 총 3가지이다.

구분	1등	2등	3등	4등	5등	6등
경우 1	기열	성민	지헌	인성	지혜	수빈
경우 2	기열	성민	지혜	지헌	인성	수빈
경우 3	기열	지혜	성민	지헌	인성	수빈

따라서 성민이는 지혜보다 순위가 높을 수도, 그렇지 않을 수도 있으므로 ③은 알 수 없다.

05 정답 ④

A ~ E 5명은 월요일과 목요일에는 모두 야근을 하고, 나머지 화·수·금 중 하루를 더 야근해야 한다. 수요일에는 1명만 야근을 해야 하는데 B는 금요일, E는 화요일에 야근을 하므로 수요일에 야근을 할 수 없고, A와 C는 동시에 야근을 해야 하므로 수요일에 야근을 할 수 없다. 따라서 수요일에 야근을 하는 사람은 D이다.

06 정답 ①

ⅰ) C의 진술이 참이면 D의 진술도 참이므로 C, D는 모두 참을 말하거나 모두 거짓을 말한다. 그런데 A와 E의 진술이 서로 모순이므로 둘 중에 1명은 참이고 다른 1명은 거짓인데, 만약 C, D가 모두 참이면 참을 말한 사람이 적어도 3명이 되므로 2명만 참을 말한다는 조건에 맞지 않는다. 따라서 C, D는 모두 거짓을 말한다.

ⅱ) ⅰ)에서 C와 D가 모두 거짓을 말하고, A와 E의 진술이 모순이므로 1명은 참, 다른 1명은 거짓을 말한다. 따라서 B는 참을 말한다.

ⅲ) ⅱ)에 따라 A와 B가 참이거나 B와 E가 참이다. 그런데 A는 '나와 E만 범행 현장에 있었다.'라고 했으므로 B의 진술인 '목격자는 2명이다.'와 모순된다. 또한 A가 참일 경우, A의 진술 중 '나와 E만 범행 현장에 있었다.'는 참이면서 E의 '나는 범행 현장에 있었고'는 거짓이 되므로 모순이 된므로 B와 E가 참이다.

따라서 E의 진술에 따라 A가 범인이다.

07 정답 ⑤

첫 번째 조건과 마지막 조건에서 여학생 X와 남학생 B가 동점이 아니므로 여학생 X와 남학생 C가 동점이다. 세 번째 조건에서 여학생 Z와 남학생 A가 동점임을 알 수 있고, 두 번째 조건에서 여학생 Y와 남학생 B가 동점임을 알 수 있다. 남는 남학생 D는 여학생 W와 동점이 되므로 ⑤가 옳다.

08 정답 ⑤

마지막 조건에 의해 대리는 1주 차에 휴가를 갈 수 없다. 그러므로 2 ~ 5주 차, 즉 4주 동안 대리 2명이 휴가를 다녀와야 하며, 두 번째 조건에 의해 1명은 2 ~ 3주 차, 다른 1명은 4 ~ 5주 차에 휴가를 간다. 따라서 대리는 3주 차에 휴가가 시작될 수 없다.

오답분석

① · ③

1주 차	2주 차	3주 차	4주 차	5주 차
	사원 1	사원 1	사원 2	사원 2
	대리 1	대리 1	대리 2	대리 2
	과장	과장	부장	부장

②

1주 차	2주 차	3주 차	4주 차	5주 차
사원 1	사원 1		사원 2	사원 2
	대리 1	대리 1	대리 2	대리 2
과장	과장		부장	부장

④

1주 차	2주 차	3주 차	4주 차	5주 차
사원 1	사원 1	사원 2	사원 2	
	대리 1	대리 1	대리 2	대리 2
과장	과장	부장	부장	

| 03 | 자료해석

01	02	03	04						
⑤	④	③	②						

01 정답 ⑤

매출액 순위는 S그룹>L그룹>H그룹 순서이고, 손해율이 적은 순서는 S그룹>H그룹>L그룹이다. 따라서 순서가 일치하지 않으므로 ⑤는 옳지 않은 설명이다.

오답분석

① 2011 ~ 2014년 점유율을 살펴보면 점유율 순위가 S그룹>H그룹>L그룹 순서로 변함이 없다.

② 2014년 1분기 H그룹의 매출액은 7,372억 원, 성장률은 10%이므로 매출액 7,464억 원, 성장률 12.3%인 L그룹에 뒤쳐졌다. 그러나 H그룹의 순익은 336억 원으로 116억 원인 L그룹보다 높으며, 2013년에도 453억 원으로 L그룹의 414억 원보다 높았다.

③ 점유율의 합은 2011년에 15+13.9+13.3=42.2%, 2012년에 14.9+14+13.5=42.4%, 2013년에 14.7+14+13.7= 42.4%, 2014년에 14.7+14.3+14.2=43.2%로 모두 45%를 넘지 않는다.

④ 2014년 1분기에 L그룹의 성장률은 12.3%, H그룹의 순익은 336억 원, S그룹의 손해율은 69.8%로 각각 가장 우위를 점하고 있다(손해율은 적을수록 우위).

02 정답 ④

담배를 피우지 않는 2003년 전국 인구의 비율은 70.8%이고, 1999년 전국 인구의 비율은 64.9%이다.

따라서 20세 이상 인구 중 담배를 피우지 않는 인구 비율의 증가율은 $\frac{70.8-64.9}{64.9} \times 100 = 9.1\%$이다.

03 정답 ③

합계출산율은 2005년에 최저치를 기록했으므로 ③은 옳은 설명이다.

오답분석

① 2003년 대비 2005년 출생아 수는 $\frac{435}{490.5} = 0.89$배이다.

② 합계출산율은 2004 ~ 2005년, 2008 ~ 2009년에 감소하였다.

④ 2010년에 비해 2011년에는 합계출산율이 1.24-1.226=0.014명 증가했다.

⑤ 제시된 그래프만으로 알 수 없다.

04 정답 ②

• 민성 : 전년 대비 원아 수가 증가한 2006년, 2010년에 유치원 수도 증가하였다.
• 단지 : 취원율이 계속해서 증가하고 있는 것을 확인할 수 있다.

오답분석

• 니호 : (교원 1인당 원아 수)=$\frac{(원아 수)}{(교원 수)}$이다. 따라서 교원 1인당 원아 수가 줄어드는 것은 원아 수 대비 학급 수가 아니라, 원아 수 대비 교원 수가 늘어나기 때문이다.

• 미송 : 제시된 자료를 통해서는 알 수 없다.

01	02	03	04	05	06	07	08	09	
⑤	②	⑤	③	⑤	②	⑤	③	①	

01　정답　⑤

제시된 수열은 (분자 숫자의 합)=(분모)×4이다.
따라서 A+B=15×4−(15+18)=27이다.

02　정답　②

제시된 수열은 (분자 숫자의 합)=(분모)^{2}이다.
따라서 B=$\sqrt{31+38+23+29}$ = $\sqrt{121}$ =11이다.

03　정답　⑤

• 7개 중 두 개의 카드를 뽑아 두 자리 수를 만들 수 있는 경우의 수 : 6×6=36가지
• 20 미만의 두 자리 수를 만들 수 있는 경우의 수 : 6가지(10, 12, 13, 14, 15, 16)
• 60 이상의 두 자리 수를 만들 수 있는 경우의 수 : 6가지(60, 61, 62, 63, 64, 65)

따라서 원영이가 무료커피 교환권 쿠폰을 받을 확률은 $\frac{12}{36}=\frac{1}{3}$이다.

04　정답　③

A계열사에서 생산되는 제품의 수를 $3k$개, B계열사에서 생산되는 제품의 수는 $7k$개라고 하자.
• A계열사에서 생산되는 불량품의 개수 : $3k×0.02=0.06k$개
• B계열사에서 생산되는 불량품의 개수 : $7k×0.03=0.21k$개
• 전체 생산되는 불량품의 개수 : $0.06k+0.21k=0.27k$개

따라서 생산된 불량품이 B계열사의 것일 확률은 $\frac{0.21}{0.27}=\frac{7}{9}$이다.

05　정답　⑤

문제를 표로 정리하면 다음과 같다.

(단위 : 명)

구분	마케팅팀	영업팀	홍보팀	인사팀	합계
2015년 하반기 입사자 수	50	a	100	b	320
2016년 상반기 입사자 수	100	$a+30$	$100×\frac{80}{100}=80$	$50×2=100$	$320×\frac{125}{100}=400$

• 2016년 상반기 입사자 수 : $400=100+(a+30)+80+100 \rightarrow a=90$
• 2015년 하반기 입사자 수 : $320=50+90+100+b \rightarrow b=80$

따라서 2015년 하반기 대비 2016년 상반기 인사팀 입사자 수의 증감률은 $\frac{100-80}{80}×100=25\%$이다.

06 정답 ②

제시된 수열의 규칙은 다음과 같다.

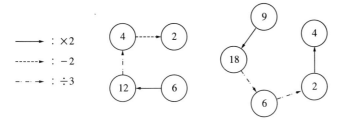

A=2, B=4
따라서 A+2B=2+(2×4)=10이다.

07 정답 ⑤

제시된 수열의 규칙은 다음과 같다.

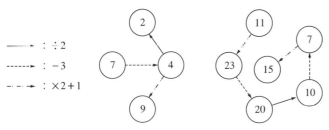

A=7, B=15
따라서 A×B=7×15=105이다.

08 정답 ③

공사가 진행되는 동안 집에서 회사까지 이동할 수 있는 경우의 수를 구하면 다음과 같다.

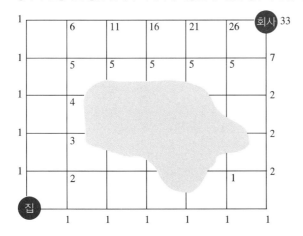

따라서 근성이가 회사까지 이동할 수 있는 최단 거리의 경우의 수는 33가지이다.

09 정답 ①

각각의 지점에서 A ~ C까지의 거리를 구한 후, A는 3kg×100원, B는 5kg×100원, C는 6kg×100원의 가중치를 주어 총합을 비교한다. 단, 기본요금 1,000원으로 2칸을 이동할 수 있기 때문에 가장 가중치가 큰 C까지의 거리에서 2를 뺀다.

따라서 비용을 가장 절약할 수 있는 지점은 ① 1,000+300×6+500×2+600×(5-2)=5,600원이다.

오답분석

② 1,000+300×6+500×6+600×(13-2)=12,400원

③ 1,000+300×3+500×5+600×(8-2)=8,000원

④ 1,000+300×6+500×8+600×(3-2)=7,400원

⑤ 1,000+300×4+500×12+600×(9-2)=12,400원

PART III

3개년 주요기업
기출복원문제
정답 및 해설

|01| 언어

01	02	03	04	05	06	07	08	09	10	11	12	13	14	15	16	17	18	19	20
④	⑤	①	①	④	②	③	④	③	①	②	⑤	③	②	②	②	④	⑤	①	③
21	22	23	24	25	26	27	28	29	30	31	32	33	34	35	36	37	38	39	40
③	④	⑤	④	④	④	②	③	③	④	④	⑤	⑤	②	①	③	①	④	④	④
41	42	43	44	45	46	47	48	49	50	51	52								
④	④	④	⑤	②	③	①	③	③	③	④	④								

01　정답　④

제시문은 성인 ADHD에 대한 소개와 증상, 원인, 치료법 등을 설명하고 있다. 먼저 ADHD에 대해 설명하고 있는 (다) 문단이 첫 번째 문단으로 가장 적절하다. 이후 성인 ADHD의 특징적인 증상에 대해 설명하는 (마) 문단이 이어지는 것이 자연스럽다. 다음으로 성인 ADHD의 원인을 설명하는 (라) 문단과 이에 대한 치료법을 소개하는 (가) 문단이 이어져야 한다. 마지막으로 글의 결론을 서술한 (나) 문단이 이어져야 한다. 따라서 (다) - (마) - (라) - (가) - (나) 순으로 나열하는 것이 적절하다.

02　정답　⑤

제시문은 비휘발성 메모리인 NAND 플래시 메모리에 대해 먼저 소개하고, NAND 플래시 메모리에 데이터가 저장되는 과정을 설명한 후 반대로 지워지는 과정을 설명하고 있다. 따라서 (라) NAND 플래시 메모리의 정의 - (나) 컨트롤 게이트와 기저 상태 사이에 전위차 발생 - (가) 전자 터널링 현상으로 전자가 플로팅 게이트로 이동하며 데이터 저장 - (다) 전위차를 반대로 가할 때 전자 터널링 현상으로 전자가 기저상태로 되돌아가며 데이터 삭제 순으로 나열하는 것이 가장 적절하다.

03　정답　①

제시문은 아리스토텔레스의 목적론과 관련된 논쟁에 대한 설명하고 있다. 따라서 (가) 근대에 등장한 아리스토텔레스의 목적론에 대한 비판 - (나) 근대 사상가들의 구체적인 비판 - (라) 근대 사상가들의 비판에 대한 반박 - (다) 근대 사상가들의 비판에 대한 현대 학자들의 비판 순으로 나열하는 것이 가장 적절하다.

04　정답　①

제시문은 2500년 전 인간과 현대의 인간의 공통점을 언급하며 2500년 전에 쓰인 『논어』가 현대에서 지니는 가치에 대하여 설명하고 있다. 따라서 (가) 『논어』가 쓰인 2500년 전 과거와 현대의 차이점 - (마) 2500년 전의 책인 『논어』가 폐기되지 않고 현대에서도 읽히는 이유에 대한 의문 - (나) 인간이라는 공통점을 지닌 2500년 전 공자와 우리들 - (다) 2500년의 시간이 흐르는 동안 인간의 달라진 부분과 달라지지 않은 부분에 대한 설명 - (라) 시대가 흐름에 따라 폐기될 부분을 제외하더라도 여전히 오래된 미래로서의 가치를 지니는 『논어』 순으로 나열하는 것이 가장 적절하다.

05   정답   ④

제시문은 다문화정책의 두 가지 핵심을 밝히고 다문화정책의 패러다임 전환을 주장하고 있다. 따라서 (다) 다문화정책의 두 가지 핵심 – (가) 다문화정책에 대한 프랑스의 사례 – (라) 이민자에 대한 배려의 필요성을 주장 – (나) 다문화정책의 패러다임 전환 필요성 순으로 나열하는 것이 가장 적절하다.

06   정답   ②

제시문은 관객이 영화를 보면서 흐름을 지각하는 것을 제대로 설명하지 못하는 동일시 이론에 대해 문제를 제기하고 이를 칸트의 무관심성을 통해 설명할 수 있다고 제시한다. 이어서 관객이 영화의 흐름을 생동감 있게 체험할 수 있는 이유로 '방향 공간'과 '감정 공간'을 제시하고, 이에 대한 설명을 한 뒤 이것이 관객이 영화를 지각할 수 있는 원리가 될 수 있음을 정리하며 마치고 있는 글이다. 따라서 (나) 영화를 보면서 흐름을 지각하는 것을 제대로 설명하지 못하는 '동일시 이론' – (가) 영화 흐름의 지각에 대해 설명할 수 있는 칸트의 '무관심성' – (라) 영화의 생동감을 체험할 수 있게 하는 '방향 공간' – (마) 영화의 생동감을 체험할 수 있게 하는 또 다른 이유인 '감정 공간' – (다) 관객이 영화를 지각하는 과정에 대한 정리 순으로 나열하는 것이 가장 적절하다.

07   정답   ③

제시문의 서론에서 지방은 건강에 반드시 필요한 것이라고 서술하고 있으며, 결론에서는 현대인들의 지방이 풍부한 음식을 찾는 경향이 부작용으로 이어졌다고 한다. 따라서 본론은 (나) 비만과 다이어트의 문제는 찰스 다윈의 진화론과 관련 있음 – (라) 자연선택에서 생존한 종들이 번식하여 자손을 남기게 됨 – (다) 인류이 역사에서 인간이 끼니 걱정을 하지 않고 살게 된 것은 최근 수십 년의 일임 – (가) 생존에 필수적인 능력은 에너지를 몸에 축적하는 능력이었음 순으로 나열하는 것이 가장 적절하다.

08   정답   ④

최초의 2차 전지인 납축 전지는 내연기관 자동차의 시동을 걸 때 사용하는 전지이나, 전기 자동차에서의 사용 여부는 서술되어 있지 않다. 실제로 전기 자동차는 시동 및 주행을 위해 리튬 이온 전지를 사용하고 있으며 일반적으로 납축 전지는 사용하지 않는다.

오답분석

① · ③ 마지막 문단에서 2차 전지는 지속 가능한 미래를 위한 필수적인 기술로 다양한 산업 분야의 혁신을 이끌어 낼 것이라고 서술하고 있으므로 그 중요성을 강조하고 있다.
② 2차 전지의 과방전은 전지의 손상을 일으키며 과충전은 폭발의 위험이 있다고 하였으므로 과충전 및 과방전은 2차 전지의 성능 및 수명을 단축시킴을 알 수 있다.
⑤ 2차 전지에 전기를 공급하면 이온이 전해질을 통해 분리막을 넘어 이동하므로 극 사이에서 이온의 이동이 전기를 발생시킴을 알 수 있다.

09   정답   ③

레이저절단 가공은 고밀도, 고열원의 레이저를 쏘아 절단 부위를 녹이고 증발시켜 소재를 절단하는 작업이지만 다른 열 절단 가공에 비해 열변형의 우려가 적다고 언급되어 있으므로 ③은 적절하지 않다.

오답분석

① 고밀도, 고열원의 레이저를 쏘아 소재를 녹이고 증발시켜 소재를 절단한다고 하였으므로 레이저절단 작업 중에는 기체가 발생함을 알 수 있다.
② 반도체 소자가 나날이 작아지고 정교해졌다고 언급되어 있으므로 과거 반도체 소자는 현재 반도체 소자보다 덜 정교함을 추측할 수 있다.
④ 반도체 소자는 나날이 작아지며 정교해지고 있으므로 현재 기술력으로는 레이저절단 가공 외의 가공법으로는 반도체 소자를 다루기 쉽지 않음을 추측할 수 있다.
⑤ 레이저절단 가공은 물리적 변형이 적어 깨지기 쉬운 소재도 다룰 수 있다고 언급되어 있다.

10 정답 ①

1형 당뇨는 유전적 요인에 의해 췌장에서 인슐린 분비 자체에 문제가 생겨 발생하는 당뇨병이다. 반면 2형 당뇨는 비만, 운동부족 등 생활 습관적 요인에 의해 인슐린 수용체가 부족하거나 인슐린 저항성이 생겨 발생하는 당뇨병이다. 따라서 나쁜 생활 습관은 2형 당뇨를 유발할 수 있으므로 ①은 적절하지 않다.

오답분석

② 2형 당뇨 초기에는 생활 습관 개선이나 경구 혈당강하제를 통해 혈당을 관리할 수 있지만, 지속될 경우 인슐린 주사가 필요할 수 있다.
③ 당뇨병은 혈액 속에 남은 포도당이 글리코겐으로 변환되지 못하고 잔류하여 소변을 통해 배출되는 병이다.
④ 2020년 기준 한국인 당뇨 유병자는 약 600만 명이며, 이 중 90%가 2형 당뇨를 앓고 있으므로 약 540만 명(=600만×0.9)이다.
⑤ 포도당이 글리코겐으로 세포에 저장되기 위해서는 췌장에서 분비한 인슐린이 세포의 겉에 있는 인슐린 수용체와 결합해야 한다.

11 정답 ②

질소가 무조건 많이 함유된 것이 좋은 비료가 아니라 탄소와 질소의 비율이 잘 맞는 것이 중요하므로 ②는 적절하지 않다.

오답분석

① 비료를 만드는 과정에서 발생하는 열로 유해 미생물을 죽일 수 있다고 언급하였다.
③ 커피박을 이용해서 비료를 만들면 커피박을 폐기하는데 필요한 비용을 절약할 수 있기 때문에 경제적으로도 이득이라고 할 수 있다.
④ 비료에서 중요한 요소로 질소를 언급하고 있고, 유기 비료이기 때문에 유기물의 함량 또한 중요하다. 그리고 제시문에서도 질소와 유기물 함량을 분석하고 있기에 중요한 고려 요소라고 할 수 있다.
⑤ 부재료로 언급된 것 중에서 한약재 찌꺼기가 가장 질소 함량이 높다고 하였다.

12 정답 ⑤

후추나 천초는 고추가 전래되지 않았던 조선 전기까지의 주요 향신료였으며, 19세기 이후 고추가 향신료로서 절대적인 우위를 차지하면서 후추나 천초의 지위가 달라졌다고 하였다. 그러나 후추나 천초가 김치에 쓰였다는 언급은 없으므로 ⑤는 적절하지 않다.

13 정답 ③

레일리 산란의 세기는 보랏빛이 가장 강하지만 우리 눈은 보랏빛보다 파란빛을 더 잘 감지하기 때문에 하늘이 파랗게 보이는 것이므로 ③은 적절하지 않다.

오답분석

①·②는 첫 번째 문단을 통해 추론할 수 있다.
④ 빛의 진동수는 파장과 반비례하고, 레일리 산란의 세기는 파장의 네제곱에 반비례한다. 즉, 빛의 진동수가 2배가 되면 파장은 1/2배가 되고, 레일리 산란의 세기는 $2^4 = 16$배가 된다.
⑤ 마지막 문단의 내용을 통해 추론할 수 있다.

14 정답 ②

아리스토텔레스는 관객과 극중 인물의 감정 교류를 강조하지만 브레히트는 관객이 거리를 두고 극을 보는 것을 강조하고 있다. 브레히트는 관객이 극에 지나치게 몰입하게 되면 극과의 거리두기가 어려워져 사건을 객관적으로 바라볼 수 없게 된다고 보았다. 따라서 제기할 만한 의문으로 가장 적절한 것은 ②이다.

15 정답 ②

보기의 순서를 고려하여 (가) 전자상거래 시장에서 소셜 커머스 열풍이 불고 있다는 내용을 소개하며 국내 소셜 커머스 현황을 제시 - (다) 소셜 커머스가 주로 SNS를 이용해 공동구매자를 모으는 것에서 그 명칭이 유래되었다고 언급 - (나) 소셜 쇼핑과 SNS상의 개인화된 쇼핑 등 소셜 커머스의 유형과 전망을 제시 순으로 나열하는 것이 가장 적절하다.

16 정답 ②

보기의 문장은 앞의 내용에 이어서 예시를 드는 문장이므로 재력 등 우월의식을 드러내기 위한 베블런효과의 원인 뒤에 들어가야 가장 적절하다. 따라서 '사회적 지위나 부를 과시하려는 것이다.' 뒷부분인 (나)에 그 예시로서 들어가는 것이 가장 적절하다.

17 정답 ④

제시문의 세 번째 문단을 통해 정부가 철도를 통한 탄소 감축을 위해 노력하고 있음을 알 수 있으나, 구체적으로 시행한 조치는 언급되지 않았다. 따라서 ④는 적절하지 않다.

오답분석
① 첫 번째 문단을 통해 전 세계적으로 탄소중립이 주목받자 이에 대한 방안으로 등장한 것이 철도 수송임을 알 수 있다.
② 첫 번째 문단과 두 번째 문단을 통해 철도 수송의 확대가 온실가스 배출량의 획기적인 감축을 가져올 것임을 알 수 있다.
③ 네 번째 문단을 통해 '중앙선 안동 ~ 영천 간 궤도' 설계 시 탄소 감축 방안으로 저탄소 자재인 유리섬유 보강근이 철근 대신 사용되었음을 알 수 있다.
⑤ 네 번째 문단을 통해 S철도공단은 철도 중심 교통체계 구축을 위해 건설 단계에서부터 친환경·저탄소 자재를 적용하였고, 탄소 감축을 위해 2025년부터는 모든 철도 건축물을 일정한 등급 이상으로 설계하기로 결정하였음을 알 수 있다.

18 정답 ⑤

제시문은 안티고네의 비극적 죽음을 통해 개인의 신념과 사회적 법이 상충할 때의 모습을 보여주며 인간이 도덕적 선택을 하기 위해서는 어떤 선택을 해야 하는지 의문점을 던지는 글이다. 여기서 안티고네가 한 행동은 개인의 신념으로서 가족의 시신을 장례하는 보편적인 가치인 자연법에 따라 행동한 결과이다. 반면 크레온의 명령은 왕권에 의한 명령으로 국가나 사회가 제정한 실정법이다. 따라서 크레온이 안티고네를 붙잡아 가둔 것은 실정법에 따라 행동한 결과이므로 주제로 가장 적절한 것은 '자연법과 실정법 사이의 상충과 도덕적인 인간의 선택'이다.

오답분석
① 안티고네 이야기는 에테오클래스와 폴리네이케스 사이의 테베 내전을 배경으로 하고 있으나 제시문의 핵심 주제는 아니다.
② 개인의 양심과 사회적 질서가 상충하는 것이 주제이며, 각각의 차이점을 분석하고 있지는 않다.
③ 제시문의 내용과 상관없는 내용이다.
④ 개인의 의무 및 국가의 권위에 대한 내용은 제시문에 포함되어 있지 않다.

19 정답 ①

제시문은 정부의 탈원전·탈석탄 공약에 따른 8차 전력 수급기본계획을 수립하면서 기존의 중앙집중형 에너지 생산시스템의 문제점을 지적하고, 분산형 에너지 생산시스템으로 정책의 전환이 필요함을 이야기하는 글이다. 따라서 글의 주제로 ①이 가장 적절하다.

오답분석
② 다양한 사회적 문제점들과 기후, 천재지변 등에 의한 문제점들을 언급하고 있으나, 이는 제시문의 주제를 뒷받침하기 위한 이슈이므로 전체적인 주제로 적절하지 않다.
③·④ 제시문에서 언급되지 않았다.

20 정답 ③

제시문은 행위별수가제에 대한 것으로 환자, 의사, 건강보험 재정 등 많은 곳에서 한계점이 있다고 설명하면서 건강보험 고갈을 막기 위해 다양한 지불방식을 도입하는 등 구조적인 개편이 필요함을 설명하고 있다. 따라서 글의 주제로 '행위별수가제의 한계점'이 가장 적절하다.

21 정답 ③

'최고의 진리는 언어 이전, 혹은 언어 이후의 무언(無言)의 진리이다.', '동양사상의 정수(精髓)는 말로써 말이 필요 없는 경지'라고 한 부분을 보았을 때 동양사상은 언어적 지식을 초월하는 진리를 추구한다는 ③이 글의 주제로 가장 적절하다.

22 정답 ④

마지막 문단에 따르면 한스 슈페만은 1935년 노벨 생리의학상을 받았다고 언급되어 있으므로 ④가 가장 적절하다.

오답분석

① 두 번째 문단에 따르면 정자가 동물 반구로 진입해 난자와 만나면 색소들이 정자 진입지점 주변으로 모여 검은 점을 이룬다고 언급되어 있다.
② 첫 번째 문단에 따르면 생명체는 단순한 수정란에서 세포의 증식, 분화, 형성을 통해 복잡한 형태로 발전한다고 언급되어 있다.
③ 네 번째 문단에 따르면 한스 슈페만은 도롱뇽의 수정란을 두 분류로 나누어 회색신월환의 역할이 무엇인지 밝혀냈다고 언급되어 있다.

23 정답 ⑤

먼 바다에서 지진해일의 파고는 수십 cm 이하이지만 얕은 바다에서는 급격하게 높아지므로 ⑤가 가장 적절하다.

오답분석

① 태평양에서 발생한 지진해일은 발생 하루 만에 발생지점에서 지구의 반대편까지 이동할 수 있다.
② 지진해일이 해안가에 가까워질수록 파도가 강해지는 것은 맞지만, 속도는 시속 45 ~ 60km까지 느려진다.
③ 지진해일이 화산폭발로 인해 발생하는 건 맞지만 파장이 긴 파도를 지진해일이라 한다.
④ 해안의 경사 역시 암초, 항만 등과 마찬가지로 지진해일을 변형시키는 요인이 된다.

24 정답 ④

아인슈타인의 광양자설은 빛이 파동이면서 동시에 입자인 이중적인 본질을 가지고 있다는 것을 의미하는 것으로, 뉴턴의 입자설과 토머스 영의 파동성설을 모두 포함하므로 ④가 가장 적절하다.

오답분석

① 겹실틈 실험은 한 개의 실틈을 거쳐 생긴 빛이 다음 설치된 두 개의 겹실틈을 지나가게 해서 스크린에 나타나는 무늬를 관찰하는 것이다.
② 토머스 영의 겹실틈 실험은 빛의 파동성을 증명하였고, 이는 명백한 사실이었으므로 아인슈타인은 빛이 파동이면서 동시에 입자인 이중적인 본질을 가지고 있다는 것을 증명하였다.
③ 일자 형태의 띠가 두 개 나타나면 빛이 입자임은 맞으나, 겹실틈 실험 결과 보강 간섭이 일어난 곳은 밝아지고 상쇄 간섭이 일어난 곳은 어두워지는 간섭무늬가 연속적으로 나타났다.
⑤ 뉴턴의 가설은 그의 권위에 의해 오랫동안 정설로 여겨졌지만, 토머스 영의 겹실틈 실험에 의해 다른 가설이 생겨났다.

25 정답 ④

두 번째 문단에 따르면 박쥐가 많은 바이러스를 보유하고 있는 것은 밀도 높은 군집 생활을 하기 때문이며, 그에 대항하는 면역도 갖추었기 때문에 긴 수명을 가질 수 있었다고 나와 있으므로 ④가 가장 적절하다.

오답분석

① 박쥐의 수명이 대다수의 포유동물보다 길다는 것은 맞지만, 평균적인 포유류 수명보다 짧은지는 알 수 없다.
② 박쥐는 뛰어난 비행 능력으로 긴 거리를 비행해 다닐 수 있다.
③ 박쥐는 현재 강력한 바이러스 대항 능력을 갖추었다.
⑤ 박쥐의 면역력을 연구하여 치료제를 개발할 수 있다.

26 정답 ②

포도 재배 환경의 날씨가 더울수록 향은 진해진다고 하였으므로 진한 향의 레드와인을 원한다면 기온이 높은 지역의 포도를 사용한 와인을 구매해야 한다. 따라서 ②가 가장 적절하다.

오답분석

① 기온이 높은 환경에서 재배한 포도로 만든 와인이 산도가 약해진다고 하였으므로, 레드와인 특유의 신맛이 강해지려면 기온이 낮은 환경에서 재배한 포도로 만들어야 한다.
③ 제시문에서 심혈관질환 중 고혈압 이외의 내용은 없으므로 모든 심혈관질환자들에게 유익한 영향을 준다고 보기는 어렵다.
④ 레드와인의 색상은 포도의 품종뿐만 아니라 포도의 재배 환경에 따라서도 영향을 받으므로, 같은 품종의 포도로 제조한 와인이라도 그 색상은 다를 수 있다.
⑤ 레드와인은 포도에서 과육뿐만 아니라 껍질과 씨를 모두 사용하여 제조한다.

27 정답 ②

자기공명 방식이 상용화되기 위해서는 현재 사용되는 코일 크기로는 일반 가전제품에 적용할 수 없으므로 코일을 소형화해야 할 필요가 있다고 언급하였으므로 ②가 가장 적절하다.

오답분석

① 자기유도 방식은 전력 전송율이 높으나 1차 코일에 해당하는 송신부와 2차 코일에 해당하는 수신부가 수 센티미터 이상 떨어지거나 송신부와 수신부의 중심이 일치하지 않게 되면 전력 전송효율이 급격히 저하된다.
③ 자기유도 방식은 유도전류를 이용하지만, 무선 전력 전송을 하기 때문에 철심을 이용하지 않는다.
④ 자기공명 방식에서 2차 코일은 공진주파수를 전달받고 1차 코일에서 공진주파수를 만든다.
⑤ 자기유도 방식의 2차 코일은 교류전류 방식이다.

28 정답 ③

세 번째 문단에 따르면 치료용 항체는 암세포가 스스로 사멸되도록 암세포에 항체를 직접 투여하는 항암제라고 언급되어 있으므로 ③은 적절하지 않다.

오답분석

① 첫 번째 문단에서 면역세포는 T세포와 B세포가 있다고 언급되어 있다.
② 두 번째 문단에서 암세포가 면역시스템을 피하여 성장하면서 다른 곳으로 전이되어 암이 발병할 수 있음을 알 수 있다.
④ 네 번째 문단에서 CAR-T 치료제는 환자의 T세포를 추출하여 암세포를 공격하는 기능을 강화 후 재투여한다고 언급되어 있다.
⑤ 마지막 문단에서 면역 활성물질이 과도하게 분비될 때, 환자에게 치명적인 사이토카인 폭풍을 일으키는 등 신체 이상 증상을 보일 수 있다고 언급되어 있다.

29 정답 ③

스톡홀름 신용은행 강도 납치사건에서 인질들은 납치범이 검거되어 상황이 종료된 이후에도 납치범을 변호하는 모습을 보이는 등 스톡홀름 증후군은 사건 이후에도 피해자가 자신의 감정이 왜곡되었음을 인식하지 못하는 경우가 많다. 그러므로 극한의 상황에서 일시적으로 발생하는 것이 아니며, 지속적으로 나타날 수 있기 때문에 심리상담, 치료 등 외부의 도움이 필요하다. 따라서 ③은 적절하지 않다.

오답분석

① 스톡홀름 증후군은 납치, 학대 등 가해자의 힘에 비해 피해자가 상황을 통제할 수 없는 무기력한 상황일 때 가해자에게 동조하여 심리적 불안을 해소하려는 현상이므로 피해자가 무기력한 상황일수록 스톡홀름 증후군 현상이 나타나기 쉽다.
② 스톡홀름 증후군은 심리적으로 궁지에 몰린 피해자가 자신이 처한 현실을 부정하지 않고 받아들이며, 생존을 위해 가해자에게 동조하는 현상이다.
④ 스톡홀름 증후군은 극단적인 스트레스로 인해 위협적인 가해자의 조그만 친절을 과대 해석하여 발생하는 현상이므로 피해자의 심리적 방어기제로 인한 감정 왜곡이 원인이다.
⑤ 스톡홀름 증후군은 복잡하고 다층적인 심리적 현상이므로 피해자의 심리・환경 등 다방면적인 이해와 접근이 필요하다.

30 정답 ④

농작물 재배 능력이 낮고 영농 기반이 부족한 청년농업인들에게는 기존의 농업방식보다 자동화 재배 관리가 가능한 온프레시팜 방식이 농작물 재배에 더 용이할 수 있으나, 초기 시설비용이 많이 들고 재배 기술의 확보가 어려워 접근이 더 수월하다고 볼 수는 없으므로 ④는 적절하지 않다.

오답분석

① 온프레시팜 지원 사업은 청년농업인들이 더욱 쉽게 농작물을 재배하는 것은 물론 경제적으로도 정착할 수 있도록 도와주는 사업이다.
② 온프레시팜 방식은 농업에 이제 막 뛰어든 청년농업인들이 더욱 수월하게 농업을 경영할 수 있도록 돕는 사업이다.
③・⑤ 온프레시팜 방식은 토양 없이 식물 뿌리와 줄기에 영양분이 가득한 물을 분사해 농작물을 생산하는 방식이기 때문에 흙속에 살고 있는 병해충으로 인한 피해를 예방할 수 있다. 또한 흙이 없어 다층으로의 재배도 가능하기에 동일한 면적에서 기존의 농업방식보다 더 많은 농작물을 재배할 것으로 예상된다.

31 정답 ④

보복 운전만 특수범죄로 취급한다. 보복 운전이 형법에 의해 특수범죄로 취급되는 이유는 자동차를 법률에 명시된 '위험한 물건'으로 보기 때문이다. 따라서 ④는 적절하지 않다.

오답분석

① 안전운전을 위해서는 도로교통법상 위배됨 없이 운전을 함과 더불어, 다른 사람에게 위험과 장해를 초래하지 않도록 해야 한다.
② 흔히들 난폭운전과 보복운전을 비슷한 개념으로 혼동한다.
③ 속도위반은 난폭운전으로 처벌받을 수 있는 요소 중 하나이다.
⑤ 보복운전의 상황에서 자동차는 법률에 명시된 '위험한 물건'이 된다. 위험한 물건은 그 자체로 흉기에 속하지는 않으나, 보복운전과 같은 상황하에서는 흉기로 취급된다.

32 정답 ⑤

오답분석

①・④ 마지막 문장을 통해 알 수 있다.
② 두 번째 문장을 통해 알 수 있다.
③ 제시문의 흐름으로 확인할 수 있다.

33   정답   ⑤

⑤는 제시문에서 알 수 없는 내용이므로 적절하지 않다.

오답분석

① 마지막 문단에서 우리나라의 3D프린팅 건축 기술은 아직 제도적 한계와 기술적 한계가 있음을 알 수 있다.
② 두 번째 문단에서 전통 건축 기술에 비해 3D프린팅 건축 기술은 건축 폐기물 및 CO_2 배출량 감소 등 환경오염이 적음을 알 수 있다.
③ 네 번째 문단에서 코로나19 사태로 인한 인력 수급난을 해소할 수 있음을 알 수 있다.
④ 첫 번째 문단에서 미국 텍사스 지역에서 3D프린팅 건축 기술을 이용한 주택이 완공되었음을 알 수 있다.

34   정답   ②

체내 활성산소의 농도와 생물체의 수명이 비례한다는 내용은 제시문에서 확인할 수 없으므로 ②는 적절하지 않다.

오답분석

④ 마지막 문단을 통해서 활성산소로 인해 죽지는 않으나 서서히 노화될 뿐임을 알 수 있다.

35   정답   ①

①은 제시문에서 언급되지 않은 내용이므로 직질하지 않다.

오답분석

② 두 번째 문단에 나와 있다.
③ 첫 번째 문단에서 '위기(爲己)란 자아가 성숙하는 것을 추구하며'라고 하였다.
④ 첫 번째 문단에서 '공자는 공부하는 사람의 관심이 어디에 있느냐를 가지고 학자를 두 부류로 구분했다.'고 하였다.

36   정답   ③

제시문의 논지는 인간과 자연의 진정한 조화이다. 따라서 자연과 공존하는 삶을 주장하고 있는 ③이 추론한 내용으로 가장 적절하다.

37   정답   ①

빈칸의 뒷부분에서는 수면장애가 다양한 합병증을 유발할 수 있다는 점을 언급하며 낮은 수면의 질이 문제가 되고 있음을 설명하고 있다. 따라서 빈칸에 들어갈 내용으로는 수면의 질과 관련된 ①이 가장 적절하다.

38   정답   ④

빈칸에 들어갈 내용을 판단하기 위해 앞의 문단에서 제기한 질문의 형태에 유의해야 한다. 즉, '올바른 답을 추론해 내는 데 필요한 모든 정보와 정답 제시가 올바른 추론 능력의 필요충분조건은 아니다.'라는 문장이 제시문의 중심 내용이다. 그렇다면 왓슨의 어리석음은 추론에 필요한 정보를 활용하지 못한 데에 있는 것이다. 따라서 빈칸에는 ④가 들어가는 것이 가장 적절하다.

오답분석

① 왓슨의 문제는 정보를 올바르게 추론하지 못한 데 있다.
② 왓슨은 올바른 추론의 방법을 알고 있지 못했다.
③ 왓슨이 전문적인 추론 훈련을 받지 못했다는 정보는 없다.
⑤ 왓슨은 추론에 필요한 관련 정보를 가지고 있었다.

39　정답 ④

포지티브 방식은 PR 코팅, 즉 감광액이 빛에 노출되었을 때 현상액에 녹기 쉽게 화학구조가 변하며, 네거티브 방식은 반대로 감광액이 빛에 노출되면 현상액에 녹기 어렵게 변하므로 바르게 해석한 것은 ④이다.

오답분석

① 포토리소그래피는 PR층이 덮이지 않은 증착 물질을 제거하는 식각 과정 이후 PR층을 마저 제거한다. 이후 일련의 과정을 다시 반복하여 증착 물질을 원하는 형태로 패터닝하는 것이다.

② PR코팅은 노광 과정 이후 현상액에 접촉했을 때 반응하여 사라지거나 남게 된다. 따라서 식각 과정 이전에 자신의 실수를 알아차렸을 것이다.

③ 포지티브방식의 PR 코팅을 사용한 창우의 디스플레이 회로의 PR층과 증착 물질이 모두 사라졌다면, 증착 및 코팅 불량이나 PR 제거 실수와 같은 근본적인 오류를 제외할 경우 노광 과정에서 마스크가 빛을 가리지 못해 PR층 전부가 빛에 노출되었을 가능성이 높다.

⑤ 광수가 원래 의도대로 디스플레이 회로를 완성시키기 위해서는 최소 PR 코팅 이전까지 공정을 되돌릴 필요가 있다.

40　정답 ④

프리드먼의 항상소득가설은 일시적인 소득을 임시소득으로 보며, 소비에 직접적인 영향을 주지 않는다고 보았으므로 바르게 해석한 것은 ④이다.

오답분석

① · ⑤ 프리드먼의 항상소득가설에 대한 설명이다.

② 케인스의 절대소득가설에 대한 설명이다.

③ 프리드먼의 항상소득가설에 따르면 재난지원금은 임시소득으로 소비에 고려되지 않는다.

41　정답 ④

제시문에서 쇼펜하우어는 표상의 세계 안에서의 이성의 역할, 즉 시간과 공간, 인과율을 통해서 세계를 파악하는 주인의 역할을 함에도 불구하고 이 이성이 다시 의지에 종속됨으로써 제한적이며 표면적일 수밖에 없다는 한계를 지적하고 있으므로 ④가 가장 적절하다.

오답분석

① 세계의 본질은 의지의 세계라는 내용은 쇼펜하우어 주장의 핵심 내용이라는 점에서는 옳지만, 제시문의 주요 내용은 주관 또는 이성 인식으로 만들어내는 표상의 세계는 결국 한계를 가질 수밖에 없다는 것이다.

② 제시문에서는 표상 세계의 한계를 지적했을 뿐, 표상 세계의 극복과 그 해결 방안에 대한 내용은 없다.

③ 제시문에서 의지의 세계와 표상 세계는 의지가 표상을 지배하는 종속관계라는 차이를 파악할 수는 있으나, 중심 내용으로는 적절하지 않다.

42　정답 ④

제시문은 중세 유럽에서 유래된 로열티제도가 산업혁명부터 현재까지 지식 재산권에 대한 보호와 가치 확보를 위해 발전되었음을 설명하고 있다. 따라서 글의 제목으로 '로열티제도의 유래와 발전'이 가장 적절하다.

43　정답 ④

제시문에서 필자는 3R 원칙을 강조하며 가장 필수적이고 최저한의 동물실험이 필요악임을 주장하고 있다. 특히 '보다 안전한 결과를 도출해 내기 위한 동물실험은 필요악이며, 이러한 필수적인 의약실험조차 금지하려 한다는 것은 기술 발전 속도를 늦춰 약이 필요한 누군가의 고통을 감수하자는 이기적인 주장'이라는 대목을 통해 약이 필요한 이들을 위한 의약 실험에 초점을 맞추고 있음을 확인할 수 있다. 따라서 ④의 주장처럼 생명과 큰 관련이 없는 동물실험을 비판의 근거로 삼는 것은 적절하지 않다.

44 정답 ⑤

제시문에서는 천재가 선천적인 재능뿐만 아니라 후천적인 노력에 의해서 만들어지는 존재라고 주장하고 있기 때문에 ⑤는 적절하지 않다.

오답분석

①·②·③ 제시문에서 언급된 절충적 천재(선천적 재능과 후천적 노력이 결합한 천재)에 대한 내용이다.
④ 영감을 가져다주는 것은 신적인 힘보다도 연습이라는 논지이므로 제시문과 같은 입장이다.

45 정답 ②

기계화·정보화의 긍정적인 측면보다는 부정적인 측면을 부각시키고 있는 제시문에 대해 기계화·정보화가 인간의 삶의 질 개선에 기여하고 있음을 경시한다고 지적할 수 있으므로 ②가 가장 적절하다.

46 정답 ③

첫 번째 문단에서 오늘날 우리가 부르는 애국가의 노랫말은 외세의 침략으로 나라가 위기에 처해있던 1907년을 전후하여 조국애와 충성심을 북돋우기 위하여 만들어졌음을 알 수 있다. 따라서 1896년 『독립신문』에 현재의 노랫말이 게재되지 않았으므로 ③이 가장 적절하다.

오답분석

① 두 번째 문단에서 1935년 해외에서 활동 중이던 안익태가 오늘날 우리가 부르고 있는 국가를 작곡하였고, 이 곡은 해외에서만 퍼져나갔다고 하였으므로, 1940년에 해외에서는 애국가 곡조를 들을 수 있었다.
② 네 번째 문단에서 국기강하식 방송, 극장에서의 애국가 상영 등은 1980년대 후반 중지되었다고 하였으므로, 1990년대 초반까지 애국가 상영이 의무화되었다는 말은 적절하지 않다.
④ 마지막 문단에서 연주만 하는 의전행사나 시상식·공연 등에서는 전주곡을 연주해서는 안 된다고 하였으므로 적절하지 않다.

47 정답 ①

㉠ 화장품 시장에서 동물 및 환경보호를 위해 친환경 성분의 원료를 구매해 이용하는 것은 녹색소비에 해당한다.
㉡ 자신이 거주하는 지역에서 생산한 농산물을 소비하는 것은 로컬소비에 해당한다.
㉢ 환경오염을 유발하는 폐어망 및 폐페트병을 재활용하여 또 다른 자원으로 사용한 제품을 구매하는 것은 녹색소비에 해당한다.
㉣ 제3세계란 개발도상국들을 총칭하는 것으로 제3세계 원두 직수입은 이들의 경제성장을 위한 공정무역 소비에 해당한다.
㉤ 아시아 국가의 빈곤한 여성 생산자들의 경제적 자립을 위해 상품을 수입하여 판매하는 것은 공정무역 소비에 해당한다.

48 정답 ③

면허를 발급하는 것은 면허 발급 방식이며, 보조금을 지급받는 것은 보조금 지급 방식으로 둘 사이의 연관성은 없다. 따라서 항상 거짓인 것은 ③이다.

오답분석

① 경쟁 입찰방식의 경우 정부가 직접 공공서비스를 제공할 때보다 서비스의 생산비용이 절감될 수 있고, 정부의 재정 부담도 경감될 수 있다.
② 과거에는 공공서비스가 경합성과 배제성이 모두 약한 사회기반시설 공급을 중심으로 제공되었다. 이런 경우 서비스 제공에 드는 비용은 주로 세금을 비롯한 공적 재원으로 충당을 한다.
④ 공공서비스의 다양화와 양적 확대가 이루어지면서 행정 업무의 전문성 및 효율성이 떨어지는 문제점이 나타나기도 한다.
⑤ 정부는 위탁 제도를 도입함으로써 정부 조직의 규모를 확대하지 않으면서 서비스의 전문성을 강화할 수 있다.

49 정답 ③

개정 무한계설은 법 규범이 가지는 실질적인 규범력의 차이는 외면한 채 헌법개정에 있어서 형식적 합법성만을 절대시한다는 비판을 받으므로 항상 거짓인 것은 ③이다.

오답분석

① 개정 한계설에서는 헌법제정권력과 헌법개정권력을 다른 것으로 본다.
② 개정 무한계설은 헌법에 규정된 개정 절차를 밟으면 어떠한 조항이나 사항이더라도 개정할 수 있다는 입장이다.
④ 개정 무한계설에서는 헌법 규범과 헌법 현실 사이의 틈을 해소할 수 있는 유일한 방법은 헌법개정을 무제한 허용하는 것이라고 주장한다.
⑤ 개정 한계설은 헌법 위에 존재하는 자연법의 원리에 어긋나는 헌법개정은 허용되지 않는다고 본다.

50 정답 ③

두 번째 문단에서 마이크로비드는 '면역체계 교란, 중추신경계 손상 등의 원인이 되는 잔류성유기오염물질을 흡착한다.'고 설명하고 있으므로 ③은 사실이 아님을 알 수 있다.

51 정답 ④

제시문은 정의를 통해 집단사고와 집단지성의 개념을 설명하고, 위키피디아를 집단지성의 사례로 사용하는 예시를 들어 독자의 이해를 돕고 있다. 또한 위키피디아를 '살아있는 백과사전'으로 표현하는 비유의 설명 방식을 사용하였으며, 집단사고와 집단지성의 차이를 밝히는 대조를 통해 집단지성의 특징을 효과적으로 설명하고 있으므로 ④는 적절하지 않다.

52 정답 ④

㉠ '고속도로'는 그래핀이 사용된 선로를 의미하며, ㉢ '코팅'은 비정질 탄소로 그래핀을 둘러싼 것을 의미한다. ㉠의 그래핀은 전자의 이동속도가 빠른 대신 저항이 높고 전하 농도가 낮다. 연구팀은 이러한 그래핀의 단점을 해결하기 위해, 즉 저항을 감소시키고 전하 농도를 증가시키기 위해 그래핀에 비정질 탄소를 얇게 덮는 방법을 생각해 냈으므로 ④는 적절하지 않다.

오답분석

① ㉡ '도로'는 기존 금속 재질의 선로를 의미한다. 연구팀은 기존의 금속 재질(㉡) 대신 그래핀(㉠)을 반도체 회로에 사용하였다.
② 반도체 내에 많은 소자가 집적되면서 금속 재질의 선로(㉡)에 저항이 기하급수적으로 증가하였다.
③ 그래핀(㉠)은 구리보다 전기 전달 능력이 뛰어나고 전자 이동속도가 100배 이상 빠르다.
⑤ ㉠ '고속도로'는 그래핀, ㉡ '도로'는 금속 재질, ㉢ '코팅'은 비정질 탄소를 의미한다.

01	02	03	04	05	06	07	08	09	10	11	12	13	14	15	16	17	18	19	20
①	②	③	④	④	②	①	④	⑤	⑤	⑤	①	③	②	③	①	④	①	④	③
21	22	23	24	25	26	27	28	29	30	31	32	33	34	35	36	37	38	39	40
③	①	④	③	②	④	③	④	④	①	①	②	④	④	④	③	①	③	③	③
41	42	43	44	45	46	47	48	49	50	51									
②	①	③	②	①	①	④	①	②	⑤	②									

01 정답 ①

술 A의 양을 xmL라고 하면 술 B의 양은 $(300-x)$mL이므로 다음과 같은 식이 성립한다.

$$\frac{22}{100} \times x + \frac{10}{100} \times (300-x) \geq \frac{17}{100} \times 300$$

$\rightarrow 22x + 10 \times (300-x) \geq 5,100$

$\rightarrow 12x \geq 2,100$

$\therefore x \geq 175$

따라서 술 A는 최소 175mL 넣어야 한다.

02 정답 ②

A햄버거 단품 가격을 x원이라고 하면 B햄버거 단품 가격은 $(x-400)$원이다.
A햄버거와 B햄버거 모두 세트메뉴로 변경하여 2개씩 주문하므로 다음과 같은 식이 성립한다.
$2 \times \{(x+1,800)+(x-400+1,800)\} = 29,200$

$\rightarrow 2 \times (2x+3,200) = 29,200$

$\rightarrow 4x + 6,400 = 29,200$

$\therefore x = 5,700$

따라서 A햄버거 단품 가격이 5,700원이므로 B햄버거 단품 가격은 5,700-400=5,300원이다.

03 정답 ③

작년 남학생 수와 여학생 수를 각각 a, b명이라 하면 다음과 같다.
• 작년 전체 학생 수 : $a+b=820 \cdots$ ㉠
• 올해 전체 학생 수 : $1.08a+0.9b=810 \cdots$ ㉡
㉠과 ㉡을 연립하면
$\therefore a=400,\ b=420$
따라서 작년 여학생의 수는 420명이다.

04 정답 ④

전체 신입사원을 1이라 할 때, 남자 신입사원과 여자 신입사원 및 안경을 착용한 신입사원과 착용하지 않은 신입사원을 정리하면 다음과 같다.

구분	남자 신입사원	여자 신입사원	합계
안경 착용	$0.3-0.2475=0.0525$	$0.45-0.2025=0.2475$	0.3
안경 미착용	$0.7-0.2025=0.4975$	$0.45\times0.45=0.2025$	$1-0.3=0.7$
합계	0.55	0.45	1

따라서 남자 신입사원 중 안경을 착용한 신입사원의 비율은 $\dfrac{0.0525}{0.55}=\dfrac{21}{220}$ 이다.

05 정답 ④

토마토의 개수를 x개, 배의 개수를 y개라고 하자.
$120\times x+450\times y=6,150-990 \rightarrow 4x+15y=172\cdots\bigcirc$
$90\times x+210\times y=3,150-300 \rightarrow 3x+7y=95\cdots\bigcirc$
$\bigcirc$과 $\bigcirc$을 연립하면 다음과 같다.
$\therefore x=13,\ y=8$
따라서 바구니 안에 배는 8개가 들어있다.

06 정답 ②

작년 남학생 수를 x명, 여학생 수를 y명이라고 하면 다음과 같은 식이 성립한다.
$x+y=480\cdots\bigcirc$
올해 남학생 수는 $x\times(1+0.2)=1.2x$명이고, 여학생 수는 $y\times(1-0.1)=0.9y$명이다.
올해 남학생 수와 여학생 수의 비율이 20 : 21이므로 다음과 같은 식이 성립한다.
$1.2x : 0.9y=20 : 21 \rightarrow 25.2x=18y \rightarrow y=1.4x\cdots\bigcirc$
$\bigcirc$을 $\bigcirc$에 대입하면 $x=200,\ y=280$이다.
따라서 올해 전교생 수는 $(1.2\times200)+(0.9\times280)=240+252=492$명이다.

07 정답 ①

8명의 선수 중 4명을 뽑는 경우의 수는 $_8C_4=\dfrac{8\times7\times6\times5}{4\times3\times2\times1}=70$가지이고, A, B, C를 포함하여 4명을 뽑는 경우의 수는 A, B, C를 제외한 5명 중 1명을 뽑으면 되므로 $_5C_1=5$가지이다.
따라서 구하고자 하는 확률은 $\dfrac{5}{70}=\dfrac{1}{14}$ 이다.

08 정답 ④

A열차의 길이를 xm라 하면 A열차의 속력 $\dfrac{258+x}{18}$ m/s고, B열차의 길이가 80m이므로 B열차의 속력은 $\dfrac{144+80}{16}=14$m/s이다.
두 열차가 마주보는 방향으로 달려 완전히 지나는 데 9초가 걸렸으므로 9초 동안 두 열차가 달린 거리의 합은 두 열차의 길이의 합과 같다.
$\left(\dfrac{258+x}{18}+14\right)\times9=x+80 \rightarrow \dfrac{258+x}{2}+126=x+80$
$\rightarrow 510+x=2x+160$
$\therefore x=350$
따라서 A열차의 길이는 350m이다.

09 정답 ⑤

A ~ E 다섯 명이 월요일에서 금요일까지 한 명씩 당직 근무를 하는 경우의 수는 $5!=5\times4\times3\times2\times1=120$가지이다.

이 중 D는 금요일, E는 수요일에 당직 근무를 할 경우의 수는 D와 E를 제외한 나머지 3명을 월요일, 화요일, 목요일에 배정하는 것과 같으므로 $3!=3\times2\times1=6$가지이다.

따라서 구하고자 하는 확률은 $\dfrac{3!}{5!}=\dfrac{6}{120}=\dfrac{1}{20}$이다.

10 정답 ⑤

문제 B를 맞힐 확률을 p라 하면 다음과 같다.

$$\left(1-\dfrac{3}{5}\right)\times p=\dfrac{24}{100}\ \rightarrow\ \dfrac{2}{5}p=\dfrac{6}{25}$$

$$\therefore\ p=\dfrac{3}{5}$$

따라서 문제 A는 맞히고, 문제 B는 맞히지 못할 확률은 $\left(1-\dfrac{3}{5}\right)\times\left(1-\dfrac{3}{5}\right)=\dfrac{4}{25}$이므로 16%이다.

11 정답 ⑤

작년 사원 수에서 줄어든 인원은 올해 진급한 사원(12%)과 퇴사한 사원(20%)이므로 이를 합하면 $400\times(0.12+0.2)=128$명이며, 작년 사원에서 올해도 사원인 사람은 $400-128=272$명이다.

올해 사원 수는 작년 사원 수에서 6% 증가했으므로 $400\times1.06=424$명이 된다.

따라서 올해 채용한 신입사원은 $424-272=152$명임을 알 수 있다.

12 정답 ①

올라간 거리를 $x\text{km}$라 하면 내려온 거리는 $(x+2)\text{km}$이고, 올라간 시간과 내려간 시간이 같으므로 식을 세우면 다음과 같다.

$$\dfrac{x}{4}=\dfrac{x+2}{6}\ \rightarrow\ 3x=2(x+2)$$

$$\therefore\ x=4$$

따라서 내려올 때 걸린 시간은 $\dfrac{4+2}{6}=1$시간이다.

13 정답 ③

• 서로 다른 8개의 컵 중 4개를 선택하는 방법의 수 : $_8\mathrm{C}_4=\dfrac{8!}{4!\times4!}=70$가지

• 4개의 컵을 식탁 위에 원형으로 놓는 방법의 수 : $(4-1)!=3!=6$가지

따라서 서로 다른 8개의 컵 중에서 4개만 원형으로 놓는 방법의 수는 $70\times6=420$가지이다.

14 정답 ②

7회 말까지 B팀이 얻은 점수를 x점이라 가정하면 8・9회에서 A팀이 얻은 점수는 $(12-x)$점, B팀은 $(9-x)$점이다.

이에 대한 식을 세우면 다음과 같다.

$$2(9-x)=12-x$$

$$\therefore\ x=6$$

따라서 8・9회에서 B팀은 $9-6=3$점을 획득하였다.

15 정답 ③

- 파란색 식권 3장 → 최대 3명이 식사 가능
- 초록색 식권 2장 → 최대 4명이 식사 가능

따라서 최대 7명이 식사할 수 있다.

16 정답 ①

진료비의 25% 이하가 약품비라면 (약품비)×4<(진료비)이다. 하지만 2020년의 경우 210,000×4=840,000>820,000이다. 따라서 (약품비)×4>(진료비)이므로 2020년의 약품비는 진료비의 25% 이상이다.

오답분석

② 2023년 약품비는 2018년 대비 $\dfrac{260,000-180,000}{180,000}\times100=\dfrac{80,000}{180,000}\times100=\dfrac{4}{9}\times100\fallingdotseq44\%$ 증가하였다.

③ 진료비는 2022년까지 100조 원 미만이었지만, 2023년 이후로 100조 원을 초과하였다.

④ 2019~2023년 진료비의 전년 대비 증가액은 각각 다음과 같다.

- 2019년 : 810,000−750,000=60,000억 원
- 2020년 : 820,000−810,000=10,000억 원
- 2021년 : 890,000−820,000=70,000억 원
- 2022년 : 980,000−890,000=90,000억 원
- 2023년 : 1,050,000−980,000=70,000억 원

따라서 진료비의 전년 대비 증가액은 2022년이 가장 크다.

⑤ 2019~2023년 약품비의 전년 대비 증가액은 다음과 같다.

- 2019년 : 200,000−180,000=20,000억 원
- 2020년 : 210,000−200,000=10,000억 원
- 2021년 : 220,500−210,000=10,500억 원
- 2022년 : 245,000−220,500=24,500억 원
- 2023년 : 260,000−245,000=15,000억 원

따라서 약품비의 전년 대비 증가액은 2020년이 가장 작다.

17 정답 ④

수입량이 많은 곡식을 순서대로 나열하면 귀리 – 콩 – 쌀 – 보리 – 수수이고, 수출량이 많은 곡식을 순서대로 나열하면 쌀 – 콩 – 보리 – 귀리 – 수수이다. 따라서 수수는 수입량과 수출량 모두 가장 적은 곡식이다.

오답분석

① 수입량이 가장 많은 곡식은 귀리이다.

② 수출량이 가장 많은 곡식은 쌀이다.

③ 제시된 자료를 통해서는 알 수 없다.

⑤ 콩은 수입량과 수출량 모두 두 번째로 많은 곡식이다.

18 정답 ①

국제학업성취도 읽기 점수의 한국과 OECD 평균 점수의 차이가 가장 큰 해는 2007년으로 556−492=64점이다.

19 정답 ④

과자와 빵을 1g 섭취 시 얻는 열량은 각각 $\dfrac{120}{100}$kcal, $\dfrac{320}{100}$kcal이고 얻는 단백질은 각각 $\dfrac{8}{100}$g, $\dfrac{5}{100}$g이다.

섭취해야 하는 빵의 양을 xg이라 하면 과자는 $(200-x)$g 섭취해야 한다.

- $\dfrac{120}{100}(200-x)+\dfrac{320}{100}x\geq360\cdots\text{㉠}$
- $\dfrac{8}{100}(200-x)+\dfrac{5}{100}x\geq13\cdots\text{㉡}$

이를 정리하면 다음과 같다.

- $200x \geq 12,000 \cdots \bigcirc'$
- $3x \leq 300 \cdots \bigcirc'$

따라서 x의 공통 범위는 $60 \leq x \leq 100$이므로 섭취해야 하는 빵의 양의 범위는 60g 이상 100g 이하이다.

20   정답   ③

2022년 전년 대비 A ~ D사의 판매 수익 감소율을 구하면 다음과 같다.

- A사 : $\dfrac{18-9}{18} \times 100 = 50\%$

- B사 : $\dfrac{6-(-2)}{6} \times 100 \fallingdotseq 133\%$

- C사 : $\dfrac{7-(-6)}{7} \times 100 \fallingdotseq 186\%$

- D사 : $\dfrac{-5-(-8)}{-5} \times 100 = -60\%$이지만, 전년 대비 감소하였으므로 감소율은 60%이다.

따라서 2022년의 판매 수익은 A ~ D사 모두 전년 대비 50% 이상 감소하였으므로 ③은 옳지 않은 설명이다.

오답분석

① 2021 ~ 2023년의 전년 대비 판매 수익 증감 추이는 A ~ D사 모두 '감소 - 감소 - 증가'이다.
② 2022년 판매 수익 총합은 9+(-2)+(-6)+(-8)=-7조 원으로 적자를 기록하였다.
④ B사와 D사의 2020년 대비 2023년의 판매 수익은 각각 10-8=2조 원, -2-(-4)=2조 원으로 두 곳 모두 2조 원 감소하였다.
⑤ 2020년 대비 2023년의 판매 수익은 A사만 증가하였고, 나머지는 모두 감소하였다.

21   정답   ③

보기에 있는 나라의 2010년 대비 2040년 고령화율을 계산하면 다음과 같다.

⊙ 한국 : $\dfrac{33}{11} = 3$배

ⓒ 미국 : $\dfrac{26}{13} = 2$배

ⓒ 일본 : $\dfrac{36}{18} = 2$배

ⓔ 브라질 : $\dfrac{21}{7} = 3$배

ⓜ 인도 : $\dfrac{16}{4} = 4$배

따라서 2040년의 고령화율이 2010년 대비 3배 이상이 되는 나라는 ⊙한국(3배), ⓔ브라질(3배), ⓜ인도(4배)이다.

22 정답 ①

A제품을 x개, B제품을 y개 만드는 데 필요한 X, Y원료의 양은 다음과 같은 관계가 있다.

$x > 0 \cdots \bigcirc$

$y > 0 \cdots \bigcirc$

$0.6x + 0.4y \leq 18 \cdots \bigcirc$

$0.5x + 0.5y \leq 20 \cdots \textcircled{2}$

이에 대한 영역은 다음과 같다.

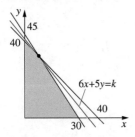

A제품 x개, B제품 y개의 총이익을 $6x + 5y = k$만 원이라고 하면, k는 $0.6x + 0.4y = 18$, $0.5x + 0.5y = 20$의 교점을 지날 때 최대이다.

두 식을 연립하면 $3x + 2(40 - x) = 90$이므로 $x = 10$, $y = 30$이다.

따라서 공장에서 얻을 수 있는 최대 이익은 $6 \times 10 + 5 \times 30 = 210$만 원이다.

23 정답 ④

2022년과 2023년 총매출액에 대한 비율의 차이가 가장 적은 것은 음악 영역으로, 그 차이는 $4.8 - 4.6 = 0.2$%p이다.

오답분석

① 2023년 총매출액은 2,800억 원, 2022년 총매출액은 2,100억 원으로, 2023년 총매출액은 2022년 총매출액보다 700억 원 많다.

② 게임 영역은 2022년에 56.0%, 2023년에 51.5%로, 매출액 비중이 50% 이상이다.

③ 전체 매출액이 2022년보다 2023년에 증가했으므로, 매출액 비중이 증가한 분야는 당연히 매출액이 증가했다. 음악, 애니메이션, 게임은 매출액 비중이 감소했지만, 증가한 매출액으로 계산하면 매출액 자체는 증가했음을 알 수 있다. 따라서 기타 영역을 제외한 모든 영역에서 2022년보다 2023년 매출액이 더 많다.

⑤ 음악(4.8% → 4.6%), 애니메이션(12.6% → 9.7%), 게임(56.0% → 51.5%), 기타(0.9% → 0.6%) 영역은 모두 2022년 대비 2023년에 매출액 비율이 감소하였다.

24 정답 ③

바레니클린의 시장가격에서 국가 지원액을 제외한 본인부담금은 $1,767 - 1,000 = 767$원/정이다. 하루에 2정씩 총 28일($\because$ 1월 투여기간)을 복용하므로 본인부담금은 $767 \times 2 \times 28 = 42,952$원이다. 금연 패치는 하루에 1,500원이 지원되므로 본인부담금이 없다.

따라서 B대리가 참가자에게 안내한 본인부담금은 42,952원이다.

25 정답 ②

단위를 생략한 인천의 인구 수치가 인구밀도 수치보다 크다. 즉, $\dfrac{(인구)}{(인구밀도)} > 1$이므로, 생략된 단위인 1,000을 곱하면 인천의 면적은 1,000km²보다 넓음을 알 수 있다. 따라서 ㄴ은 옳다.

오답분석

ㄱ. 부산의 비율은 $\dfrac{27}{3,471}$이고, 대구의 비율은 $\dfrac{13}{2,444}$이다. 즉, 부산은 분자보다 분모가 약 130배 크고, 대구는 약 180배 크다.

따라서 비율을 직접 계산하지 않아도 부산이 더 큰 것을 알 수 있다.

ㄷ. 직접 계산을 하지 않더라도, $\dfrac{(\text{인구})}{(\text{인구밀도})}$ 의 값은 부산보다 대구가 1에 가까움을 알 수 있다. 따라서 대구의 면적이 부산의 면적보다 넓다.

26 정답 ④

수도권에서 각 과일의 판매량은 다음과 같다.
- 배 : $800,000+1,500,000+200,000=2,500,000$개
- 귤 : $7,500,000+3,000,000+4,500,000=15,000,000$개
- 사과 : $300,000+450,000+750,000=1,500,000$개

$\therefore\ a=\dfrac{800,000}{2,500,000}=0.32,\ b=\dfrac{3,000,000}{15,000,000}=0.2,\ c=\dfrac{750,000}{1,500,000}=0.5$

따라서 $a+b+c=1.02$이다.

실제 시험에서는 단위를 조정하여 계산을 더 간단하게 하도록 한다.

27 정답 ③

- 2015 · 2016년의 평균 : $\dfrac{826.9+806.9}{2}=816.9$만 명
- 2021 · 2022년의 평균 : $\dfrac{796.3+813}{2}=804.65$만 명

따라서 $816.9-804.65=12.25$만 명이다.

28 정답 ④

2018년의 부품 수가 2017년보다 $170-120=50$개 늘었을 때, 불량품 수는 $30-10=20$개 늘었고, 2019년의 부품 수가 2018년보다 $270-170=100$개 늘었을 때, 불량품 수는 $70-30=40$개 늘었다. 그러므로 전년 대비 부품 수의 차이와 불량품 수의 차이 사이에는 $5:2$의 비례관계가 성립한다.

2022년 부품 수(A)를 x개, 2020년 불량품 수(B)를 y개라고 하자.

2022년의 부품 수가 2021년보다 $(x-620)$개 늘었을 때, 불량품 수는 $310-210=100$개 늘었다.

즉, $(x-620):100=5:2 \rightarrow x-620=250$

$\therefore\ x=870$

2020년의 부품 수가 2019년보다 $420-270=150$개 늘었을 때, 불량품 수는 $(y-70)$개 늘었다.

즉, $150:(y-70)=5:2 \rightarrow y-70=60$

$\therefore\ y=130$

따라서 2022년 부품 수는 870개, 2020년 불량품 수는 130개이다.

29 정답 ④

ㄱ. 대도시 간 예상 최대 소요시간은 모든 구간에서 주중이 주말보다 적게 걸림을 알 수 있다.

ㄴ. 주중 전국 교통량 중 수도권에서 지방으로 가는 교통량의 비율은 $\dfrac{4}{40}\times100=10\%$이다.

ㄹ. 서울 – 광주 구간 주중 소요시간과 서울 – 강릉 구간 주말 소요 시간은 3시간으로 같다.

오답분석

ㄷ. 지방에서 수도권으로 가는 주말 예상 교통량은 주중 교통량의 $\dfrac{3}{2}=1.5$배이다.

30 정답 ①

구매 방식별 비용을 구하면 다음과 같다.
- 스마트폰앱 : $12,500 \times 0.75 = 9,375$원
- 전화 : $(12,500 - 1,000) \times 0.9 = 10,350$원
- 회원카드와 쿠폰 : $(12,500 \times 0.9) \times 0.85 ≒ 9,563$원
- 직접 방문 : $(12,500 \times 0.7) + 1,000 = 9,750$원
- 교환권 : 10,000원

따라서 피자 1판을 가장 저렴하게 살 수 있는 구매 방식은 스마트폰앱이다.

31 정답 ①

ㄱ. 해외연수 경험이 있는 지원자 합격률은 $\dfrac{53}{53 + 414 + 16} \times 100 = \dfrac{53}{483} \times 100 ≒ 11\%$로, 해외연수 경험이 없는 지원자 합격률인

$\dfrac{11 + 4}{11 + 37 + 4 + 139} \times 100 = \dfrac{15}{191} \times 100 ≒ 7.9\%$보다 높다.

ㄴ. 인턴 경험이 있는 지원자의 합격률 $\dfrac{53 + 11}{53 + 414 + 11 + 37} \times 100 = \dfrac{64}{515} \times 100 ≒ 12.4\%$는 인턴 경험이 없는 지원자의 합격률

$\dfrac{4}{16 + 4 + 139} \times 100 = \dfrac{4}{159} \times 100 ≒ 2.5\%$보다 높다.

오답분석

ㄷ. 인턴 경험과 해외연수 경험이 모두 있는 지원자 합격률(11.3%)은 인턴 경험만 있는 지원자 합격률(22.9%)의 2배 미만이다.
ㄹ. 인턴 경험과 해외연수 경험이 모두 없는 지원자와 인턴 경험만 있는 지원자 간 합격률 차이는 $22.9 - 2.8 = 20.1$p이다.

32 정답 ②

쓰레기 1kg당 처리비용은 400원으로 동결 상태이다. 오히려 쓰레기 종량제 봉투 가격이 인상될수록 A신도시의 쓰레기 발생량과 쓰레기 관련 적자 예산이 급격히 감소하는 것을 볼 수 있으므로 ②는 옳지 않은 설명이다.

33 정답 ④

ㄷ. 2020 ~ 2022년에 사망자 수는 1,850명 → 1,817명 → 1,558명으로 감소하고 있고, 부상자 수는 11,840명 → 12,956명 → 13,940명으로 증가하고 있다.

ㄹ. 각 연도의 검거율을 구하면 다음과 같다.
- 2019년 : $\dfrac{12,606}{15,280} \times 100 = 82.5\%$
- 2020년 : $\dfrac{12,728}{14,800} \times 100 = 86\%$
- 2021년 : $\dfrac{13,667}{15,800} \times 100 = 86.5\%$
- 2022년 : $\dfrac{14,350}{16,400} \times 100 = 87.5\%$

따라서 검거율은 매년 높아지고 있다.

오답분석

ㄱ. 사고 건수는 2020년까지 감소하다가 2021년부터 증가하고 있고, 검거 수는 매년 증가하고 있다.
ㄴ. 2020년과 2021년의 사망률 및 부상률은 다음과 같다.
- 2020년 사망률 : $\dfrac{1,850}{14,800} \times 100 = 12.5\%$

- 2020년 부상률 : $\dfrac{11,840}{14,800} \times 100 = 80\%$

- 2021년 사망률 : $\dfrac{1,817}{15,800} \times 100 = 11.5\%$

- 2021년 부상률 : $\dfrac{12,956}{15,800} \times 100 = 82\%$

따라서 사망률은 2020년이 더 높지만 부상률은 2021년이 더 높다.

34 정답 ④

신입사원의 수를 x명이라고 하자.
1인당 지급하는 국문 명함은 150장이므로 1인 기준 국문 명함 제작비용은 10,000($\because$ 100장)+3,000($\because$ 추가 50장)=13,000원이다.
즉, $13,000x = 195,000$
$\therefore x = 15$
따라서 신입사원은 15명이다.

35 정답 ④

1인당 지급하는 영문 명함은 200장이므로 1인 기준 영문 명함 제작비용(일반 종이 기준)은 15,000($\because$ 100장)+10,000($\because$ 추가 100장)=25,000원이다.

이때 고급 종이로 영문 명함을 제작하므로 해외영업부 사원들의 1인 기준 영문 명함 제작비용은 $25,000\left(1+\dfrac{1}{10}\right)=27,500$원이다.

따라서 8명의 영문 명함 제작비용은 27,500×8=220,000원이다.

36 정답 ③

- 2018년 대비 2019년 사고 척수의 증가율 : $\dfrac{2,400-1,500}{1,500} \times 100 = 60\%$
- 2018년 대비 2019년 사고 건수의 증가율 : $\dfrac{2,100-1,400}{1,400} \times 100 = 50\%$

37 정답 ①

연도별 사고 건수당 인명피해의 인원수를 구하면 다음과 같다.

- 2018년 : $\dfrac{700}{1,400} = 0.5$명/건

- 2019년 : $\dfrac{420}{2,100} = 0.2$명/건

- 2020년 : $\dfrac{460}{2,300} = 0.2$명/건

- 2021년 : $\dfrac{750}{2,500} = 0.3$명/건

- 2022년 : $\dfrac{260}{2,600} = 0.1$명/건

따라서 사고 건수당 인명피해의 인원수가 가장 많은 연도는 2018년이다.

주요기업 기출복원문제 정답 및 해설

PART 3 3개년 주요기업 기출복원문제 · 95

38 정답 ③

2019년에 국유재산의 규모가 10조를 넘는 국유재산은 토지, 건물, 공작물, 유가증권으로 4개이다.

39 정답 ③

ㄱ. 2019년과 2021년에 종류별로 국유재산 규모가 큰 순서는 토지 – 공작물 – 유가증권 – 건물 – 입목죽 – 선박·항공기 – 무체
   재산 – 기계·기구 순으로 동일하다.
ㄴ. 2017년과 2018년에 규모가 가장 작은 국유재산은 기계·기구로 동일하다.
ㄷ. 2018년 국유재산 중 건물과 무체재산, 유가증권 규모의 합계는 616,824억+10,825억+1,988,350억=2,615,999억 원으로
   260조 원보다 크다.

오답분석
ㄹ. 2019년 대비 2020년에 국유재산 중 선박·항공기는 감소하였으나, 기계·기구는 증가하였다.

40 정답 ③

제시된 수열은 앞의 항에 ×2, −4, ×6, −8, … 을 하는 수열이다.
∴ A=4×10=40, B=392−16=376
따라서 A+B=40+376=416이다.

41 정답 ②

제시된 수열은 앞의 항에 −1, +5, +11, +17, … 을 하는 수열이다.
7번째 항의 값이 74이므로 8번째 항의 값은 74+35=109, 9번째 항의 값은 109+41=150이고, 10번째 항의 값은 150+47=197
이다.
따라서 11번째 항의 값은 197+53=250이다.

42 정답 ①

제시된 수열은 ×(−3), +4가 반복되는 수열이다.
따라서 (   )=(−26)×(−3)=78이다.

43 정답 ③

제시된 수열은 앞의 항에 $+0.1^2$, $+0.2^2$, $+0.3^2$, … 을 하는 수열이다.
따라서 (   )$=0.55+0.6^2=0.55+0.36=0.91$이다.

44 정답 ②

제시된 수열은 (앞의 항)−(뒤의 항)=(다음 항)인 수열이다.
따라서 (   )=−7−49=−56이다.

45 정답 ①

제시된 수열은 n항을 자연수라 하면 n항에 $\times 2$를 하고 $(n+1)$항을 더한 값이 $(n+2)$항이 되는 수열이다.

따라서 (　)$=21\times 2+43=85$이다.

46 정답 ①

제시된 수열은 자연수와 대분수를 가분수로 바꾸었을 때, 분모는 $+2$, 분자는 $+7$, $+9$, $+11$, …을 하는 수열이다.

따라서 (　)$=\dfrac{45+15}{9+2}=\dfrac{60}{11}=5\dfrac{5}{11}$ 이다.

47 정답 ④

제시된 수열은 분모는 $+3$을 하고, 분자는 앞의 두 항의 합이 다음 항이 되는 피보나치 수열이다.

따라서 (　)$=\dfrac{8+13}{18+3}=\dfrac{21}{21}=1$이다.

48 정답 ①

제시된 수열은 n번째 항일 때 $\dfrac{(2n-1)(2n+1)}{(2n+3)(2n+5)}$ 인 수열이다.

따라서 (　)$=\dfrac{(2\times 4-1)(2\times 4+1)}{(2\times 4+3)(2\times 4+5)}=\dfrac{7\times 9}{11\times 13}=\dfrac{63}{143}$ 이다.

49 정답 ②

제시된 수열은 홀수 항은 (앞의 항)-3, -5, -7, …을 하고, 짝수 항은 2^2, 4^2, 6^2, …인 수열이다.
따라서 (　)$=8^2=64$이다.

50 정답 ⑤

제시된 수열은 분자는 $+3$, $+2$, $+1$, 0, …이고, 분모는 -7, -6, -5, -4, …을 하는 수열이다.

따라서 (　)$=\dfrac{33+0}{340-4}=\dfrac{33}{336}$ 이다.

51 정답 ②

제시된 수열은 (앞의 항)$-$(뒤의 항)$=$(다음 항)인 수열이다.
따라서 (　)$=-1-3=-4$이다.

01	02	03	04	05	06	07	08	09	10	11	12	13	14	15	16	17	18	19	20
③	①	②	③	①	①	③	④	①	③	③	①	①	②	⑤	②	①	③	④	③
21	22	23	24	25	26	27	28	29	30	31	32	33	34	35	36	37	38	39	
⑤	⑤	②	②	⑤	⑤	②	①	④	④	③	②	③	①	④	④	③	①	④	

01 정답 ③

제시된 명제들을 순서대로 논리기호화하면 다음과 같다.
- 전제1 : 재고
- 전제2 : ~ 설비투자 → ~ 재고
- 전제3 : 건설투자 → 설비투자('~ 때에만'이라는 한정 조건이 들어가면 논리기호의 방향이 바뀐다)

전제1이 참이므로 전제2의 대우(재고 → 설비투자)에 따라 설비를 투자한다. 전제3은 건설투자를 늘릴 때에만이라는 한정 조건이 들어갔으므로 역(설비투자 → 건설투자) 또한 참이다. 이를 토대로 공장을 짓는다는 결론을 얻기 위해서는 '건설투자를 늘린다면, 공장을 짓는다(건설투자 → 공장건설).'라는 명제가 필요하다. 따라서 빈칸에 들어갈 명제로 ③이 적절하다.

02 정답 ①

'눈을 자주 깜빡인다.'를 A, '눈이 건조해진다.'를 B, '스마트폰을 이용할 때'를 C라고 하면, 전제1과 전제2는 각각 ~ A → B, C → ~ A이므로 C → ~ A → B가 성립한다. 따라서 빈칸에 들어갈 명제로 C → B인 '스마트폰을 이용할 때는 눈이 건조해진다.'가 적절하다.

03 정답 ②

'밤에 잠을 잘 자다.'를 A, '낮에 피곤하다.'를 B, '업무 효율이 좋다.'를 C, '성과급을 받는다.'를 D라고 하면, 전제1은 ~ A → B, 전제3은 ~ C → ~ D, 결론은 ~ A → ~ D이다. 따라서 ~ A → B → ~ C → ~ D가 성립하기 위해서 필요한 전제2는 B → ~ C이므로 '낮에 피곤하면 업무 효율이 떨어진다.'가 빈칸에 들어갈 명제로 적절하다.

04 정답 ③

'한씨'를 'A', '부동산을 구두로 양도했다.'를 'B', '무효'를 'C'라고 하자. 이를 토대로 전제를 표로 정리하면 다음과 같다.

구분	명제	대우
전제1	A → B	~ B → ~ A
결론	A → C	~ C → ~ A

전제1이 결론으로 연결되려면, 전제2는 B → C가 되어야 한다. 따라서 빈칸에는 '부동산을 구두로 양도하면, 무효다.'가 적절하다.

05 정답 ①

A고등학교 학생은 봉사활동을 해야 졸업한다. 즉, A고등학교 졸업생 중에는 봉사활동을 하지 않은 학생이 없으므로 빈칸에 들어갈 명제는 'A고등학교 졸업생은 봉사활동을 했다.'가 적절하다.

06　정답　①

재경 – 선영 – 경식 순으로 나이가 많다.

오답분석

② 재경이와 선영이 중 누가 더 나이가 많은지 알 수 없다.
③ 선영 – 경식 – 재경 순으로 나이가 많아 세 번째 명제와 모순된다.
④ 세 번째 명제와 모순된다.
⑤ 두 번째 명제와 모순된다.

07　정답　③

참인 명제는 그 대우 명제도 참이므로 두 번째 가정의 대우 명제인 '배를 좋아하지 않으면 귤을 좋아하지 않는다.' 역시 참이다. 이를 첫 번째, 세 번째 명제와 연결하면 '사과를 좋아함 → 배를 좋아하지 않음 → 귤을 좋아하지 않음 → 오이를 좋아함'이 성립한다. 따라서 '사과를 좋아하면 오이를 좋아한다.'는 항상 참이다.

08　정답　④

'스포츠를 좋아하는 사람'을 p, '음악을 좋아하는 사람'을 q, '그림을 좋아하는 사람'을 r, '독서를 좋아하는 사람'을 s라고 하면 '$p \rightarrow q$', '$r \rightarrow s$', '$\sim q \rightarrow \sim s$'가 성립한다. '$\sim q \rightarrow \sim s$' 명제의 대우는 '$s \rightarrow q$'이므로 '$r \rightarrow s \rightarrow q$'이다. 즉, '$r \rightarrow q$'이다. 따라서 '그림을 좋아하는 사람은 음악을 좋아한다.'는 항상 참이다.

09　정답　①

A와 C의 진술이 서로 모순되므로 둘 중 1명은 거짓을 말하고 있다.
• A의 진술이 참일 경우
　범인은 D이며, D의 진술이 거짓이 된다. 그러나 이 경우 B와 C가 범인이 되며, C의 진술 또한 거짓이 되므로 모순이다.
• A의 진술이 거짓일 경우
　범인은 A이며, B, C, D는 모두 참을 말하고 있으므로 범인은 A이다.
따라서 S회사의 중요 문서를 훔친 범인은 A이다.

10　정답　③

진술의 진실 여부를 고려할 때 가능한 선발 경우는 다음과 같다.
• 경우 1
　G가 선발되었을 경우, 첫 번째, 두 번째 진술이 거짓이다. 이에 따라 나머지 진술이 참이어야 한다. D가 선발되는 경우를 제외하고는 나머지 진술이 참일 수 없다. 그러므로 D와 G가 선발된다.
• 경우 2
　B, C, D 중에서 1명만 선발되지 않고 2명이 선발될 경우, 네 번째, 다섯 번째 진술이 거짓이다. 이에 따라 나머지 진술이 참이어야 한다. 그러므로 C, D가 선발된다.
따라서 항상 선발되는 사람은 D이다.

11　정답　③

D가 런던을 고른 경우, A는 뉴욕만 고를 수 있으므로 B는 파리를 고른다. 따라서 반드시 참인 것은 ③이다.

오답분석

① A가 뉴욕을 고를 경우, D가 런던을 고르면 E는 방콕 또는 베를린을 고른다.
② B가 베를린을 고를 경우, F는 파리를 고른다.
④ E가 뉴욕을 고를 경우, A는 런던을 고르므로 D는 방콕을 고른다.
⑤ A가 런던을 고르고 B가 파리를 고를 경우, F는 뉴욕을 고를 수 있다.

12 정답 ①

두 번째 조건에 따라 홍차를 선택한 사람은 3명이고, 세 번째 조건에 따라 녹차를 선택한 사람은 4명이다. 따라서 커피를 선택한 사람은 3명이 된다. 이후 마지막 조건에 따라 한식을 선택한 사람 중 2명이 커피를 선택했으므로 양식과 커피를 선택한 직원은 1명이다.

13 정답 ①

B는 두 번째, F는 여섯 번째로 도착하였고, A가 도착하고 바로 뒤에 C가 도착하였으므로 A는 세 번째 또는 네 번째로 도착하였다. 그런데 D는 C보다 먼저 도착하였고 E보다 늦게 도착하였으므로 A는 네 번째로 도착하였음을 알 수 있다. 그러므로 도착한 순서는 E − B − D − A − C − F이고, A는 네 번째로 도착하였으므로 토너먼트 배치표에 의해 최대 세 번 경기를 하게 된다. 따라서 항상 거짓인 것은 ①이다.

14 정답 ②

제시된 진료 현황을 각각 명제로 보고, 명제와 이의 대우 명제를 논리기호화하여 나타내면 다음과 같다.
• ~B → A / ~A → B
• B → ~D / D → ~B
• A → ~C / C → ~A
• ~C → E / ~E → C
이를 정리하면 D → ~B → A → ~C → E이다. 명제가 참일 경우 그 대우도 참이므로 ~E → C → ~A → B → ~D도 참이다. E병원은 공휴일에 진료를 하지 않으므로 위 대우 명제를 참고하면 C · B병원만이 진료를 하게 된다. 따라서 공휴일에 진료를 하는 병원은 총 2곳이다.

15 정답 ⑤

먼저 D의 주문 금액은 4,000원, E의 주문 금액은 2,000원임을 알 수 있다. 그리고 C의 최대 주문 금액은 3,500원이고, B의 최대 주문 금액은 이보다 적은 3,000원이므로 A의 최대 주문 금액 또한 3,000원이다. 따라서 5명이 주문한 금액은 최대 3,000+3,000+3,500+4,000+2,000=15,500원이므로 항상 참인 것은 ⑤이다.

오답분석
① A와 B의 주문 가격은 같고, B는 커피류를 마실 수 없으므로 A가 주문 가능한 최소 가격은 B가 주문 가능한 음료류의 최소 가격인 2,000원이다.
② 허브티는 음료류 중 가격이 최대이므로 B가 허브티를 주문할 경우 C는 이보다 비싼 음료류를 주문할 수 없다.
③ 핫초코는 음료류 중 가격이 최소이므로 C가 핫초코를 주문할 경우 B는 이보다 저렴한 음료류를 주문할 수 없다.
④ S카페에서 가장 비싼 것은 아포가토이고, 이는 커피류이다.

16 정답 ②

'원숭이를 좋아함'을 P, '코끼리를 좋아함'을 Q, '낙타를 좋아함'을 R, '토끼를 좋아함'을 S라고 하자.
제시된 명제를 정리하면 각각 P → Q, R → ~Q, S → ~P이다.
A : 코끼리를 좋아하면 토끼를 좋아한다는 것은 제시된 명제로 추론할 수 없으므로 옳은지 틀린지 판단할 수 없다.
B : R → ~Q → ~P이므로 옳다.
따라서 B만 옳다.

17 정답 ①

가장 높은 등급을 1등급, 가장 낮은 등급을 5등급이라 하면 네 번째 조건에 의해 가는 3등급을 받는다. 또한 첫 번째 조건에 의해 마는 4등급 또는 5등급이다. 이때 두 번째 조건에 의해 마가 4등급, 다가 5등급을 받음을 알 수 있다.
따라서 다, 마에게 건강 관리 안내문을 발송하므로 A만 옳다.

18 정답 ③

A : 수요일에는 혜진, 수연, 태현이가 휴가 중이고, 목요일에는 수연, 지연, 태현이가 휴가 중이므로 수요일과 목요일에 휴가 중인
　　사람의 수는 같다.
B : 태현이는 금요일까지 휴가이다.
따라서 A, B 모두 옳다.

19 정답 ④

만약 A가 진실이라면 동일하게 A가 사원이라고 말한 C도 진실이 되어 진실을 말한 사람이 2명이 되므로, A와 C는 모두 거짓이다. 반면, A와 서로 모순관계에 있는 E가 진실이라면 B가 사원이므로 A의 '나는 사원이고'는 거짓이지만, 'D는 사원보다 직급이 높아'는 진실이 된다. 이 경우 A는 '모든 사람은 진실 또는 거짓만 말한다.'에 위배되어 모순이 되므로 E도 거짓이다.
남은 B와 D의 참거짓 여부를 정리하면 다음과 같다.
• B가 진실인 경우
  E는 차장이고, B는 차장보다 낮은 3개 직급 중 하나인데, C가 거짓이므로 A가 과장이고, E가 거짓이기 때문에 B는 사원이 아니므로 대리가 되고, A가 거짓이므로 D는 사원이다. 그러면 남은 부장 자리가 C여야 하는데, E가 거짓이므로 C는 부장이 될 수 없어 모순이 된다. 따라서 B는 거짓이다.
• D가 진실인 경우
  E는 부장이고, A는 과장이며, A는 거짓이므로 D는 사원이다. 또한 B가 거짓이므로 B는 차장보다 낮은 직급이 아니므로 차장, C는 대리가 된다.
따라서 진실을 말한 사람은 D이다.

20 정답 ③

조건을 논리기호화하여 정리하면 다음과 같다.
• 첫 번째 조건 : 삼선짬뽕
• 마지막 조건의 대우 : 삼선짬뽕 → 팔보채
• 다섯 번째 조건의 대우 : 팔보채 → 양장피
세 번째, 네 번째 조건의 경우 자장면에 대한 단서가 없으므로 전건 및 후건의 참과 거짓을 판단할 수 없다. 그러므로 탕수육과 만두도 주문 여부를 알 수 없다.
따라서 반드시 주문할 메뉴는 삼선짬뽕, 팔보채, 양장피이다.

21 정답 ⑤

두 번째 조건에 의해, B는 항상 1과 5 사이에 앉는다. 따라서 E가 4와 5 사이에 앉으면 2와 3 사이에는 A, C, D 중 누구나 앉을 수 있으므로 ⑤는 적절하지 않다.

오답분석

① A가 1과 2 사이에 앉으면 네 번째 조건에 의해, E는 4와 5 사이에 앉는다. 즉, C와 D는 3 옆에 앉게 되는데 이는 세 번째 조건과 모순이 된다.
② D가 4와 5 사이에 앉으면 네 번째 조건에 의해, E는 1과 2 사이에 앉는다. 즉, C와 D는 3 옆에 앉게 되는데 이는 세 번째 조건과 모순이 된다.
③ C가 2와 3 사이에 앉으면 세 번째 조건에 의해, D는 1과 2 사이에 앉는다. 또한 네 번째 조건에 의해, E는 3과 4 사이에 앉을 수 없다. 따라서 A는 반드시 3과 4 사이에 앉는다.
④ E가 1과 2 사이에 앉으면 세 번째 조건의 대우 명제에 의해, C는 반드시 4와 5 사이에 앉는다.

22 정답 ⑤

C동아리 회원들이 A지역 외부에서 한 번도 수영을 하지 않았다면, 그들은 A지역에서만 수영을 한 것이다. C동아리 회원들은 지난 2년간 수영한 경험이 있어야 하고, A지역에서는 지난 7년간 수영하는 것이 법적으로 금지되어 있었으므로 ⑤는 반드시 참이다.

23 정답 ②

먼저 첫 번째 조건에 따라 A가 출장을 간다고 하면 다음과 같이 2가지 경우로 나뉜다.

A출장O	B출장O, C출장×
	B출장×, C출장O

또한 두 번째 조건에 따라 C가 출장을 가면 D와 E 중 1명이 출장을 가지 않거나 2명 모두 가지 않는 3가지 경우가 생기고, C가 출장을 가지 않으면 D와 E의 출장 여부를 정확히 알 수 없으므로 4가지 경우가 된다. 그리고 세 번째 조건에 따라 B가 출장을 가지 않으면 F는 출장을 가므로 이를 정리하면 다음과 같다.

A출장O	B출장O, C출장×	D출장O, E출장×	F출장O 또는 출장×
		D출장×, E출장O	
		D출장×, E출장×	
		D출장O, E출장O	
	B출장×, C출장O	D출장O, E출장×	F출장O
		D출장×, E출장O	
		D출장×, E출장×	

따라서 A가 출장을 간다면 최소 인원이 되는 경우는 B와 둘이서 가는 것이다.

24 정답 ②

먼저 A사원의 말이 거짓이라면 A사원과 D사원 두 명이 3층에서 근무하게 되고, 반대로 D사원의 말이 거짓이라면 3층에는 아무도 근무하지 않게 되므로 조건에 어긋난다. 결국 A사원과 D사원은 진실을 말하고 있음을 알 수 있다. 또한 C사원의 말이 거짓이라면 아무도 홍보팀에 속하지 않으므로 C사원도 진실을 말하고 있음을 알 수 있다.
따라서 거짓말을 하고 있는 사람은 B사원이며, 이때 B사원은 총무팀 소속으로 6층에서 근무하고 있다.

25 정답 ⑤

심리상담사 A ~ E의 진술에 따르면 B와 D의 진술은 반드시 동시에 참이나 거짓이 되어야 하며, A와 B의 진술 역시 동시에 참이나 거짓이 되어야 한다. 이때 B의 진술이 거짓일 경우, A와 D의 진술 모두 거짓이 되므로 2명이 거짓을 말한다는 조건에 어긋난다. 그러므로 진실을 말하고 있는 심리상담사는 A, B, D이며, 거짓을 말하고 있는 심리상담사는 C와 E가 된다. 이때, 진실을 말하고 있는 B와 D의 진술에 따라 근무시간에 자리를 비운 사람은 C가 된다.

26 정답 ⑤

대화 내용을 살펴보면 영석이의 말에 선영이가 동의했으므로 영석과 선영은 진실 혹은 거짓을 함께 말한다. 이때 지훈은 선영이가 거짓말만 한다고 하였으므로 반대가 된다. 그리고 동현의 말에 정은이가 부정했기 때문에 둘 다 진실일 수 없다. 하지만 정은이가 둘 다 좋아한다는 경우의 수가 있으므로 둘 모두 거짓일 수 있다. 또한 마지막 선영이의 말로 선영이가 진실일 경우에는 동현과 정은은 모두 거짓만을 말하게 된다. 이를 정리하면 다음과 같다.

구분	경우 1	경우 2	경우 3
동현	거짓	거짓	진실
정은	거짓	진실	거짓
선영	진실	거짓	거짓
지훈	거짓	진실	진실
영석	진실	거짓	거짓

따라서 지훈이 거짓을 말할 때, 진실만을 말하는 사람은 선영, 영석이다.

27 정답 ②

먼저 B의 진술이 거짓일 경우 A와 C는 모두 프로젝트에 참여하지 않으며, C의 진술이 거짓일 경우 B와 C는 모두 프로젝트에 참여한다. 따라서 B와 C의 진술은 동시에 거짓이 될 수 없으므로 둘 중 1명의 진술은 반드시 참이 된다.
• B의 진술이 참인 경우
  A는 프로젝트에 참여하지 않으며, B와 C는 모두 프로젝트에 참여한다. B와 C 모두 프로젝트에 참여하므로 D는 프로젝트에 참여하지 않는다.
• C의 진술이 참인 경우
  A의 진술은 거짓이므로 A는 프로젝트에 참여하지 않으며, B는 프로젝트에 참여한다. C는 프로젝트에 참여하지 않으나, B가 프로젝트에 참여하므로 D는 프로젝트에 참여하지 않는다.
따라서 반드시 프로젝트에 참여하는 사람은 B이다.

28 정답 ①

D와 E의 주장이 서로 상반되므로 2명 중에 1명은 거짓을 말하고 있는 범인인 것을 알 수 있다.
• D가 범인인 경우
  D가 거짓을 말하고 있으므로 A는 범인이 아니다. A가 범인이 아니며, E는 진실을 말하고 있으므로 B 또한 범인이 아니다. 따라서 B가 범인이라고 주장한 C가 범인이고, 나머지는 진실만을 말하므로 범인이 아니다.
• E가 범인인 경우
  E가 거짓을 말하고 있으므로 A와 B는 범인이다. 즉, 범인은 모두 3명이 되어 모순이 발생된다.
따라서 C와 D가 범인이므로 옳은 것은 ①이다.

29 정답 ④

- 이번 주 – 워크숍 : 지훈
- 다음 주 – 체육대회 : 지훈, 영훈 / 창립기념일 행사 : 영훈

그러므로 다음 주 체육대회에 지훈이와 영훈이가 참가하는 것을 알 수 있으며, 제시된 사실만으로는 다음 주 진행되는 체육대회와 창립기념일 행사의 순서는 알 수 없다. 따라서 추론할 수 있는 것은 ④이다.

30 정답 ④

네 번째와 다섯 번째 결과를 통해 실용성 영역과 효율성 영역에서는 모든 제품이 같은 등급을 받지 않았음을 알 수 있으므로 두 번째 결과에 나타난 영역은 내구성 영역이다.

구분	A	B	C	D	E
내구성	3	3	3	3	3
효율성			2	2	
실용성		3			

내구성과 효율성 영역에서 서로 다른 등급을 받은 C, D제품과 내구성 영역에서만 3등급을 받은 A제품, 1개의 영역에서만 2등급을 받은 E제품은 첫 번째 결과에 나타난 제품에 해당하지 않으므로 결국 모든 영역에서 3등급을 받은 제품은 B제품임을 알 수 있다. 다섯 번째 결과에 따르면 효율성 영역에서 2등급을 받은 제품은 C, D제품뿐이므로 E제품은 실용성 영역에서 2등급을 받았음을 알 수 있다. 또한 A제품은 효율성 영역에서 2등급과 3등급을 받을 수 없으므로 1등급을 받았음을 알 수 있다.

구분	A	B	C	D	E
내구성	3	3	3	3	3
효율성	1	3	2	2	
실용성		3			2

이때, A와 C제품이 받은 등급의 총합은 서로 같으므로 결국 A와 C제품은 실용성 영역에서 각각 2등급과 1등급을 받았음을 알 수 있다.

구분	A	B	C	D	E
내구성	3	3	3	3	3
효율성	1	3	2	2	1 또는 3
실용성	2	3	1	1 또는 2	2
총합	6	9	6	6 또는 7	6 또는 8

D제품은 실용성 영역에서 1등급 또는 2등급을 받을 수 있으므로 반드시 참이 되지 않는 것은 ④이다.

31 정답 ③

A와 D의 진술이 모순되므로, A의 진술이 참인 경우와 거짓인 경우를 구하면 다음과 같다.
- A의 진술이 참인 경우
  A의 진술에 따라 D가 부정행위를 하였으며, 거짓을 말하고 있다. B는 A의 진술이 참이므로 B의 진술도 참이며, B의 진술이 참이므로 C의 진술은 거짓이 되고, E의 진술은 참이 된다. 따라서 부정행위를 한 사람은 C, D이다.
- A의 진술이 거짓인 경우
  A의 진술에 따라 D는 참을 말하고 있고, B는 A의 진술이 거짓이므로 B의 진술도 거짓이 된다. B의 진술이 거짓이므로 C의 진술은 참이 되고, E의 진술은 거짓이 된다. 그러면 거짓을 말한 사람은 A, B, E이지만 조건에서 부정행위를 한 사람은 2명이므로 모순이 되어 옳지 않다.

따라서 부정행위를 한 사람끼리 바르게 짝지어진 것은 ③이다.

32 　정답　②

• A의 진술이 참인 경우

A가 1위, C가 2위이다. 그러면 B의 진술은 참이다. 따라서 B가 3위, D가 4위이다. 그러나 D가 C보다 순위가 낮음에도 C의 진술은 거짓이다. 이는 제시된 조건에 위배된다.

• A의 진술이 거짓인 경우

제시된 조건에 따라 A의 진술이 거짓이라면 C는 3위 또는 4위일 것인데, 자신보다 높은 순위의 사람에 대한 진술이 거짓이므로 C는 3위, A는 4위이다. 그러면 B의 진술은 거짓이므로, D가 1위, B가 2위이다.

따라서 'B는 2위이다.'가 반드시 참이다.

33 　정답　③

B는 오전 10시에 출근하여 오후 3시에 퇴근하였으므로 업무는 4개이다. D는 B보다 업무가 1개 더 많았으므로 D의 업무는 5개이고, 오후 3시에 퇴근했으므로 출근한 시각은 오전 9시이다. K팀에서 가장 늦게 출근한 사람은 C이고 가장 늦게 출근한 사람을 기준으로 오전 11시에 모두 출근하였으므로 C는 오전 11시에 출근하였다. K팀에서 가장 늦게 퇴근한 사람은 A이고 가장 늦게 퇴근한 사람을 기준으로 오후 4시에 모두 퇴근하였다고 했으므로 A는 오후 4시에 퇴근했다. A는 C보다 업무가 3개 더 많았으므로 C의 업무는 2개이다. 이를 정리하면 다음과 같다.

구분	A	B	C	D
업무	5개	4개	2개	5개
출근 시각	오전 10시	오전 10시	오전 11시	오전 9시
퇴근 시각	오후 4시	오후 3시	오후 2시	오후 3시

따라서 C는 오후 2시에 퇴근했으므로 항상 참인 것은 ③이다.

오답분석

① A는 5개의 업무를 하고 퇴근했다.

② B의 업무는 A의 업무보다 적었다.

④ 팀에서 가장 빨리 출근한 사람은 D이다.

⑤ C가 D의 업무 중 1개를 대신했다면 D가 C보다 빨리 퇴근했을 것이다.

34 　정답　①

주어진 조건에 따라 시험 과목의 순서를 표로 정리하면 다음과 같다.

첫 번째	두 번째	세 번째	네 번째	다섯 번째	여섯 번째
ㅁ	ㄹ	ㄱ	ㄴ	ㅅ	ㅂ

첫 번째	두 번째	세 번째	네 번째	다섯 번째	여섯 번째
ㅁ	ㄹ	ㄱ	ㄴ	ㅂ	ㅅ

따라서 S가 ㄱ 다음에 보게 될 시험 과목은 ㄴ이다.

35 　정답　④

먼저 첫 번째 조건과 두 번째 조건에 따라 6명의 신입 사원을 부서별로 1명, 2명, 3명으로 나누어 배치한다. 이때, 세 번째 조건에 따라 기획부에 3명, 구매부에 1명이 배치되므로 인사부에는 2명의 신입 사원이 배치된다. 또한 1명이 배치되는 구매부에는 마지막 조건에 따라 여자 신입 사원이 배치될 수 없으므로 반드시 1명의 남자 신입 사원이 배치된다. 남은 5명의 신입 사원을 기획부와 인사부에 배치하는 방법을 표로 정리하면 다음과 같다.

구분	기획부(3명)	인사부(2명)	구매부(1명)
경우 1	남자 1명, 여자 2명	남자 2명	남자 1명
경우 2	남자 2명, 여자 1명	남자 1명, 여자 1명	남자 1명

경우 1에서는 인사부에 남자 신입 사원만 배치되므로 '인사부에는 반드시 여자 신입 사원이 배치된다.'는 적절하지 않다.

36 정답 ④

주어진 조건에 따라 매대를 표로 정리하면 다음과 같다.

4층	사과
3층	배
2층	귤
1층	감

따라서 귤은 2층, 배는 3층, 감은 1층이므로 귤이 배와 감 사이에 위치한다는 추론이 적절하다.

37 정답 ③

B의 발언이 참이라면 C가 범인이고 F의 발언도 참이 된다. F는 C 또는 E가 범인이라고 했으므로 C가 범인이라면 E는 범인이 아니고, E의 발언 역시 참이 되어야 한다. 하지만 E의 발언이 참이라면 F가 범인이어야 하므로 모순이 된다.
따라서 B의 발언이 거짓이며, C 또는 E가 범인이라고 말한 F 역시 거짓말을 하는 범인임을 알 수 있다.

38 정답 ①

- ○ : 1234 → 2341
- □ : 각 자릿수 +2, +2, +2, +2
- ☆ : 1234 → 4321
- △ : 각 자릿수 −1, +1, −1, +1

JLMP → LMPJ → NORL
　　　○　　　　　□

39 정답 ④

DRFT → FTHV → VHTF
　　　□　　　　　☆

2025 최신판 시대에듀 All-New 기출이 답이다
LG그룹 온라인 적성검사 8개년 기출 + 무료LG특강

개정15판1쇄 발행	2025년 02월 20일 (인쇄 2024년 12월 09일)
초 판 발 행	2017년 10월 10일 (인쇄 2017년 09월 14일)
발 행 인	박영일
책 임 편 집	이해욱
편 저	SDC(Sidae Data Center)
편 집 진 행	안희선 · 윤지원
표지디자인	하연주
편집디자인	양혜련 · 김경원 · 장성복
발 행 처	(주)시대고시기획
출 판 등 록	제10-1521호
주 소	서울시 마포구 큰우물로 75 [도화동 538 성지 B/D] 9F
전 화	1600-3600
팩 스	02-701-8823
홈 페 이 지	www.sdedu.co.kr

I S B N	979-11-383-8469-8 (13320)
정 가	22,000원

기출이 답이다

LG그룹

온라인 적성검사

8개년 기출복원문제 + 기출유형 완전 분석 + 무료LG특강

대기업 인적성 "기출이 답이다" 시리즈

역대 기출문제와 주요기업 기출문제를 한 권에! 합격을 위한
Only Way!

대기업 인적성 "모의고사" 시리즈

실제 시험과 동일하게 마무리! 합격으로 가는
Last Spurt!

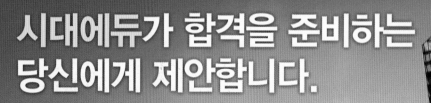